U0361457

结构化金融与证券化系列丛书

全球资产证券化与CDO

GLOBAL SECURITISATION
AND CDOs

［美］约翰·迪肯（John Deacon）著　宋泽元 韩檠 宋光辉 等译

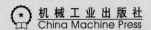

机械工业出版社
China Machine Press

图书在版编目（CIP）数据

全球资产证券化与CDO /（美）约翰·迪肯（John Deacon）著；宋泽元等译 . —北京：机械工业出版社，2019.1
（结构化金融与证券化系列丛书）

书名原文：Global Securitisation and CDOs

ISBN 978-7-111-61402-9

I. 全… II. ①约… ②宋… III. 资产证券化 – 研究 – 世界 IV. F831.5

中国版本图书馆 CIP 数据核字（2018）第 265130 号

本书版权登记号：图字 01-2013-8071

John Deacon. Global Securitisation and CDOs.

ISBN 978-0-470-86987-1

全球资产证券化与 CDO

出版发行：机械工业出版社（北京市西城区百万庄大街 22 号 邮政编码：100037）

责任编辑：黄姗姗 方 琳 责任校对：李秋荣

印 刷：中国电影出版社印刷厂 版 次：2019 年 1 月第 1 版第 1 次印刷

开 本：170mm×242mm 1/16 印 张：31.5

书 号：ISBN 978-7-111-61402-9 定 价：99.00 元

凡购本书，如有缺页、倒页、脱页，由本社发行部调换

客服热线：（010）68995261 88361066 投稿热线：（010）88379007

购书热线：（010）68326294 88379649 68995259 读者信箱：hzjg@hzbook.com

版权所有·侵权必究
封底无防伪标均为盗版
本书法律顾问：北京大成律师事务所 韩光 / 邹晓东

十几年来，资产证券化一直都是热门词汇，经济、管理、金融等专业人士自不必说，就是那些对社会时事和热点稍有关注的人，都会有意无意地感受到资产证券化的影响力。然而，由于中国资产证券化起步较晚，其在中国并没有真正得到大众甚至是金融专业人士应有的重视与充分的研究。资产证券化伴随着利率市场化和金融自由化的历史进程深刻地影响了美国的经济乃至社会，甚至可以被视为一种变革性的社会现象。本套"结构化金融与证券化系列丛书"全面引进美国主流的结构化金融与证券化的专业图书，涵盖广泛且不失深度，构建了相对完善的知识体系，相信有助于国内读者熟悉和了解资产证券化这一最具创新、最为复杂也最有激情与挑战的金融工具。

资产支持证券在美国的金融体系里，被视为固定收益市场的一部分，与美国国债、市政债券、公司债券一起，构建了规模巨大的固定收益市场。按其规模，资产支持证券的总额仅次于美国国债。固定收益市场的发展大大推动了美国直接金融体系的发展。美国的资产证券化产品按照基础资产类别分为抵押支持证券（MBS）、资产支持证券（ABS）以及债务担保证券（CDO）。中国的资产证券化产品，市场人士按照所受监管不同，将其分为企业资产证券化产品和信贷资产证券化产品。

从美国的资产证券化市场的发展历史来看，尽管美国的资产证券化发展有很多原因，但是大体可以归为两类。

一是市场无形的手。美国原本直接金融体系就相对发达，在资产证券化市场发展之初，就已经形成了一个以国债、市政债、公司债等为主体品种的极具深度与广度的固定收益市场。随着第二次世界大战之后经济增长黄金时代的来临，各类经济主体对金融的需求更加多样化，不断增长的需求成为金融创新的原动力。同时，美国居民的金融资产中银行存款占比自20世纪70年代以来稳定下降，更多的资金通过保险、基金等方式进入资本市场。美国日益扩大的贸易逆差，使得很多国家持有了巨额的美元，这些美元也以投资国债、股票、公司债券等形式进入了美国资本市场。金融体系中积聚的资金为资产支持证券市场的发展提供了充足的燃料。

二是政府有形的手。美国政府利用金融手段支持个人住宅市场的稳定和发展，成立了两家"政府资助机构"——房利美和房地美，为以合格贷款为基础资产的抵押支持证券提供担保，将联邦政府信用注入产品，消除了抵押支持证券产品的信用风险，大大提高了这类产品对投资者的吸引力。另外，房利美和房地美为合格的抵押贷款设立了一系列条件，提高了整个产业链条的标准化，大大增强了产品的流动性。从发展之初至今，抵押支持证券占所有资产证券化产品的比例一直维持在80%以上的规模，成为资产支持证券市场的中流砥柱。

改革开放以来，我国的金融市场实现了跨越式发展，对实体经济的支持作用日渐加强，在社会融资中扮演的角色日益重要，一个国家如果没有功能齐全并具备一定规模的金融市场，就无法支撑整个国家的经济运行甚至社会稳定。尤其值得关注的是，近些年来银行间市场的快速发展，为固定收益市场建立了良好的基础设施，形成了适合中国国情的市场惯例，培育了扎实的投资者群体。所有这些，为中国资产支持证券市场的发展打下了坚实的基础。从中国的国情来看，中国经济经过30多年的高速发展，原有的金融体系面临着转型的考验。在我国债券市场超常发展的同时，资产证券化市场的发展却障碍重重，这值得我们深入思考和研究。资产证券化与结构化金融作为融资创新安排，企业通过资产而非自身信用融资，或许能够化解金融市场转型过程中的债务难题。

总之，资产证券化在中国是一个新生事物，其发展机遇与挑战并存，风险与收益兼具。对于这类新生事物，我们不应当下一个简单的是非优劣的定论，而应该多花一些时间，认真研究这些事物的特性与本质，努力做到在实践过程中扬长避短；多学习国外的先进经验并结合中国的实际，进行改良与创新，如此才会真正有益于中国资产证券化乃至中国金融市场的健康发展。

杨农

中国银行间市场交易商协会副秘书长

丛 书 序 二

美国自 20 世纪 70 年代以来，出现了以"资产证券化"为现象的金融创新浪潮。此套丛书命名为"结构化金融与证券化系列丛书"，系统引进美国"资产证券化"领域各方面的经验总结，旨在帮助国内金融从业人员理解资产证券化，并且掌握结构化金融这一现代金融技术。

结构化金融兴起于金融创新的时代，至今没有形成固定的概念。法博齐在书中为其下了一个定义：所有能够解决原有金融体系与工具不能够解决的金融需求的创新金融手段。这实际上是将结构化金融与创新金融等同起来。

笔者基于对结构化金融的研究，尝试为结构化金融下一个更为详细的定义，将重心放到"结构化"这一定语之上。结构化体现在两方面：一方面是将部分资产从主体的整体资产负债表中剥离出来，用于进行单独融资；另一方面是针对原本相同的金融产品，通过优先劣后分级、期限分级、总收益互换、购买信用衍生品和利率衍生品等手段，创造出具有不同风险、期限等特征的新型金融产品。这些金融产品源于基础资产，但是表现出与基础资产完全不同的风险收益特征。借助这一技术，华尔街掌握了自行创造本不存在的金融产品的能力，从而拥有了"点石成金"的特异功能。

资产证券化正是结构化金融普遍应用于金融体系的过程。资产证券化充分运用了结构化金融的技术。通过成立特殊目的载体，将信贷资产从银行等信贷企业的资产负债表剥离出来，从而具备了独立的信用特征。利用特殊目的载体基于被剥离的资产属性进行融资，能够使信贷企业实现融资、流动性危机化解、规避监管资本要求等各方面的目的。为满足投资者不同的风险、期限偏好，这些特殊目的载体的负债被进行结构化分级，如优先劣后分级、期限分级等。

然而，结合利用这两种结构化金融手段所进行的金融活动，还不是资产证券化，最多只能称为结构化融资。国内通常将两者混为一谈。很多信托公司通过设立信托计划，收购信贷企业的信贷资产，并且以此为担保，设计不同优先级的产品，分别面向机构投资者与高净值客户进行出售。这难道不是一种资产证券化吗？当然不是。

资产证券化，除了运用结构化金融的技术之外，同时还运用了证券化的技术。证券化的技术包括集中交易化、标准化、规模化、做市商等。证券化的目的在于提高资产的流动性、可分性、可逆性以及价格稳定性。换言之，在于提高资产的货币性。

资产证券化的进程，使得证券与商业银行存款的差别越来越模糊，使得投资银行等新型金融机构与商业银行等传统金融机构业务的差别越来越细微。因此，出现了影子银行的概念。在部分准备金的制度之下，商业银行重要且特殊的功能是创造货币。影子银行的概念，暗示了新型金融机构的货币创造职能。

对于美国而言，影子银行的出现以及货币创造主体的多元化，已经成为现代经济与现代金融的事实，不可避免。但是仍然有很多人对于影子银行与影子货币抱有负面与敌视的观点，将经济与金融中出现的一些不合理的现象归咎于影子银行。这一点在次贷危机中体现得更为明显。抱有这种片面观点的人，总是认为人类能够把影子银行从这个世界根除，他们坚称若没有影子银行，传统商业银行的一些问题就不会产生。金融大师默顿说过，一个国家的金融体系由于社会文化、风俗、科技发展等的不同而有所不同，其中不变的是金融体系所发挥的金融职能。影子银行的出现和存在，根植于人类对于影子银行所发挥的金融职能的需求，既无法替代也无法消除。

资产证券化形成的金融体系，正是影子银行的典型案例。事实上，美国从20世纪70年代以来的金融创新，其主线可以归纳为影子银行的兴起与货币的创新。对于这样的新型体系，我们需要充分研究，在发挥其优点的同时尽量防范其可能会产生的问题。

资产证券化正是新型金融机构创造货币的过程。经济学告诉我们，由于社会主体的流动性偏好，货币属性越强的资产，投资者对于其投资回报的要求越低。资产证券化的从业人员将货币属性较差的基础资产，通过结构化金融与证券化的技术，将其转变为货币属性较强的证券，从而赚取证券与基础资产之间的利差。

在结构化金融与证券化技术的运用之下，众多金融机构也获得了货币创造的能力。这是一项多么重要而伟大的革命。从此，经济体系的一切都发生了变化。当经济学家们还在讨论货币的内生性问题时，华尔街金融从业人员早已经通过"特定合成"的金融工程手法来创造货币而大发其财了。

在新型的货币体系之中，微观的金融产品必然会影响到货币创造，并进而对宏观经济造成重要影响。比如"次贷"，如果只从微观产品层面去理解，则我们很难想象，睿智如格林斯潘，老道如伯南克，会不了解"次贷"产品业务中存在的危险。然而，我们从"次贷"创造货币的角度，从"次贷"将资金从盈余者转移到不足者手中的功能角度，次贷对于美国提高消费倾向，从而解决有效需求不足，拉升美国经济的作用不可替代。

基于对资产证券化的货币创造这一更高层面的理解，本套丛书在选择书目时，除了包括像介绍具体的MBS、ABS、CDO等资产证券化产品的书籍外，还包括介绍像REIT这类在美国金融的话语体系中不被认为是资产证券化产品的书籍，也包括《证券金融》《高收益产品大全》等介绍证券化技术以及债务类证券的书籍。这种选择旨在为读者提供全面的知识框架。

中国当前正处于金融体系证券化的阶段。如前所述，证券化的目的在于提高证券化标的资产的货币属性，从而使得证券化的从业人员得以赚取货币属性不同的资产之间的利差。证券化的核心职能在于将资产未来的现金流贴现到当今。越是稳定的现金流，越是容易被证券化。因此，美国自发出现的证券化体现出从易到难的过程，依次为资产证券化、债务证券化以及股权证券化。

先有资产证券化。这里的资产特指信贷资产。这些信贷资产通常具备小额、分散的特征。通过大量汇集同质的信贷资产，统计学上的"大数法则"发挥了作用，使得这些资产在总体上体现出稳定的现金流。资产证券化最初产生于20世纪70年代。

然后是债务证券化。这里的债务特指低信用主体的无担保债务，也就是美国20世纪80年代兴起的垃圾债（更美化的称呼为"高收益债券"）。高收益债券的发展，使得众多没有资产作为抵押的中小企业获得资本市场宝贵的信贷资金，实现了自身的发展。高收益债券也为那些进行杠杆化收购的小型企业收购大型企业提供了资金支持。这是工业产业界的一场革命。事后多年，很多美国媒体仍然称"垃圾债券之王"米尔肯"重塑了美国经济"。

再就是股权证券化。这里的股权特指创新型的中小企业的股权。美国在20世纪90年代，在格林斯潘期权也就是格林斯潘的超预期货币宽松之下，纳斯达克股市出现了非理性繁荣。股市的非理性繁荣带来了美国创新型经济的发展。创新意味着不确定性。创新型经济的投资回报的离散化特征，使得传统上以降准降息来提高投资诱导的凯恩斯主义失去作用。新一代凯恩斯主义者托宾提出了Q值理论，正是为了解决创新型经济体的投资诱导不足问题。

自20世纪60年代末到90年代末，美国的三波证券化发展轰轰烈烈。金融体系在此过程中也实现了现代化。这在1999年出台的《美国金融服务业现代化法案》中得到肯定。

1999年的纳斯达克崩盘，意味着证券化的发展已成强弩之末，与实体经济出现了重大偏离。格林斯潘其后强行启动的不良资产证券化，即次级房贷资产证券化，目的在于通过金融手段强力拉升经济。无奈实体经济无力支撑，最终导致次贷危机出现。通过伯南克的量化宽松，通过美联储购买MBS、次贷、垃圾债券等手段，强行以证券化维持货币稳定，虽然使得美国经济没有出现20世纪二三十年代那样的大萧条，但是其副作用影响深远。全球经济仍然如履薄冰地处在强行证券化形成的泡沫之上。

中国当前处在经济升级转型的阶段，这一阶段正对应金融体系现代化的阶段。金融现代化何去何从？如果仍然只是从银行和信贷业务着手，基本没有太大的空间了。通过学习借鉴美国的经验与教训，中国可以获得后发优势。事实上，中国这几年以来的"金融大爆炸"，背后隐约可以看到三波证券化的影子。从 2014 年的资产证券化大热到 2015 年的交易所公司债爆发再到 2016 年的股票注册制的期望，都说明了这一点。

中国高速发展的社会，有望将美国 30 年的三波证券化历程浓缩成 10 年左右的发展。在这一证券化的 10 年里，金融机构将会获得巨大的发展机遇。这个证券化的 10 年，又将为多少非金融机构进入金融行业提供机会。

如果 REIT 推出，谁将得利？金融机构还是房地产企业？美国为何推出 REIT？中国会不会推出 REIT？ REIT 与房地产税有何关系？房贷首付降低，如何影响房地产价格？如果为了支持高昂房价，而将首付比例一降再降，月度还款要求一松再松，与美国的次级贷款的趋同将在何时出现？ MBS 与 REIT 相生相克，到底如何影响房地产行业？大金融时代，房地产企业与房地产中介机构能否在金融行业异军突起，取代证券公司成为新型金融中的霸主？

中国的高收益债的推出，对于实体经济有何影响？信托机构是不是事实上发展了中国特有的以房地产企业为偿债主体的高收益债券市场？公司债券市场的发展，会不会影响信托当前的结构化融资的投行类业务？中国未来国企的混合所有制改革，会不会催生杠杆式收购。为杠杆式收购提供夹层资金的高收益产品市场何在？

国人对于新三板充满期待。新三板能否在资产证券化和债务证券化还未充分发展的前提下，形成具备流动性的市场？股权证券化与债务证券化，在发展方面的时间先后顺序会否与美国一样？注册制的推出，如无央行货币对冲，会否出现抛压打压中国主板股市的情况？股票大量供给的预期会否形成"反格林斯潘期权"，即看多期权，在股市上涨时就会出现大量供给，从而压制股价？

中国当前经济，一方面银行货币宽松，资产泡沫岌岌可危；一方面实体经济信贷紧缩，企业破产此起彼伏。这种局面到底是货币政策失灵，还是中国原本就缺乏并且需要新型的货币？会不会是这样的情况：没有现代化的金融体系，就无法供给新型货币。没有新型货币，就无法支持新型经济。因此问题不在于当前的货币政策与工具，问题在于我们缺少当前所没有的货币政策与工具！

从美国的历史来看，新经济的发展就是新金融的发展，这是一个事物的两面。结构化金融与证券化则是新金融的具体体现。因此，本文作者断言，不理解资产证券化，就不可能理解现代金融。不理解现代金融，就不可能理解现代经济。当前的经济与金融问题，需要从结构化金融与证券化的角度，才能找到答案。

微观层面知识与技术的欠缺，使得当前对于经济问题的诊断与解决方案的讨论，缺乏技术与工具层面的讨论，更多的是理念之争，很容易演变成意识形态之间的对抗。

当前国内金融体系日新月异，变化迅速。从业人员在金融实践中隐约感知到了旧有理论与实践存在着的偏差，却缺乏足够的勇气敢于批判自己原先所受过的传统经济学与金融学的教育。

这导致了两种情况的出现。一种情况是所谓跨界的观念，即非金融专业人士能够比金融专业人士对于创新金融更有优势。这是一种明显违背专业分工原理的观念。这一观念的确有着现实基础，那就是非金融专业的人员在突破旧有金融观念的束缚方面，阻力更少。这在一些互联网金融的创新中得到体现。如果我们深入研究美国的证券化，将会发现，今天的很多互联网金融创新，其在金融理念与金融技术层面，根本没有跳出结构化金融与证券化的框架，比如"余额宝"，无非就是美国可用于支付的货币基金即"超级账户"的变种。只不过由于技术的进步，使得投资者通过电话使用货币基金转账支付变成通过手机使用货币基金转账支付。对于结构化金融家而言，货币基金和银行存款，本质上是同一种东西。

另一种情况是金融专业人士仍然抱着传统的观念，不敢越雷池一步，从而不断遭受着非金融专业人士的创新打击与嘲弄。

中国情况的特殊性还在于，我们目前拥有的金融体系无法支持中国经济的雄心壮志。但是对于我们想要获得的金融体系，金融从业人员又缺乏感观的认识与理性的思考。我们在已有的金融体系与经济体系之中待得越久，在这一体系下取得的成就越大，我们就越理所当然地将这些只不过是历史变迁中的特殊体系中的很多现象与原理视为理所当然。除非我们能够放弃原有的经典经济学与金融学的成见，以一种虚心的姿态来重新学习新型经济与新型金融。否则在金融实践方面，金融人士受到非金融人士的挑战与嘲弄将不是一种反常现象。

此套丛书，涉题广泛，自成体系。通读此套丛书，从微观层面，金融从业者能够了解美国自 20 世纪 60 年代以来的各类金融产品创新以及市场发展的逻辑，从而为业务开展提供知识的支持。如果结合美国 20 世纪 70 年代以来的关于华尔街历史典故的通俗读物，如《说谎者的扑克牌》《贼巢》《垃圾债券之王米尔肯》《半路出家的投资银行家》《泥鸽靶》《大空头》等，可以对美国金融行业的证券化发展有着更加直观和透彻的认识。如果能够结合凯恩斯的《就业、利息和货币通论》以及美国 20 世纪中期以后的新型经济学家（此处特指具备深厚金融学修养）如默顿、托宾、克鲁格曼、法玛、席勒等的经典著作，则必然能够对信用货币时代的现代泡沫型经济有着更加全面和准确的理解。

本套丛书，从选题到全部书籍翻译完成，历时数年。众多金融从业背景的翻译者参与其中，希望能够为中国的金融理论与实践提供一些有效的知识供给。

笔者在组织翻译此套"结构化金融与证券化系列丛书"的过程中，得以通读丛书，受益良多，并且形成了自己"新货币论"的观点。以新货币论理论为框架，笔者创作了《财富第三波》，以货币化为主线梳理中国改革开放以来的三十年经济史，指出中国当前正处于普通商品的货币化、房地产的货币化之后的资本的货币化阶段。资本的货币化将为中国创造前所未有的财富机遇。新货币论基于现代金融体系的货币创造规律，认为"一切商品都是货币"及"一切经济问题都是货币问题"。后续为创作《新货币论》，笔者广泛阅读众多西方名家之著作，深叹于其学术之精深广博。希望能够有更多的书籍引进到国内，更希望能有人在消化借鉴西方学术成果的基础上，产生更多源于中国实践并且能够指导中国实践的著作与理论体系。

宋光辉

于上海

译 者 序

资产证券化自 2013 年以来，已经成为中国金融市场的热点。国内在 2005 年前后就已经有过一些资产证券化的实践，当时也曾形成过热点。后来由于国内外金融形势的变化，热度逐渐褪去，一度归于沉寂。也正因为此，目前国内关于资产证券化的书籍与资料相对匮乏。机械工业出版社华章公司引进的这套"结构化金融与证券化系列丛书"正迎合了当前的市场需求，相信对国内资产证券化相关从业人员应有所帮助。

此次与机械工业出版社华章公司合作此套译丛，完全是无心插柳之举。2013 年 5 月，我写作的《资产证券化与结构化金融：超越金融的极限》刚刚成书，当时与机械工业出版社华章公司沟通出版合作事宜。出版新书的合作因为各种原因没有成功，却意外达成了翻译此套丛书的合作。此套丛书内容涉及资产证券化（Asset Securitization）、抵押支持证券（MBS）、资产支持证券（ABS）、债务担保证券（CDO）、信用违约互换（CDS）、杠杆金融（Leveraged Finance）、证券金融（Security Finance）、结构化金融产品（Structured Product）、风险管理（Risk Management）、REIT 等，几乎涵盖了美国金融市场结构化金融及资产证券化的所有领域。

资产证券化作为始于美国的金融产品创新，对美国乃至全球的金融体系都产生了深远的影响。每个人对于资产证券化的理解也是"横看成岭侧成峰，远近高低各不同"。总而言之，可以归结为两类，一类是美国的、正宗的资产证券化，一类是具有中国特色的资产证券化。此套丛书是机械工业出版社华章公司从美国的大量相关书籍中精挑细选出来的，本本都是经典之作，可谓美国资产证券化的"真经"。希望译者有限的水平，不至于歪曲原文的意思。

笔者断言，资产证券化与互联网金融的发展，将对中国的金融体系产生颠覆性的影响。资产证券化是以资产信用替代银行信用，而互联网金融则是以网络虚拟渠道替代银行的实体渠道。两者分别从信用和渠道两个方面，对银行的核心竞争优势领域发起直接冲击。

《全球资产证券化与CDO》一书为该领域的权威人士撰写，数据翔实，论述透彻，充满了对市场的深刻洞察。由于该书前言已对书中所述内容做了提纲式介绍，因此笔者将主要结合中国实践，谈谈自己的粗浅认识，希望能够有助于读者的理解。以下纯属"抛砖引玉"。

证券化自20世纪从美国兴起以来，逐渐扩展到全球其他国家。然而，证券化发展在美国、英国、澳大利亚等英语世界国家的发展状况与非英语世界国家的发展状况，相差巨大。原因何在？是文化原因、法律原因、会计原因，还是其他什么原因？

中国自2008年以来为应对全球金融危机，金融体系在信贷宽松－紧缩－宽松－紧缩这样的波动之中，意外地发展出一支相对独立于银行资产负债表的力量——银行理财。至2015年年末，银行理财产品规模高达23万亿元之巨，如果考虑到很多基金公司与证券公司管理的资产是由银行理财资金最终购买的话，银行理财实际管理的资产远远超过保险业、基金业与证券业的资产管理规模总和。从金融本质而言，介于银行存款与基金之间的银行理财产品与基金产品、CDO产品等有诸多相似之处，但是又表现出了中国特色。这种矛盾的特征也使得银行理财对于中国的资产证券化及中国金融市场而言，既可以成为一支正面的力量，又可以成为负面的力量。从正面而言，理财产品经过引导与规范，能够成为独立于银行体系运作的基金，成为银行业"金融脱媒"的主力军，为证券化产品市场提供充足的"火力"支持。从负面而言，理财产品本身投资的标的，包括债券、非标产品等（尤其是非标产品），与证券化产品形成了直接的竞争，从而将抑制证券化产品市场的发展。

中国的证券化何去何从？政策取舍非常关键。我曾经接触过多位银行业资深人士，他们认为，在中国拥有了完善的银行体系的情况下，资产证券化毫无必要。从发挥金融职能的角度的确如此，因为资产证券化的业务链条从事的就是商业银行的业务。在国外，这些与商业银行从事相同业务的非银行机构，被称为影子银行，影子银行的存在能够提高中国金融体系的整体效率与市场化程度。一方面，商业银行在影子银行的竞争压力下，被迫运用结构化金融等技术进行创新，为实体经济提供服务。另一方面，影子银行的存在，也使得整个金融体系的风险偏好提高，金融机构在逐利的动机与生存的压力之下，容易积累过量风险，这又会将经济体系置于金融危机的隐患之中。证券化推动下的影子银行体系发展的相关利弊需要权衡取舍。如何扬长避短，需要我们详细研究。

中国的证券化能否得到大的发展，既取决于政府的政策，同时又取决于市场的力量。在政策正面导向的前提之下，新兴体系能否在市场竞争中获得超常发展，则取决于是否有适合于新兴的投资银行类机构的发展战略与商业模式。

时至今日，中国缺乏真正的投资银行。当前的资产证券化业务中，作为主承销商的证券公司基本发挥的只是财务顾问与经纪商的角色，并没有运用到华尔街赚钱秘诀"低买、高卖"的精髓。

依笔者实践之体会，金融机构在资产证券化中可以从事三种类型的业务，分别是套利型、证券承销型与通道型。

套利型业务是指投资银行类机构先以自有资金购买各类基础资产，再将基础资产出售给特殊目的载体（SPV），包装成各类优先劣后级的证券产品。投资银行类机构赚取的是基础资产的利率与证券利率的利差。

证券承销型则是证券公司协助拥有基础资产的租赁公司等信贷类机构，通过设立 SPV 发行证券，获得融资。证券公司赚取的是财务顾问费与管理 SPV 的费用。

通道型则是拥有设立并管理 SPV 的信托、证券公司、基金子公司，为其他机构证券化提供载体的设立与后续管理服务，以赚取管理费用。

美国资产证券化中的工商业信贷资产的证券化，采取的是套利型业务模式。债务担保证券的操作方式是管理人先设立 SPV，确定投资标准与分级结构，并且聘请评级机构进行评级，获得评级的各级证券面向资本市场进行融资。融入资金后，SPV 进行建仓，购买市场上的各类金融产品。这些金融产品有可能是非证券类的信贷资产（如 CLO），也可以是证券类的资产（如 CBO）。各级产品按照约定分享来自所购买的基础资产的利息。CDO 的权益级即最低分级的产品，则获得剩余收益。因而，CDO 可以视为权益级投资者发起的套利活动。

中国的资产证券化，产品受到正规监管并且能够在银行间市场或交易所市场进行流通，当前采取的是证券承销型业务模式。拥有基础资产的人先确定基础资产，评级机构根据已确定的基础资产与分级结构对各级产品进行评级，再将获得评级的产品委托主承销商进行销售。

在商业利益的驱动下，有部分"私募型"的资产证券化也开始采取套利型的业务模式。很多商业银行以自有资金购买信托产品，再将信托产品出售给 SPV，并且进行分级，将优先级产品销售给其他金融机构，自己持有权益级产品，以赚取优先级产品与信托产品的利差。

套利型业务与证券承销型业务，谁优谁劣，难以定论，笔者不想武断下结论。读者如果有兴趣可以购买本套丛书的《资产证券化导论》《抵押支持证券：房地产的货币化》《结构化金融手册》《债务担保证券（CDO）：结构与分析》等，细细体味各类基础资产的证券化模式的差别。

套利是金融机构的主要职能之一。通过套利，金融机构能够改善金融体系的效率并获得利润，从而发展自身。从这个角度而言，套利型机构的发展，已成为中国资产证券化发展的关键。中国的金融体系当前存在大量的机会，对于有志成长为投资银行的金融机构而言，这是一种难得的机遇。

本书由韩槊（翻译第 3 ~ 5 章、第 12 章）、宋泽元（翻译第 6 章部分、第 7 章、第 8 章部分）、孙世选（翻译第 1 ~ 2 章、第 9 ~ 11 章）、漆竹兰（翻译第 6 章和第 8 章部分以及书中图表）完成翻译。宋光辉负责协调与统稿。

宋光辉

约翰·迪肯（John Deacon）是瑞银集团伦敦债务融资部的执行总经理，他主要关注资产支持类投资的机遇。

迪肯先生也是 ThorABS 资产支持证券网站（网址：www.ThorABS.com）的共同创办人。

在加入瑞银之前，迪肯先生是格林尼治国民西敏寺银行主要融资业务的负责人。在那里，他负责银行表内合格资产和不良资产的并购与重组。

迪肯先生在欧洲市场和亚洲市场是一个证券化、主要融资和衍生品领域的专家，在伦敦、巴黎和香港是一个投资者、发行人、投资银行家和律师。他拥有在法国、印度尼西亚、意大利、西班牙、泰国、英国和中国香港地区的交易经验，以及在德国、日本、韩国、瑞士、新加坡、瑞典和菲律宾的结构化经验和全球证券化及主要融资的经验。他涉及的产品包括：

- 主要融资；
- 全业务；
- 合成型产品；
- 信用衍生品；
- 结构化衍生品；

- 债券再打包；

- CDO 结构；

- 商业票据通道；

- 资产支持中期票据计划；

- 不良贷款；

- 商业地产抵押贷款；

- 住房抵押贷款；

- 汽车租赁和租售合同；

- 贸易应收款；

- 多户居民不动产；

- 商业不动产；

- PFI 应收款。

迪肯先生是英格兰与威尔士高级法庭的律师和中国香港高级法庭的律师，曾撰写"国际证券化报告"和"国际证券化与结构化金融报告"。他曾受邀在由欧洲货币、AIC 论坛、ICC 及期货与期权世界组织的证券化及信用衍生品行业专家研讨会上发表观点。

最近几年，相比波动的股票市场的下行以及少量的并购活动，固定收益市场在全球金融市场中的重要性日渐凸显。

本书涉及信贷市场两个增长最快的领域：证券化市场及市场信用衍生品和合成产品市场。

本书包含了对于全球证券化、资产支持产品与 CDO 结构的详细叙述，对于合成型和信用衍生品结构的详细分析，新《巴塞尔协议》、全球范围会计准则以及包括美国、英国、澳大利亚在内的多个全球化市场的详细情况介绍。

在过去的数年[⊖]，全球的宏观事件包括：

◆ 欧洲引进欧元；

◆ 互联网泡沫的兴起与破灭；

◆ 全球股票市场的重挫及固定收益市场重要性的增长；

◆ 公司债券市场的重大腐败，包括安然、世通及其他会计丑闻；

◆ "9·11"事件、伊拉克战争。

这些事件导致了市场的重大波动，不仅仅是股票市场，还包括债券市场。

⊖　此书英文版出版于 2004 年。

然而，这些事件给予了资产支持证券市场极好的增长机遇。就历史而言，资产支持证券即使不是反周期性的产品，至少也是在不利形势之下生存下来的产品。

证券化市场产生于美国的储蓄与信贷危机，经过了经济衰退、不利的监管环境、货币危机及内在的复杂性等，表现得越来越强劲。在证券化市场发展过程中出现的每一次"绊脚石"，都会产生新的解决答案并且带来重大的新发展，例如：德国经济经受的重大困难，导致了 2003 年 4 月德国金融部门"真实出售"发起的联合企业来发展证券化。

在美国，证券化稳定且成熟。在欧洲，证券化市场仍然增长快速，但是已经不如以往，投资者基础变宽而信息的流动效率有所提升。亚洲市场依旧更加分割，但是监管者已经引入框架以发展产品。

在最近五六年里，加速的发展包括：

- 法国、德国、希腊、意大利、日本、韩国、马来西亚、葡萄牙、新加坡、南非、西班牙、瑞典、英国和中国台湾出现新的 ABS 相关规定或监管；
- 法国、爱尔兰、卢森堡和英国的欧洲担保债券市场的开创和发展；
- 中国香港和中国台湾与日本、新加坡的 REIT 监管和提案；
- 中国香港、韩国、日本、马来西亚和泰国的抵押贷款公司 ABS 发行的剧增；
- 中国大陆、捷克、印度尼西亚、意大利、日本、韩国和泰国的不良贷款包的出售；
- 新的对破产、会计、税收和证券监管的环欧指引；
- 澳大利亚、英国、德国、日本、新加坡和中国香港的信用衍生品与指引使用的增长；
- ISDA 信用衍生品文件和定义；
- 美国和欧洲对于 ABS 和表外载体的新的会计规则；
- 国际会计准则的重要性增加；
- 德国、马来西亚、菲律宾、新加坡和英国的 ABS 银行资本指引；
- 关于监管资本的新《巴塞尔协议》。

目　录

丛书序一
丛书序二
译者序
作者简介
前言

第 1 章　引言 ··· 1

1.1　证券化的形式 ·· 1

1.2　证券化的理论根据 ································· 5

1.3　全球 ABS 市场 ····································· 8

第 2 章　评级和信用结构 ······················· 16

2.1　评级机构 ··· 16

2.2　信用增强和流动性 ······························ 32

2.3　对冲和提前偿付风险 ·························· 36

第 3 章　交易结构 ·· 45

3.1　资产隔离与真实出售 ·· 45

3.2　SPV 与信托 ··· 52

3.3　离岸中心 ·· 55

3.4　通常使用的离岸司法管辖区 ·· 59

3.5　债券和商业票据融资 ·· 64

3.6　证券法 ·· 66

3.7　美国证券法 ·· 66

3.8　英国证券法 ·· 73

3.9　欧盟证券法 ·· 77

3.10　税收处理 ··· 79

3.11　会计处理 ··· 81

3.12　资本处理 ··· 82

3.13　数据和消费者监管 ··· 83

3.14　监管批准 ··· 84

3.15　管理和系统 ·· 86

第 4 章　投资者的担忧 ·· 90

4.1　投资者信用分析 ·· 90

4.2　合格性准则 ·· 94

4.3　现金流流程 ·· 100

4.4　债券定价和估值 ·· 109

4.5　业绩与报告 ·· 114

第 5 章　资产类别 ·· 120

5.1　ABS：商业和电子交易所买卖商品 ·· 121

5.2　ABS：消费者和信用卡 ·· 123

5.3　债务担保证券 ··· 130

5.4　商业抵押支持证券 ……………………………………………………… 135

5.5　担保债券和德国抵押债券 ……………………………………………… 138

5.6　未来现金流 ……………………………………………………………… 144

5.7　不良贷款 ………………………………………………………………… 145

5.8　房地产投资信托 ………………………………………………………… 149

5.9　重新打包 ………………………………………………………………… 151

5.10　住房抵押贷款证券 ……………………………………………………… 153

5.11　贸易应收账款 …………………………………………………………… 159

5.12　全业务证券化 …………………………………………………………… 162

第 6 章　机遇与挑战 ………………………………………………………… 164

6.1　简介 ……………………………………………………………………… 164

6.2　会计与资本资产负债表改革的重要性 ………………………………… 165

6.3　新《巴塞尔协议》 ……………………………………………………… 169

第 7 章　合成与信用衍生品 ………………………………………………… 172

7.1　合成证券化：信用衍生品 ……………………………………………… 173

7.2　超级优先份额 …………………………………………………………… 177

7.3　合成证券化对投资者的有利点和不利点 ……………………………… 179

7.4　信用衍生品的术语和模式 ……………………………………………… 180

7.5　信用衍生品的使用和定价 ……………………………………………… 181

7.6　结构和重点 ……………………………………………………………… 182

7.7　合成工具的监管资本优势 ……………………………………………… 188

7.8　信用衍生工具的国际资本处理 ………………………………………… 189

第 8 章　全业务证券化 ……………………………………………………… 198

8.1　全业务交易的优势和要求 ……………………………………………… 198

8.2　结构 ……………………………………………………………………… 200

8.3 公司估值 ·· 205

8.4 评级分析 ·· 207

8.5 不同国家的可行性 ·· 208

8.6 对于全业务技术的威胁 ······································ 214

第9章 欧盟 ·· 223

9.1 资产隔离和真实出售 ··· 224

9.2 证券法 ·· 225

9.3 税务处理 ·· 226

9.4 会计处理 ·· 227

9.5 资本处理 ·· 228

9.6 数据保护/保密 ·· 232

9.7 消费者保护 ·· 232

9.8 其他事项 ·· 233

第10章 证券化的会计操作 ····································· 234

10.1 美国会计准则 ··· 235

10.2 英国会计准则 ··· 239

10.3 国际会计准则 ··· 243

10.4 欧盟的影响 ·· 247

第11章 资本 ··· 249

11.1 银行账户 ·· 249

11.2 交易账户 ·· 250

11.3 新《巴塞尔协议》··· 251

11.4 巴塞尔资本套利 ··· 251

11.5 在《巴塞尔协议》下的资产负债表表外处理 ····· 268

11.6 巴塞尔资本处理和新《巴塞尔协议》·················· 272

11.7 针对银行账户风险敞口的资本 ……………………………………………… 278

11.8 应对交易账户风险敞口的资本 ……………………………………………… 293

第 **12** 章 全球证券化市场 …………………………………………………… 295

12.1 阿根廷 …………………………………………………………………………… 295

12.2 澳大利亚 ………………………………………………………………………… 296

12.3 奥地利 …………………………………………………………………………… 300

12.4 比利时 …………………………………………………………………………… 301

12.5 玻利维亚 ………………………………………………………………………… 303

12.6 巴西 ……………………………………………………………………………… 303

12.7 加拿大 …………………………………………………………………………… 305

12.8 智利 ……………………………………………………………………………… 306

12.9 中国大陆 ………………………………………………………………………… 307

12.10 哥伦比亚 ……………………………………………………………………… 309

12.11 捷克共和国 …………………………………………………………………… 310

12.12 丹麦 …………………………………………………………………………… 311

12.13 埃及 …………………………………………………………………………… 313

12.14 芬兰 …………………………………………………………………………… 313

12.15 法国 …………………………………………………………………………… 316

12.16 德国 …………………………………………………………………………… 327

12.17 希腊 …………………………………………………………………………… 337

12.18 中国香港特别行政区 ………………………………………………………… 338

12.19 匈牙利 ………………………………………………………………………… 352

12.20 印度 …………………………………………………………………………… 354

12.21 印度尼西亚 …………………………………………………………………… 358

12.22 爱尔兰 ………………………………………………………………………… 363

12.23 以色列 ………………………………………………………………………… 367

12.24 意大利 ………………………………………………………………………… 367

12.25 日本 …………………………………………………………………………… 371

12.26 韩国 ··· 386

12.27 卢森堡 ··· 391

12.28 马来西亚 ··· 391

12.29 墨西哥 ··· 395

12.30 荷兰 ··· 395

12.31 新西兰 ··· 400

12.32 挪威 ··· 402

12.33 巴基斯坦 ··· 403

12.34 巴拿马 ··· 403

12.35 巴拉圭 ··· 403

12.36 秘鲁 ··· 403

12.37 菲律宾 ··· 404

12.38 波兰 ··· 406

12.39 葡萄牙 ··· 406

12.40 俄罗斯 ··· 409

12.41 苏格兰 ··· 409

12.42 新加坡 ··· 410

12.43 南非 ··· 417

12.44 西班牙 ··· 419

12.45 瑞典 ··· 424

12.46 瑞士 ··· 425

12.47 中国台湾 ··· 428

12.48 泰国 ··· 430

12.49 土耳其 ··· 431

12.50 英国 ··· 432

12.51 美国 ··· 467

12.52 委内瑞拉 ··· 477

第 1 章

引　言

1.1　证券化的形式

1.1.1　什么是证券化

证券化是将起因于发起人（originator，又称"原始权益人"，指创造了应收账款的实体）的基础资产或债权（应收账款）的现金流转变为平滑的还款流，从而使得发起人通过贷款或者发行债务证券（通常被称为资产支持证券，即 ABS）筹集资产支持型资金（asset-backed finance）的过程。证券化本质上是对应收账款的信用，而不是对作为整体的发起人具有有限追索权。证券化融资具有自偿性（self-liquidating）。

对交易的结构安排通常是以一种被称为"真实出售"的旨在将应收账款与发起人的破产风险隔离的方式，将应收账款由发起人转移给一家被称作特殊目的载体（SPV）的新建立的公司。SPV 然后发行 ABS，并通过应收账款的购买价款的方式将收入转移给发起人。购买收入通常低于应收账款的面值。发起人保留应收账款的一些剩余风险作为该 ABS 发行的一种形式上的"信用增进"（例如，通过持有 SPV 发行的次级票据的方式）。在偿还该ABS 后，发起人也将保留从该 SPV 获得就应收账款实现的任何利润的权利，参见图 1-1。

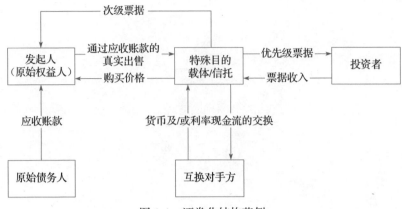

图 1-1　证券化结构范例

为了将 ABS 出售给投资者，大部分 ABS 由一家或更多的信用评级机构评级。证券化结构过程受到评级机构为了给发行的 ABS 赋予特定的评级水平的要求驱动。

不过，这类交易结构掩盖了如下的事实，即证券化是一个概念工具，而不是一种僵死的结构形式，并且已经出现了对核心产品的多种不同的进展和分支。

能够被证券化的资产或现金流彼此间差异很大。市场起初是对在长期消费融资合同（主要是房屋抵押贷款下的应收合同）中规定的未来付款进行证券化。后来，迅速发展成为对较短期融资资产（诸如信用卡或汽车贷款应收账款等）的证券化，也发展成对商业或公司资产（诸如房地产和租赁现金流等）的证券化。

对全球资产支持市场中的证券最广泛的分类如下：

◆ ABS（资产支持证券）；
◆ CDO（债务担保证券，collateralized debt obligation）；
◆ CMBS（商业抵押支持证券，commercial mortgage-backed securities）；
◆ RMBS（住房抵押支持证券，residential mortgage-backed securities）。

这其中，在今天纯粹的证券化市场上的主要证券类别是：

◆ 商业类 ABS（包括 EETC）；

- 消费类 ABS（包括信用卡和消费贷款）；
- CMBS；
- 不良贷款类（NPL）；
- RMBS。

此外，另外一种类型的资产的融资通常是通过运用商业票据（CP）渠道，而不是在长期市场上进行的：

- 应收货款。

其他类型的产品在程度上或大或小地与证券化重叠，模糊了纯粹的证券化市场与其他 ABS 的区别：

- CDO；
- 担保债券（covered bonds）和德国抵押债券（Pfandbriefe）；
- 未来资金流；
- 房地产投资信托基金（REIT）；
- 再打包；
- 合成型；
- 完整业务。

这其中的一些产品（如 CDO）被作为单独的、平行的市场对待，有它们自己的特色。一些产品（如再打包）更为私密，通常不在交易桌上发挥重要作用。还有其他的产品（诸如完整业务和未来资金流等类型的）证券化敞口，运用那些比纯粹的证券化更为复杂的技术，引入了公司信用风险的成分，可能扭曲了 ABS 是真正由特定的资产支持的假设。

1.1.2　证券化的分支

- **CDO**。这种结构主要被分为贷款担保证券（CLO）和债券担保证券

（CBO）交易。CLO 和 CBO 分别将一个完整的贷款或债务证券投资组合重新打包给投资者。CDO 作为通用术语使用，既指 CLO，也指 CBO。在 1996 年 11 月份国民西敏寺市场（NatWest Markets）建立了有创意的 50 亿美元的 Rose Funding 从属参与架构后，20 世纪 90 年代后期一些银行运用 CLO 架构来将贷款从它们的资产负债表中移除。稍后，日本也在运用 CLO 架构。自从 20 世纪 90 年代中期以来，套利型 CBO 结构的使用已经出现了显著的增长。

◆ **担保债券和德国抵押债券**。这些工具最初是以德国抵押债券的形式出现的。德国抵押债券实际上是对被实施资产进行隔离的，但是循环的抵押贷款或公共部门债务中的优先级有担保债务。随着其他欧洲国家陆续开发出对这些工具的使用，它们被统称作担保债券。

◆ **未来资金流**。这些是部分资产支持交易。在交易中是通过预付款超过了当前水平的应收账款的方式来实现融资的，因此发起人对未来的业务承担了风险。那些主权评级上限较低的国家已经广泛地运用了这种技术，以将来自其他国家的高评级债务人的以主要货币计价的应收款项证券化，便于筹集评级高于主权评级上限的债务。因此，这种技术主要在拉丁美洲和亚洲被用于将跨境支付的出口资金流证券化，例如在 20 世纪 80 年代后期为墨西哥电信公司（Telefonos de Mexico，Telmex）安排的参与凭证。该参与凭证参与在墨西哥电信和美国电话电报公司（AT&T）之间的一项国际电信线路使用协议之下的应收账款以及后来为委内瑞拉石油公司（PDVSA）、墨西哥石油公司（Pemex）和巴西石油公司（Petrobras）安排的油气出口应收账款证券化。

◆ REIT。这些是根据特定的法律建立的投资于房地产的工具。最初是在美国，现在发展至日本和新加坡，预计未来在整个亚洲将有进一步的发展。REIT 获得房地产投资并可发行由其资产担保的多种类别的债务。

◆ **再打包**。这些架构是对债务的再打包。在债务中"应收账款"已经处在贷款或债务证券的形式。再打包可能将债务发行计划（如中期票据（MTN）计划）作为一种融资方式，以便为发行的迅速和便捷留出空间。再打包与 CDO 的关键区别是，再打包通常只是将一笔单独的资产或者少量的基础资产再打包，而不是对资产组合进行再打包。

- **合成型工具**。这些结构运用信用衍生品来实现对风险的合成转移（这些结构本身并不实现对资产的真实出售转移，资产并未与发起人的破产风险隔离），常常将合成型工具与对高等级担保品的运用结合起来以确保隔离发起人的破产风险，合成型工具也正在被越来越多地用于 CDO 交易、CMBS 交易和 RMBS 交易。本书第 7 章将对合成型工具进行更为细致的探索。在一些 CDO 的情形中，标的资产本身可能是信用衍生品的形式。

- **完整业务**。这些结构将一个公司实体的全部业务或者全体经营活动的现金流证券化。作为一种担保公司债的形式，完整业务构成公司债券市场与资产支持债券市场之间的一个交叉。本书第 8 章将更为细致地探索完整业务。在英国运用这些结构作为一种收购融资技术之后，这些结构在欧洲和亚洲正日渐兴起。

更进一步地与证券化经常重叠的一个融资领域是私人融资发起（private finance initiative，PFI）的交易。在英国这个名字指的是，通过私人部门筹资来收购政府的资本资产或者完成特定项目，政府则为私人部门提供的服务付费，旨在使得政府能够释放资本或者降低资本负担。

出于会计记录方面的目的，这样的交易往往被作为政府为获得相关服务而支付了报酬，并不作为政府的借款。在英国，这样的交易被用于开发公共设施，意大利则利用这样的交易对诸如房地产和福利缴款等政府资产进行大规模剥离。

1.2 证券化的理论根据

不同的公司进行证券化有着不同的理论根据，但应用最为广泛的有以下几个。

- **资本收益率**。若发起人是一家由于资本充足率的目的而被监管的实体，则可以在被监管的资产负债表之外融资。因为该交易的实质是用现金替代应收账款，而现金在资本充足率方面承载的风险权重为零。因此，发起人可以释放那些本来不得不持有以应对资产违约风险的资本。对于不受监管的发起人来说，权益要求下降则会带来资本收益率的相应提高。

♦ **资产负债表管理**。证券化可以被用于使发起人的资产负债表上的资产货币化，同时发起人不必被迫直接出售这些资产。除了出售给具有同样业务范围的另一家公司或者保理公司，应收账款的最初形式（例如，按揭贷款或者汽车贷款）无法被轻易出售，因此相对缺乏流动性。证券化使得创造更具流动性的 ABS 工具成为可能，这可能有助于企业在长期流动性危机中存活下来，或者只是帮助企业避免在经济周期的错误时点直接出售资产。

♦ **资产负债表表外融资**。证券化可以被用于延伸发起人的资产负债表，因为所筹集的融资将不会全部或部分地作为发起人的法定科目或合并科目的资产负债表上的一个额外项目出现，并且被证券化的资产将被全部或部分地移出资产负债表，这对于企业来说是额外的新融资。或者如果收入的全部或部分被用于偿付现有债务，这将使得企业能够降低其财务杠杆比率，并且企业可以依赖其财务杠杆比率的任何下降以便以更好的条件筹集其未来所需的银行资本。

♦ **融资多样化**。ABS 市场有其自身的投资者基础，其中的一些或者全部可能并不是发起人的业务目前的投资者。不论是由于与发起人不熟悉，还是由于对发起人的信用有顾虑，通过在 ABS 市场上发行，发起人能够接近这种新的客户基础并且扩展自身当前的融资来源。

♦ **银行流动性**。ABS 一个重要的新用途是提高金融机构发起人资产负债表上资产的流动性（使之能够符合银行流动性比率），原因是接受了某些工具作为回购抵押品（例如，西班牙央行 1998 年 6 月宣布抵押贷款支持证券和资产支持证券将有资格作为回购欧洲央行（European Central Bank）的抵押品）。香港按揭证券公司（HKMC）保证抵押贷款支持证券为按揭贷款的发起人重新购得。HKMC 在中国香港的活动提供了有利的资本待遇并体现了出于流动性目的对证券进行再贴现的能力。

◆ **资金成本**。将应收账款与发起人的破产风险隔离，将使得筹集与发起人的信用风险没有关联的资金成为可能。对于一个被看作有着糟糕的信用风险或者低信用评级的发起人，这应当起到改善发起人的总体融资成本或者所能筹集到的融资规模的作用。

◆ **战略规划**。如果发起人此前没有在资本市场发行过证券，对于资本市场投资者来说它可能是一个陌生的名字，利用高信用评级的证券化过程可能使得发起人能够通过发行 ABS 在资本市场上成功亮相并获得良好的声望。

◆ **配对融资**。对资本市场工具的运用使得发起人能够筹集配对融资，使得 ABS 发行的期限与应收账款的期限相匹配（尽管由于对应收账款的提前偿还，这些工具的加权平均寿命很可能显著低于其期限，除非允许替代或补充应收账款）。

◆ **期限**。对配对融资的运用意味着所发行的 ABS 能够（例如，在按揭贷款资产的情形下）是 20 年或 25 年的承诺资金，超过银行放款者通常所能提供的最长融资期限。

◆ **风险转移**。对应收账款的转移也具有转移由违约或逾期导致的应收账款损失风险的效果，使得发起人只剩下其所保留的那部分风险所带来的损失风险。

◆ **系统**。人们也认识到，交易需要的对发起人的系统、承销过程和日常管理的分析，以后可能被证明在持续的业务效率方面对发起人是有利的。

因此，任何特定的证券化过程将在很大程度上取决于应收账款和发起应收账款的司法管辖区的法律和监管制度、发起人的类型（公司、金融机构、政府实体、基金等）以及交易的主要目标（资金成本、释放监管资本、降低杠杆比率等）。

公司的证券化

在公司有未偿还的无担保债务以及证券化债务的情形下，公司对证券化的广泛运用曾经受到指责。

由于证券化债务实际上是优先级有担保债务，其还款仅限于某些资产，提高证券化发行意味着将公司更大比例的资产抵押给了证券化投资者，只有证券化资金池中的剩余权益价值和未证券化的资产会提供给无担保的债权人。因此，该公司的无担保债务的信用质量（以及潜在的信用评级）将会受损。

如果公司进行"整体业务"交易，这将不是个问题，原因是"整体业务"的结构将不允许发行者的其他无担保债务与该交易一起尚未偿付，除非其他无担保债务是次级的，并无法触发对该证券化的违约。通常不大可能在市场上获得该证券化产品。

1.3   全球 ABS 市场

正如前文所描述的，出于衡量市场规模的目的，有多种不一定属于 ABS 的产品被归入其中。同样地，某些特定的部门，诸如在美国发行的机构类证券（该证券具有美国财政部的隐含支持），或者在欠发达的市场发行的国内证券（这些证券通常没有遵守国际跨境发行的标准结构或评级），也可能被包括在内或者排除在外。因此，任何测量必定无法做到万无一失，图 1-2 仅展示了 ABS 跨境新发行的增长，其中不包括美国机构类证券。

如图 1-2 所示，在 ABS 的规模和发展方面，美国显然是这个市场的领导者。然而，近年来 ABS 在欧洲的发行也出现了显著的增长。并且，更为重要的是，这已经成为融资业务一种可接受的方式。ABS 在欧洲市场发展缓慢，是由于那里普遍把证券化看作迫不得已的最后的融资方法，即看作那些无法通过其他任何手段融资的公司运用的方法。因此，证券化不幸地被冠上污名，而随着越来越多的公司运用证券化，这种污名才慢慢消退。

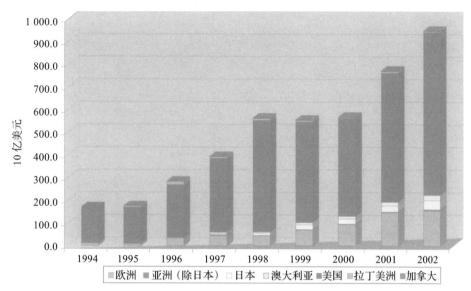

图 1-2　按国别计算的全球资产支持证券每年的新发行规模

资料来源：www.ThorABS.com。

近年来，ABS 在日本和澳大利亚的发行出现显著增长。日本主要是消费贷款和商业租赁融资，澳大利亚主要是一个 RMBS 市场。欧洲和亚洲（除日本）的 ABS 发行也在快速增长。

图 1-3 展示了按照不同的资产类别计算的 ABS 的全球新发行（同样，不包括国内发行和机构债券）。这低估了 RMBS 在全球资产类别格局中的主导地位，由于不包括在美国机构类证券市场的大规模发行，这仅仅展示了 2002 年总的新发行规模的 32.7% 以及消费类 ABS 的 42.3%。随着担保债券技术在英国以及整个欧洲地区的发展，这种对 RMBS 的重要性的保守展示很可能继续下去。担保债券可能排挤掉一些纯粹的 RMBS 发行。但 RMBS 的全球重要性已经在日本反映出来，原因是日本的 RMBS 部门已经出现显著增长，只是迄今为止其重要性尚未在亚洲其他地方体现。在亚洲，其他地方的市场主要为短期的消费资产交易所主导。

亚洲抵押贷款证券化的市场始于中国香港，起初前景广阔。中国香港从 1994 年开始出现了私人跨境发行，而在亚洲金融危机以及政府发起的香港按揭证券公司（HKMC）启动（HKMC 主导了一系列的发行）之后，亚洲按揭贷款市场的发展放慢下来。

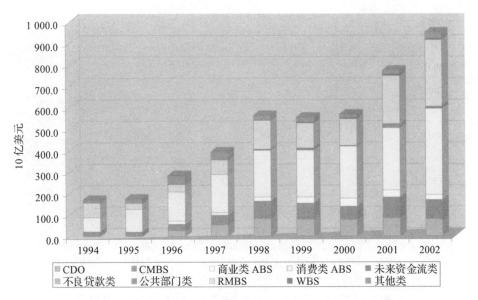

图 1-3　按资产类别计算的全球资产支持证券每年的新发行规模

资料来源：www.ThorABS.com。

尽管如此，RMBS 在全球格局中仍然居主导地位——仅次于消费 ABS（消费 ABS 包括美国汽车和信用卡市场以及其他形式的消费融资）。

CDO 和 CMBS 有着稳定的全球发行规模，但是美国市场的主导者低估了这些部门在欧洲的快速发展。

1.3.1　美国

现代证券化市场开始于美国，是从抵押贷款支持的吉利美（Ginnie Mae）证券发展起来的。美国的投资银行在 20 世纪 70 年代建立了抵押贷款交易部以交易吉利美证券。美国银行（Bank of America）的第一笔个人抵押贷款支持证券发行开始于 1977 年。

1979 年 10 月美国短期利率上升的影响（使得储蓄贷款机构，即"储贷机构"（thrift）的资金成本提高，超出了这些机构从那些主要承受固定的长期利率的抵押贷款上获得的收益）以及随后在 1981 年 9 月通过的对储贷机构的税收减免，规定储贷机构出售抵押贷款资产的损失可以在贷款期限内摊销，并可以由该储贷机构在此前 10 年中缴纳的税款来抵销，从而极大地促进了抵押贷款交易市场的发展。

美国在 20 世纪 80 年代的债务膨胀也推动了证券化市场的发展。第一笔非抵押贷款支持的交易是在 1985 年推出的。美国市场比其他全球证券化市场的规模大得多，流动性更高。2002 年，美国市场上 ABS 产品的新发行显著增加。

1.3.2　加拿大

加拿大有一个巨大的、发达的国内证券化市场。历史上这个市场聚焦于资产支持商业票据（ABCP），而不是长期工具的发行。加拿大离岸市场的发展受到了海外付款的预扣税的阻碍。预计在加拿大和美国重新协商双重征税协议以消除预扣税，为加拿大的交易放开美国投资者基础之后，这种局面将会有所改善。2002 年加拿大证券化市场的发行规模较 2001 年增长了 2%。

1.3.3　拉丁美洲

迄今为止，中南美洲的交易大体集中在未来资金流方式上。此类交易大约占 2002 年该地区发行规模的 60%，发行为国有石油公司如委内瑞拉石油公司、墨西哥石油公司和巴西石油公司等大规模未来资金流计划所主导。在 2000 年出现了发行地理区域的显著转变（1999 年墨西哥占发行规模的 59%，委内瑞拉占 19%，而在 2001 年巴西占到 61%），这些转变集中在这些计划下的发行规模上。

该区域曾经受到经济和政治动荡的困扰，经济和政治动荡为一些司法管辖区的交易带来了困难——尤其是在阿根廷，从 2002 年 1 月起汇率开始贬值。因此，该地区跨境发行规模已经下降，而国内发行规模上升了。

1.3.4　欧洲

自从 1999 年 1 月欧元问世以来，欧洲的 ABS 新发行规模已经出现了显著的增长。以表现平平的 1998 年作为基期，1999 年市场增长了 55%，2000 年市场增长了 36%，2001 年增长了 55%。2002 年增长率较低，为 5%（主要是由于出现负面的绩效之后 CDO 市场放缓），但 2003 年上半年发行规模再度令人瞩目，市场明显超过 2002 年。图 1-4 展示了欧洲 ABS 按国别区分的新发行规模。

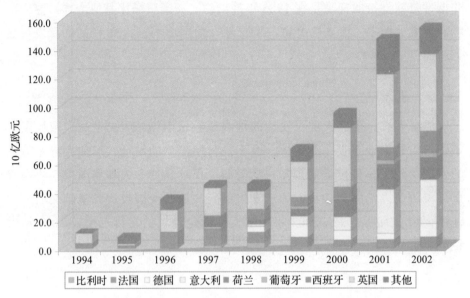

图 1-4　欧洲按国别区分的资产支持证券每年的一级发行规模

资料来源：www.ThorABS.com。

发行的飙升主要是由于英国抵押贷款放款机构的大量标准化的发行以及意大利对证券化的运用的提升。

◆ 尽管欧盟统计局（Eurostat）在 2002 年 7 月裁定（参见第 10 章），但意大利政府仍然继续通过 SCIP、INPS 和 INAIL 交易来广泛地运用证券化，将资产转移出其公共部门的资产负债表。

◆ 意大利的银行和金融机构已经显著提高了它们的发行规模。现在它们既从事 RMBS 和租赁交易，又从事不良贷款交易。

◆ CMBS 的发行已经在整个欧洲范围内出现了增长，企业将银行作为发行渠道，寻求将房地产所有权和对核心业务的再投资的管理进行外包。

这些供应方面的趋势得到投资者对欧元计价证券的强烈兴趣的助推，稍后又得到了欧元货币的价值走强趋势的帮助。尽管 2002 年下半年公司信用市场极其困难，并且在会计要求、新《巴塞尔协议》提议以及 CDO 和 WBS 市场高度降级等方面面临挑战，但 ABS 市场已经被证明是有弹性和创造力的。

　　意大利在商业租赁部门有大量的发行（在一笔交易中综合了房地产、汽车和设备租赁），也出现了包括小企业抵押贷款的混合的 RMBS/CMBS 交易。意大利在通过证券化为公共部门融资方面也起到了带头作用，进行了价值数十亿欧元的 INPS 和 SCIP 交易。

　　图 1-5 展示了按资产计算的欧洲一级发行。

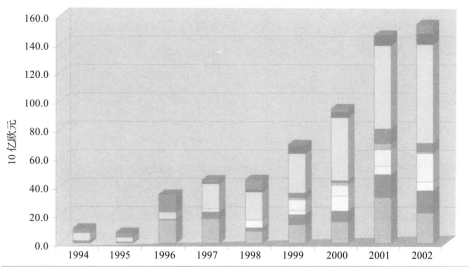

图 1-5　欧洲按资产类别区分的资产支持证券每年的新发行规模
资料来源：www.ThorABS.com。

1.3.5　亚洲和澳大拉西亚[⊖]

亚洲市场经历了显著的变化，包括亚洲金融和货币危机、损害亚洲出口规模的全球经济放缓以及稍后的恐怖主义和非典（SARS）。在考虑跨境发行

　　㊀　Australasia，一个不明确的地理名词，一般指澳大利亚、新西兰及附近南太平洋诸岛，有时也泛指大洋洲和太平洋岛屿。——译者注

方面外汇对冲的成本仍然是一个因素，但是若干亚洲主权国家现在已经重新获得了它们的投资级主权评级上限。新的跨境发行中的大部分得到了专业保险公司所提供的保险覆盖。尽管仍有问题没能得到解决，但是证券化的灵活性已经被证明是持久的，尤其推动了日本的新证券发行的显著增长，日本的新证券发行 2001 年增长了 23%，2002 年增长了 55%。

日本仍然是亚洲跨境市场上的主导因素，其发行量占 2002 年亚洲跨境发行的大约 59%，澳大利亚占据 33%，韩国占 5%。

图 1-6 展示了日本的新证券发行。

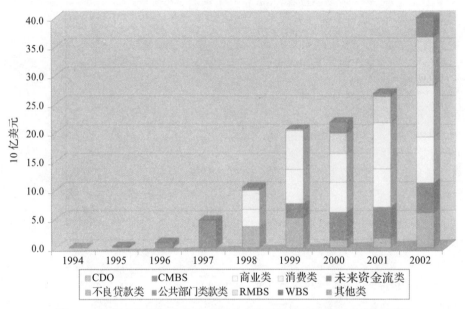

图 1-6　按资产类别区分的日本资产支持证券每年的新证券发行规模
资料来源：www.ThorABS.com。

在韩国，国内发行已经成为一个重要因素，2001 年规模大约在 330 亿美元，2002 年大约在 185 亿美元，如果把韩国国内的发行加到亚洲总的跨境发行规模中，韩国的发行量将占亚洲市场的大约 24%。

澳大利亚市场的发展主要围绕着住房抵押贷款支持产品，高评级档在数量上占优势，原因是运用来自 AAA 评级或 AA 评级的实体的资金池保险来覆盖大部分抵押贷款。亚洲市场的显著驱动因素包括：

◆ 韩国消费信贷繁荣，这导致了信用卡交易的激增；

◆ 新加坡和马来西亚对 CMBS 和 CDO 技术的发展，这两个国家位列最有前途的产品发展区域；

◆ 日本金融部门的持续改进，推动了日本 CDO 市场的复兴，这一次是以合成型工具的形式，而不是资产负债表 CLO 的形式。

亚洲仍然是有希望发展"整体业务"技术的地区，原因在于其有利的破产制度，亚洲破产制度的相关规定与英国类似。

第 2 章

评级和信用结构

2.1 评级机构

在依赖于某些应收账款的表现来实现还款的、由银行提供资金的资产支持融资交易中，每家银行对可能产生于基础应收账款的现金流进行各自的分析，以便确定这些应收账款是否能被按时偿付。然而，证券化市场主体部分的发展是基于银行的"金融脱媒"（disintermediation）。大多数投资者作为资本市场投资者，其若要进行证券化的融资要么通过发行长期债券工具（典型的是浮动利率票据或债券），要么通过发行短期商业票据。

就这一点而言，信用评级机构发挥了重要的作用。信用评级机构通过运用基准信用评级确定一笔特定交易的适当的信用风险和定价，降低了投资者的尽职调查负担。历史上，大多数投资者青睐购买具有较高评级的证券，其中 AAA 评级的证券的发行是最为常见的。不过，当下市场已经扩张到包括了投资者对在评级图谱中评级更低的较高收益产品的兴趣，AA 评级、A 评级和 BBB 评级档的发行已经是司空见惯的，低于投资级的 BB 档以及更低档的证券是较为罕见的，原因是对这些类别证券的需求有限，但是对于此的兴趣在增长。主要的国际信用评级机构有以下 3 家。

◆ 标准普尔（Standard & Poor's）。

- 穆迪投资者服务机构（Moody's Investors Services）。
- 惠誉评级（Fitch Ratings）（惠誉是美国的 Fitch 和欧洲的 IBCA 在 1997 年合并，以及在 2000 年 3 月收购 Duff & Phelps Credit Rating Co. 的结果）。

信用评级机构通过分析应收账款的历史表现数据以及从多年的记录和研究中获得的可比的市场数据，采用不同的方法来确定一笔交易的适当的信用评级和信用增进的程度。

2.1.1　评级过程的结果和分级

评级过程用来提供关于所要求的信用增进水平（以及其他结构性的增级）的看法，以便为一笔交易事项实现特定的评级水平。例如，其结果可能是要求在 AAA 之下 7% 的信用增进，在 AA 之下 4% 的信用增进，在 A 之下 3% 的信用增进以及在 BBB 之下 2% 的信用增进。这意味着，把评级机构考虑的评级场景看作等同于 AAA 压力，运用"违约概率"方法，该交易可能遭受不超过 7% 的损失，这些损失将被信用增进充分覆盖。

对于一个 1 亿欧元的资金池，这将使得交易被分为如下的档。

- A 类 9 300 万欧元票据（评级为 AAA）。
- B 类 300 万欧元票据（评级为 AA）。
- C 类 100 万欧元票据（评级为 A）。
- D 类 100 万欧元票据（评级为 BBB）。
- E 类 200 万欧元票据（由发起人所留存的未评级的第一损失部分）。

将一笔交易分为优先级和次级只是实现必需的信用增进水平的一种方法，后文将更为细致地论述其他的信用增进机制。

2.1.2　评级评估的组成部分

除了分析构成被证券化的池子的应收账款外，评级机构在为一笔交易授予信用评级时还会考虑这笔交易若干其他的风险和特征。在银行提供资金的证券化中，这可能不太重要，因为银行可能对企业的应收账款进行银行自己的尽职调查，从而限制信用评级机构的作用。因此，在这样的交易中，更有可能出现的情况是当事方之间的商业谈判导致妥协，在其中除了承担应收账款的纯粹信用风险，放款行还需承担该交易的其他一些风险（经常包括发起人的某些风险）。许多这样的交易将因此成为某种形式的混合交易：部分证券化加上部分有担保融资。

评级机构需要考虑的其他风险和特征的主要方面如下。

- 补充新的应收账款入池或者用新的应收账款替代原有的应收账款入池的合格标准，以确保随着时间的推移投资组合的质量不会因为有质量较低的资产的加入而降低；
- 流动性风险；
- 货币风险；
- 真实出售（或者其他的资产隔离）以确保将应收账款与发起人的信用风险隔离（参见第 3 章）；
- SPV 的破产隔离，以确保将应收账款与 SPV 的信用风险隔离（参见第 3 章）；
- 税务问题（参见第 3 章）。

为了确保对投资者得到足额及时偿付的可能性的分析（正如基于相关的信用增进水平的基础评级所显示的那样）不受诸如流动性风险或者货币风险等外部风险的干扰，评级机构将寻求隔离和移除这些风险，典型的做法是要求每个风险依次由一个第三方承担。就这一点而言，评级机构在分析这些其他当事方对该结构引入的额外风险时可能运用薄弱环节方法。这将要求评级机构审查付款链条上的每个"环节"的信用评级，并且授予该交易的信用评级等同于最薄弱"环节"的信用评级。因此，承担外部风险之一的实体以及任何持有从应收账款中回收的现金或者承担对于确保对投资者的及时支付必不可少的付款义务的实体，应该是一个有适当评级的实体（即所拥有的评级等于或高于为融资工具本身所寻求的评级）。这包括与 SPV 进行任何对冲交易的互换对手方、提供流动性资金的任何实体、提供对 SPV

义务的覆盖的任何保证人（诸如单一业务保险人）以及持有应收账款款项的任何开户行，除非它们被排除在所授予的评级之外（如在互换独立评级的情形下）。

在某些情形下（例如，被给予某种特定的税收处理的风险），彻底移除一种风险应该是不可能的或者在商业上是不可行的。在这种情形下，评级机构可能视讨论中的风险的性质而定。

如果应收账款的信用增进的一部分是由单一业务保险人提供的担保或保险保单，通常将至少要求来自标准普尔和穆迪的两个投资级评级或更高的评级，而不把该保单考虑在内，这是信用评级机构在基于该单一保险人所保证/保险的风险对该单一保险人自身的信用评级进行的持续评估中的要求。如果该单一保险人并非 AAA 评级，非投资级评级（即投机级评级）可能是可以接受的。

2.1.3 信用评级的意义

信用评级机构给予的评级反映了一个实体的或者是总体的，或者是与一种特定的义务有关的信用风险的程度。

对于标准普尔来说，这反映了该实体对相关的一项或多项义务及时支付利息和本金的能力，或者优先债务的"违约概率"。因此，在最简单的层面上，在该交易的存续期内池子的预期损失等于在交易中所要求呈现的信用增进的规模，因为损失超过这个水平的概率等于优先债务的"违约概率"。基于池子的优先部分所筹集的超过信用增进水平的债务将因此被评级，同时需要经受对该结构的其他特征的分析。

穆迪运用的是一种更为混合的方法，这种方法并非基于优先投资者没有及时收到他们的全额本金及利息的风险，而是更多地倾向于一种"预期损失"方法。该方法反映了投资者在该交易的存续期可能损失的金额，或者在义务中内含的投资风险的程度（既反映了违约概率，也反映了损失程度）。因此，信用增进的水平等于这样的规模，即当减去假设违约的损失严重程度时，预期损失程度降至所要求的评级水平的程度。

惠誉在优先（投资者）层级对违约概率方法给予更高的权重，但是也会考虑损失，尤其是在 DDD 评级水平上的损失，针对 DDD 评级需要着重考虑投资的收回。

可以通过如下的池子思考一个纯粹的"违约概率"方法（或者"频率唯一"法，指的是被评级的债务的违约频率）的结果来展示这些不同方法的区别：在这个池子中的大多数情境下，在交易的存续期中的损失规模不高于 X。因此，损失高于 X 的概率（以及如果因此将信用增进的规模定为 X，该优先债务发生违约的可能性）低于 AAA 评级。然而，如果罕见的情境发生并且该优先债务违约，评级就无法描述投资者预计将损失的规模。损失可能超过信用增进水平的情境有可能是一种世界末日式的情境，在这种情境中损失显著超过信用增进水平。

对比来看，一个纯粹的预期损失方法将寻求证明该投资是一笔好的投资（仅仅是依据信用损失）的可能性来对评级分类。好的投资要么是违约的概率非常小，在这样的违约发生时有着较高的潜在损失；要么是有着较高的违约概率，这样的违约确实发生的话，损失规模极小。

这意味着预期损失需要对该交易架构的能力进行更深入的分析，以应对极端的违约情境，并经历充分的恢复过程，为投资者实现回报。因此要求评级机构更多地聚焦于服务和执行，以及在发起人变得资不抵债并被免除服务商资格后找到替代服务商的能力。

这种方法的另一个后果是，在纯粹的"频率唯一"法下可以依据在特定压力情境下损失达到某些水平的概率来相对容易地对债务分级，而在"预期损失"法下对不同分级的债务的评级本身受到分级过程的影响。运用多重分级并不改变担保品的损失超过某些程度的可能性，但这确实意味着，与一个简单的优先级和权益级的情境相比，损失更集中于较低的分级。在简单的优先级和权益级的情境下，高于权益级的所有损失由优先级票据持有者均等地分担，而不是集中在夹层级或权益持有者手中（对优先级票据持有者有利，但会损害夹层级票据持有者）。在某些情形下，这可能导致由于评级机构所采取的不同方法而在不同的评级机构之间产生套利机会。

基础的分析方法可能受到被评级债务的性质的影响。例如，对次级债务的评级反映了基础的公司信用，若降低等级则反映了较低的回收率，而有担保优先债务若被提高评级则反映了较高的回收率。

2.1.4 评级符号

下面列出了 3 家主要评级机构的主要信用评级符号，也给出了在其他领域（包括银行的财务实力、应收账款服务公司的能力等）的评级符号或分类。评级机构可以对评级附上某些下标以显示其应用，或者显示除了纯粹的信用风险外的要注意的其他警告因素。例如，标准普尔运用的评级符号如下：

r 意味着存在某些市场或其他非信用风险（如外汇风险）；

m 显示货币市场基金评级；

f 显示债券基金评级；

pi 显示公共信息评级（完全基于公共领域中有关某一家公司的信息，例如发布的财务报表）。

对优先级有担保债务的评级通常比对优先级无担保债务的评级高一级，对次级债务的评级通常比对优先级无担保债务的评级低一级或数级。

2.1.5 标准普尔

2.1.5.1 长期债务

- ◆ AAA 极其强劲的及时偿还能力。
- ◆ AA 非常强劲的及时偿还能力。
- ◆ A 强劲的及时偿还能力，但是易受到负面的经济变化的影响。
- ◆ BBB 足够的偿还能力，但是易受到负面的经济变化的影响，是投资级评级中最低的。
- ◆ BB 具投机性但是不太容易受到负面状况的影响，投机级。
- ◆ B 具投机性且更容易受到负面状况的影响。
- ◆ CCC 目前有可能违约，主要与有利的商业、金融和经济状况相关联。
- ◆ CC 目前违约的可能性较高。
- ◆ SD、D 选择性地或总体违约。

标准普尔有时对长期评级附上"＋"或者"－"以显示被评级机构在从 AA 到 CCC 的分类中的相对地位。

2.1.5.2 短期债务

- ◆ A1+ 极其强劲的及时偿还能力，等于 AAA 到 A+。
- ◆ A1 强劲的及时偿还能力，等于 A+ 到 A-。
- ◆ A2 令人满意的及时偿还能力，等于 A 到 BBB。
- ◆ A3 足够的及时偿还能力，等于 BBB 到 BBB-。
- ◆ B 具投机性和可能违约，投机级，等于 BB+ 到 BB-。
- ◆ C 目前有可能违约，与有利的商业、金融和经济状况相关联，投机级，等于 B+ 到 C-。
- ◆ SD、D 选择性地或总体违约。

2.1.6 穆迪

2.1.6.1 长期债务

- ◆ Aaa 质量最高，本金和利息是安全的。
- ◆ Aa 质量很高，保护的范围不如前者大。
- ◆ A 本金和利息是足够安全的。
- ◆ Baa 利息和本金的安全性似乎是足够的，但是可能缺乏某些保护性的成分，最低的投资级评级，有某些投机特征。
- ◆ Ba 对本金和利息有中等的保护，投机级。
- ◆ B 对本金和利息的保护较低。
- ◆ Caa 糟糕的安全性，带来风险因素。
- ◆ Ca 高度的投机性，经常违约。
- ◆ C 极度糟糕。

穆迪有时附上"1"（+）、"2"（中性）或者"3"（-）以表示被评级机构在从 Aa 到 Caa 的分类中的相对地位。

2.1.6.2 短期债务

- ◆ P1 优秀的偿还能力，等于 Aaa 到 A3。

- ◆ P2 强劲的偿还能力，等于 A2+ 到 Baa2。
- ◆ P3 可接受的偿还能力，等于 Baa2 到 Baa3。
- ◆ A3 足够的及时偿还能力，等于 BBB 到 BBB-。
- ◆ **非优质（Not prime）** 低于投资级。

2.1.7 惠誉

2.1.7.1 长期债务

- ◆ **AAA** 极其强劲的及时偿还能力。
- ◆ **AA** 非常强劲的及时偿还能力。
- ◆ **A** 强劲的及时偿还能力，但是易受到负面的经济变化的影响。
- ◆ **BBB** 足够的偿还能力，但是更有可能受到负面的经济状况的损害，是投资级评级中最低的。
- ◆ **BB** 信用风险的可能性在发展，投机级。
- ◆ **B** 显著的信用风险，偿还能力依赖于有利的经济状况。
- ◆ **CCC** 违约有真实的可能性，偿还能力依赖于有利的经济状况。
- ◆ **CC** 违约似乎是很可能的。
- ◆ **C** 违约是迫在眉睫的。
- ◆ **DDD** 违约，实际发生或迫在眉睫的，潜在回收率最高。
- ◆ **DD** 违约，实际发生或迫在眉睫的，50% ～ 90% 的回收率。
- ◆ **D** 违约，实际发生或迫在眉睫的，可能低于 50% 的回收率。

惠誉公司可以对长期评级附上"＋"或者"－"以表示被评级机构在从 AA 到 CCC 的分类中的相对地位。

2.1.7.2 短期债务

- ◆ **F1+** 极其强劲的及时偿还能力，等于 AAA 到 AA-。
- ◆ **F1** 强劲的及时偿还能力，等于 AA- 到 A。
- ◆ **F2** 令人满意的及时偿还能力，等于 A 到 BBB+。

- ◆ **F3** 足够的及时偿还能力，等于 BBB 到 BBB-。
- ◆ **B** 最低的及时偿还能力，容易受到经济状况负面变化的打击，投机级，低于投资级。
- ◆ **C** 违约有真实的可能性，偿还能力依赖于有利的经济状况。
- ◆ **D** 违约，实际发生或迫在眉睫的。

2.1.8 评级的变化

在给予评级的时候，评级机构就表明了各自的观点，但评级并不意味着在未来将一成不变，未来如果形势发生变化，评级机构将重新考虑企业的评级。这从 2002 年 CDO 市场中普通的评级下调可见一斑。在这方面，公司评级和主权评级处在同样的地位。投资者可以看看在 1997 ～ 1998 年亚洲金融危机中，部分东南亚国家遭受的显著的降级，以及随着这场危机的过去，这些国家在 1999 年又被上调评级。

这意味着，总的来说，尽管评级机构在评级时已把已经宣布的和计划中的变化考虑在内，但它们并没有考虑过法律变化（或税收变化）的风险。

关于主权评级要牢记的另一个重点是，在一笔交易结束后，主权评级的变化可能影响到该交易本身的评级，即使该交易本身的信用或结构没有发生恶化。在金融危机期间的亚洲曾出现过这样的情形。

2.1.9 评级过程中的假定

评级机构通常假定一笔交易的当事方将遵守在文件中列出的与之相关的合同义务，并且当事方在文件中的陈述和保证是正确的，在交易中没有欺诈。做出这些假定有一定的必要性，因为不可能基于其他基础对交易进行评级。

2.1.10 评级分析

人们在尝试使更广泛的市场上的信用评级过程标准化，使之符合银行内部的信用评级标准，并试图将一些交易和发行者作为基准（尤其是在信用衍生工具领域）。对于投资组合的评估，人们也在试图使之标准化，试图用公式表示一个工具、头寸或投资组合的在险价值。在险价值（value at risk，VaR）旨在反映这样的工具、头寸或投资组合在如下情况下可能损失的最大金额：①在一定的持有期内；②在一定的置信区间；③基于在一定时期中获取的数据集。VaR 模型通常反映了由于市场价格波动带来的损失（由于市场风险造成的在险价值），也可能反映由于工具债务人（obligor）或对手方的信誉恶化所带来的潜在损失（由于信用风险造成的在险价值）。

在每种情形下，有关的模型都是基于考虑中的工具价值的趋势。模型通常是这样创立的：①通过对价格进行历史绘图并标出不同的百分比；②通过对历史数据建立一个标准差模型（一个协方差、波动性或参数模型）；③通过蒙特卡罗模拟；④通过对当期市场状况的压力测试。这些方法中的每一种有其自身的问题，但目前尚未出现一种单一的标准化方法。以上方法可能存在的问题包括：①耗时过长；②假设对数正态分布，没有显著的偏斜（即分布向一边倾斜）或峰态（即分布的尾部的厚度——薄尾是低峰态的（platykurtic），厚尾是尖峰态的（leptokurtic））；③计算复杂，耗时过长；④性质上是主观武断的。

2.1.11　一般的评级方法

在信用评级机构对交易进行的评级分析中也存在一定的问题，结果是不同的评级机构对不同的资产类别（取决于资产的特征、该交易所能提供的数据以及相关机构对该交易持有的特定看法）运用不同的信用评估方法。在一些情形下可能运用不止一种评估方法。

对于有着大量的消费者的债务人（最低 300 人，但是在实践中对于抵押贷款是 5 000 至 10 000 人以上，对于汽车或消费贷款是 20 000 人以上，对于信用卡贷款比这还多出很多）或者状况持续变化（如应收货款）的投资组合，一般的分析方法如下。

◆ **精算或投资组合基础**　这种方法适用于投资组合对于一个核心的违约状况有合理的风险分布特征（不论是持平、下降或是上升的趋势）、对于任何一位债务人的风险集中是有限的并且不同的债务人的违约之间的相关性有限。这种方法使得能够基于历史信息绘制投资组合随着时间的推移的预期违约和损失。这种方法的实施是基于静态池基础的（通过观察随着时间的推移，多个单独的应收账款池的表现），也能基于动态池基础。若无法获得静态池数据，则同样层级的统计分析将不被允许，这可能意味着做出更多的"最糟糕情形"假定，从而导致更高水平的信用增进。若将之与此前已经分析过的同类的其他池子做对比，则可能发现违约或逾期水平出现激增。

◆ **基准分析法** 基准分析法是对精算方法的延伸，用于某些产品（如抵押贷款）。这些产品随着时间的推移产生大量的观察数据，评级机构可以据此确定一个拥有一定水平的违约和损失的假设的基准池子，并会要求一定水平的信用增进。在这样的情形下，需要将实际的池子与基准进行对比以确定两者之间存在的差异，并相应地调整基准违约或损失水平。

◆ **具体贷款具体分析** 这种方法以反映资产特征的基准信息为基础，为投资组合中的每个资产分别确定违约概率和损失额度百分比。这些数据的产品是那笔贷款的基础信用增进百分比，并且每笔贷款的信用增进数字的加权平均值给出了整体池子的基础信用增进数字。

对于具有较小的数量（最低为 10 人，但是在实践中通常超过 50 人）的债务人的投资组合（如 CLO 或 CBO 交易），一般的分析方法如下。

◆ **单一事件** 单一事件法运用对池中每个资产的评级来确定该池子的加权平均信用评级，然后将该加权平均信用评级作为整个池子的违约概率基准。这种概率的产品以及不同资产类型的标准化的损失数字的产品，可用于计算整个池子的信用增进。

◆ **二项展开式** 这种方法能够实现对所有可能的情境下的预期损失的估计，并旨在比单一事件模型更为精确。池子被看作由反映了该池子的多样性的同质资产或者不相关资产（即每个资产的信用评级等于该池子的加权平均信用评级，面值也相等）组成的。每种可能的情境被建模（一笔违约，两笔违约等）以确定可能产生的预期损失，然后用每种情境发生的概率对这种情境下的损失加权（运用二项式公式计算），再将所产生的加权损失汇总。若池子由若干子池构成，每个子池相对同质，则可以对每个子池分别运用二项展开式，在子池之间进行展开。这种方法也可以应用到池子中的一两个债务人身上，他们的信用风险集中起来超过池子信用风险的 10%，池子中余下部分的风险则更为分散化。

- **蒙特卡罗**　这种方法创造了对具有不同违约特征的大量（数千种）随机情境的模拟，以确定每种情境下的预期损失，然后将这些预期损失综合起来。

对于债权人数量较少的投资组合，所使用的方法通常限于以下这种。

- **薄弱环节法**　该方法常常被用于债务人少于 10 个，以及认为不大可能实现更为分散的风险状况的情况中。在这样的情形下，该池子的评级可能被限制在该池子中的每个单独的债务人的最低评级（除非可以将集中度拆分，使得池子的余下部分的信用风险能够被单独分析）。

其他建模方法可能被用于完整业务交易，或基于资产残值的交易（如船只或飞机）。

2.1.12　级别微调

在给 CDO 交易进行评级时，评级机构能够查看基础资产的评级，或者是来自这些机构本身或其他的 CBO 评级机构，或者是来自银行为 CLO 建立的内部打分系统的评级。然后可以给予这些基础评级以信用，构建一个二项展开式或者蒙特卡罗类型的模型。

评级机构在运用其他评级机构对标的资产的评级的方法上存在差异。惠誉往往把另一家评级机构对标的资产的评级看作与自己的评级标准处在同样的水平上，而标准普尔和穆迪则把来自其他评级机构的评级向下微调，而且在某些情形下将彻底忽视那些评级，并对讨论中的资产自行进行评级。

2.1.13　数据因素

在考虑池子数据时，与违约概率水平有关的关键因素如下。

◆ 老化因素[-]。

◆ 贷款价值比（LTV）。

◆ 发放标准（例如借款者是最优惠客户还是次级客户，是否严格地坚持审批标准）。

◆ 债务收入比。

◆ 分散／集中度（在较小的投资组合中集中度不低于 2% 通常是不受青睐的）。

◆ 地理和行业集中度／债务人的多样性（多样性有助于避免由于任何特定的地区遭受重大事件而引发的灾难性损失，诸如一个主要雇主的破产、一场地震（如神户地震）或者其他自然灾害，或者区域性的税收变化导致特定地区的经济的损失等经济事件）。

◆ 对该池子的拖欠水平以及拖欠水平的趋势（随着时间的推移是向上还是向下）。

在考虑损失程度时需要关注的重要数据因素如下。

◆ 房地产（或者其他相关资产）市场价值的变化。

◆ 地方房地产（或者其他相关资产）市场的流动性。

◆ LTV。

◆ 强制执行的费用。

在确定向该投资组合补充新资产或用新资产替代原有资产的合格标准时

[-]　指资产从发放日起到计算日的存续时间。——译者注

也需要充分考虑这些因素（参见第 4 章）。

2.1.14　压力测试

对于每种分析方法，可以建立一个现金流模型（或者由评级机构建立，或者由牵头经办人机构建立，具体视评级机构的要求而定）以展示该交易中的预计负债方结构，并考虑：

- ◆ 资产方现金流的违约时间安排和规模；
- ◆ 按照评级机构所表明的，回收这些违约的时间安排和规模。

对该模型运行不同的压力测试情境，以确定每种压力可能造成什么影响。这些情境通常假定未来发生不利的情况，诸如总体的经济衰退（这将起到压抑房地产市场价格和回收水平以及提高违约水平的作用）。这些不利假定的严重程度不一，视信用评级的要求而定。在不同的利率和提前偿付率水平上运行现金流模型，以便提供在不同的情境下要被评级的证券的违约表现，以及最终要求的在交易的存续期必须提供的信用增进水平的表现，以便对相关的票据资产规模授予所要求的评级。

2.1.15　流动性

除了评估某个池子的绝对信用，评级现金流模型还有助于确定对于流动性便利覆盖短期的现金短缺的任何要求。在一笔典型的按揭贷款交易中，流动性便利很可能是票据余额的大约 3%。在一笔完整业务交易中，流动性便利很可能旨在覆盖 18 ～ 24 个月的债务还本付息。

2.1.16　获得评级的步骤

向评级机构介绍一笔交易涉及展示：

- ◆ 发起人公司；
- ◆ 规划的交易结构的条款说明书；
- ◆ 数据记录带。

评级机构通常希望能够了解不同的发起方法的静态池数据。这些数据随着时间的推移被按月或按季度开发出来，其中的每个数据将使评级机构能够识别该池子的趋势或变化因素。这些趋势和变化因素可以被用来推断对未来表现的假设。这也使得从较长期的表现中隔离出季节变量（如在圣诞节期间信用卡应收账款生成规模的提高）成为可能。评级机构需要与主办人和发起人探讨数据内容，以便分析任何不同寻常的特色或重要特征。

评级机构很可能要求发起人进行一定程度的尽职调查和验证，并提供数据记录带。数据验证通常是由安排该交易的银行所选择的一家审计机构执行的，通常是通过运用数据采样过程，将数据带条目与最初的贷款文件进行对比，使其达到特定的最高错误率（通常在 2% 左右）的 95% 或者 99% 的置信区间（视讨论中的评级机构的要求而定）来实现的。假定样本没有展示高于某个特定数目的错误（视池子/样本规模、置信区间和错误率参数而定），应当分别设立整个池子的错误率不超过样本的错误率的概率为 95% 或者 99% 的情形（这里假设的是对数正态分布，基于与标准值的平均观测偏差，该平均观测偏差使得 2 个或 3 个标准差能够被标绘出来）。超过规定的错误率水平的数据错误可能导致评级机构对池子数据中的一些领域做出最糟糕情形的假设。

发起人的尽职调查通常是通过实地走访实施的。在实地走访中检查发起人的业务体系并探讨该公司的业务及其行业地位，审查财务预测，并与高级管理层会面。评级机构希望细致地审查信用和贷款发放程序，并通过如下手段追逐项目：①付款托收和执行体系；②会计和审计追踪。

在与评级机构探讨了交易和数据之后，评级机构将给出它们对指示性的信用增进水平的初步评级分析，然后评级机构、主办人和发起人将探讨和协商这些指示性的信用增进水平。随后充分的评级过程和评级委员会将决定最终的评级水平。

2.1.17　公司评级

对于公司评级而言，评级机构可能重新包括某些债务或准债务以形成对被评级机构的观点。因此，一个证券化中留存的低级头寸可能出于评级目的被"总额计算"，应收账款池子和凭借其发行的无追索权债务也会被包括在内，以反映信用风险在次级部分的真实集中度。类似地，通过计算经营租赁的最低应付款项的净现值，可以为经营租赁计算债务的等值金额。

2.1.18　外币和本币主权上限

不同评级机构另一个存在区别的领域是跨境支付领域。每家评级机构会各自确定主权实体的"外币"和"本币"评级。

2.1.18.1　外币

外币评级通常低于本币主权评级，原因是外币评级把主权实体获得足够外币以偿付其本土和离岸的债务的能力考虑在内。外币评级通常作为公司评级或交易评级的上限，因为在主权实体无法获得外币的情境下，公司获得外币的能力很可能由于将对本币实施的转移限制或兑换限制而受到阻碍。

自 1997 年以来，标准普尔已经允许美元化的经济体中的发行者以高于其主权外币评级的评级发行外币证券。

2001 年 6 月 7 日，穆迪宣布放宽运用主权外币评级作为来自相关国家的公司债券发行评级的上限。新的标准检查关注如果相关的政府违约，它是否会对私营部门施加延期付款命令（以及会否影响到该发行者的信誉和获得外汇的能力）。

公司评级绕过主权外币评级上限的最简单的方法是证明有显著的国际业务和非本币的收入来源。这样不论对本币的限制如何，公司都可以利用非本币的收入来源偿付非本币债务。

一笔结构化交易的路线与之相似，实现与总部在国内司法管辖区之外区域的实体的互换或保证（如单一业务保险保单或可兑换的互换），并因此不受相关的主权外币评级的限制（在亚洲应用得颇为广泛的路线曾经是运用诸如国际金融公司（IFC）等跨国组织的资产负债表）。只要不论转移或可兑换施加的限制如何，互换对手方或担保人都有义务支付，那么该交易的评级就可能达到与互换对手方或担保人的评级一样高的程度，并且超出主权外币评级。在未来资金流交易中运用的一种方法是查看出口应收账款池子，这些出口应收账款应当由发起人所在国家之外的债务人支付。倘若这些应收账款在进入发起人所在国家之前就能够被捕获，那么这些应收账款起初就可能从来不会受到主权外币评级的限制。

2.1.18.2　本币

本地评级反映了主权实体偿付以其本币计价的到期债务的能力。由于主权实体对于本币的控制，主权实体要偿还这些债务通常容易得多，因此本币评级几乎总是高于外币评级。

在考虑主权本币评级时，不同评级机构的方法存在着显著的差异。惠誉的观点是，主权实体的本币违约并不会刺激主权实体阻止本土公司偿付本币（这与外币违约不同，在外币违约的情况下，作为更广泛的外汇限制的一部分，主权实体可能寻求阻止本土公司以外币支付）。因此公司或者结构化交易有可能拥有高于主权实体的本币评级。穆迪已经开发了它自己的关于每个国家的"本币指南"，以反映这个国家总体上的政治动荡或经济不稳定的风险。在大多数情形下，这些指南将构成来自这个国家的结构化交易所能达到的最高评级水平。这些评级水平通常比本币主权评级高 3～5 级，结果是超出本币主权评级的评级是有可能的。对本币评级的最严格的方法来自标准普尔。标准普尔认为，主权实体对其本币债务的违约在实践中具有重大意义，有可能对其他国内企业及时偿付的能力造成重大的破坏。但在运用离岸互换或保证的情况下，这可能并不足以打破本币主权评级的上限，离岸付款依赖于对本币的在岸收款（一个吸收了转移或可兑换风险的互换，可能仍然要求互换对手方收到本币（即使当实施限制时货币无法被兑换或调回））。

2.2　信用增强和流动性

2.2.1　信用增强

在确定评级机构对应收账款的信用风险分配一个特定的信用评级时，违约将构成其所要求的信用增强程度的基础。评级机构将运用对于某些负面市场状况具体化的假设，对当期的违约率进行压力测试并确定其对应收账款的表现的影响。要求的评级越高，所假设的负面市场状况将越严苛。

　　在信用增强中的一个进一步的重要因素是，应收账款债务人通过签署合同为应收账款的偿付提供融资的任何房地产、车辆或设备（例如，抵押贷款应收账款为房子融资，或者汽车贷款应收账款为汽车融资）的潜在变现价值所提供的缓和效果。这应当被考虑在内，尤其是当特殊目的载体（SPV）能够获得这个价值（由于该资产的抵押权益，或者该资产本身，也正在被转移给 SPV），并且可以通过要求发起人确保有保险以防范火灾、损害等使该资产恶化的风险来保护这个价值时。在对该房地产或其他资产的出售或者再融资实际上成了投资的一个主要还款来源的情况下（例如，在某些 CMBS 交易中），这尤其重要。在这种情形下可能要求为适当评级的实体购买保单。

　　在考虑了压力水平下的担保品变现之后所造成的违约损失，决定了要使交易被赋予相关的信用评级而需要提供的信用增强的规模。

　　另外，可能也需要对应收账款的基础债务人所在国家的外币评级加以考虑。

2.2.2　信用增强的类型

　　在发起人层面提供信用增强的最通常的方法由对应收账款的"超额利差"（excess spread，指的是从应收账款上获得的总利差，减去交易的资金成本、费用以及信用损失）的初步损失覆盖构成，这往往受到在一笔储备基金中存入已达到一定规模的超额利差的支持（尽管评级机构可能限制可以给予现金储备的信用的规模，现金储备从很低的起点开始，随着时间的推移逐步累积）。

　　随后的举措要么是运用所筹集的资金对应收账款的超额担保（两者之间的差额构成归属于发起人的递延采购价格成分，递延采购价格将在应收账款出现不良表现时被注销），要么是将该交易分成优先级票据和次级票据等类别（其中最为次级的票据类别通常为发起人购买）。

　　在某些司法管辖区，超额担保和抵押采购已被看作可疑的，因为它对某些交易的估值过低，而忽视了其中所包含的资不抵债风险。购买次级票据可能影响到对该交易的资本充足率的处理，因为银行监管机构可能要求将次级票据直接从资本中扣减。

由于对于资本的高效利用的关注程度越来越高，对信用增强的规定将通常按照下面的方式（二者择其一）进行结构化：

- 可以在市场上出售它，以确保发起人能够不必再为该证券持有资本；
- 通过该交易中的超额利差为信用增强提供资金，以避开要求发起人持有资本的相关规定。

另一种越来越流行的、已可以通过资本运用最小化实现额外收入的方式，是在高于市场水平的息票的优先级票据的支持下，在优先的层级上架构一笔仅支付利息的票据（IO，interest only note，该票据是通过从一笔票据中除去部分息票形成应得息票的权利）。由于该 IO 由优先现金流偿付，其将获得较高的信用评级。这些额外的收入可以被来与低级的票据持有的任何资本做对比。尽管对 IO 的估值取决于提前偿付水平的程度（考虑到估值很可能是基于不同的提前偿付情境的预期现金流的净现值），该 IO 可能仍然是可出售的。其他可能被运用的方法是，运用按揭贷款赎回证书或者对超额利差有有限追索权的银行贷款。

一个类似的替代方法是运用来自超额利差的现金流来"快速偿付"低级档，从而使得该分级更具吸引力，更可以向第三方投资者出售。

2.2.3　被保险的交易

除了这些信用增强方式，对于有意向出售的投资者来说，融资的优先级部分仍然没有足够高的信用评级，可能仍然有必要安排进一步的增级。这涉及由单一业务保险人给予担保，有担保优先级工具应付给投资者的金额将被足额按时偿付（一般来说，单一业务保险人将不会担保有关证券的摊销状况，而只是担保在利息到期时支付利息以及在票据发行的最终法定到期日全额支付本金）。所用过的其他方法包括在抵押贷款证券化交易中的池子保单，凭借该保单，实体将提供对一池子抵押贷款的信用保险。

2000 年，随着好莱坞融资 5 号（Hollywood Funding 5）交易的违约，

被保险的交易引起了世人的普遍关注。好莱坞融资 5 号是好莱坞融资 1 号至 6 号交易序列中的一笔。好莱坞融资 2 号是由多业务保险机构 HIH Casualty and General Insurance（HIH）提供保险的，并且由该保险公司在市场上进行了再保险。该保险公司对该保单偿付了索赔，并试图从再保险公司手中要求偿还，但是再保险公司拒绝支付，理由是该保单存在虚假陈述以及违反了相关的担保规定，从而使得保单无效。

美国高等法院在 2000 年 12 月以及上诉法院在 2001 年 5 月 21 日肯定了再保险公司的观点，即认为 HIH 在该保单下没有绝对的、无条件的偿付义务；该保单要经受对保险保单的通常的抗辩。并且，尤其是该保单担保的是拍摄一定数目的电影，而这一点尚未实现。2003 年 2 月 20 日，美国最高法院在 HIH 等诉大通曼哈顿银行等（2003）的案件中坚持认为，对于一笔索赔，承保人能够在合同上放弃其本来不得不拥有的抗辩，除了对欺诈的抗辩。

这些再保险机构之一——新罕布什尔保险公司（New Hampshire Insurance Co.）是美国国际集团（AIG）的一家子公司。AIG 通过其子公司莱克星顿保险公司（Lexington Insurance Co.）担保了好莱坞融资 4 号、5 号和 6 号交易。在 2000 年 12 月高等法院的判决之后，好莱坞融资 5 号出现了资金短缺，并于 2001 年 1 月 26 日（下一次票据付款日）对莱克星顿保单提出了索赔。莱克星顿保险公司中断了理赔，导致该债券被下调评级（此前被标准普尔评为 AAA 级）至 CCC 级，后又调至 D 级。当莱克星顿拒绝承担与好莱坞融资 6 号有关的保单的某些责任时，标准普尔在 2001 年 1 月将好莱坞融资 6 号降至 CCC 级，在 2001 年 3 月 30 日将好莱坞融资 4 号降至 BB 级。

在该交易中，投资者在市场上持续关注将多业务保险机构作为资产支持交易中财务保险的提供者，尤其是，关于能否以这样的方式利用这些保单：使得它们在实践中构成像单一业务保险人提供的那种无条件担保的情况。2003 年 6 月，双方就该交易达成和解。

2.2.4　流动性支持

除了信用风险，应收账款还需承载一定程度的流动性风险，通常是通过一个评级适当的实体提供流动性便利或者运用储备基金来应对这种风险。考虑到商业票据固有的短期性质，在商业票据融资管道架构中这种风险尤其明显。通常评级机构会预期流动性便利完全覆盖该商业票据的到期面值，这可能导致探讨在"部分支持"管道方面（在这种管道中流动性额度不提供全额的信用包裹，并且要求对基础应收账款的信用风险进行评估）对该流动性便利的"借款基础"的适当定义（这是一个动态的数字，代表在一个特定的时点上所提供的能够利用该流动性便利的规模）。

在那些可以选择从发行美国商业票据转变为发行欧洲商业票据的结构中，可能要求一种传动绳便利（swingline facility）来缩短在美国商业票据市场上可提供同日资金供发行与在欧洲商业票据市场上可提供现货资金供发行两者之间的两天的结算差距。

2.3　对冲和提前偿付风险

2.3.1　货币风险 / 基差风险

货币风险及 / 或基差风险可能由于应收账款的计价货币或利息的计算基础与向投资者发行的融资工具的计价货币或利息的计算基础之间的不匹配产生的。这些风险通常传递给一个衍生品或者外汇交易下面的实体，衍生品对手方作为一个评级适宜的实体，或者被一个评级适宜的母体或者其他实体所保证。

通常货币风险和基差风险的对冲将取决于讨论中的应收账款和融资的性质。例如，对于发行短期商业票据融资的短期应收账款证券化，最有可能的将是通过现货和远期外汇交易来对冲。每笔商业票据的发行对面值的折扣与购买应收账款时对面值的折扣相匹配。由抵押贷款应收账款支持的长期债券发行更有可能通过一笔汇拢互换（circus swap）或者一笔利率互换（在这种情况下融资工具的发行币种与基础抵押贷款应收账款的币种相同）来对冲，用抵押贷款的基准利率（通常是一个本土的最优惠银行放款利率）交换融资工具的基准利率（通常是伦敦银行同业拆借（LIBOR）等欧洲市场基准利率）。

2.3.2　转移和可兑换性风险

与货币风险有关的一个领域是应收账款债务人所在国家的外币评级。一般来说，通过运用讨论中的司法管辖区的内部信用增强能为应收账款实现的最高信用评级，被限制在不高于这个国家的外币评级的水平，原因是返还应收账款收款面临转移风险，这可能使得一些形式的外部或离岸信用增强成为必需。这些信用增强能够清晰地覆盖转移或可兑换性风险（如可兑换性互换或者来自单一业务保险人的潜在风险）。在可兑换性互换下，互换供应者同意在岸接收应收账款并离岸支付返还款项（将转移风险传递给互换提供者）。

2.3.3　提前偿付风险

对于应收账款本金的支付，过手结构中是在每个定期的付款日传递给投资者，产生对融资工具摊销的效果。就收到比预定快的付款（即提前付款）而言（例如，由于当房主搬家时全额偿付抵押贷款），这给投资者带来了两种风险。

- **提前偿付风险**　以面值收到本金可能导致投资者的损失，若在提前偿付时该工具的交易价格高于面值，则意味着资产支持证券通常具有负凸性。
- **再投资风险**　提早收到本金将加速摊销过程并降低该融资工具的加权平均寿命，这意味着投资者需要再投资于一种新证券。投资者面临自上次购买以来在再投资上能够赚取的收益率或者息差已经下降的风险。

因此，对于历史提前偿付率和基本趋势（例如，人们搬家可能导致他们的抵押贷款全额提前偿付）的分析是重要的，人们经常做出不同的持续提前偿付率的假设以分析其所产生的影响。

投资者也可以运用其他机制来实现他们对于收到本金的时间的更大的确定性。这些机制包括利用一些特殊的结构，在结构中，基于先快速偿付、再慢速偿付的准则（所收到的本金被首选运用于快速偿付档，其次运用于慢速偿付档）发行不同档的证券。这种机制并没有打算使得慢速偿付票据居于劣后地位，在需要强制执行的情况下快速偿付和慢速偿付票据将保持同样的优先权。这种机制仅仅是缩窄了每个分级的加权平均寿命的预期变化范围。

在许多交易中，可能允许对应收账款进行替代或补充，这涉及运用收到的本金来购买新的应收账款，而不是将融资摊销。除了为投资者提供更多的确定性，还使得发起人能够扩展融资的条款。这可能对一笔交易的总成本造成明显的影响，因为交易成本大部分在前端，诸如主办人、律师、审计师、估价师、评级机构、印刷人员等职务顾问的结构和咨询费。如果融资的期限延长，在将其转换为在融资基数上的年度差额时，这些费用将被大大降低，使得交易对于发起人更具吸引力。

然而，替代和补充在法律层面并非没有复杂性，替代和补充本身可能会涉及交易的法律和结构费。对应收账款的每一次进一步出售都需要实现真实出售，需要定期进行偿付能力验证，以便在每次出售时发起人仍有偿付能力。为了简化这种情况，一些交易将仍然安排出售当前和未来的应收账款，以便在应收账款出现时生效。

需要对已经被提供担保的现有便利的进一步的再贷款的出售进行一些安排，使得进一步的再贷款获得同样担保权益的担保并处在同样的优先级。对于抵押贷款应收账款而言，这尤其是个问题。在抵押贷款应收账款中，应收账款债务人有时候可能有权要求支付进一步的再贷款（强制性的进一步再贷款）。

2.3.4 交易再投资风险

尽管如上文所述，可以运用各种结构设计来为投资者减轻提前偿付和再投资风险，但是在交易中也有一种再投资风险来自在利息偿付期中做出的提前偿付。一旦做出了提前偿付，就会出现一笔相应的利息收入损失，而以融资工具利息形式出现的费用仍将累积直至利息期的期末。在利息期的期间对工具的赎回将导致管理上的复杂性，包括使投资者不断获得对于他们投资状态的评价以及通过所指定的支付代理的网络来进行日常的赎回付款，从而导致投资者的盈亏平衡成本上升。

因此交易当事方之一可能将所收到的款项进行投资以实现回报和缓解该问题，但是，这将受制于当时市场的利率，而不是在最初达成交易时市场上通行的利率。如果交易完成后市场利率已经显著下跌，这可能显著影响到所能实现的回报，可以通过在交易的开始时达成担保投资合同（guaranteed investment contract，GIC）来应对这个问题。当运用 GIC 或者另一种形式的投资时，评级机构将要求该投资是一家适当评级的实体的存款或者是由适当评级的实体发行的票据。

2.3.5 衍生品和国际互换及衍生工具协会主协议

大多数证券化交易包含一些形式的利率对冲及 / 或外汇对冲以应对外汇风险和基差风险。然而，在大多数情形下，对这些衍生品的要求与这些产品的标准市场有所不同。

正如前文所述，在大多数证券化中的互换将以不规律的速度摊销以便与来自对应收账款的本金收款的融资工具的摊销相匹配。这可能意味着，互换必须作为一种走廊互换（走廊互换允许名义互换在一定范围内降低，而不用严格按照固定的安排）而不是作为一种平常的汇拢互换来执行。投资者承担的不确定性因素在定价时将被考虑在内，作为投资者所收到的收益率的一部分。互换对手方所承担的不确定性难以定价，因为大多数对手方希望对于互换的摊销状况有足够的确定性，以便能够在互换的存续期限内对冲收款和付款。对于证券化互换来说，唯一完美的对冲是互换对手方与发起人之间的背对背互换，在证券化中互换对手方常常要求发起人同意达成这样的互换。如果互换被看作对发起人的追索权或者是以场外价格达成的互换，这可能会给该交易的会计处理或资本处理带来问题。在某些情形下，可能以一定的价格提供一种余额保证互换（balance guaranteed swap）（其名义金额将与应收账款池子的金额相匹配）。

评级机构要求互换对手方应当签署非标准合同条款以应对更为广泛的衍生品市场（在更为广泛的衍生品市场上交易通常是在交易的两个当事方有着相对均衡的地位的情况下进行的）。对这些非标准合同条款的规定通常是通过对国际互换及衍生工具协会主协议（ISDA Master）的修改实现的，国际互换及衍生工具协会主协议是标准的衍生品市场合约。

衍生品交易带来了对对手方的风险敞口。风险敞口的规模为在一个时间点上任何正的盯市价值（如果对手方在这个时点违约，这就是潜在的损失）。因为对于两个当事方所达成的不同的交易（与贷款不同），这些风险敞口可能是双向的（即正的和负的），将这些风险敞口加总计算净额后彼此抵销的机制，可以降低在对手方违约的情况下的风险敞口和潜在损失，得以交易更多的业务。

ISDA 是一项主净额结算协议，该协议旨在提供一个框架，使得在该框架下，能够将两个当事方之间与双方达成交易有关的所有的风险敞口被净额结算和担保。在 1987 年、1992 年和 2002 年 ISDA 已经发布了标准形式。当下市场已经从运用 1987 年主协议转变为运用 1992 年主协议，并可能随着时间的推移采用 2002 年主协议。

净额结算是通过在发生违约事件或者提前终止事件后，计算在主协议下达成的所有交易的未来价值方面一个当事方对另一个当事方应付的一个单独的金额（2002 年主协议下的"提前终止"，或者 1992 年主协议下的"结算金额"）实现的。ISDA 主协议要求一方当事方向另一方提供担保以反映在 ISDA 主协议之下所有交易的终止将带来的应付金额，通过签署信用支持附件（或者契约）作为对 ISDA 主协议的补充，为净头寸敞口提供了担保。

在 1992 年的 ISDA 主协议之下的结算金额的计算运用了 ISDA 在选择对手方面所规定的两种方法"损失法"或"市场报价法"中的一种。

对这些金额的计算受到英国上诉法院在澳新银行集团诉法兴银行（ANZ Banking Group v. Societe Generale）一案（上述法院在 2000 年裁定）的裁决的约束，此案与对适用于不可交割远期交易的 ISDA 主协议的"损失"定义的范围内所遭受损失的金额的计算有关。此案涉及在 1998 年 8 月俄罗斯债务违约后，法兴银行在终止其与澳新的 ISDA 主协议时向澳新支付的一笔终止款项所遭受的损失。由于延期付款命令，法兴银行在与一家俄罗斯对手方的对冲中无法索赔，因此法兴银行寻求将其向澳新付款的金额降低，降低的规模是法兴银行遭遇的与该对冲有关的损失金额。英国上诉法院驳回了这一降低付款的要求，所基于的理由是，ISDA 的一个当事方因为对冲对手方的身份或者特定的环境而遭受的损失不在"损失"定义所覆盖的范围内。

在 2000 年 5 月 15 日裁决的百富勤固定收益公司诉罗宾逊百货商店公司一案（Peregrine Fixed Income Ltd. v. Robinson Department Store plc）中，商事法院被要求考虑 ISDA 主协议对在终止时应支付的结算金额的定义。该定义规定，结算金额应当是"为每笔被终止的交易的……损失……对于该损失无法确定市场报价或者（做出决定的当事方理性地相信）不会产生在商业上合理的结果"。该交易提供了罗宾逊向百富勤的持续的单项支付流。由于罗宾逊当时在进行一项债务 - 权益互换，对于他人替代百富勤承担来自罗宾逊的支付流的好处的报价，远远低于该支付流的实际现值——因此**市场报价**远远低于百富勤的实际**损失**。法院认为，罗宾逊（确定付款金额的是罗宾逊）不理睬实际上高得多的**损失**数字是不合理的，并且在 ISDA 主协议对**损失**的定义中没有任何要求在确定**损失**时把当事方的信誉考虑在内的规定。

ISDA 在 2003 年 1 月 8 日发布了 2002 年 ISDA 主协议，ISDA 主协议旨在简化收尾机制，用一种单一的方法确定任何的**提前终止金额**（即"**收尾金额**"），而不是根据旧有的 1992 年 ISDA 主协议来选择"**损失法**"或"**市场报价法**"。这远离了对**损失**的更为广泛的定义，也远离了笨重而正式的**市场报价法**。相反，**收尾金额**是基于替代被终止的交易的实质性条款权的经济等价物的成本或收益以及当事方关于该交易的选择权。如果在商业上这一做法是合理的，则当事方可能没有重复地确认相关的对冲成本。相关的报价、市场数据或内部消息来源可能被用来辅助这个过程。2002 年 ISDA 主协议也包括一个新的"**不可抗力**"终止事件，"**不可抗力**"终止事件有 8 个工作日的"**等待期**"，在"**等待期**"中可以推迟付款和交付，此后交易可能被终止。其他变化包括将"**未能付款**"的宽限期从 3 个工作日降低到 1 个工作日。

根据定义，SPV 不大可能在未来进入更多的交易，因此在标准化的市场交易中运用 ISDA 主协议的主要理由（即降低在许多交易中的总的风险敞口）不存在。不过，由于 ISDA 主协议的市场标准性质，ISDA 主协议仍然被用于记录与 SPV 的交易。这使得修改 ISDA 主协议的若干条款以满足评级机构的要求成为必需。

◆ 包括针对该 SPV 的有限追索权和非请求语言。

◆ 将终止的可能性降至非常有限的情形，原因是在专家结构化的交易中替代互换的市场相对较小（如果互换是一个总收益互换或者是对该 SPV 提供某种程度的信用补贴的其他工具，情况更是如此）。尤其是，通过移除大多数与 SPV 有关的终止事件和违约事件，将限制互换对手方因为 SPV 违约而终止该 ISDA 的能力。这可以被合理地说明，由于 SPV 的破产隔离性质，大部分的潜在终止事件和违约事件不可能发生。通常来说，在涉及一些事件时评级机构将允许互换对手方终止互换，这些事件限于：

- 未能偿付；
- 破产；
- 没有承担义务的合并；
- 非法行为。

◆ 在互换下不应当因为对该 SPV 支付的款项征收预扣税而要求给予补偿，除非能够提供资金用于这种偿付。

◆ 在互换下应当因为对互换对手方做出的偿付征收预扣税而给予补偿，除非在发行说明书中对于缺乏补偿义务向投资者进行了充分的披露。

◆ 互换对手方应当有义务提供担保，或者在其本身被降级至低于某些触发水平时，将互换的转移介绍给一个评级适宜的实体。

◆ 互换对手方可能仅仅将 ISDA 转移给一个评级适宜的实体。

尽管在 ISDA 主协议中没有包含在内，但是评级机构也将聚焦于依据该交易的付款的优先程度对于在互换下应付给互换对手方的任何终止付款（参见第 4 章）进行排名，并且通常允许如下情形。

◆ 互换对手方的违约——互换对手方排在票据之后。

◆ SPV 违约：
  - 互换对手方可能排在它们正在为利率对冲所进行的对冲的票据类别之前；
  - 互换对手方可能与正在为外汇对冲所进行的对冲的票据排在同等地位。

第 13 章提供了有关如下问题的详情。

◆ 期权（包括看涨期权和看跌期权、欧式期权和美式期权、路径依赖期权、敲入期权（knock-in option）与敲出期权（knock-out option）等）、期货、上限（caps）、领子期权（collars）、下限（floors）、净额结算（包括更替净额结算（novation netting）、收尾净额结算（close-out netting）和交割净额结算（settlement netting））。

◆ 一些通常的期权策略，诸如跨式套利（straddle）、宽跨式（strangle option）、蝶式（butterfly）和备兑认购期权（covered call）以及影响期权价值的根本因素，即 delta、gamma、theta 和 vega，以及对互换按市场计价的估值。

2.3.6　信用衍生品

在债券再打包领域，衍生品被广泛运用，通过运用资产互换、总收益互换或权益互换以彻底转变现金流。在不断增长的 CDO 交易领域，衍生品可能在"应收账款"本身的产生中发挥作用，可能通过运用那些将信用风险转移到发起人的账目之外的信用衍生品来形成应收账款，然后由 SPV 对应收账款进行再打包。

信用衍生品旨在通过从对手方收到关于该衍生品的付款来提供防范第三方"参考实体"违约的保护。可能通过如下手段确定对信用衍生品的付款：

◆ 通过扩大特定参考债务相对某个基准债务的息差的程度（或者参考收益率，或者参考价格）（如信用息差期权）；

◆ 通过在一个特定的信用事件（如付款违约或资不抵债）之后关于参考实体的参考债务的回收价值（如信用违约互换或信用联结票据）；

◆ 通过将信用风险与市场风险结合起来（如总收益互换）。

可以对信用衍生品提供资金（如信用联结票据的情形，在其中对手方在前端为全部的名义价值提供资金，如果信用事件发生，对手方将收到一个降低了的付款额）或者不提供资金（如在信用违约互换的情形下）。就这一点而言，在衍生品对手方对任何所要求的付款进行支付之前，被提供资金的信用衍生品不承担信用衍生品对手方的剩余信用风险。因此，向 SPV 发行一笔信用联结票据，通过 SPV 在前端支付的方式融资，这实际上起到的作用可能是将参考实体的违约风险转移给该 SPV，而发行者不承担该 SPV 的信用风险。

如果为了资本充足率的目的承认这种类型的信用转移，那么给发行者带来的资本好处可能与真实出售所能实现的好处类似。在许多方面，这种形式的结构模仿了融资从属参与（也可以受益于有利的资本处理）的结构。但是也意味着，在评估向 SPV 付款的可能性时该发行者是一个从属的评级，除非交易架构旨在应对该问题。

本书第 7 章详尽地考察了对信用衍生品的运用。

本书第 13 章提供了与在信用衍生品中运用的信用风险建模有关的术语，诸如偏斜、峰态、VaR、蒙特卡罗模拟、信用矩阵（credit metrics）、风险矩阵（risk metrics）、信用风险 + 以及相关性风险。

第 3 章

交 易 结 构

关于问题资产的司法管辖严重影响了交易的结构。不同的地区法规和税收要求对于交易结构的影响，将在第 12 章详细论述。本章仅讨论交易结构本身的特性。

3.1 资产隔离与真实出售

要想保证相关债务证券或银行融资证券所产生的债务具有流通性，其中的一个关键就是让相关评级机构分析相关应收账款的信用风险，该应收账款的信用风险不受发行问题应收账款机构风险的影响，从而使发行交易与发行机构的信用相脱钩。因此，在大多数完全由资产作为基础的证券交易中，就其涉及的发行人作为投资组合服务商的持续义务而言，发行人的信用可靠程度仅仅作为间接关注（在不发达的市场，若发行人作为服务商的任命被终止且找不到替代的服务商，可以任命一个实体为备用服务商，保证代替服务商的位置），这可以使融资工具的信用等级高于发行人自身的信用等级。然而，对与应收账款本身有关的详细历史业绩数据加以整理，可以评估融资工具所附的信用风险。

为了保证这种处置方法可行，证券化交易通常会试图根据与应收账款有关的法律制度，实现"真实出售"，该术语通常被用来描述证券化应收账款以一定的方式出售，以保证它们与发行人的破产或无力偿债相隔离。其中通常包括依据应收账款的适用法律并根据应收账款销售协议进行的应收账款销售。销售的应收账款应由发行人保证它们满足一定的合格标准，违反该保证将导致发行人有义务回购违规的应收账款。

另外，可以通过担保利益、信托或其他设置（如担保贷款）将证券化的资产或业务的控制权转让给第三方（如信托人），这可被称为"真实的控制"。其目的是保证证券化票据的持有人可以控制执行程序的方式和时间，并优先于其他债权人获取证券化资产的收益。

确切地说，真实出售如何受到影响取决于相关法律制度的要求。例如，在某些司法管辖区出售应收账款时，卖方需通知每个债务人：他们拥有的应收账款已经被出售，当有大量的债务人或者债务人变更频繁时，这个任务可能特别繁重（例如，在应收账款交易结构中）。事实上，对于需要通知债务人的任何管理问题，发行人都无一例外地会寻求避免通知的方法，因为这可能会影响到他们与债务人之间持续的业务关系。

如果不能避免发出通知，可以使用双层结构，成立一个特殊目的载体，作为发行人的子公司，然而该特殊目的载体与发行人是破产隔离的。将应收账款转让给第一特殊目的载体需要通知债务人，但是由于该 SPV 是发行人的子公司，因此对债务人的影响很可能不明显。实施应收账款的第二次转让（从第一 SPV 到第二 SPV）时无须通知债务人。

在某些司法管辖区，可通过定期财务报告附注的方式，采用公平无害的形式发出通知，该方式相对便宜且易于实施。

美国使用双层结构的改进方式（虽然不是作为改善通知要求的一种手段），应收账款首先转让给发起人拥有的 SPV，然后转让给信托。当为了税收目的将应收账款保留在发起人的集团内，以销售的第二步实现会计（通用会计准则（GAAP））销售并因税收目的的认定其为借贷时（因此，不用明确因集团外的资产处置而发生的资本利得），这可以使发行人在首次出售时无须信用增级（SPV 股权资本化至必要的信用增强的程度），从而实现资本额充足的真实出售和风险分析平台（RAP）的销售（规定了不能使用受监管的实体）。

在其他一些司法管辖区，因规定了发行人向 SPV 提供信用增级，导致一些真实出售分析的问题，发行人也会使用类似的结构。然而，发行人按面值出售应收账款给第一 SPV，第一 SPV 再将应收账款出售给第二 SPV，然后发行人购买第二 SPV 发行的次级票据，或向第二 SPV 提供另一种形式的信用增强。

然而，在许多司法管辖区，单一的销售可能是法律的真实出售、会计销售和监管销售，而税务处理未必会产生应课税收益（例如，按应收账款的面值进行税务处理）。因此，在美国以外地区，为了应对其他当地法律问题，而使用双层结构建立一个本国 SPV 和一个海外 SPV 的做法已经受到了严格的限制。例如，在意大利，使用一个根据"130 法案"成立的公司，可以使发行人免去将应收账款的转让通知债务人的义务，否则，发行人要履行该通知义务；或者，在一些国家（如泰国和澳大利亚），使用本国的 SPV，可以避免因直接出售应收账款给海外实体而被征收相关税费。

由于应收账款的转让需要征得每个客户的同意，并且将应收账款合同中发行人的义务转移给 SPV，因此实现英国法律要求的应收账款的资产隔离的最常用的手段是使用不常用的业务更替的替代方法进行转让。大多数的法律制度中有同等的转让方法。然而，一些因素，如某些司法管辖区的通知转让的要求、破产清算的风险和税收方面的考虑（例如，发行人转移应收账款销售税收或处置应收账款的资本利得税收），已经导致销售替代品的出现，如代位取得、从属参与或有抵押物的有限追索权的贷款。在每一种情况下，用于实现真实出售或其他隔离应收账款现金流的方法都将要面对这些风险。

英国的转让机制列表中近期新增加了一项重要的机制：应收账款信托声明。在 Don King Productions Inc. v. Warren and others（1998）一案之前，已经在信用卡交易中使用信托声明这一转让机制创造出集成信托方式结构。在此案中，法院通过主张信托声明与转让的性质不同，同时禁止转让条款限制了相应资产的转让，但不能将禁止转让条款扩张适用于信托声明（根据合同解释），从而支持使用各种合同利益上的信托声明。

1998 年 4 月，住友在极光贷款担保债券（CLO）交易中首次使用规避转移性限制的信托声明。从那以后，英国金融服务管理局（FSA）发布了指导方针，明确认可信托声明的使用可以作为因资金目的而发生的资产负债表外的资产转让的一种方式。由于使用这种机制来规避禁止转让的可能性以及信托用来处理循环的应收账款资金池和高效的利润提取的灵活性，我们已经看到信托结构具有重要的活力。在英国以外地区（特别是在那些信托没有被承认的司法管辖区），根据地区法院一贯的做事原则，不可能使用信托声明这种方式。

破产解除风险

每个司法管辖区有着自己的一套关于无力偿还债务的企业的破产规定，规定了发行人的破产管理人在公司发生的交易可能以某种方式损害其他债权人的利益时该如何处理。英国法中的实例产生于 1986 年的《破产法》，内容包括发生公司清盘和欺诈性信用交易后价值被低估的交易、选择次序、欺诈债权人的交易、负有烦琐条件财产的免责说明、已订立的交易的撤销。交易情况需要非常明确，该确定性可以保证任何此类破产制度都不会导致交易的平仓。

重新定性风险

在许多司法管辖区，主要的应收账款销售协议都可能存在重新定性的风险，例如，法律认为该协议中发行人的权利和义务并不是意图实现应收账款的实际销售，而是利用应收账款来作为贷款的担保。

抵押贷款结构的缺点有两方面，一方面，当发行人破产或即将破产时，上述司法管辖区关于自动中止或延期的法规将阻止任何形式应收账款销售的实现，或与应收账款有关的强制执行程序的实施。

另一方面，在许多司法管辖区，对于应收账款的销售有着更为正式、详细的要求，例如在获取担保物权时，需要遵守登记要求。如果没有遵守这些要求，可能导致该假定的担保物权无效，而在发行人破产时，应收账款的购买者只能提出无担保的索赔。在某些司法管辖区（如美国），可以进行保护登记备案来防范这种风险。然而，在其他一些司法管辖区（如英国），做这种备案的事实本身会导致该交易成为一项担保贷款，而不是销售。这种做法可能损害任何意图进行的资产负债表外项目的处理。

一项转让是否被重新定性为担保物权，取决于具体的司法管辖区域（通常起诉发起人要求清算发起人企业和反对应收账款转让的诉讼更有可能发生在发起人成立地的司法管辖区)。在大多数司法管辖区,法官若想坚持该观点需要考虑许多因素,例如:

- 如何描述转让,并且在整个交易文件中是否一贯地使用该描述;
- 发行人重新获取证券化资产的权利;
- 风险水平和与资产的收益或损失有关的属于发行人的报酬;
- 某些情况下,发行人追索权的形式(例如,追索权是否采用延期购买价或次级票据的形式)。

实质合并风险

在某些司法管辖区,特别是美国,若 SPV 与发行人的资产和管理没有明显区分的,法院很有可能会适用实质合并原则,在发行人破产时,有效地刺破公司使 SPV 与发行人相分离的面纱,并且认定 SPV 的资产可以用于支付发行人的债权人提出的索赔。在不涉及欺诈的英国法律管辖下,该风险是很小的。

如果在出售后,现金收款仍然支付给发行人,并且该收款与发行人的其他款项相混合,同样有必要解决混合风险,以防止在发行人破产时投资者损失收款。

延期偿付 / 自动中止

上述的司法管辖权可以防止与应收账款有关的任何形式的执行程序。当资产的所有权没有被转移给 SPV 时,通常这只与担保贷款结构有关(或是被重新定性为担保贷款结构的真实交易结构)。

若按照美国破产法第 11 章的程序递交破产申请,则美国有许多自动中止条款可以使用,该条款阻止了大多数的债权人正在进行的执行程序。在美国的担保贷款结构中,这可能需要远程实体作为借款人介入破产程序。

与此相反,英国法律中延期诉讼仅限于破产管理诉讼开始后担保债权人申请执行的终止。债权人对发行人或者实质上的全部资产享有浮动抵押的利益,债权人可以任命破产管理人这一事实限制了延期诉讼的效果,这将阻碍破产管理。然而，英国"公司法"和 2000 年新的"破产法"为英国延期诉讼提供了一种新的制度，分别限制了破产管理人的使用。英国延期诉讼的有限使用已经成为英国担保贷款结构背后的商业房地产抵押贷款支持证券（CMBS）和整个商业交易快速发展的关键原因。

关于发行人为隔离 3 种风险提供保证的有限追索权贷款的担保贷款结构以及 SPV 为了投资人的利益以其自有资产提供的担保权益，英国法律中主要涉及 4 种类型，即抵押、押记、质押和留置。一般而言，只有抵押和押记与证券化特别相关，因为留置不是根据合同双方的心意，而是由法律操作创设的，并且只能够对可以物质占有的项目创设质押（不包括无形资产，如应收账款）。然而，由于质押可以对可转让票据（如不记名承兑票据）创设有效的担保，因此它们可能出现在重新包装的结构中。即使在这种情况下，通常还是会优先选择押记，因为如果质押人重新占有质押票据，质押将被取消。因此经常可以在源于民法法系管辖的重新包装组合中发现它们的使用，或者通过该司法管辖区的结算系统（如欧洲结算系统）持有它们，因为民法法系提倡不同形式的担保。特别是，民法法系不承认浮动押记，而在英国法中，为了 SPV 的利益，经常对发行人所有财产（为了担保贷款结构）的全面押记使用浮动押记，或者为了投资人的利益，经常对 SPV 的所有财产的全面押记使用浮动押记。如上文所述，押记这种形式也会阻止破产管理人的任命和破产管理诉讼的开始（如上所述，其会导致延期或阻止强制执行担保）。

担保贷款协议中，如果资产上的担保实际上是投资者的本金还款的来源（缺乏发行人的重新融资资金），将需要考虑实现强制执行和现金流所需的时间长度。

3.1.1　消极担保

进一步考虑抵押贷款相关的问题：发行人目前的贷款或资本市场文件中可能存在消极担保条款。消极担保经常出现在未担保的贷款中，并且经常由承诺在没有寻求相关贷款人同意的情况下不对发行人的资产创设担保，或授予贷款人相同名次的担保（通常，除了有关发行人每日结算业务的某些允许的协议）构成。在某些情况下，资本市场消极担保的限制更少，并且仅限制发行人对其后续发行的债务工具创设担保的能力。消极担保的相关规定是发行人在贷款协议中承诺，在没有获得资产的市场价值的情况下，当资产价值超过一定数额，或超过其总资产价值的一定比例时，不处置资产。

如果市场价值条件未达到，该条款可以阻止真实出售交易。此类条款的存在与否，和它们设定的精确限制，可以导致一项预期抵押贷款交易被构造为真实交易，反之亦然。

3.1.2　抵销

在大多数司法管辖区，使用不涉及向所转让（如英国法中的"沉默"或非通知的公平转让）的应收账款债务人发出通知的转让方法具有一定的效果。其中最主要的是，在将转让通知债务人前，债务人可以持续拥有抵销权，该抵销权可以使其使用发行人所欠的任何金额的欠款，以满足债务人所欠的应收账款。最明显的例子是客户用其存在发行人处的存款抵销其在发行人处的抵押贷款。由于 SPV 只购买了抵押贷款，任何抵押贷款中应付金额的减少都是 SPV 资产的直接减少。

如果发行人已承诺对提供给客户的货物（如租赁给客户的相关设备）进行维修，且如果事实上没有提供维修服务，客户可能会拒绝付款，这时风险也会上升。在法律规定保护消费者的情况下，风险也可能上升（如在英国，根据 1974 年《消费者信贷法》第 s.75 条规定，消费者以信用方式购买物品，例如使用信用卡，如果物品存在缺陷，该消费者可以对销售者提出抗辩，同时可以对信用卡发卡机构提出相同的抗辩）。

围绕这一风险，最简单的结构化设计是从担保应收账款中将存在抵销或维修义务、发行人提供保证支持的有风险的应收账款排除，使这些抵销权不复存在。当遭受这种风险的应收账款构成了投资组合中很大的一个部分时，这种设计可能不可行。

在许多司法管辖区，如果当地法律要求与销售者进行公平交易（如英国 1977 年的《不公平合同条款法》或 1999 年的《消费者合同中的不公平条款法》），虽然发行人可能要求相互放弃权利，但是从债务人处获得抵销权的放弃经常是有可能的，该抵销权的放弃在排除债务人名义上的抵销能力中是有法律效力的。除非该弃权声明书理所当然地包含在发行人的标准文件中，否则，这可能需要更换发行人的标准格式，或获得每个债务人单独签名的弃权声明书。

对于存款抵销的进一步选择是让一个不同于发行人的公司实体开展接受存款的活动。最为典型的是抵销需要债权和债务指向同一实体，因此这经常会阻止债务人用存款抗衡应收账款。

如果抵销能被完全排除，那么可能会要求一个适当等级的主体给予与潜在的最大额度的抵销数额相等的现金存款，或担保，或补偿。通常在任何情况下都需要发行人给予补偿，但如果发行人是适当等级的主体，或者由适当等级的主体提供打包保证，将仅由发行人本身接受该补偿。

3.2　SPV 与信托

典型的应收账款购买者是指特殊目的载体、特殊目的的公司或特殊目的实体（分别简称 SPV、SPC、SPE）。SPV 将被建立用于"破产隔离"，换句话说，宣告破产或无力偿债的风险是极其有限的，如果可能发生，"破产隔离"将使应收账款与发行人的无力偿债风险相隔离，对购买者则不需要进行额外的信用分析。

破产隔离通过关键因素的组合确定，具体包括以下几种。

◆ 在零税收或低税收司法管辖区或者在税务机关同意并设定固定税收金额的司法管辖区建立 SPV，这样就避开了当地税务机关的潜在的税收支付要求。这将防止税务机关借口未支付税收而清算公司。在证券化结构中，任何应支付的剩余税收都可以通过维持现金储备的方式保留。

◆ 确保 SPV 没有任何雇员和增值税纳税义务，进而确保 SPV 没有任何优先债务负担。这需要分包出所有功能，同时也是证券化结构复杂的一个原因。所有与 SPV 配套的功能都需要有服务协议，各方要为每项服务订立合约。这些服务中最重要的是应收账款组合（如应收账款的收款和强制执行）和现金管理服务，以确保各方根据付款的优先顺序正确运用所收到的现金（参见第 4 章）。通常由发行人作为服务商来承担该项服务（如果发行人不是金融机构，为了实现现金管理功能，可能会保留单独的现金管理人）。图 3-1 描述了 SPV 与交易各方的关系的合同结构。

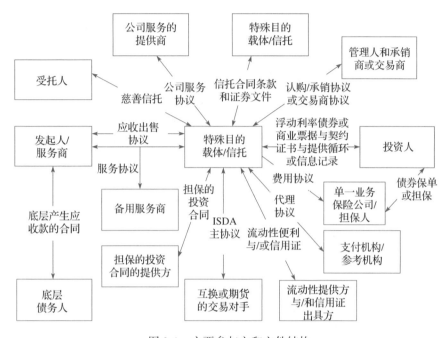

图 3-1　主要参与方和文件结构

◆ 要求 SPV 的所有债权人根据证券化签署一份书面的承诺，同意他们的索赔要求仅限于对现金的追索权，该现金可用于根据服务协议或其他与证券化现金流有关的合同文件支付他们的索赔（参见第 4 章），并且同意在 SPV 内部使用所有收益后，再偿清所有的未付款（在英国交易中使用该类措辞）。同时，在付清主要投资者的债务前，他们不会起诉要求强制执行任何应支付给他们的款项或试图清算 SPV（这就是所谓的"非申诉"措辞）。

◆ 禁止 SPV 从事商业或上述交易以外的债务——SPV 承诺不从事任何商业或承担任何合同义务，与证券化本身相关的义务除外。

◆ 通过如下方式确保 SPV 不会与发行人或其他任何一方发生实质合并。

　● 为 SPV 提供独立的董事和股东。需要有独立的董事，其并不与其他管理者有交集，这可以避免技术性破产。

- 令 SPV 采用"孤儿公司"的形式，由慈善信托或具有其他目的的信托托管人持有其股份。除了可以排除股东试图清算 SPV，或者使用 SPV 从事其他可能影响其破产隔离属性的商业行为的可能性，还可以帮助独立股东进一步降低 SPV 与发行人实质合并的风险，或在发行人或安排人的资产负债表中避免任何关于 SPV 的会计或资本合并的关注。
- 限制公司在其公司章程中规定的范围内从事上述交易。

确保 SPV 破产隔离创造了对服务提供者（包括 SPV 的管理者和其他服务人员）的需求。通常会聘请公司服务提供商为 SPV 提供独立董事和股东。

3.2.1　司法管辖区的选择

除了税收上的破产隔离问题，当地具体的监管要求也会影响 SPV 公司的司法管辖区选择，通常这些监管要求与资产的转让或真实出售有关。例如，如果购买根据"130 法案"成立的公司（一个意大利 SPV），那么意大利"130 法案"对于应收账款转让会做出更简单的要求。正是由于这个原因，许多交易宁愿面对更复杂的税收处理，也要坚持使用本国 SPV（即 SPV 与资产在同一司法管辖区）。特别是涉及住宅或商业抵押支持贷款的交易，由于对土地权益转让的限制及其复杂性，交易者通常会使用本国 SPV。

与融资工具发行相关的证券法要求也与司法管辖区的选择相关。某些司法管辖区对于意图发行上市工具的公司会设定关于公司交易记录和盈利情况最低期限的要求（通常是 2 ～ 3 年）。由于 SPV 是即将成立并被设计为只产生名义利润的公司，因此任何类似的要求都可能存在问题。后文将对在一些最受欢迎的海外司法管辖区建立 SPV 做简要的概述。

3.2.2　SPV 公司的替代物

在某些交易中，由信托或者信托持股的 SPV 购买应收账款。在"共有权益"结构中，作为一种将应收账款分为一定数量的股份的方法使用，以便

SPV 和发行人通过信托分别占有一部分股份。如果应收账款数量在不同的时期会产生重大变化，上述方法通常是分配股份最方便的办法，以至于 SPV 可以从一个固定数额的应收账款上获得收益，该固定的应收账款数额相对于总应收账款数额，每个时期有一个百分比的变动（即"浮动分配比例"）。信用卡交易中经常使用这种方法。

当不容易从投资组合中单独划分出应收账款，使得在法律上应收账款很难被转让时，也可使用共有权益结构，以便将其换成转让整个投资组合中的共有权益。在英国相关法律中，这种结构存在未转让应收账款所有人权益的风险，除非对于整个投资组合有一个明确的信托，否则在常见的整个投资组合中，可以将股份转让至 SPV，看作从租赁中获取的权益。

使用信托会有一些会计或税收上的好处。在英国，如果信托是单一受益人的信托，那么要求信托财务透明，但如果一项信托被认为是一项集体投资计划，它将面临不利税收或监管的处理。

在某些司法管辖区（如比利时和法国），法律规定本国 SPV 要采用一种基金或单位信托基金的形式，该形式下的 SPV 基于其资产组合向投资人发行参与"单位"，并由管理公司进行管理。

3.3 离岸中心

海外财务中心（即当地国家以外的中心）由于在证券化交易中提供的税收上的优惠，被广泛用于资产证券化和重新打包交易。资产证券化在结构上被设计为，在不增加集合资产的额外成本的情况下，将证券化资产与发行人相隔离。通常在有效管理和集合资产中最棘手的问题是税收，主要形式有已获得的相关资产的扣缴所得税、资产销售的转让税（如印花税）、债券或其他融资发行的公司税和所得税。

前面两种税收问题主要是通过本国的 SPV 或银行或设计用于最小化税收的其他方式的结构形式处理。如果使用本国 SPV，也就没有必要建立海外 SPV，公司税和债券级预扣税问题只与境内水平相关。

然而，如果证券法限制境内公司发行证券，或规定特别的发行方式或方法，或将扣缴所得税捆绑发行时，海外 SPV 作为一个债券发行的载体，与境内 SPV 同样重要。在某些情况下，由于境内 SPV 面临一定的税收处理或破产隔离的管辖，基本上很难使用，海外 SPV 则可使交易结构简单化。如果相关资产免征扣缴所得税和转让税，采用证券的形式就是重新包装最常用的方式。

海外中心分为两大阵营：

- ◆ 低税收或自由中心（如爱尔兰、卢森堡或荷兰）；
- ◆ "避税"天堂（如加勒比和海峡群岛的中心）。

自由中心通常可利用双重税收协定（荷兰和爱尔兰最为流行），而大多数的避税天堂没有这种协定。国际资产支持证券市场不需要利用双重税收协定，这些市场上的交易经常使用开曼群岛或泽西岛的海外中心作为主要的司法管辖区以成立 SPV。开曼群岛已经被广泛地用于在美国和亚洲市场闭市后进行交易，而泽西岛和开曼群岛都被用于在欧洲市场闭市后进行交易。

3.3.1　选择司法管辖区的理由

关于选择成立海外 SPV 的司法管辖区的决定要考虑下列因素的影响。

- ◆ 税收问题。如前节所述，设立 SPV 的司法管辖区通常是零税收，或者税务机关同意并设定固定税收金额，以至于在证券化结构中，该部分现金数额可以作为现金储备被保留。
- ◆ 证券法。如前节所述，某些司法管辖区对于意图发行上市工具的公司会设定对于交易记录和盈利情况的最低期限要求（通常是 2 ～ 3 年），也有的是对于最低资本的要求。
- ◆ 司法管辖区充分确定的、已成立并且灵活的司法制度重视交易中涉及的评级机构，可以解决破产、有限追索权、非诉等方面的许多评级问题。
- ◆ 政治稳定。

因此，没有或只有有限的扣缴所得税和公司税，以及拥有完全自由的证券法和稳定的政府的司法管辖区是设立海外 SPV 的主要选择，在这些地区可以进行有效的融资交易，而不会出现大量的税收流失。

3.3.2 不同司法管辖区的采用

每个司法管辖区都有自己的公司形式，然而，在大多数的避税天堂，一般使用 3 种公司形式。

◆ 境内公司是税务居民，并在避税天堂经营业务；
◆ 豁免公司（也被称为"黄铜板"公司），该类公司在避税天堂没有业务，完全在海外经营；
◆ 国际商务公司（1984 年在英属维京群岛首次成立），按名义税率在本地征税，允许利润输送回国或海外持股，根据境内关于控制海外公司的规定，不产生税收义务。

大多数海外司法管辖区通常都有的一个问题是公司设立的相对速度和简单性。典型地，海外司法管辖区都准备了管理和秘书服务功能的条款，并能提供注册地址。通常，这些区域在几天内就可以成立一个公司，一般不超过一个星期（如果需要，有时隔夜就可以设立公司），并且和境内司法管辖区相比，海外中心有更高效的年度报税流程，对于其他现行的公司文件的审核也更为迅速。

因此，成立 SPV 过程中最昂贵的收费项目当属当地法律顾问以及代理人费用，他们可帮助设立公司并提供关于 SPV 所在的司法管辖区的法律通常如何影响交易的建议。

虽然理论上会对公司的基本面提出较高的要求，并且要求公司有相应的费用或利润为首先进行证券化交易的 SPV（作为一个与发行人或安排人有区别的合法实体）创造合法的利益，但在大多数司法管辖区，最低股本要求通常只是名义上的。虽然在经济方面，股本可看作交易的支出，并且在成本方面，该股本最终将由发行人承担，但是可能需要通过服务提供方直接向 SPV 支付。服务提供方向 SPV 派驻管理者董事，以避免发行人向 SPV 投入股本，并因此成为 SPV 的所有者。

3.3.3　新的发展

长期以来，避税天堂被看作一种国际金融体系的可行的代理逃税的方式，并且由于其还涉及贩毒、洗钱和其他非法活动，避税天堂遭到了来自经合组织（OECD）的成员的谴责。

1998 年，OECD 报告因为缺乏相应的金融法规和监管，同时还存在信息不透明和交流不够通畅情况下所带来的避税天堂在税收方面不恰当的优势，宣布对避税天堂司法管辖区实行制裁。

2000 年 7 月 26 日，OECD 反有害税收实践论坛公布了 38 个海外中心的名单，并威胁如果它们在 1 年内不承诺对其管辖区内的金融事务进行信息交流，就要对它们进行经济制裁。在被广泛用于证券化的司法管辖区中，百慕大、开曼群岛、特拉华州、爱尔兰、纳闽岛、卢森堡、毛里求斯和荷兰没有上名单，而英属维京群岛和泽西岛都在名单上，名单上还有根西岛、马恩岛、列支敦士登、利比里亚、摩纳哥和巴拿马等。

OECD 计划采取的行动直到 2001 年 7 月与美国达成妥协后，才得到美国有限的支持，美国以不对避税天堂构建它们税收政策的方式施加限制为条件，支持 OECD 的行动，并且该行动推迟至 2001 年 12 月才开始实施。

最终的名单于 2002 年 4 月 18 日公布，而且只包含了 7 个保留的不合作司法管辖区，其他 31 个司法管辖区都已做出关于信息透明和交流的承诺。被认定为不合作的 7 个司法管辖区分别是：

安道尔；

列支敦士登公国；

利比里亚；

摩纳哥公国；

马绍尔群岛共和国；

瑙鲁共和国；

瓦努阿图共和国。

（瓦努阿图共和国于 2003 年 5 月 20 日被从名单中去除。）

美国在遭受 2001 年 9 月 11 日的恐怖袭击后，要求实施反恐怖主义法，并冻结恐怖主义分子的银行账户。这也刺激了名单上那些不遵守反洗钱金融工作特别工作组（FATF）提出的反洗钱建议的国家。

3.4　通常使用的离岸司法管辖区

3.4.1　百慕大

百慕大的法律体系大量参照英国法的普通法体系。根据法律要求，投资者可以在百慕大设立本地公司（它们在本地交易）或税务免除公司（它们在海外交易）。其中，税务免除公司可以获得政府免除征税的承诺。

3.4.1.1　税收待遇

印花税 / 登记费用等：与百慕大无关的资产免征印花税。

预扣税：没有预扣税。

利得税：没有利得税。

3.4.1.2　监管机构批准

建立百慕大税务免除公司需要获得百慕大金融管理局的批准。

3.4.2　英属维京群岛

英属维京群岛（BVI）由于对公司成立的要求简单，是世界上最受欢迎的成立海外公司的司法管辖区，但是它一直没有像其他的司法管辖区那样被广泛用于证券化交易。1984 年，BVI 是首个引进国际商业公司（IBC）的司法管辖区。BVI 的法律大量遵循英国法的普通法体系。

税收待遇

印花税 / 登记费用等：免征印花税。

利得税：国际商业公司免征利得税。

3.4.3　开曼群岛

开曼群岛的法律大量遵循英国法的普通法体系。开曼群岛由于其高水平的有效管理服务和友好的交易法律制度，或许是最受欢迎的成立 SPV 的司法管辖区。公司可以是普通公司（在开曼群岛开展业务）、非居民普通公司（不在开曼群岛开展业务）或是豁免公司（不在开曼群岛开展业务，并且可能不在开曼群岛公开发行证券）。豁免公司可以获得行政当局总督的承诺：未来 20 年的税收征收不适用于该 SPV。

3.4.3.1   资产隔离和真实交易

延期 / 自动中止：在开曼群岛没有延期或破产管理诉讼。

3.4.3.2   税收待遇

印花税 / 登记费用等：除对开曼群岛的房地产转让征收印花税外，象征性征税。

预扣税：没有预扣税。

利得税：没有利得税。

增值税：没有增值税。

其他税收问题：没有其他相关税收。

3.4.3.3   其他问题

在开曼群岛，根据 1987 年的《公司法（修正案）》，如果公司有偿付能力，股息可以从任何资本溢价账户中支付（另外，股息通常也可以从可分配利润中支付）。

在开曼群岛，可以建立有限期限的实体，帮助美国完成对其财务透明度的分析。

根据 1997 年的《特殊目的信托（替代制度）法》，引进了特殊目的信托（它不需要有可识别的受益人或受益人团体），确立了非慈善目的信托的合法性（作为用于证券化的典型慈善信托的替代，根据英国法律，慈善信托是唯一被允许没有可识别的收益人的信托）。

3.4.4   特拉华州

美国东海岸的特拉华州作为一个司法管辖区受到美国商业票据渠道发行

人的欢迎。特拉华州有到目前为止最为成熟的公司法，其立法的确定性和灵活性使其成为美国备受欢迎的用于设立进行资产支持证券交易的 SPV 的司法管辖区。

税收待遇

　　利得税：机构通常以有限责任公司的形式在特拉华州成立，没有在特拉华州开展贸易的机构免征特拉华州的州利得税。

3.4.5　爱尔兰

　　爱尔兰已经成为设立 SPV 的几个主要选择之一，这主要由于以下几个原因。

- ◆ 税收制度有利于爱尔兰的证券化 SPV（特别是在国际金融服务中心（IFSC）经营的公司（位于都柏林港区的公司））。
- ◆ 基于以下事实：爱尔兰是欧盟国家，可从欧盟监管机构的批准中受益。
- ◆ 爱尔兰是避免双重征税协定的缔约国之一（这与许多避税天堂不同）。

　　爱尔兰的详细资料请见第 12 章。

3.4.6　泽西

　　泽西的法律大量遵循英国法的普通法体系。在泽西成立公司可以采用普通公司、豁免公司或 IBC 等形式。IBC 意图从这些可控的外国公司立法中收益，在这些法律规定下，将公司在某个国家已经缴纳税收的利润汇回其在他国的母公司时，可以免税。

3.4.6.1　证券法

　　在泽西，豁免公司和 IBC 不能向公众发行证券。

3.4.6.2　税收待遇

　　预扣税：税务居民企业对非泽西资源毛收入支付利息。豁免公司免征预扣税。

利得税：在泽西成立的公司或在泽西被管理和控制的企业，被认为是泽西的税收居民企业，需要支付 20% 的利得税，但若该公司是豁免公司或 IBC 则不用。豁免公司免交泽西利得税，但在泽西开展业务获取的利润需交利得税。泽西的 IBC 有义务为非国际业务缴纳 30% 的利得税，而其国际业务的利得税会下降 0.5% ～ 2%。

增值税：没有增值税。

3.4.6.3 监管机构批准

在泽西成立的公司（包括豁免公司）发行任何证券或流通的招股说明书都需要获得泽西金融服务监察委员会的批准，一般两周内可以获得批准。但需要小心确保 SPV 发行的有权参与利润分配的票据不会被认定为集体投资基金（此类基金将会受到更多的法律监管）。

3.4.6.4 其他事项

1996 年生效的（泽西）《信托法》（第 3 次修订）引入了特殊目的信托（不需要有可识别的受益人或受益人团体），确立了非慈善目的信托的合法性（作为用于证券化的典型慈善信托的替代，根据英国法律，慈善信托是唯一被允许没有可识别的收益人的信托）。虽然在某些情况下，泽西允许机构没有审计人员，但是通常都要求泽西的公司进行审计。

3.4.7 纳闽岛

位于婆罗洲北部海岸的纳闽岛是马来西亚的领土，于 1990 年被确立为国际离岸金融中心（IOFC）。因此，在处理与马来西亚的交易时，此地的公司可以享受一定的优惠。

税收待遇

预扣税：没有预扣税。就来自马来西亚海外的利息支付的预扣税而言，纳闽岛的 SPV 被视为马来西亚居民企业，并且因此可以就其收到的付款免征预扣税。

增值税：没有。

其他税收问题：有双重征税协定。

3.4.8　卢森堡

卢森堡作为设立海外存款银行和重新包装机构的司法管辖区倍受青睐。关于卢森堡的详细资料请见第 12 章。

3.4.9　毛里求斯

毛里求斯是非洲和马达加斯加东海岸的海外金融中心，位于印度洋。毛里求斯是混合法律体制，其民法以法国法为基础，而信托法具有英国法风格。毛里求斯由于其避免双重征税协定的优势，成为成立 SPV 的司法管辖区的上佳之选。在这里，可以以海外公司或国际公司的形式设立公司。

3.4.9.1　税收待遇

预扣税：没有预扣税。

利得税：国际公司无须缴纳利得税。1998 年 7 月 1 日以前成立的离岸公司可以灵活选择不缴纳利得税，或按照不同税率缴纳利得税，利得税税率最高可达 35%。1998 年 7 月 1 日以后成立的离岸公司需按 15% 的税率缴纳利得税，但可以获得 90% 的税收抵免。

其他税收问题：毛里求斯有广泛的避免双重征税协定。海外投资者特别多地使用毛里求斯与印度之间的税收协定，因为该协定允许毛里求斯的居民企业（为此目的，在毛里求斯纳税的企业，包括选择支付名义税率的海外公司可以被认定为毛里求斯的居民企业）将其在印度获得的资本收益汇回毛里求斯，从而免征印度的资本利得税（虽然印度当局试图打击使用该条款）。毛里求斯与卢森堡、南非和新加坡之间的税收协定使征收的预扣税降到了 0。

3.4.9.2　监管批准

离岸公司必须获得毛里求斯离岸业务活动管理局（MOBAA）签发的离

岸证书。

3.4.9.3　其他事项

账目需要审计。

3.4.10　荷兰

荷兰由于其特殊的税收和预扣税制度，长期成为设立财务子公司的较优选择。大量的证券化、特别是重新包装以及交易在这里进行，主要由于：

- ◆ SPV 可以随时获得关于其应交税额的规定；
- ◆ 荷兰是欧盟国家，可从欧盟监管机构的批准中受益；
- ◆ 荷兰是避免双重征税协定网络中的一员（与许多避税天堂不同）。

关于荷兰的更多详细资料请见第 12 章。

3.5　债券和商业票据融资

资产担保证券的投资者市场在美国是最大、最复杂的市场（参见第 1 章）。因此，许多特殊的创新或不同寻常的交易（尤其是大笔的交易），都被销售给美国的投资者。

然而实际情况是，美国根据《证券法》《证券交易法》和 1982 年《税收公平和财政责任法》（TEFRA）等对相关交易提出了各种繁杂的要求。因此，在美国，许多发行结构都被设计成规避美国证券交易委员会（SEC）的登记要求。配售经常只面向富有经验的美国投资者，例如 144A 规则安全港制度规定的合格机构投资者（QIB），根据 S 条例安全港制度规定在海外销售的剩余证券可以使用投资公司规定的豁免。

一般来说，由于预估的加权平均寿命和相关支付风险的不确定性，资产担保工具倾向于发行收益率会超过普通资本市场收益率的票据。鉴于评级机构批准的证券化结构的强劲属性，投资者通常愿意接受一定程度的风险以换取发行票据的可观收益。

　　虽然，在许多交易中，不匹配交易已经结算，如通过发行长期债券、渠道或结构化投资工具（SIV）的结构进行融资的短期贸易应收账款，但是，选择短期商业票据还是长期债券或浮动利率债券（FRN）作为融资工具，通常是由涉及的应收账款的属性决定的（换句话说，应收账款是短期还是长期）。另外，如信用卡应收账款类的资产（任何时候都不存在法定到期日），典型地使用包含不同种类的不匹配结构，允许在初始的循环期间进行补充，并且在运行期内分期偿还。许多美国住房抵押贷款证券化为了与住房抵押贷款的固定利率相匹配，都通过固定利率债券融资。由于大多数英国和中国香港的住房抵押贷款都承担付款利率，因此英国和中国香港的大多数住房抵押贷款交易都通过浮动利率债券之类的浮动利率工具融资。

　　其他相关的因素则根据具体的交易情况涉及获取或避免。商业票据通常采用私募的方式，并且很少披露应收账款的属性，而大多数美国和欧洲债券的发行都在美国证券交易委员会登记，或在伦敦或卢森堡等国际交易市场上市，公众可以获取交易文件。

　　同时，由于商业票据要求支付的贴现率通常比长期证券的利率低，在正收益曲线环境下，通常可以获得比伦敦银行同业拆借利率（LIBOR）还要低的利率，因此交易的发行人更愿意选择发行商业票据。

　　商业票据发行人需要建立知名度和一定的群聚效应，还要有为投资人提供转投资的能力，这将可以创造商业票据的渠道。这些都可以通过一个SPV来完成，其从许多不同的发行人那里购买应收账款，然后将应收账款重新打包，用以担保其发行的商业票据。在某些情况下，这些渠道商可以很简单地处理来自大量发行人的短期贸易应收账款，在另一些情况下，重新打包的应收账款具有广泛性，从短期到长期消费应收账款、到债券、再到其他资本市场工具，莫不如是。由于美国商业票据市场在资产抵押板块上的流动性，许多渠道商都在此发行商业票据。然而，还有一些渠道商改为在欧洲商业票据市场融资，或在不同市场间进行转换（为了根据实时的商业票据利息进行套利）。

　　商业票据渠道商正逐渐融入需要循环融资的较大的多元化融资解决方案。为了避免剩余结构中的预付风险或波动性风险，渠道商可以同时使用商业票据份额和债券份额。

3.6　证券法

证券发行需要遵守的相关法律法规通常取决于发行人或标的资产所在的国家。然而以下几点需要格外提请关注。

- ◆ 美国的相关规定可能对其他地区的证券发行产生影响。
- ◆ 许多向欧洲投资者发行的证券都通过"伦敦金融城"进行市场推广和销售。
- ◆ 欧盟正在迅速统一整个欧洲的证券法。

因此，美国、英国和欧盟的证券法与大多数的国际发行有关，即使证券化资产来自其他国家。

与大多数国家的证券法仅意图触及当地的证券发行相比，美国的证券法在试图触及全球范围的证券发行。但是，发行人还需要遵守其他司法管辖区有关证券发行或销售的要求，包括证券认购协议或承销协议中的销售限制（包括发行人和承销团以发行或分销证券的方式提供的承诺）。

特别是，英国作为欧洲市场的中心，任何欧洲市场的证券似乎都会通过伦敦发行，并且需要遵守英国的销售限制。销售限制通常意图监管任何公开发行（例如在英国向公众发行证券）的情况。任何信息备忘录或发行公告的内容都需要满足稳定性和英国金融服务管理局（FSA）的其他要求。

3.7　美国证券法

美国通过立法监管证券发行，对世界各地的发行都加以关注。主要的相关领域有：

- ◆ 设计用于保护美国公众的证券法（最初是 1933 年《证券法》）；
- ◆ 设计用于防止美国公民逃税的税收规定（1982 年《税收公平和财政

责任法》(TEFRA));

- 对于投资公司的相关规定（1940 年《投资公司法》）。

3.7.1　1933 年《证券法》

美国 1933 年《证券法》规定，通过"在州际贸易中的任何交通、通信或邮寄手段"作为联系方式或工具（s.5），以及强制要求披露与投资决定相关的关键事实，来管理证券的发行。任何属于 s.5 规定的，并且根据《证券法》或证券交易委员会的其他规定，不得豁免登记的上市证券的发行或再销售需事先提交登记说明书；s.11（a）和 s.12（2）特别规定了登记说明书和招股说明书中虚假陈述和遗漏的责任。

若登记得到豁免，则可利用 s.5 中的相关规定安排上市事宜。由于 s.5 的规定所涉范围较大，因此这些得到豁免的公司大多数与美国没有直接的联系。发行中的豁免主要有以下几种。

（1）豁免证券的发行（如根据 s.3(a)(3) 发行的商业票据，以及根据 s.3(a)(2) 由银行发行或担保的证券）。

（2）属于 S 条例（《证券法》规定的 SEC 发布的条例）中的 903 条规则规定的证券发行，该规则于 1990 年提出，明确了 SEC 监管的适用范围，澄清了此前该监管要求的不确定性。它规定了证券发行或再销售中的证券登记要求的安全港制度。如果是在分销期间发售，该发售会被认定为"发行"，例如：发行人（或其子公司）或分销商（或子公司）（分销商被定义为"根据合约安排，参与证券分销的承销商、交易商或其他人"）销售证券。分销期在相关的限制期限结束前不得终止，且任何相关的证券承销商都会考虑适当延长该期限，直到其初始配发的证券被销售完毕。安全港及类别如下。

发行人安全港　在 903 规则下的发行人安全港中，不要求进行登记。但如果证券发售是《证券法》中的"规避登记要求的计划或方案的一部分"，并理解为证券会"流回"美国，或者任何分销商"知道或粗心大意地不知道"购买者或分销商不符合 S 条例的一般或特殊要求，则安全港不能适用。

为了获取 S 条例中的发行人安全港，一般要求证券的发行人及其他子公司必须：

①确保证券在"海外交易"中发售（它们不被销售给"美国人"，如美国公司、合伙人或个人，且交易指令来自美国以外或非美国交易场所内的买方）；

②避免在美国进行"定向销售"（在美国证券市场的条件下，可能会合理地导致该行为）；

③遵守发售文件规定的发售限制。

S 条例对于获取发行人安全港的特别要求涉及以下 3 种类别的发行与发行人中的每一种组合。

◆ **类别 1**　依靠外国政府的充分信用支持，由对该证券不具有 SUSMI（实质的美国市场利益）的非美国发行人发行，直接向单一的非美国国家发行，根据非美国雇员利益计划发行：没有特别要求。

◆ **类别 2**　由根据《证券交易法》报告的发行人发行（从 1998 年 2 月 17 日起，不包括由美国报告发行人发行的股票），由对该证券具有 SUSMI 的非美国发行人发行债券：分销商必须只根据登记豁免发售或销售证券，在销售给任何其他分销商或交易商时，必须通知买方将收到相同的销售限制，任何股票自首次发售之日起 40 天内（对于债券），或 1 年内（对于股票）（限制期限）不得为美国人的利益进行出售（或其他在分销期内进行的销售），并且，证券必须声明其没有进行登记，不能在美国发售或销售，不能发售或销售给美国人，除非其属于登记豁免的范围。

◆ **类别 3**　其他发行。

除了类别 2 的要求，另外在限制期限内，要求证券以全球票据的形式"禁售"，仅允许在该期间以后，直到获得非美国收益所有权证书或获得登记豁免的美国收益所有权，才能以明确的形式发行。

如果在任何发行人安全港限制期结束后，尚存在优质证券需要立即在美国发行，则在 SEC 1995 年 6 月 27 日的公告中表明，这是 SEC 难以接受的。在 1997 年的一份公告中，SEC 提出要将股票的限制期限增加到两年。

（3）根据《证券法》s.4（2）"不涉及任何公开发行的（证券的）发行人交易"进行的私募。为了使发行人免除《证券法》的登记要求，购买者必须为了投资目的取得证券，并不得有分销证券的意图。为了交易的秘密（如非分销）属性不被公开，通常认为有必要：使用大面额的票据，发售给有限的潜在购买者或经验丰富的购买者（典型的是富有经验的机构），并根据再转售限制进行发售（经常在票据中说明）；在"非分销函"中确认该限制。典型地，该限制指允许根据 S 条例的 904 规则、144 规则或 144A 规则进行转售。由于很难对 s.4（2）规则进行监管，s.4（2）规则中的安全港通常需要依靠条例监管，而非利用 s.4（2）规则本身。

（4）根据 D 条例进行的配售（s.4（2）规则中的安全港）。《证券法》s.4（2）规则涉及私募发行登记豁免规定中的 SEC 安全港。遵守 D 条例的要求确保获得发行豁免，D 条例要求不得在股票发行时进行一般招揽或发布广告，并且购买者不得以分销证券为目的获取证券（与私募一样，为了遵守证券或"非分销函"中关于转售限制的说明）。同时，发行人必须合理地相信，本次发行中的购买者不是合格投资人的数目不得超过 35 人。另外，任何该类不合格投资人购买者必须有足够的经验对该投资进行评估（不能仅依赖对发行人的合理信任），并且必须能够理解《证券交易法》面向发行人的报告（或者可比较的《证券法》登记信息）。

由于这些豁免通常都是以证券转售限制为条件的，在后续转售不予豁免的限度内，发行豁免可以重新开放（或者，如果该转售在豁免的范围内，那么特别的情况否定了发行豁免的必要条件。例如，经纪人或交易商豁免下的转售仍然可能显示购买者意图分销证券，因此重新开放私募发行豁免）。发行后的转售豁免对于以下情况有效。

（1）如上所述，豁免证券的转售。

（2）个人或法人根据 s.4（1）规则进行销售，而不是发行人、承销商（该条款事实上应解释为，并广泛地包括为了转售证券而购买证券的人，也包括发行人的任何子公司）或交易商。

（3）经纪人和交易商（包括不再担任承销业务的承销商）根据 s.4（3）

和 s.4（4），在证券首次发行后的 40 天（在某些情况下是 90 天）以后销售证券。

（4）根据 144 规则进行的销售（作为承销商可能考虑 s.4（1）规定的安全港）。在证券法 s.4（1）的含义中，个人或法人考虑作为承销商的 SEC 安全港，因此，安全港中的非发行人或交易商只能依赖 s.4（1）转售豁免。安全港允许在初始的一年持有期过后进行转售，并且要求转让只能在普通市场交易，转售通知需在 SEC 进行登记，周期性的《证券交易法》报告（或可比的公众信息）对发行人有用，转售的数量有一定限制（这些数量限制对于那些不是发行人的子公司的销售者，在 2 年持有期以后失效）。在 1997 年 4 月以前，初始的持有期为 2 年，并且对于非发行人子公司的数量限制为 3 年。

（5）"s.4（1½）"规定的销售（该销售本应是私募，但事实上它们不是由发行人进行的，因此在 s.4（2）规定以外）。

（6）根据 S 条例 904 规则，经 SEC 批准，在美国以外的市场，指定一个海外证券市场进行销售。在 1995 年 7 月 27 日发布时，SEC 票据在遵守相同限制的情况下，提供了替代性的票据，这些票据试图根据 904 规则在美国以外出售，然后买回可替代的、不受限制的证券，从而规避转售限制（例如，144A 规则规定的证券）。

（7）根据 144A 规则在美国销售（最初意图作为安全港编纂在 s.4（1½）的位置，但实际在范围上有所不同）。144A 规则（1990 年 4 月提出）根据《证券法》的规定，为证券发行（或发行的一部分）提供了转售登记豁免，该证券发行（或发行的一部分）遵守相关限制，只能单独转售给二级市场中的 QIB（通常来说，在投资中资产超过 1 亿美元的机构），或在 QIB 中间进行转售。通常在私人配售之后立即使用 144A 规则，该配售通常面向意图立即转售的单一投资银行。

144A 规则仅对一类发行人的证券（如优先股、普通股、债券、美国存托凭证（ADR）等）是有效的，该类证券尚未在美国股票交易市场或纳斯达克市场上市。144A 规则对发行人无效，除非根据要求（如果发行人或者遵守《证券交易法》的报告要求，或者根据 12g3-2（b）规定豁免这些要求，并被要求提供本国信息作为替代，那么这些要求将被视为是适当的），证券的所有持有人和期望投资者可以获得当前的财务报表和前两年的报表，以及投资人的基本信息。

根据蓝天法案[⊖]或条例可以提出更进一步的要求 。

3.7.2　税收规定：1982 年《税收公平和财政责任法》

1982 年，美国颁布了《税收公平和财政责任法》（TEFRA），目的在于抵制不可追踪的持有不记名证券的美国纳税人逃税，其中 1 年期或更短时间（美国发行的 183 天或更短）的证券可以得到豁免。该规定要求只有登记的证券才可发行，其所有权要能够被美国国税局（IRS）追踪。

在美国，任何不记名全球证券的发行都会使证券发行人或购买者遭受不利的税收后果，这些发行人或购买者需要遵守美国税收规定，而不利的后果是要求初级市场上不记名证券的购买者对证券进行登记，或证券投资损失不能抵扣税收，任何收益都会被作为收入征税。二级市场上的购买者会受到类似的对待，除非该证券已经登记或被认可的结算系统中的特别金融机构持有。发行人每年需承担已发行在外的证券本金的 1% 的营业税，在联邦所得税中不能抵扣证券的利息支付，而且就美国预扣税而言，不能要求"投资组合利息"豁免。

但也有几种发行人可以避免处罚性的税收后果的处理方式。

（1）在合理设计以确保证券仅出售或转售给美国以外的人（或某些美国机构）方面已做出安排。如果证券的发行和转售属于 TEFRA 安全港（TEFRA C 和 TEFRA D）之一，并且只要该证券持续成为优质证券，那么该要求被认为是合适的。

TEFRA C　如果证券"仅在美国以外的市场发行，并且就该债务的发行而言，发行人持有证券不会直接地或通过其代理人、承销商或销售集团成员明显地从事州际贸易"，则该证券可被视为符合 TEFRA C 的相关条件。虽然该类证券不要求像 TEFRA D 那样设置复杂的要求，以全球化形式持有，但大多数发行人认为 TEFRA C 定义太不明确，很模糊，以至于不能安全依靠该条款。特别地，从安全港层面的意义来讲，州际贸易达到什么程度是明

⊖　Blue sky law，指美国各州对投资公司、经营公司的债券买卖进行监督和保护消费者免遭欺诈的《公司证券欺诈防治法》的俗称。——译者注

显的，这一点不容置疑。如果其中一个承销人是美国的实体，通常认为依靠TEFRA C 安全港是不安全的。

TEFRA D　TEFRA D 具体有以下几项要求。

①发行人或任何分销商都不得"在限制期内，向在美国境内或美国属地的人或者美国公民发售或销售债务"。如果分销商订立契约承诺"它在限制期内，不会向美国境内或美国属地的人或者美国公民发售或销售债务"，并且在限制期内，分销商有适当的程序，并"合理设计以用于确保其直接从事销售债务的雇员或代理人能够明白，在限制期内，不能向美国境内或美国属地的人或者美国公民发售或销售债务"，那么对于任何分销商来说，该限制被认为是适当的。

②在限制期内，发行人或任何分销商在美国境内或其属地以正式的形式交付债务。为了防止发生这种情况，发行的证券通常以全球化票据形式"禁售"。如果意图使发行的证券作为永久的全球化票据，保留全球化形式，它会被认为是单一且明确的。由于这个原因，意图保留全球化形式的不记名证券的发行通常都采用临时全球化票据的形式，该形式的票据在限制期末可以转化为永久的全球化票据。

③以债务的发行人首次实际支付利息日或债务的发行人以正式形式交付日两者中较早的一日为准，在该日，每个债务的持有人需要提供他们不是美国人的证明。

考虑到 TEFRA D 条例的目的，限制期是从交割日期或证券发售首日中的较早日期开始，至交割日之后的第 40 天。发行人或参与原始未出售的配发或认购的分销人的任何后续的发售或销售也会被认为是在限制期内做出的。

（2）只在美国境内或其属地以外地区支付证券利息。

（3）证券和其息票承担 TEFRA 规定的义务：任何持有该债务的美国人（《美国国内税收法》定义的美国人）将受到美国所得税法规定的限制，包括《美国国内税收法》第 165（j）条和第 1287（a）条规定的限制。

3.7.3　投资公司法

美国 1940 年的《投资公司法》定义投资公司为：除其他事项外，"任何在投资、再投资或证券交易义务中"主要从事或自认为主要从事证券交易义务的证券发行人，或"从事或拟从事投资、再投资、拥有、持有或交易证券，并且在未合并的情况下，拥有或意图获得发行人总资产价值 40% 以上的投资证券的任何发行人"。这里"证券"的定义是广泛的，包括"任何票据……或债务凭证"。

法律规定，禁止附属发起人将金融资产转让给 s.17（a）（2）中规定的投资公司，并且要求任何在美国公开发售证券的投资公司根据本法 s.7（d）的规定，在 SEC 进行登记。另外，在美国进行证券配售的任何投资公司也要求根据 1987 年发给 Touche Remnant[⊖]的无异议函的规定进行登记。[⊜]

根据 s.3（c）（1）规定，"任何已发行在外的股票被不超过 100 个（美国）人实际拥有，没有公开发售且目前也无计划公开发售证券的发行人可以获得豁免"。这是持续的要求（因此也与转售相关），而不是简单的初始发行要求。

另外，如果以资产作为支撑而发行的证券获得投资级信用评级，或被出售给 QIB，那么 3a-7 规则（1992 年被 SEC 采用）为任何"从事购买业务，或获取和持有合格资产（某些在特定的期限内会转化成现金的金融资产如应收账款）的发行人"提供一般的豁免。

根据 s.3（c）（7）规则（1996 年通过成为法律，并于 1997 年 4 月生效），所发行的证券被合格购买者（或者是投资价值超过 500 万美元的个人投资者，或者是拥有并以全权委托方式投资于价值超过 2 500 万美元的投资组合的公司投资者）单独持有，并不打算公开发售证券的发行人可以获得豁免。

3.8　英国证券法

英国的证券法系在 2000 年引进了《金融服务与市场法》（FSMA）后，进行了重大修订。FSMA 草案于 1998 年 7 月底第 1 次公布，并于 2000 年 7 月 14 日获准实行。由于相关工作流程的延迟，FSMA 在 2001 年 11 月 30 日午夜正式生效（被称为"N2"）。该法案替代了 1986 年《金融服务法》中的某些条款，对批发和零售进行了区分，也对 1987 年《银行法》和 1982 年《保险公司法》的某些条款进行了调整。

⊖　一家美国公司。——译者注。

⊜　美国是判例法国家，遵从先例，这是根据过去 SEC 发布函规定的内容进行类似登记。——译者注。

在 FSMA 的规定中，一些自我管理机构（SRO）的监管和保持资本充足率的职能，与贸工部监管保险公司和建筑协会建筑委员会监管建筑协会的权力，一同通过 N2 被纳入金融服务管理局（FSA）。另外，随着《英格兰银行法》于 1998 年 6 月 1 日生效，英格兰银行对银行业和整个销售市场的监督和资本充足率的监管职能也转移给了 FSA。而且当政府报告书中所标明监管部分被英国上市管理署（UKLA）的上市规则取代时，FSA（当进行这方面监管时，它被称为英国上市管理署）从 2000 年 5 月 1 日起，作为上市管理署取代了伦敦证券交易所在这方面的职能。

成立 FSMA 的目的是创建一个单一的金融服务监管机构。FSA 通常根据 4 项主要原则监管投资行业：维持金融体系的信心、促进该体系的公众了解、保护消费者、降低刑事犯罪的机会。

2000 年《金融服务与市场法》

根据 FSMA 附件 11 的规定，如果证券是首次发行，且该发行发生在该证券被允许上市之前，那么向英国公众发行该证券构成"公开发行"，就不属于附件 11 包含的豁免情形之一，必须根据 FSMA s.85 的规定发布招股说明书，主要的豁免如下。

（ⅰ）向专业人士、不超过 50 个人、有兴趣使用募集款项的俱乐部成员、与承销相关的知识渊博的投资者限制团体、与接管或兼并相关的公共部门实体（其发售或交易发行股份是免费的）、发行公司的雇员或其家庭成员（由可转换股转换导致）发行，或者通过慈善机构发行。

（ⅱ）当证券是如下情况时的发行：价格总额低于 4 万欧元，值得每个人购买的范围至少在 4 万欧元，每个人名义上拥有 4 万欧元或更多，社会建设股或在英国没有发布任何相关广告（而不是规定的那种广告）的"欧洲证券"（由在不同国家注册的、只可能由信贷机构收购的、两个以上成员组成的辛迪加承销和分销的证券）。

在同一发行中，（ⅱ）项中的豁免不可以相互结合，或与（ⅰ）项中的豁免结合；（ⅰ）项中的豁免在同一发行中可以相互结合。

根据 FSMA s.85 的规定，招股说明书发布以后才可以公开发行证券，违反该要求将构成刑事犯罪。招股说明书应披露上市规则所列的具体细节，还应履行 FSMA 第 86 条（适用第 80 条）规定的首要责任，即投资者合理预期并要求在招股说明书中找到的信息，招股说明书都应予以披露。如招股说明书提供虚假或误导陈述，或者遗漏相关信息并给投资者造成损失，则 FSMA 第 86 条（适用第 80 条）规定的负责人（发行人；董事或任何其他被授权或提名对招股说明书负责的人）应予以赔偿。招股说明书应按照 FSMA 2000 第 86 条（适用第 83 条）在公司注册处进行登记，违反其要求就是刑事犯罪。根据 FSMA s.86 规定（适用于 s.397），招股说明书也要因其导致误导或提供虚假陈述应承担一般刑事责任。

FSMA 还确立了以下几点。

（a）根据 s.19 规定，在英国的人或英国人在商业中，未经授权或豁免，从事"监管的活动"（在第 2 次立法中被英国财政部扩大了，但包括 FSMA 附件 2 中规定的活动——买卖投资、安排买卖投资、存款、资产的保管和管理、管理投资、投资咨询、制定集体投资方案或使用计算机系统发出投资指令）是违法行为（这被称为"一般禁止"）。

（b）据 s.21 规定，在商业活动中，除非邀请者本人是授权人或沟通的内容得到授权人的批准，否则沟通邀请或引诱他人从事投资是违法行为。如果沟通来自英国以外的地方，本节内容仅在沟通可以在英国产生效果的情况下有效。

（c）据 s.118 规定，与合格投资（英国贸易投资）有关的市场滥用的民事罚款（可以是无限制的）"很可能被市场的通常用户……认为是部分人的失败，该部分人关注于遵守合理预计一个人在其与市场相关的位置的行为标准"，并且该行为有以下几个特征。

①通常不能提供有效使用市场的信息，但是当决定在什么条件下，交易所述的该种投资应当是有效的时候，该行为很可能被市场的普通用户认为是相关的。

②很可能向市场的普通用户传递针对投资的供给或需求、价格或价值的错误或误导性的概念。

③市场的普通用户会或很可能会对所涉投资的市场产生不正确的看法。保证普通用户不会滥用市场，或采取了所有合理的预防措施以避免有市场滥用行为的人，都可以防御市场滥用。

（d）根据 ss.397（1）和（2）的规定，轻率或故意做出虚假陈述，或错误或欺骗性地"陈述、承诺或预测"的违法行为导致他人签订"相关的协议",需承担一定的法律责任。

（e）根据 s.397（3）的规定，创设一个"对于市场或价格或相关投资的价值的错误和误导性的陈述"，招致他人"获取、处置、认购或承销那些投资，或抑制如此行为，或行使认股权，或抑制行使认股权及该投资授予的其他权利"属违法行为（市场中由于特定未公开的目的（如债券回购）或披露一个有限的团体投资者的相关信息的交易可能违反本条款）。

（a）、（b）、（d）、（e）中的违法行为都会被处以监禁或罚款。违反 FSA 发布的禁止性命令也是违法行为（当人不适当或不合适地行使监管行为），并且违反原则声明（授权人的行为）将被征收民事罚款。对于未得到授权或豁免，而违反 s.19 或 21 的规定签署的协议，违反一方不得强制执行。

豁免授权的人包括认证的清算所和投资交易所（根据 s.285 条规定），以及英国财政部规定的其他实体（根据 s.38 规定）。授权人包括申请并获得批准从事受监管的活动的人（根据 ss.40、ss.41 和法案附件 6 规定的程序和门槛条件）和在欧盟其他国家获得授权的实体（如信用机构和投资公司）。随着 N2 的生效，该法案形成了一项单一的监管机构：金融服务局、同一审纪律裁判小组、金融服务和市场审裁处（原告将 FSA 有争议的决定提交于此）。

投资包括股票、公司债券、贷款债券、债券、存款凭证和所有创建或承认当前或未来债务的其他工具、政府及公众证券，保证或赋予持有人认购任何投资的其他工具、存托凭证（代表证券的证书）、集体投资计划中的单位、获取或处置财产的期权、期货、差价合同、保险合同、劳合社的参股、存款、按揭贷款（土地担保贷款）以及投资的权利或利益。

自 N2 开始，稳定条款适用于买卖，在某种程度上，可以设计出固定其进入市场初始分销的价格的新证券。新的认购应遵守根据 FSMA s.144 规定的关于稳定 FSMA 商业行为的准则（该准测允许根据 FSMA s.397（4）的规定适用安全庇护），或任何后续实施的稳定行为要符合 FSMA s.397（3）的规定，否则可能构成刑事犯罪。

FSMA 第六部分规定了上市要求。上市公告应遵守上市规则规定的关于特别细节的披露以及 FSMA s.80 规定的首要义务，披露投资者将合理期待和要求找到的所有信息，并且，对于 FSMA s.90 规定的投资者因公告中的不实、误导性陈述、与相关细节的遗漏而导致的损害，FSMA s.79（3）规定负责人有义务进行赔偿（根据英国财政部的条例）。根据 FSMA s.83 规定，上市公告必须在公司内务部门进行登记，违反该要求是刑事犯罪。根据 FSMA s.397 规定，上市公告因误导性或虚假陈述给投资者造成损失的，需要承担一定的刑事责任。

3.9　欧盟证券法

在欧盟，与证券发行相关的法律要求：招股说明书指令替代并协调现存的全欧洲的上市证券制度，并监管两个方面：

◆ 在欧洲公开发售证券；
◆ 获准在欧洲证券交易所交易。

经过 8 年的过渡期，该指令于 2003 年 7 月通过。由于该指令限制了欧盟交易所放弃和改变披露要求的能力，潜在的意思是根据欧盟以外的会计准则和披露要求上市的非欧盟发行人在欧盟上市或向公众发售证券时，同样被要求遵守欧盟的标准，因此其引起了非欧盟发行人的关注。

招股说明书指令的要求

根据法律第 3 条规定，该指令要求交付向公众发售或获准交易的招股说明书，以及以欧盟发行人本国当局（第 2（1）条款将其定义为：发行人注册地的当局，或者面值为 1 000 欧元或更大的债务证券（2002 年 11 月以前的草案要求为 5 万欧元，2003 年 3 月的草案要求为 5 000 欧元，后降至该金额），或是发行人注册地的国家，或是允许证券交易的国家，或是证券向公众发行的国家，由发行人自行选择）审核的招股说明书为基础的作品。

第 3（2）条包含了不被视为向公众发售证券的种类（这些豁免不适用于批准交易）。

◆ 向合格投资者发售（合格投资者在第 2（1）条款中被定义为信用机构、投资公司、保险公司、集体投资计划、养老金基金、其他金融机构、唯一目的是投资证券的公司、超国家金融机构、政府机构、非中小型企业法律实体、成熟的个人投资者、明确要求按合格投资者对待的中小型企业)。

- 每个成员方向少于 100 个人(而不是合格投资者)发售。
- 每个投资者的最小投资额或最小面值是 5 万欧元的发售。
- 在过去的 12 个月总额小于 10 万欧元的发售。

第 2(1)条款将中小型企业定义为至少满足以下条件中的两个的实体:不超过 250 名雇员、资产负债表中的总资产不超过 4 300 万欧元、净营业额不超过 5 000 万欧元。

根据第 4(1)条款规定,其他可以豁免公布向公众发售证券的招股说明书的义务的情形包括:

- 因兼并或接管,或可转换证券的转换产生的证券;
- 发售给雇员的证券。

根据 4(2)条款规定,要求发布获准交易的招股说明书的豁免包括:

- 小额股票持续发行;
- 因兼并或接管,或可转换证券的转换产生的证券;
- 发售给雇员的证券。

招股说明书以单一文件形式申报,或通过将文件分割成:

- 登记文件(发行人每年必须更新上架文件);
- 证券文件(涉及证券具体发行而准备的);
- 摘要文件(对前面两个文件中最重要的项目做简短的详细说明——摘要可能需要翻译成发行所在国的语言)。

招股说明书要求的信息参照证券(债券或股票)的类型设置,并且要结合公司的规模和业务加以考虑，特别是中小型企业。

3.10   税收处理

证券化交易涉及错综复杂的税收分析，该分析取决于应收账款和司法管辖权的性质，或者涉及的司法管辖区，在某些情况下，还可能涉及跨境税收问题。分析的问题可能来源于以下几个方面。

- ◆ **处置税**   发起人处置应收账款的能力没有产生加速的税收责任（例如，资本利得税）。

- ◆ **转让税**   需要以一种可接受的方式考虑和限制因应收账款从发起人向 SPV 转让而产生的任何转让税（例如，增值税、印花税或登记税）。限制印花税的传统方法已包含购买应收账款的报价，该报价通过付款、持有和执行在应收账款司法管辖区以外地区的文件或者在发起人的集团内部使用集团内部救济的方式将应收账款转让给破产隔离的 SPV 等方式被接受。

- ◆ **收入和预扣税**   一旦应收账款成功转让，SPV 希望获得收入，而不需要在发起人的司法管辖区对应收账款缴纳所得税，并且发起人对 SPV 的转让不需要征收预扣税（结果是 SPV 收到的是扣除税收的所得）。如果货币或利息流转移给交换合约的另一方或其他对冲合约的另一方，且 SPV 的合约另一方支付回报的现金流量，那么需要检查所有的对冲安排以确保预扣税不会适用于这些资本流量。

- ◆ **公司税**   SPV 本身需要建立在不征收公司税的司法管辖区，或 SPV 将缴纳的税收数额可以确定的司法管辖区（例如，通过税务机关获得税收裁决）。如果 SPV 需要建立在特别的司法管辖区（例如，为了获得应收账款免征预扣税，利用特别的避免双重征税协定，可以要求特别的税收补贴，如英国的住房贷款贴息制度补贴（MIRAS）（现已废止）），那么应该构造 SPV 以确保其税收中立，并可以从其收入中完全扣除其费用。对 SPV 征收的任何税收都会导致交易中的货币损失，这些货币本可以其他方式作为利润返还给发起人。这需要结构化补充，使因税收目的的具体化损失同因会计目的而计入的损失具有同样的基础。例如，对于违约应收账款，使用看跌期权，使得其在被强制执行并发生损失后，可以按面值转让给第三方。

在某些司法管辖区（如英国），由于典型的有限追索权的措辞规定，在申请 SPV 内部所有有用的款项以后，任何未偿还的债务将灭失，因此以有限追索权为基础建立 SPV 存在税收问题。这可以解释为 SPV 发行的次级挣钱的回报率与该 SPV 的盈利能力有关，可能导致对证券进行的利息支付被归类为因税收目的而进行的分销，而不是可扣除的利息支付。因此，如果有限追索权的措辞没有包含在证券中，那么可以使用结构化，但是，在申请了 SPV 内部的所有可用款项后，SPV 有权按面值回购次级证券，即使债券存在违约（因此，在这一点上要防止 SPV 的任何技术性破产损害 SPV 的破产隔离）。

根据美国税法的规定，信托有财务的透明度（英国的无担保信托同样具有）方面的要求，然而，正常的 SPV 公司需要缴税，并出于税收目的需要实现其费用的完全扣除（特别是其债务发行上的资金成本），以确保其税收目的上的利润和会计目的上的利润没有任何不匹配。

◆ **预扣税**　需要确保 SPV 的融资工具本身对于 SPV 向投资者支付的利息不用缴纳预扣税。在英国，上市欧洲债券的利息支付可以免交预扣税。

◆ **利润计提**　在所有证券化交易中，要求信用增强是典型地将现金储备金账户或其他账户，以超抵押担保的形式保持在 SPV 中。另外，在许多情况下，应收账款的利息会显著超过 SPV 筹资工具中产生的盈余或超额利差，甚至超过支付的交易费用和周期性基础费用。该金额的款项将需要以某些税收有效的方式返回给发起人，以确保交易对各方在经济上都是可行的。使用的方法通常包括将发起人作为债权人的从属债务或债务工具及递延购买价格元素的形式的组合。该递延购买价格元素为在完成证券化时，当且只要应收账款的业绩超过应完全偿还高级投资者的水平，随主购买价格之后应支付给发起人的价格。另外，该数额可通过支付提供与应收账款相关的服务功能的费用形式，或通过发起人与交易方的背靠背互换的方式返回给发起人，该交易方已经与 SPV 做了主要的对冲安排（通过互换的任何一方的支付现金流的不匹配）。另一个受欢迎的选择是使用应收账款信托分割发起人与 SPV 之间的应收账款的实际所有权，以至于所有的金额在 SPV 或者发起人之间只征一次税。虽然股息支付不大可能很有税收效率，但还是会使用，除非可以适用税收抵免来阻止两种水平的利得税，因为它们通常可以以税后作为基础进行支付。同时，由于合并问题，实现股息的必要股本权益的所有权会产生资产负债表表外处理的问题。

3.11　会计处理

在许多情况下，证券化的一个目标就是确保从发起人的资产负债表中去除证券化的应收账款。美国财务会计准则 140 号（FAS 140）和财务会计准则委员会解释 46 号（FIN 46）、英国财务报告准则 5 号（FRS 5）以及国际会计准则（特别是，IAS 39、IAS 27 和 SIC-12）设置了会计当局要求的指引，以便于交易可以有效地在资产负债表外转让应收账款。这些指引适用于全世界众多其他司法管辖区。会计分析与该交易是真实交易还是担保贷款的法律分析是完全独立并可区分的。根据所述的司法管辖区的规定，应收账款在完全有可能按法律完成出售的同时，仍然保留在资产负债表中。通常，除了将应收账款从发起人的资产负债表中剥离，最理想的是确保应收账款不再出现在发起人集团的综合账目中。

在英国，确保可以实现资产负债表表外会计处理的 FRS 5 的关键要素如下。

◆ 应收账款上发生的损失，可以向发起人进行有限的追索（合法的转让同样不重要）。追索要素（如延期购买价格，或回购资产的权利和义务）与存在回购权利或义务的元素，将保留在资产负债表中。

◆ 发起人无须向 SPV 进行赔偿。

◆ 发起人无须与 SPV 签订场外互换合约。

在美国，就会计目的而言，信托证书被认为是股票，信托和其资产被认为是发起人的资产负债表表外项目。根据现在的剩余股权制度，从历史的角度，使用信托使应收账款从发起人的综合账目中分离（如果通过债务工具筹集资金，SPV 的资本化可能导致 SPV 与发起人合并）。

尽职调查与证明

会计师不但为交易的资产负债表的表外会计处理提供建议，而且还会被雇用从事对数据带的尽职调查和核查，该尽职调查和核查采取数据取样过程，对比数据带记录与原始贷款文件，对于特定的最大误差率（一般是 2% 左右），设置 95% 或 99% 的置信区间。假设样本没有显示超过特定数量的误差（取决于账目 / 样本大小、置信区间和误差率因素），应该分别设置 95% 或 99% 的概率，估计该池数据的整体错误率不超过样本的错误率（该情况假设数据符合对数正态分布，并且基于平均可观察的标准偏差，绘制了 2 ～ 3 个标准差）。

会计师根据相关要求对账目进行审计，并对发售说明书中与账目相关的信息提供证明。另外，他们会对发售说明书中 SPV 的资本化表格发表意见，并对发起人的财务状况和董事会记录的审查提供安慰函。

3.12　资本处理

银行或金融机构持有的用于弥补损失的数量充足的资本最初需遵守 1988 年 7 月的《巴塞尔协议》。巴塞尔委员会目前正在对《巴塞尔协议》进行调整完善。

在银行应收账款的证券化过程中，银行通常为了满足监管的要求，将应收账款视为银行符合资本充足率的资产负债表的表外事项。某些中央银行和监管机构已经发布了其所在地区的指引，要求必须遵守这些指引的规定，以确保不会要求银行在交易完成后，为应收账款准备相应的资本。在某些司法管辖区转让资产负债表表外事项的应收账款很有可能不会实现应收账款法律真实出售的效果（例如，资金从属参与的有限追索权，此时，SPV 和投资人向发起人追索的数额限定于发起人收到的与该应收账款相关的总额，或者通过信用违约互换结构形成的综合交易）。该结构对银行安排贷款担保证券交易特别有用，其最重要的一点是保护客户关系和机密信息。

确保资产负债表表外的资本处理的关键要素通常是确保以下几点。

◆ 向发起人追索联合体的损失仅限于他们提供的任何信用增强。
◆ 发起人没有义务或权利回购资产。
◆ 发起人没有与 SPV 进行过任何场外交易（例如互换）。

目前，相关委员会正在考虑将资产负债表表外规则作为新《巴塞尔协议》的一部分。

资本指引同样与银行通过提供流动融资为渠道结构提供资金承诺的行为有关。未使用的流动性信贷授信如果起初的期限不超过 1 年，则可以从零资本费用中受益。但是，并不认为它们提供了信用增强（在这种情况下，它们的风险被视为直接的信用替代）。银行发起人提供给 SPV 的其他贷款（例如支付启动费用的贷款），可以直接从资本中扣除。

在某些司法管辖区，就资本目的而言，住房抵押支持证券拥有有利的风险权重。对于遵守对其风险加权资产进行资本监管的要求的投资者来说，它们正在成为有吸引力的投资工具。

巴塞尔委员会也正在考虑将该领域作为新《巴塞尔协议》的一部分。

3.13　数据和消费者监管

3.13.1　数据保护 / 保密

为了对确定适当的信用增强水平实现所需的数据分析，有必要获取可用的联合体的业绩数据。另外，如果由于服务功能的业绩不佳或破产，发起人作为服务商的指定需终止，此时有必要获取关于债务人的详细信息，使得相关的服务和执行措施能够继续。

在许多司法管辖区，银行发起人遵守保密要求，此要求为该保密信息规定刑事犯罪责任或使银行承担起民事责任。同时，在某些司法管辖区，与消费者有关的信息需要遵守保密要求，以减少该信息的散播。这些要求和其他相关的保密要求（例如，应收账款文件中的合同条款）都需要慎重加以考虑。

在欧盟，根据数据保护指令的相关规定，数据保护立法已初步实现一致。

3.13.2　消费者保护

根据与消费者之间的协议产生的应收账款在某些司法管辖区受到法定保护，消费者在一定时期内有权取消协议；有权抵销其所欠的金额，以对抗债权方或任何应完全提供服务的第三方不履行义务。需要慎重考虑所有此类规定。

例如，在英国，可以根据1974年《消费者信贷法》、1977年《不公平合同条款法》或1999年《消费者合同不公平条款法》进行相关应收账款的处理工作。

类似地，欧盟根据消费者信贷指引条款的规定，建议对《欧洲消费者信贷立法》进行调整。

3.14　监管批准

不同类型发起人（特别是金融服务业的发起人）的监管机构在各种类型的交易所需的批准形式方面发挥了作用。典型的监管领域包括如下几种。

- 银行业务（除强加给资产负债表表外业务处理的要求外，许多银行监管机构会要求银行的证券化交易事先经过它们的批准或同意）；
- 投资业务；
- 按揭贷款；
- 消费金融；
- 保险业务；

◆ 资金贷款;

◆ 金融公司和其他金融机构。

3.14.1　监管领域：英国

在英国，金融监管的主要领域有存款、投资业务、按揭贷款和咨询、消费金融（根据 1974 年《消费者信贷法》）以及保险业务。

3.14.1.1　存款

英国根据《金融证券和市场法》第 s.19 条（替代了 1987 年《银行法》的第 ss.3 和第 ss.67 条）和欧盟 1992/3218 法定文件第 5 条的一般禁止条款监管存款。根据 1986 年《金融服务法》的规定，在英国，发行债券、商业票据、中期债券或其他风险证券构成存款，除非它能根据 1987 年《银行法》中 1997 年法规的规定豁免。英国以外地区（如泽西岛）发行证券的实收款项有时被用于规避存款条款。

2000 年新的《金融服务和市场法（监管行为）2001 法令》（2001/544）第 9 条有如下规定。

（1）根据第 2 款规定，如果一个人收到的总数额作为其发行第 77 或 78 条明确规定的种类的投资的对价，那么根据第 5 条规定，该总数不是存款。

（2）第（1）款中的例外情况不适用于一个人收到的作为其发行商业票据对价的总数额，除非：

（a）该商业票据的发行对象：

（ⅰ）为了商业目的，其日常行为涉及收购、持有、管理或处置投资（作为委托人或代理人），

（ⅱ）为了商业目的，合理期待其会收购、持有、管理或处置投资（作为委托人或代理人）。

（b）商业票据的赎回价不少于 10 万英镑（或者全部或部分以法定货币以外的货币计量的同等价值的数量），并且商业票据的任何部分都不能转让，除非该部分的赎回价不少于 10 万英镑（或该等额部分）。

（3）在第（2）款中，"商业票据"指第 77 或第 78 条明确规定种类的，并且在发行满 1 年后必须赎回的投资。

3.14.1.2   按揭贷款和咨询

2001 年 7 月，英国财政部发布了"按揭资料大全"草案，处理根据 FSMA 的规定对抵押贷款的监管。从 2004 年 10 月 31 日的"N3"开始，受监管的行为包括根据受监管的按揭进行的房贷、为受监管的按揭提供咨询以及管理（服务或执行）受监管的按揭。最初并没有打算监管为受监管的按揭提供咨询的行为，但在 2001 年 12 月 12 日，英国财政部宣布，FSA 将同样对为按揭提供咨询的行为进行监管。

受监管的按揭是满足以下条件的按揭：

* 借款人是个人；
* 按揭在 N3 之后形成，并且借款人当时在英国；
* 贷款人拥有在英国财产的第一押记权；
* 借款人或其家庭取得至少 40% 以上的产权。

按揭贷款人必须得到 FSA 的授权。他们必须遵守按揭资料大全规定的关于广告和执行的规则以及最少资本要求（1% 的总资产或 20% 的总收入，最少为 10 万英镑）。按揭资料大全同时规定发起按揭和服务的形式，同时提示按揭贷款热的时期不适宜购买产权。受监管的按揭不属于 1974 年《消费者信贷法》规定的范围。其他消费者信贷工具将仍然受 1974 年《消费者信贷法》的监管。根据按揭资料大全中解释的，2000 年《金融服务和市场法》第 62 条 2001 法令规定，证券化 SPV 不受相关法规（管理受监管按揭的法规）的监管。

3.15   管理和系统

证券化需要详细的数据分析，并依赖发起人（结算前）和服务商（结算后）监控应收账款和保存数据的能力，这样，才可以迅速有效地提取报告，并实施服务功能。

虽然服务商是一个具有持续性主要作用的实体，但其他各方也会继续参与进来，以确保交易的顺利进行。服务、会计和现金管理系统需要处理下列问题。

3.15.1　结算前

发起人

- 削减基本的混合数据程序；
- 提供历史的动态混合数据；
- 提供历史的静态混合数据；
- 分层表；
- 在结算前的截止日期最终混合削减。

3.15.2　结算时

3.15.2.1　服务商

- 从其剩余资产中标记并分离出证券化的应收账款。

3.15.2.2　保管人

- 持有物品（如已收到的期票、发给债务人的通知、原始合同）。

3.15.2.3　开户行

- 银行账款转账。

3.15.2.4　付款/计算/证明的代理人

- 结算时支付现金。

3.15.2.5　会计/发起人

- 计算结算时的交易（例如：资产负债表表外处理）。

图 3-2 显示结算时的交易运作。

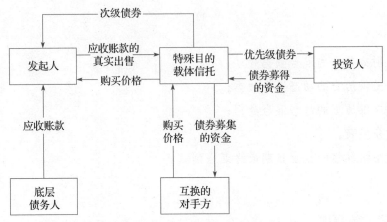

图 3-2　证券化结构：第 1 日结构

3.15.3　结算后

3.15.3.1　服务商

- 应收账款收据的托收和结算；
- 周期性的托收报告；
- 与债务人联络修订；
- 强制执行。

3.15.3.2　开户行

- 银行账户管理和报告。

3.15.3.3　资金经理

- 按优先次序向债权人付款；
- 报告收入和支出情况。

3.15.3.4　付款 / 计算 / 证明的代理人

◆ 计算到期债券和债券上所设定的周期息票的金额；
◆ 对债券进行支付。

3.15.3.5　会计 / 发起人

◆ 计算资金的持续分离和任何利润组合的处理；
◆ 计算增值税和 SPV 级别的税收（包括适当的损失准备金）及 SPV 级别的审计。

图 3-3 显示持续的交易运作。

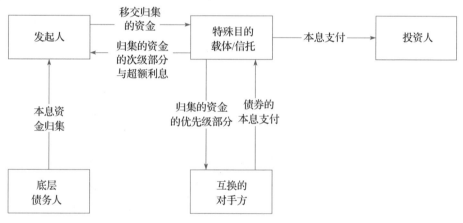

图 3-3　证券化结构：持续结构

第 4 章

投资者的担忧

4.1 投资者信用分析

结构化交易可用于解决或缓解税收和法律风险，在结构化交易中，对不同资产类别进行信用分析的关键要素通常分为两个基本领域（与信用评级机构在确定资产支持证券领域的评级中使用的分类相同），即违约频率和损失程度。另外，考虑在交易中引入新资产的资格或替代标准，以及结构和信用增强（包括现金流流程）是很有必要的。

在整个商业交易中的关键数据领域是不同的，资产不能脱离整个领域而存在，因此只需关注商业活动产生的整体现金流。所以说，必要的数据领域与相关部门产生收入的领域有关。其中一部分依赖于经济和宏观因素，而不是特定的交易领域。

4.1.1 违约频率

违约频率是投资者在进行信用分析时首先要关注的因素。投资者可以很清晰地记录许多种资产的违约频率：消费者贷款、抵押贷款、租赁以及其他类似的产品，这只是资产的支付超期了一定天数水平的频率百分比。类似地，对于 CDO，投资者也可以测量潜在的公司债务人违约的频率。

对于许多资产类别，过去的违约期望值是可以获得的，并且形成了评级分析的基础。消费者应收账款的违约频率受到许多因素的影响，具体如下。

- ◆ 资产类型 / 产品；
- ◆ 地理位置；
- ◆ 借款人的雇用情况（个体户、雇员等）；
- ◆ 贷款的理由（购买自行居住、购买用于出让、债务合并等）；
- ◆ 债务收入比率；
- ◆ 收入倍数；
- ◆ 之前的违约或欠款纪录。

对于规模较小的商业公司的资产，其违约频率与企业所在的行业和该行业的经济前景以及上述提及的具体因素紧密相关。对于大的公司，违约频率可以从该公司的信用评级进行推断。

若是组合资产，投资人的损失则略有不同，主要取决于资产投资组合发生违约互换的信用事件的频率。

另外，公司所在当地的经济和文化条件会极大地影响违约频率。例如，惠誉国际对于意大利不同地区的住房按揭列出了其假定需要强调的违约频率，如下表所示：

（%）

评级	北部	中部	南部
AAA	15.8	27.4	36.3
A	9.5	22.0	21.8
BBB	6.3	11.0	14.5

资料来源：Fitch Ratings Pre-sale Report for BPV Mortgages S.r.l. deal of 20 November 2001.

因此，地理位置对投资组合的估值具有重要影响，可以根据投资组合中拖欠的税费顺序对该地区发生违约的可能性进行测量。

4.1.2　损失严重程度

投资者在进行信用分析时要关注的第 2 个因素是损失程度（100% 减去恢复率），这可通过结合初始投资组合标准和目前的经济情况以及迄今为止报告的损失进行分析。例如，由于楼市持续低迷（假设房屋价格下降了20%），此时的销售成本为5%和累积拖欠贷款为5%，但若此时的资本化贷款余额百分比为45%，则销售可恢复75%，恢复率超过了100%，此时贷款价值比为40%的按揭贷款的期望损失严重程度为0。同时，一个只有很少的价值资产的破产公司发行的次级债务的期望损失程度可能是100%。

在这方面，很明显，住房或商业地产等抵押物的应收账款很有可能损失程度比较低。因此，投资者不难发现，损失程度主要受下列因素影响。

◆ 债务索赔资格的水平（例如，担保债权、次级债权等），对于资产担保发行的证券而言，这与在CDO交易中相关证券的位置是紧密关联的；
◆ 担保物的性质；
◆ 地理位置；
◆ 担保物的价值和担保物在当地市场的流动性；
◆ 贷款价值比；
◆ 强制执行费用的水平；
◆ 抵押权益的排名（第一、第二等）。

另外，合成型结构可能有一些变体。公布的信贷事件有许多不同的计算损失的公式，但经常需要参考资产赎回权下的损失（或公司债务、资产销售中已实现的价格）进行计算，其中不包括任何由于已发生而未付利息或回赎权的成本带来的损失。

4.1.3 资格 / 替代标准

在任何循环或再投资交易期间，在投资组合中增加新资产的条件是必须符合一定的资格或替代标准。在后文将详细说明，此处仅简单介绍，即主要包括下列方面。

（1）资产类型（按揭贷款、自动贷款等）；

（2）资产排名（第一按揭、优先债务等）；

（3）债务人所在地；

（4）利息形式（固定 / 浮动等）；

（5）欠款额；

（6）单一债务人的最大集中度；

（7）货币；

（8）到期日。

对于 CDO 中资产的置换，根据资产的性质，还有些其他因素也可能是相关的，具体如下。

（1）产业集中度；

（2）多样性得分；

（3）投资组合使用评级机构模型确定的净损失率；

（4）个人资产的最低评级水平；

（5）资金池的加权平均评级系数（WARF）。

4.1.4　结构和信用增强

对于违约频率和损失程度的分析只能说明部分问题，投资者的信用分析中需要重点关注的还有交易结构，特别是交易的现金流流程和在现金流流程中改变募集资金用途的触发程序或合同，以及内置在交易结构中的信用增强。

对于债券持有人，这些因素相结合可以达到不同的效果。例如，在交易中使用超额利差提供信用增强通常是以"使用或损失"为基础。换句话说，如果在交易的早期步骤中没有损失，任何剩余的超额利差都会通过包含在利润中的方式释放给交易的发起人，并且在交易结束后损失不会得到弥补。

因此，如果通过加总整个交易过程中的超额利差来对投资者进行估值，这将夸大对债券持有人有用的实际信用增强水平。相反，如果只针对一期的超额利差提供信用，则会低估作为信用增强的超额利差的价值，这是由于在整个交易中定期发生小损失，而在每一期实现的超额利差完全可以弥补该损失。

因此，基于是在某些时期发生较大的损失，还是在许多时期都发生较小的损失这一观点，投资者考虑的超额利差的价值可能会发生变化。

4.2 合格性准则

交易的合格性准则被认为是确保在允许应收账款收益再投资的交易中补充新的资产（或在通常的交易中置换新的资产）时，该投资组合的资产质量不被损害。因此，合格性准则通常关注于该类相关资产的主要信用驱动者，例如以下方面。

（1）**合同性质**。每份合同的形式应明确，例如：

①还款合同、捐赠合同还是递延利息合同；

②与汽车、为商业目的使用的卡车和设备有关的租赁、租购协议及附条件的销售协议；

③针对提供的特定货物或服务的付款。

根据利息和本金的具体支付方式，每种形式的合同都有不同的特征。根据财产或其他资产的性质，可能会要求有更为详细的信息。例如，贷款是否用于购买住宅或商业地产、地产所在的位置、地产是否已经完工并准备交付以及地产的年份；由于注销旧资产而减少了再销售的价值，此时购置的汽车或设备是新的还是二手的。

（2）**第一留置权**。每份合同应该（如果有担保）由第一优先担保机构提供担保。

（3）**发起人和债务人**。

①通常要求在进行破产解除分析时，每个合同应由缔约的发起人作为负责人发起签订，以确保承销的一致性和发起标准适用于整个资金池。如果发起人已经购买并储存有大量的合同中约定的投资组合，并且随后为其安排了资产证券化，标准就需要改变。这同时减少了标准形式文件所需要的法律分析，这类标准形式文件常用于单一的发起人自费发起订立的合同，这种合同有更少的形式。

②对于与每份合同相关的债务人，通常应明确债务人是个人还是公司，因为对于个人和公司的税收要求和消费者保护措施在相关的法律规定下也有所不同。

③通常也应明确债务人所在地的司法管辖区，并要求债务人作为责任人进行订约。

④除非证券化是职员应收账款交易（由于其通常要承担补贴利率，因此有另外的结构化特色），通常也要求债务人不得是发起人或发起人子公司的

雇员、高级管理人员或董事。

⑤可能也会要求债务人需在批准名单上或符合审批标准。

（4）**债务人的购买权**。如果合同中包含了债务人获得或保留相关资产的选择权，那么应将它们重新分类为租购协议，而不是融资租赁或经营租赁，因为不同的分类方式将对交易的税收或会计处理方式产生不同影响。

（5）**未摊销的本金金额**。在特定的截止日期（筹集的金额以该日为准），应根据合同明确未摊销的本金金额。

（6）**付款频率**。应明确债务人的付款周期。

（7）**利息**。应明确合同中利息的形式（固定利率、浮动利率等）以及以下几点。

①合同应付款计算的基准利率将决定合同应收利率和 SPV 对其融资需要承担利率需要承担的所有潜在基差风险。因此，发起人应详细说明利率（该利率用于根据合同设定支付额）并且尽可能地限制基准利率，以简化基差风险的对冲。

②对于资产池中具有固定利率的合同，有必要明确每份合同应承担一定最低水平的实际利率（按合同的内部收益率或年度百分比率计算，该利率用于将每一期的支付额贴现至净现值，结果使总计的净现值等于根据合同融资的本金数额）。

③同样有必要处理合同设定的利率与发起人初始订立的不构成证券化投资组合部分的合同设定的利率之间的相互作用。由于证券化，当设定适用于整个业务过程中的基准利率时，发起有不同的优先级别，这一事实不应损害 SPV 的利益。为了确保这一目的，可以设置门槛息差或门槛利率，据此，发起人需依约遵守，否则将面对丧失设置与证券化投资组合有关的合同利率的能力。

④对于新物业租赁，可以为场所内的任何新合同指定最小收益率或为新的租赁指定一定的最小净现值。

⑤贸易应收账款一般不包含利率。

（8）**本金的全部摊销**。如果合同规定：通过使用周期性付款摊销支付本金，那么周期性付款的金额应足够（在考虑到付款的利息元素后）使得合同本金在整个合同期内实现全部摊销（或在融资租赁的“主要时期”）。

（9）**付款违约**。在将相关资产出售给 SPV 时，合同的支付应没有拖欠或违约。如果允许债务人延期付款或豁免付款以防止付款失败，那么合同应也被排除在外。在某些情况下可能会放宽这一标准（例如，对于次贷合同交易），在某些情况下也可能不会放宽这一标准（例如，对于不良贷款交易）。

（10）**托收**。应明确用于托收合同付款的方式，以及是否指示债务人直接付款给 SPV（而不是通过发起人）。众多不同的托收方式将增加合同服务管理的复杂性，如果发起人破产，这将产生对所有支持的能力或充分履行服务的替代服务的关注。托收方式包括自动支付/直接付款、期票、现金或支票付款以及通过存款单支付。

（11）**合同适用的法律**。应明确每份合同受相同的法律管辖。这是为了避免合同应收账款实际受不同法律管辖的争议（为了确保可以获得从发起人到 SPV 的真实交易，有必要考虑与应收账款转让相关的适用于其他司法管辖区的规定）。如果出口业务按客户的标准商务条款签订合同（如在可能的情况下，例如，新兴市场的出口商出口货物至 OECD 国家），会发现其应收账款适用一些不同的管辖法律，那么这个问题就与跨境出口应收账款有关。

（12）**债务人集中程度/规模**。与池中的其他合同相比，应该没有代表资金池风险集中度的过大的合同。每份合同的规模明确地作为合同标的的资产类型，或每份合同融资资产的数额还可以决定每份合同在评级机构风险分析的类别（是奢侈品还是投资目的等）。大多数资金池合同的一致性（在一定范围内）将帮助评级机构评估资金池的可能业绩，并带来比业绩更难准确预测的资金池更低的信用增强。

（13）**合同面值**。应明确本合同下用于支付的货币。如果交易中包含不止一种货币，就需要考虑对其他货币进行对冲。

（14）**合同期限**。应明确形成证券化资金池部分的合同允许的最大剩余期限——这将用来作为逆止日期，相当于 SPV 发行的票据的法定最终到期日。

（15）**时效**。通常需要一定的最小时效（那是合同中已经确定的最小支付的数目），这反映了债务人管理财务和持续付款的能力。

（16）**贷款价值（LTV）比率**。当资产的完全价值不能迅速实现时（例如，在房地产价格衰退的时候），可以通过设定最大的 LTV 获得融资资产中的股本缓冲，以保护 SPV 在执行中的相关权利。如果剩余价值风险是交易的一部分，那么这也与之相关。对于贷款超过一定价值的合同，也会有相关的法规限制。LTV 通常以批准的估价师对合同签订时的资产做出的较低估值或债务人购买资产的价格为基础。

（17）**债务收入比例**。如果合同在最初没有设置决定周期性付款的最低额度，该数字仅根据债务人在相关时期的收入来确定，那么合同不应该构成资金池的一部分。

（18）**无维持义务**。如果合同规定发起人要为相关资产提供维护或服务，那么 SPV 会因发起人在将合同利益出售给 SPV 后为其提供相关的维护或服务而利益受损。特别是，债务人会寻求停止支付合同款项，或试图用安排维护的成本抵销合同规定的应付款。维护义务与真实资产的租赁具有特别的相关性，并且需要明确租赁合同是否包含地产税、部分的保险和维修（如美国）或完全的保险和维修（如英国），或者房东是否有责任自费维修。

（19）**无交换**。与车辆和设备相关的合同会规定债务人可以归还车辆或设备，并要求更换。由于有维护义务，如果发起人不履行义务，债务人可以寻求停止支付合同应付款，或试图抵销合同规定的应付款。

陈述和保证

陈述通常可用于解决法律和监管的问题，而不是经济或 SPV 要求的保护方面的问题，并且常与一些领域的资格标准发生重叠。

（1）**债务人的身份**。SPV 关注于确定债务人未破产，或者不会在签订合同后，处于合同效力产生弱化的不利地位。合同解决相关债务人的死亡或精神失常，或者在债务人存在担保人的情况下，担保人因受胁迫或错误陈述而被引诱提供担保的情况。

（2）**资格标准**。发起人需要陈述合同符合资格标准，并建立对违反资格标准进行补救的机制（通常与其他违反与合同相关的陈述的补救措施相同）。对于按揭和消费者贷款，通常发起人会回购问题合同。对于信用卡和贸易应收账款，问题账户或应收账款可以（简单地）不再对合格的资助应收账款计算应付给发起人的金额，并且拒绝对不合格的未提供资金准备的应收账款进行支付，或可能要求发起人回购问题账户或应收账款。

（3）**标准文件 / 发起过程**。合同应有标准格式，或者根据标准过程进行记录，但允许简化尽职调查过程。

（4）**合约的所有权**。发起人需要陈述其拥有合同及附属的权利，并且它们不承受任何第三方的产品负担，例如证券利息或先前的不动产或动产转让。

（5）**消费者保护和许可**。陈述内容应说明合同是否需要遵守所提及的司法管辖区的消费者保护立法，如果需要遵守，那么合同是否完全遵守了该立法的规定。例如，英国 1974 年的《消费者信贷法》规定了具体的监管的协议的形式和实质。

（6）**提前终止和违约**。不得违反、提前终止或取消合约。

（7）**合法性及有效性**。合同应可以对债务人完全执行，如果存在担保的话，那么应该：

①确保相关财产或资产的销售，需委派一位该财产或资产的接收人；

②如果有要求，则要对担保进行登记，支付印花税；

③担保所有根据条款规定应付的金额。

发起人还需要陈述，如果交易涉及进一步的发展，其对于任何相关的财产产生的其他担保利益并不了解，以保证契约账户中不会出现抵销或违约。

（8）**产权证书和记录**。发起人需要分别陈述其持有与产权和合同相关的产权证书及完整的最新纪录。对于交易应收账款，记录应能足以识别应收账款并将之与其他应收账款相分离。这需要进行应收账款的转让，若发起人没有能力对应收账款进行区分，导致每个单独的应收账款不能被充分识别，从而无法实现应收账款的真实出售，但真实出售需要某种不可分割的利益结构，此时是否需要对发起人应收账款的整个投资组合使用信托，这其实是值得商榷的。

（9）**完成业绩/进一步发展**。如果在合同出售以后，未完成的义务事实上不是由发起人来完成的，那么之前落在发起人身上的所有义务应该得到履行，以避免债务人的权利累计抵销付款或停止支付。对于按揭，典型的发起人的义务仅是涉及向相关债务人做进一步的垫付。在这种情况下，就会要求储备基金或工具为所有这些进一步的垫付提供资金支持。

（10）**信用政策**。发起人应该已经通过合理谨慎审查贷款合同的方式调查了债务人，从而使发起人的信用政策遵循一个客观的标准，并且如果发现任何可能导致该借款人违约的迹象，应不贷款给该债务人。

（11）**合同及附件权利的可转让性**。发起人需要陈述与合同及附件权利相关的利益没有转让限制，任何该种限制通常采用要求获得相关债务人事先同意的形式。保单会包括使任何声称转让的保单无效的条款。

（12）**转让税**。将资产转让给 SPV 可能需要缴纳印花税，或 SPV 作为新的所有人进行登记的税收或律师费，这些在转让车辆或设备以及合同应收账款时可能会出现。发起人要求陈述如果该等款项是名义上的，那么其不适用于对应收款项的描述（如有必要，可进行适当的结构设计以减轻该种款项）。根据使用的具体结构，同样有必要获得关于合同应收账款的回收不适用任何预扣税的陈述（例如，根据债务人的性质，有可能可以享受税收豁免）。

（13）**转让的有效性**。向 SPV 转让与每份合同及附件相关权利的利益是有有效性的。如果是担保贷款交易，那么该陈述将涉及担保权益的有效性和完善性。如果是转让相关车辆或设备，那么若此所有权仍保留在债务人手中，就需要调查该资产的转让手续。

（14）**数据和披露限制**。与合同及附件权利相关的信息披露可能会违反一般的法律原则（例如，银行发起人对其客户的保密义务）或具体到特定信息类型所规定的保密义务（例如，在英国，根据 1998 年《数据保护法》中关于电子数据的保护）。

（15）**抵销**。如果通过让与方式转让合同应收账款，而没有通知债务人，那么发出通知以前，将保留债务人通常的抵销权。但如果债务人与发起人有其他关系，那么所有债务人对发起人行使抵销权的能力将严重影响到 SPV 追讨合同应收账款的能力。

（16）**准确的详情和估值**。发起人需要保证所陈述转让文件中提供的合同和产权或其他资产的详细信息是完整和准确的。关于真实资产或大额资产的所有第三方估值，所有人都需要保证陈述估值的准确性，并且确保自评估完成以来，不存在任何影响估值报告中所述价值的事件。

（17）**民事诉讼**。发起人将需要陈述其不知道任何与合同有关的民事诉讼，并需要披露任何正在进行中的该等诉讼，包括收回诉讼。

（18）**选择合同**。在选择证券化合同方面，发起人依赖其相对于 SPV 来说更大更多的关于合同的详细信息，可能选择将其建基于消除投资组合中的问题资产的意愿。除非交易被确定为扣押物或不良资产的证券化，否则将会不公平地损害 SPV 和投资人的利益，因此发起人需要陈述其没有特意选择可能损害 SPV 追偿权的合同。同样地，一些中央银行监管机构会关心发起人的不当行为（如为了获得更廉价的融资，通过为其证券化选择最优的资产，在资产负债表中留下最劣质的资产的方式）。如果为了遵守中央对表外处理的要求而从法律咨询机构寻求建议，这就是一个陈述问题。

（19）**位置和使用资产**。发起人通常要求陈述资产位于一个特定的司法管辖区，并且被债务人恰当地使用（特别是按照法定和制造者的指南）。如果债务人滥用资产，并且导致人身伤害或赔偿，则这样的设计可用于最小化可能导致 SPV 购买的合约权益中的对出借人、制造者或提供者的义务。对于不动产，业主要求陈述该物业先前已经被使用，并且现在正在被使用。这是由于潜在的环境担忧，这些担忧可能影响追偿，或招致出借方需要对不动产借贷各方承担相应的责任。

（20）**租赁资产**。任何租赁资产的期限在相关合同的最终到期日后将延长一个最短的时间，使得如发生违约，租赁剩余物可以作为有价值的资产出售。另外，在债务人破产时，不应该没收租赁物，因为这样会影响对 SPV 的强制执行。

（21）**保险**。发起人必须陈述每项资产都以发起人的名义进行了一般保险（或其他可以获得保险收益的形式，如在保险中存在保险受益人条款，要求向发起人支付保险收益），保险金额足以偿付合同，并且保单允许 SPV 在偿付合同时使用保险收益。对于高产权价值的 CMBS 交易，应对不动产的所有相关风险进行充分保险（价值至少应等于资产的重置价值加上重置的期望时间包含的租金损失，或证券化债务的完全价值加上应计利息以及其他适当的高级项目），并且发起人应陈述其将确保对产权持续进行保险。

（22）**资产的产权**。债务人（CMBS 交易的所有者）应对相关资产拥有良好的产权，该资产（仅受合同条款的约束）不受任何第三方的利益约束。

（23）**池策略**。如果池策略构成交易信用增强的一部分，发起人应陈述每份合同都被一个有效的池策略覆盖，该合同的金额与期望数字相匹配。

4.3　现金流流程

现金流流程或付款的优先级限制了 SPV 或各方信托内部的现金收款的使用，因此，决定不同批次交易的相关信誉度至关重要。通常，交易中有 3 种流程——应用收入预先强制执行、应用本金预先强制执行以及应用所有的收益事后强制执行（例如，根据信托人对交易的违约发布的声明）。下面我们将分别描述。

4.3.1 事后强制执行

通常，交易中的违约事件包括：

（1）SPV 未支付高级（A 级）票据的利息或预定的本金；

（2）SPV 未履行或遵守票据和交易文件规定的其他义务；

（3）发生与 SPV 相关的破产或破产相关事件。

虽然未能支付事件可以使用比上文所述的范围更宽的措辞（例如，对于任何应付的票据未支付利息或本金），但是通常可以将其限制在最基本的范围中，主要有以下几个原因。

- 未支付次级资金或次级票据（B 级票据）会被严格限制，以至于只能在 A 级票据完全付清后，构成一项违约事件。

- 如果没有足够可用的收入来支付该利息，通常会有利息延迟支付条款，规定延长次级资金或次级票据的应付日期（结果是"当到期"的措辞不会被使用）。

- 直接以 A 级或更多的次级为基础的应付本金仅限于已收到的现金，以至于如果没有收到本金，未支付本金就不再是引发违约的原因。

作为违约事件严重损害了 A 级票据持有者的"未履行其他义务"的情况可能是合规的。从本质上说，SPV 的破产不可能是由于 SPV 的破产隔离性质。需要注意的是发起人的破产通常不是违约事件（虽然其构成了一个早期的摊销事件，从而终止了所有周转期）。

违约事件的例外结构是综合交易。由于这些交易不依赖优质投资组合的充足的现金回收来支付本金和利息，而是依靠信用互换对方的付款和所有票据承诺的托收（例如，回购证券或德国抵押债券），所以与之前的分析存在一些不同。票据根据优质资金池的相关损失进行减记，但是，与票据有关的其他资产却没有减记，任何未支付所有级别票据的应付款项都意味着信用互换对方未充分支付信用互换的应付款。因此，其很有可能触发互换的终止和所有级别票据的提前到期。同样地，信用互换对方的破产将触发互换的终止和票据的提前到期。因而，综合交易中的违约事件更有可能包含以下几点。

（1）SPV 未支付所有级别票据应付的本金和利息。

（2）SPV 未履行或遵守票据和交易文件规定的其他义务。

（3）发生与 SPV 相关的破产或破产相关事件。

（4）与信用互换交易对方相关的破产或破产相关事件。

流程

事后强制执行、清算所得现金或 SPV 资产持续管理将被简化成单一的程序。典型的事后强制执行程序相关费用如下。

（1）信托人费用和强制执行费用。

（2）其他各方费用。

（3）流动资金融资的本金和利息。

（4）对冲提供商终止数额（除了第（9）项中提到的后偿数额）（提示：评级机构要求根据相关票据级别对货币互换同比例终止支付）。

（5）A 级票据本金、利息和其他数额。

（6）B 级票据本金、利息和其他数额。

（7）C 级票据本金、利息和其他数额。

（8）后偿流动资金融资数额（返记还原数额和增加的成本数额）。

（9）后偿对冲提供商终止数额（返记还原数额和对方违约时互换交易的终止支付数额）。

（10）释放现金给发起人（例如，延期支付的购买价款、次贷等）。

4.3.2　事先强制执行

上述描述的违约条款事件的净效果是，除综合交易外，违约通常是由未支付 A 级票据的利息或规定的本金以明显有害的方式不遵守其他义务（例如，损害 A 级票据）导致的。

由于在这些事件触发之前，可以发现显著恶化的迹象，所以对于非综合性交易中所有级别的债券持有人来说，事先强制执行是非常重要的。

- A 级票据希望得到充分的保护，这样才不会事先向次级票据支付款项，使得 A 级票据在后期蒙受损失。
- 次级资金或次级票据希望受到保护以降低风险，防止其留下未做任何支付的票据，并简单地延迟支付和核定利息。特别是在许多交易中（如上文指出的），次级资金或次级票据没有能力支付，从而触发了没有支付的违约事件，并且因此明确了一些早期的价值——很可能留给这些投资者一张预估了整个交易的生命而没有补救措施的票据。

确切地说，如果要在这两种对立的观点之间设立流程，是一个需要协商的问题。交易中使用的特定的现金流以交易对交易为基础发生变化，并且是一个在交易的评级机构、主要经办人和发起人之间需要讨论的问题。投资者不经常直接参与这个程序，但是投资人关于交易中的不同级别票据相关实力状况的看法很可能影响他对于投资票据的选择，或从根本上影响到其是否进行投资交易。

事先强制执行的地位经常通过大量的用于锁定或增加特定项目现金的程序的测试或触发进行修正，并通常及时地依赖于交易或特定点的业绩。其中一些是由信用触发，还有一些发生在决定交易的摊销配置文件的结构期间。

4.3.2.1　循环周期 / 提前摊销事件

首先有可能出现的结果周期是循环期间。如果使用该结构，那么本金收入将作为首期再投资于新的应收账款中，而不是用于偿付债务。交易的循环周期通常被设为一个明确的固定期间，在发生提前摊销事件时，可以终止该循环周期。提前摊销事件通常是如下事件：

- SPV 持有的应收账款的质量发生恶化（例如，不良行为或违约级别提高）；
- 从应收账款中赚取的差额回报水平的下降；
- 不能产生足够的新应收账款；
- 发起人发生破产相关事件。

4.3.2.2　摊销结构

如果一项交易不包含循环期间，它通常从发行开始进行摊销，也有时会因为一些特殊的原因而无法做到这一点。例如，在意大利，如果在交易后的 18 个月内获准进行摊销，那么就需要交纳预扣税。因此，就很有可能使用废止条款或现金陷进结构。如果交易确实包含循环期间，它将从循环期间结束开始摊销。摊销可能受大量潜在的不同结构的影响。

- **转换结构** 所有的本金收入将通过以下三者之一直接转换为对应债务：
  - 连续支付；
  - 按比例支付；
  - 修正的按比例支付。
- **预定摊销结构** 摊销通常使用特定的预定数额，这可能是以连续的、按比例的或修正的按比例支付为基础。如果分配给投资者或再投资的应收账款没有限制本金余额，而是每期经营现金流定额，预定摊销通常是在全部业务证券中进行。
- **累积期间和到期日一次付清结构** 这是指在交易中保留本金收入，是为了在累积期间结束，债务到期时，一次性地支付本金。它通常用来作为集成信托的一部分。
- **可控的/加速摊销结构** 在集成信托中，收入通常在拥有权益的卖方企业和拥有权益的投资者企业之间进行分配，即分别为发起人保留实际拥有权的部分应收账款以及 SPV 拥有和融资的部分。发起人和 SPV 按比例排列，并且随着可控的摊销机构发生提前摊销事件，拥有权益的投资者企业将仅收到相应比例份额的有效摊销本金收入。在加速情况下，拥有权益的投资者企业将收到资产池中的所有本金，可以更快地摊销。由于后一种结构意味着投资者在付款方式上，没有与发起人以比例为基础充分地分担损失，那么投资者将受到资本监管机构如国际清算银行（BIS）和英国金融服务管理局（FSA）的处罚。
- **差价加速摊销结构** 在一些交易中，尤其是商业抵押担保证券交易中，交易的初级抵押担保证券会被设计用于摊销交易中超额的差价，该摊销用于减少抵押担保证券的加权平均寿命和投资者承担的信用风险的期限。

4.3.2.3 信用诱发因素

除提前摊销事件，与本金摊销相关的其他诱发因素包括 CDO 中出现的利息偿付比率和超额担保比率（也称为面值测试）。因此，需要计算下列与各等级债务有关的比率。

- ◆ 利息偿付比率。
- ◆ 超额担保比率（交易抵押品的面值金额与排名达到或优先于该级别的债务金额的比率）。

将结果进行比较，如果比率违反了对应的级别，那么现金流量将被转换为影响该级别债务的摊销，而不是对更多的次级债务或股票进行支付，直到该比例再次符合对应的级别。

4.3.2.4 收入现金流

收入通常包括所有的收益所得、所有相关流动性融资的有效提款以及所有相关的准备金金额。典型的收入现金流如下：

（1）费用（通常受托人支付给代理人以及第三方的费用金额）；

（2）服务商和备用服务商的费用；

（3）流动性融资的本金和利息（不包括附属金额，如赔偿金）；

（4）对冲提供商交换票据利息支付要求的金额；

（5）A1/2 级票据利息；

（6）减少 A1/2 级票据 PDL（信用本金现金流）；

（7）B 级票据利息；

（8）减少 B 级票据 PDL（信用本金现金流）；

（9）C 级票据利息；

（10）减少 C 级票据 PDL（信用本金现金流）；

（11）将准备金补足到要求的水平；

（12）次级流动资金融资金额；

（13）向发起人发放现金（例如，延期购买价款、次级贷款等）。

4.3.2.5 本金现金流

本金通常包括回赎或销售相关资产的本金收入以及收入现金流中产生良好 PDL 的收入。典型的收入现金流如下：

（1）用于支付 A/B/C 级别票据的未付利息；

（2）在循环期间，新应收账款的再投资；

（3）循环期间后的 A1 级票据本金；

（4）循环期间后的 A2 级票据本金；

（5）循环期间后的 B 级票据本金；

（6）循环期间后的 C 级票据本金；

（7）将准备金补足到要求的水平；

（8）向发起人发放现金（例如，延期购买价款、次级贷款等）。

摊销本金是一个连续的支付结构。对于本金的摊销，交易同样适用完全的或修正的按比例支付的结构，换句话说，A、B、C 类票据将按比例摊销。为了包含更多的高级别票据，按比例摊销通常受财务契约、触发因素或代理商同意的其他措施的约束。

4.3.2.6　合并现金流

通常按揭交易和以消费者贷款为基础的交易使用两个分开的现金流，相当于本金和利息收入可以分别安排，并与发行票据的本金和现金流匹配，同时该交易会产生相关资产的预付款，该预付款可以构成本金现金流。

然而，以收入为基础的交易（如租金交易和整个商业交易）倾向于使用单一的合并收入和本金现金流共同支付票据利息，并摊销票据，结果是，它们往往遵循计划的摊销结构。典型的合并现金流如下：

（1）费用（通常受托人支付给代理人以及第三方的费用金额）；

（2）服务商和备用服务商的费用；

（3）流动性融资的本金和利息（不包括附属金额，如赔偿金）；

（4）对冲提供商交换票据利息支付要求的金额；

（5）A1/2 级票据利息；

（6）A1 级票据本金；

（7）A2 级票据本金；

（8）B 级票据利息；

（9）B 级票据本金；

（10）C 级票据利息；

（11）C 级票据本金；

（12）将准备金补足到要求的水平；

（13）向发起人发放现金（例如，延期购买价款、次级贷款等）。

注意：对每种级别票据（AI、AP、BI、BP、CI、CP）支付利息和本金的特定顺序在某些情况下会被部分或全部修正，从而产生 3 种结合。

- 未修正的（AI、AP、BI、BP、CI、CP）：在整个业务证券化中使用。
- 部分修正的（AI、BI、AP、BP、CI、CP）：当 C 级被评为低于投资级别时使用。
- 完全修正的（AI、BI、CI、AP、BP、CP）：在不良贷款交易中使用，因为本金摊销经常通过所有的剩余现金进行，直到相关级别的票据支付为 0。

交易中的一个重要方面是关注低级债券持有人。同样地，与在带有分离收入和本金现金流的交易不同，合并现金流指 B 票据的利息支付需以 A 票据的本金支付为条件，且 C 票据利息的支付需以 A 票据和 B 票据的本金支付为条件。

到底有多少本金需要在这些级别进行支付，取决于以上所述的摊销结构，但是如果这些数额巨大或者（一旦交易中的财务诱因出现违约）会有所增加，那么还有一个更大的可能性就是，B 票据或 C 票据持有人会发现他们的利息支付推迟了。

同样地，该交易给高级别票据持有人提供了更有力的保护，因为交易中所有的现金收入包括本金和利息，在对更多的低级别票据做出支付前，会先对高级别票据持有人进行支付。例如，

现金收入 = 21

A 级应付利息 = 5

A 级应付本金 = 8

B 级应付利息 = 3

B 级应付本金 = 6

C 级应付利息 = 1

C 级应付本金 = 4

使用未修正的现金流结构：

现金流项目	支付金额
① A 利息	5

②A 本金　　　　8

③B 利息　　　　3

④B 本金　　　　5

⑤C 利息

⑥C 本金

- 利息和本金不对 C 票据进行支付。
- B 级别票据的利息保障倍数为 1.31 倍，偿债备付率为 0.95 倍。
- A 级别票据的利息保障倍数为 4.2 倍，偿债备付率为 1.61 倍。

如果使用部分修正的现金流模型：

现金流项目	支付金额
①A 利息	5
②B 利息	3
③A 本金	8
④B 本金	5
⑤C 利息	
⑥C 本金	

- 利息和本金不对 C 票据进行支付。
- B 级别票据的利息保障倍数为 2.62 倍，偿债备付率为 0.95 倍。
- A 级别票据的利息保障倍数为 4.2 倍，偿债备付率为 1.32 倍。

如果使用完全修正的现金流模型：

现金流项目	支付金额
①A 利息	5
②B 利息	3
③C 利息	1
④A 本金	8
⑤B 本金	4
⑥C 本金	

- C 级别票据的利息保障倍数为 21/（5+3+1）=2.33 倍，未收到本金。
- B 级别票据的利息保障倍数为 2.62 倍，偿债备付率为 0.91 倍，因为现金流在支付了 A、B、C 级别的利息和 A 级别的本金后就用完了，不能支付 B 级别票据的本金（金额为 4）。
- A 级别票据的利息保障倍数为 4.2 倍，偿债备付率为 1.23 倍。

4.3.2.7 其他现金流特征

交易结构中可能包含了许多其他的特征，这些交易特征在现金流中同样需要。例如：

- 债务的额外类别或子类别；
- 使用 IO 条件在高级别水平提取利差；
- 在诱发事件发生前对低级别票据加速进行支付。

4.4 债券定价和估值

美国 ABS 市场上的发行被分为固定利率和浮动利率，而在欧洲市场上的发行主要是浮动利率。新发行的信用利差定价主要是以相同利差水平的部门之间通常较大的差异（见表 4-1）为比较基准进行的定价过程。特别是，相对于商业信用和不合格的抵押贷款信用，在不同的 CDO 发行类型之间以及消费者和主要抵押信用的更高级别之间可以看见很大的差异。

表 4-1 欧洲 ABS/FRN 新发行的蔓延至 LIBOR/EURIBOR 的样本数据

类　　别	交易名称	日　期	加权平均时间	AAA	AA	A	BBB	BB
ABS- 信用卡	Pillar Funding 20-03-1	2003 年 5 月	5	25		70	170	
ABS- 意大利小额商业租赁	Ponte Vecchio Finance 2	2003 年 6 月	2.1-2.7	33		95		
ABS- 意大利小额商业租赁	Ponte Vecchio Finance 2	2003 年 6 月	4.2-7.5	47		135		
CDO- 欧洲杠杆化贷款	North Westerly CLO I	2003 年 5 月	8.9-11.8	65		180	300	700
CDO- 合成资产负债表型	Daphme Finance 1	2003 年 4 月	4.75	90	120	300	500	

（续）

类　　别	交易名称	日　　期	加权平均时间	AAA	AA	A	BBB	BB
CMBS- 英国购物中心	DECO Series 2003-CIT	2003 年 7 月	4.8	47	75	105	200	
不良资产 – 意大利抵押贷款	Tiepolo Finance 2	2003 年 4 月	3.3-4.6		115	108		
住房抵押支持 – 英国优质贷款	Mound Financing 3	2003 年 5 月	5.2	26	55	90	170	
住房抵押支持 – 德国合成优质贷款	Provide Green 2003-1	2003 年 6 月	7	35	60	85	190	
住房抵押支持 – 英国不良贷款	RMS 15	2003 年 6 月	3.6	45	85	170	350	

4.4.1　估值

债券产生的未来现金流量折现到当前将对估值产生影响。

4.4.1.1　一次性偿还证券

对于固定利率的一次性偿还证券，只需要参照基准设定特定的收益率，将未来的固定金额按交易的寿命折现到当前。

为了计算的准确性，应该逐行进行折现，以确保参照相关的应计期间和交易天数，对每个付款期计算正确的应付金额。

如果交易在全年中有相等的周期性票息支付，总的应付利息将与票面年度利息相同。例如，交易使用 30/360 天计算，那么债券价值用当前价值计算的简单公式如下：

$$债券价值 = [(债券面值 \times 周期票息 /r) \times (1-[1/(1+r)^n])]$$
$$+ 债券面值 \times [1/(1 + r)^n]$$

式中，r 为每期的折现率；n 为期数。

这里假定债券价值按息票支付日的净价计算（不包括应计利息）。

对于浮动利率的一次性支付证券，需要首先通过假定根据当前每季度的伦敦银行同业拆借利率，或根据远期收益率曲线设定每期票息，然后这些息票通过伦敦银行同业拆借利率或远期收益率曲线分别进行贴现。

由于浮动利率证券更有可能使用实际 / 实际或实际 /360 天计算，它们不可能有相同的周期性付款，甚至对于所有的息票只设定使用当前的伦敦银行同业拆借利率，而不是远期收益率曲线。因此，短期的当前价值公式只能提供准确性稍差些的结果。

更值得注意的是，由于实际 /360 天计算每年会提供额外的息票价值（根据多年的平均值，总的息票收入等于（息票面值 × 362.25/360，按闰年和非闰年的平均值计算），结果债券价值比按逐行计算的当前价值更贴近面值。后一点明显可以通过将 n（期数）乘以 362.25/360 进行修正。

4.4.1.2　摊销证券

按计划摊销债券的周期性付款需要根据每次付款进行估值，以获得债券的价值。如果债券以等额周期性付款的年金形式摊销，这些周期性付款由本金和利息混合构成，那么通过现值计算债券价值可以获得如下简单的公式：

$$债券价值 = [(\,周期性付款\,/r) \times (1-[1/(1+r)^n])]$$

式中，r 为每期的折现率；n 为期数。

对于上述一次性还款证券，由于按天数计算的结果（缺少这个，会通过以上描述重新计算 n 增加的实际的结果），这里假定在全年进行了等额的周期性付款，并且每年收到票息的天数没有计算收益，同样假设债券价值按息票支付日的净价计算（不包括应计利息）。

对于摊销可提前支付的 ABS 证券，过程更加复杂。对于每个估值日期，需要获得债券的一组现金流，这组现金流可能与交易初始时决定的有所不同。有条件的预付比率（CPR）、违约比率以及对所有可能的赎回日期期望的改变都可能改变债券的期望现金流。

如果存在一组不均匀的付款，那么对于一次性付款证券或年金摊销证券，不能用同样的方法将现金流折现为现值，现金流需要将逐笔付款折现为现值。

4.4.1.3　凸性

对特定类型的资产支持证券（ABS）进行结构化设计，以便于摊销或作为相关资产的预付款，没有任何预付款罚息。这些特定类型的 ABS 主要包括住房抵押支持证券（RMBS）和消费者贷款（如果法律有相关规定，则可能阻止或限制对相关资产征收预付款或收取罚息），但是它们通常不包括其他类型的 ABS（如 CMBS 和全部商业交易）。

因此，资产担保的固定利率证券可预付，但没有罚息。如果其他交易中的固定利率证券参照预付时的市场收益率进行提前预付，那么其一般与提前赎回补偿条款共同结构化，该条款要求支付较高的罚息。这是为了补偿投资者，因为如果在预付时，债券以高于面值的价格进行交易，投资者将在盯住债券的市场价值上遭受损失。

对于浮动利率债券（FRN）预付的问题，在 FRN 信用价差没有改变时，市场利率的改变不会影响到 FRN 的交易价格。然而，固定利率债券的价值会随着市场收益率的变动而波动。由于信用价差随时间改变，FRN 的价值也会有变化，但由于与投资者相关的预付风险很小，FRN 通常不会承担任何预付罚息（虽然在某些情况下可以看见发行人整体交易的早期回购期权有小的溢价）。

作为预付风险的结果，分析没有罚息的可预付固定利率 ABS 需要考虑凸性。凸性是测量收益率和债券价格之间关系的曲率或变化率。如果实际债券价格超过根据直线推断的估计价格（例如，价格 / 收益率关系曲线在直线上方），那么债券有正凸性；如果实际债券价格低于根据直线推断的估计价格（例如，价格 / 收益率关系曲线在直线下方），那么债券具有负凸性。

由于相关（如抵押）预付债券的作用，可预付的 ABS 通常具有负的凸性。随着收益率下降，相关抵押的预付款（通过再融资）很有可能增加，这意味着债券本金减少，寿命缩短，并且价值增加的速度减缓。相反地，随着收益率上升，债券的期望寿命很有可能延长，但由于预付下降，也意味着价值将加速下降。

类似地，由于在高收益率的情况下回购被执行的可能性下降，在低收益率的情况下回购被执行的可能性上升，具有回购期权的债券很可能有负的凸性。

与浮动利率债券、固定利率为 4% 的按固定的计划年金摊销（例如，根据年金形式有计划地摊销支付，并且没有预付）的债券相比，图 4-1 显示了一个固定利率为 4% 的资产支持证券的债券价值在不同利率水平下的差异，随着利率下降，该资产支持证券的预付加快；随着利率上升，则预付减缓。

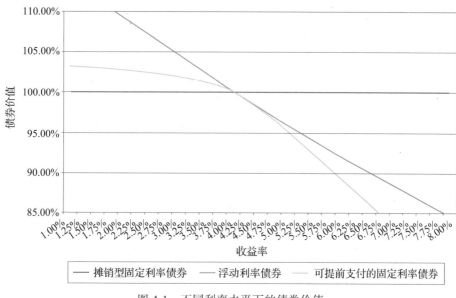

图 4-1　不同利率水平下的债券价值

图 4-2 假设根据图 4-1 中的收益率，分离出信用价差的变化，以显示出浮动利率票据价值的有限波动。

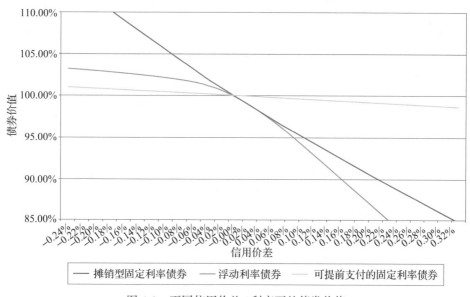

图 4-2　不同信用价差 / 利率下的债券价值

4.5　业绩与报告

与公司债券市场不同，ABS 市场中包含不充分的信息。公司有规律地就影响公司业务的事情发布公告，特殊情况下还会被要求根据股票交易所的相关要求发布公告。利润警报、战略公告、获取和处置的所有资产都要在每季度的财务报告中宣布。另外，ABS 市场中最受关注的也是相关资产的季度报告。

这些报告的质量、详情和规律会影响到投资者对于交易业绩的判断，以及其在任何时点及时判断交易公允价值的能力。如果没有更多的定期业绩报告，投资者很难在不同的报告日期之间分析 ABS 债券的价值。

随着市场的增长，对于报告内容的要求也在提高，并且可以看到定期的发行人投入更多的时间和资源用于提供持续的数据。在肯辛顿集团提供的业绩报告中可以看见一个例子，该集团是英国不合格抵押贷款人，最初成立于 1995年，并且自 1996 年 12 月以来已经发行了大量抵押证券。肯辛顿投资人网站 www.ukmbs.co.hk 提供的数据显示了肯辛顿发行的交易的主要业绩变化。

图 4-3 显示了肯辛顿的交易随着时间推移的预付款水平，并且显示收敛趋向于 35% 的比率。在准确的数据报告中包括了对投资者和发行人都有用的信息。投资者和发行人在经济周期中拥有类似于所有交易过程的经验（特别是在利率水平方面），并且缺乏其他主要变化（例如，最初标准）的情况下，都可以合理地相信该交易的条件预付率是什么。这将有助于投资人准确预测债券中将产生的现金流，并评估他们正在进行的投资的风险水平以及市场中与之相关的其他证券的价格。

发行人从更深入地了解其交易的到期情况，以及反映投资者的确定性和熟悉性水平的严格定价方面收益。

4.5.1　关键数据

投资者需要分析的与 ABS 相关的关键数据分为两类：信用数据和投资数据。信用数据告诉投资者 ABS 的预计损失，或者本金和利息的全部支付额。投资数据告诉投资者其可以期待的 ABS 的投资业绩。

4.5.1.1　信用数据

对于特定交易类型的初始信用分析，可参见第 5 章的相关内容。交易的持续监控要求进行许多同样的分析，同时还需要许多关键领域随时间变化的交易业绩的最新信息支持，以评估交易的业绩相比最初的信用评估是更好还是更坏。特别地，正确组合中的违约水平，或不良行为或欠款的水平随时间推移变化的趋势很重要，因为这是在整个商业交易中持续的 EBITDA 和自由现金流水平的趋势。

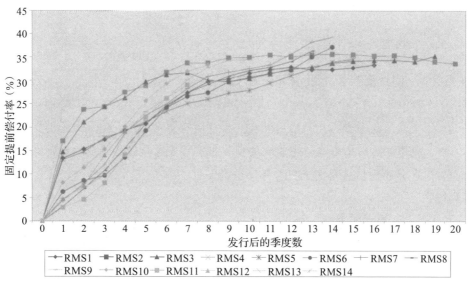

图 4-3　2003 年 6 月，产品随着时间变化的肯辛顿 CPR（%）

资料来源：www.ukmbs.co.uk（获得肯辛顿集团允许使用）。

随着时间的推移，超额利差水平也在慢慢变成一个很重要的项目，因为它决定了交易中持续信用增强的水平。通常情况下，由于交易的固定成本和债务混合成本的增加（如果交易是连续支付，便宜的高级债务首先被付清），超额利差（因资产池的支付）将随着时间的推移而预期下降。

4.5.1.2　投资数据

投资数据告诉投资者在没有信用损失的情形下，资产期望的是什么种类的回报。大多数 ABS 产品的关键领域是资产的预付水平。这是由于该预付具有以下作用：

- 缩短资产的寿命；
- 授权发行人以债券的面值进行预付。

前面关注的是投资者进行再投资的风险——如果投资者希望投资 5 年的现金，并且与债券相关的资产预付很快，以至于债券的平均寿命缩短为 2 年，投资者必须寻找一项新的投资，从该项再投资中获利，否则在他投资的整个寿命中，将收到一个减少了的回报。

后者关心投资者进行的预付风险。

4.5.2　典型的投资者报告详情

4.5.2.1　商业资产抵押证券和 EETC

- 交易的数据根据交易的属性会发生相应的变化；许多交易构成租赁，因此不同公司的资产池中较大的项目很有可能包括违约级别和租赁终止；
- 全面的偿债备付率 / 利息保障倍数。

4.5.2.2　消费者贷款 / 租赁

- 不良行为；
- 违约；
- 累计损失。

4.5.2.3　信用卡

- 每月支付率（每月支付的百分比）；
- 收益率（按年计算的百分比）；
- 销账率（按年计算的百分比）；
- 超额利差（扣除销账率和融资成本，按年计算的百分比）；
- 不良行为超过 30 天的比率（按百分比计算）。

4.5.2.4　CDO

- 超额抵押比率（交易抵押品的价值除以同等级和高级债务的价值，按百分比计算）；

◆ 利息保障倍数；

◆ WARF（加权平均评级系数）；

◆ 差异；

◆ 违约至今的天数 / 信贷事件至今的天数（对于合成交易）；

◆ 累计损失（按百分比计算）。

4.5.2.5　商业抵押担保证券

◆ 利息保障倍数；

◆ 入住率；

◆ 欠款；

◆ 违约。

4.5.2.6　未来流量

◆ 资产偿付比率（产生的毛收入水平 / 利息保障倍数和债务清偿）。

4.5.2.7　不合格贷款

◆ 平仓盈利率与商业计划盈利率的比较（%）；

◆ 托收速度与商业计划速度的比较（数量除以数量，%）；

◆ 未平仓头寸的剩余账面总价值（GBV）；

◆ 该剩余头寸的购买价格。

4.5.2.8　住房抵押担保贷款

◆ 不良行为超过 30 天的比率（%）；

◆ 损失（%）；

◆ 预付比例（%）；

◆ 超额利差。

　　图 4-4 显示了一个来自肯辛顿网站的例子，该图描述了肯辛顿交易到期前随时间推移发生的累计损失率。

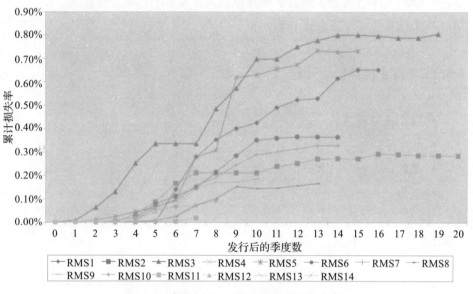

图 4-4　肯辛顿 2003 年 6 月的累计损失率

资料来源：www.ukmbs.co.uk（获得肯辛顿集团允许使用）。

4.5.2.9　贸易应收账款

◆ 核销；
◆ 不良行为；
◆ 稀释。

4.5.2.10　全部交易

◆ 扣除利息、税收、折旧、摊销前的收入（EBITDA）；
◆ 利息保障倍数；

- 偿债备付率（EBITDA 除以利息和计划的本金债务偿还）；
- FCF DSCR（EBITDA 扣除资本支出除以利息和计划的本金债务偿还）；
- 租金保障和入住率（护理院）；
- 桶装量及租金（酒吧）；
- 监管的资产价值（RAV)(水）。

4.5.2.11　合成交易

- 信用事件的数目；
- 累计损失；
- 初期的信用事件（例如，不良行为超过 30 天的水平）。

第 5 章

资 产 类 别

　　事实上，任何类型的现金流都可以作为证券化技术的基础来使用。在美国，汽车贷款、信用卡和住房抵押贷款已经成为市场的主要产品。在亚洲金融危机之前，契合贷款是东盟国家保险的主要领域。在许多欧洲国家和世界上其他国家，住房抵押贷款是市场发展关注的焦点，并且形成了保险的支柱，澳大利亚和西班牙是典型的例子。公司拥有的贸易应收账款在银行安排的商业票据融资渠道结构中是市场的重要组成部分。

　　重新打包在证券化市场以外单独发展（在属性上自然更加国际化和跨国化，不带服务功能，并且经常只有一个或少数几个相关债务人），但是随着旨在允许迅速发行多样化的相关证券或应收账款的资产担保中期票据的建立，它们逐渐与证券化市场以及对特定投资者的证券化重新打包相重叠。

　　为了减少集中度和相关性风险，CDO 用重新打包结构集合了联合多样化的相关债务人的证券化理论。

　　起源于在某些经济衰退或全球动荡（如亚洲经济危机）的市场中出现的高水平的不良资产，与其对应的不良贷款的证券化已经成为国际市场的最新发展趋势。这里最初的备选资产在日本的金融体系中是房地产贷款，在意大利的金融体系中是抵押贷款，这两种资产自 1999 年以来，都成为证券化交易的对象，但韩国资产管理公司（KAMCO）和全世界其他资产管理公司发行的不良贷款证券化除外。

证券化的机构特征与其相关资产的形式密切相关，主要有 3 个原因。

◆ 首先，应收账款本身会有大量的已经建立的"信用增强"因素。如果证券化打算实现资产的最大潜力，那么它将充分利用这些因素的优势。例如，抵押应收账款可以从抵押人财产的担保权益中受益。如果抵押人付款发生违约，那么抵押权人可以通过行使出售或止赎的权利，并要求从实现的收益中进行偿还，从而强制执行担保。同样地，抵押权人通常都会坚持要求抵押人提供财产发生火灾后的保险金。如果财产燃烧殆尽，抵押权人通常坚持要求将保险金用于恢复财产，或主张用它们偿还抵押债务。汽车贷款包含贷款人收回并出售汽车以还款的权利。如果可能，证券化结构应通过确保这些权利也能被转移给 SPV，允许 SPV 以及投资人从这些附属权利中受益。

◆ 其次，不同类别应收账款的现金流结构和合同条款存在较大差异。大体上，交易应收账款不用承担利息。通过融资租赁方式取得的汽车贷款实行单一的定期支付，该支付反映了发起人汽车的本金成本以及融资费用。经营租赁可以提供发起人的维修义务。信用卡对于首月未偿还的金额不收取利息，并且对月末仍未偿还的债务仅承担其后的利息。抵押贷款可能承担固定或浮动的利息，并且可能正在摊销（偿还抵押贷款）或可能是一次性赎回结构（例如，对于养老遗产抵押，抵押贷款的本金从到期的保单利益中支付）。不良贷款产生不定期的、以完全的强制执行程序或和解为基础的现金流。该结构需要融资机制根据时间平滑现金流或多个类别的票据，以匹配不同的现金流结构。

◆ 最后，税收问题可能导致对特定结构元素的要求。特别是，租赁的税收处理可能非常复杂，涉及许多国家对租赁业务负担增值税的承租人的支付，这些支付必须由出租人来收取，并支付给政府机关，从而不影响 SPV 的破产隔离（部分假定出租人的作用）。另外，税收减免（如投资抵减）可能增加汽车、设备或资产融资结构的复杂性。

5.1　ABS：商业和电子交易所买卖商品

属于这一类别的主要项目是关于大额运输资产（如轮船、飞机和火车）

的证券化。它也包含了关于小额商业项目（如计算机设备租赁、工厂等）的证券化。结构通常包括：

- 资产担保贷款（例如，为航空公司筹集高于其公司信用等级的债务，或作为贷款人发起的打包贷款）；
- 资产租赁。

在融资租赁和经营性租赁方面的区别，以及增值税的分析和发起人与 SPV 的投资抵扣税头寸方面，资产租赁的结构化问题类似于消费者资产担保证券产生的问题。

然而，由于相关债务的数额很有可能比小额交易的数额少很多，这意味着使用投资组合信用评级方法不合适，对于大额资产，需要对租赁资产的剩余价值进行更多的分析。除非个体承租人本身拥有很高的信用评级，否则最清晰的评级价值基准是资产本身的价值，该价值是如果承租人违约，则可通过出售或转租资产以获得相应的价值。因此，评级分析可能涉及租赁资产的销售和转租市场的流动性测试与适用市场转销售价值或市场转租价值的扣除，从而决定现金流的评级水平。

航空公司通常通过发行资产担保融资（以 ETC 或 EETC 的形式）来为其自身融资。由于航空公司的现金流单独地依靠公司的行业和业务（和飞机的剩余价值），没有要求多样化水平来显示全部现金流投资组合的持续稳健性，因此，此类现金流在很大程度上已经不能发行更复杂的资产抵押产品，从而导致交易没有有限的追索权，并且在性质上类似于销售和租赁。

因此，纯粹的资产担保飞机交易集中在经营更适合于资产担保产品的多样化融资业务的飞机出租人身上（例如，GPA 的 ALPS 交易；庞巴迪的 CRAFT 交易。CRAFT 作为制造商庞巴迪的航空公司融资收购飞机的融资出租人而设立）。

涉及窄体飞机的交易由于可用于全球更多的航线，因此比用于长途航班的宽体飞机有着更广阔的再利用市场，很有可能获得更好的评级。交易的结构要同时适用于涡轮螺旋桨飞机和喷气式飞机的交易。

类似地，火车交易集中在出租商，而不是运营商方面。在英国，机车车辆公司（ROSCO）作为火车运营公司（TOC）的出租商，为天使火车公司和波特布鲁克公司安排了许多交易。

很少有涉及轮船的交易，主要的例子是 2002 年的 Latitude Synthetic 交易，该交易由 NIB 资本为轮船贷款做了证券化。

意大利的租赁交易一直是小面额的商业资产担保证券的重要组成部分。在意大利，长期的不动产租赁与短期的设备和汽车租赁的混合投资将组合起来进行证券化。

信用分析

对于大面额资产，主要的考虑因素是其性质和可销性（即市场的直接转售价值），或通过二次租赁费率实现持续价值的能力。

这将受到宏观经济因素和外部事件的影响。例如，"9·11"以后，由于航班的减少，导致了航空公司的盈利能力下降，飞机行业出现产能过剩。因此，飞机的价值受到了负面影响，由于主要债务人违约概率（相关航线）和潜在损失的严重程度上升，导致了 EETC 部门的降级。

类似地，在商业投资萧条时期，资本商品的转售价值也会出现下降。

对于小额资产（即低价值资产和小型企业），虽然债务必须结合当地的商业环境考虑，但分析将更多地倾向于消费者对于 ABS 的接受程度。

主要信息

- ◆ 资产——类别、位置和质量；
- ◆ 承租人的数量 / 质量；
- ◆ 转售 / 转租的潜在性和价值；
- ◆ 偿债备付率 / 利息保障倍数。

5.2 ABS：消费者和信用卡

消费者 ABS 主要包括：

- ◆ 汽车贷款、租赁和租购协议；

◆ 消费者贷款；

◆ 信用卡；

◆ 美国的家庭资产贷款。

家庭资产贷款是以私人住宅做担保的贷款，该住宅被用于担保的原因不是房屋购买，而是巩固现有的消费者债务、支付大学或医疗费用以及家庭装修。在过去，这通常是第二位按揭，但是现在它们迅速合并为产权的第一位按揭。

虽然这种形式的贷款在美国以外也存在（例如，在英国，过去一些年中由于人们从家庭中撤回了产权，用于为消费支出进行融资，发生了显著的再抵押），但在许多国家，这种贷款通常与住房抵押支持证券（RMBS）列为一组（虽然贷款通过逆信用选择操纵了家庭产权，趋向于导致包含买卖 RMBS 的交易）。

5.2.1　汽车和消费者贷款（以及租赁资产）

由于低价值资产租赁结构的相似性，这部分不仅包含了汽车和消费者贷款以及租赁交易，还涉及其他租赁资产（如设备租赁）。

根据美国《统一商法典》（UCC）第 9 条的规定，美国有分类资产融资交易的简单备案制度，包括涉及动产和动产担保利益的所有权保留、条件销售、租赁和其他交易。

在英国和许多其他司法管辖区，普通法的分类继续存在。在英国的主要区分是所有权交易的简单保留、条件销售和租购交易以及融资租赁。在法律上，所有这些设置为了使卖方可以向买方提供信用，让买方购买卖方的资产，而在资产售出后，保留了一种担保利益，使得当买方破产时能够为卖方提供保护。如果担保是由个人做出的，资产担保的直接贷款的使用将受到销售票据登记的繁杂法律的阻碍，因此可以通过这些交易保留与买方交易的资产的所有权，寻求获得同样的结果。

然而，这些类似的法律依据不一定等同于相同的税收和会计处理，特别当做出具有潜在复杂性的混合投资组合证券化的其他类型的协议，如经营租赁或简单的租赁合同（对于这两者，卖方也保留了资产所有权）也包括在内的时候。

在经营性租赁中，汽车（或租赁交易的设备）的替代性经济价值在租赁期结束后，仍归出租人所有，从而将出租人与剩余价值风险相分离，这点不同于融资租赁和租购。

融资租赁是出租人根据信用条款，以可以使出租人请求资产的资本免税额的方式，购买资产的经济的等价物（降低融资费用的好处可以传递给承租人）。融资租赁没有赋予承租人购买资产的权利，但是在租赁的初始期间（即当预付本金和财务成本时）结束后，资产可以被出售，或部分收益作为租金的回扣由承租人享有，或者租赁以收取象征性租金的方式继续被二次租赁。在英国，如果最小租赁支付额的现值几乎达到租赁资产的公允价值的全部（通常是90%或以上），则推定一项租赁是融资租赁。

如果对于交易，发起人保持税收中性，租赁的税收处理必须不受交易的影响（或者至少不受严重影响）。由于租赁业务会涉及租赁资产产生的投资抵减，租赁所得的税收问题经常特别复杂。这可能需要连同租赁一同转移汽车或设备的所有权。如果是这样，那么在英国，由于销售要求的账单也管理着资产所有权未转移的情况，若该资产所有权不归原始所有人所有；它们又会再次相关。在许多国家，租赁支付需缴纳增值税或其他形式的销售或服务税。如果将应收账款出售给 SPV，则主要的税收义务也会被转移，以至于 SPV 级别的储备或结构化可能有必要涵盖增值税义务。

为了匹配融资工具的托收，租赁支付通常需要被区分为概念上的利息和本金部分。这通常是利用折现率将租赁支付折现为净现值，该折现率被视为承租人租赁时隐含的利率。

经营租赁或租用合同会对发起人设定维修义务。如果发起人在将合约转让给 SPV 后，没有持续履行该义务，应收账款的债务人可以拒付，或单独出维修费用，并在其周期付款中代扣成本。在其他情况下，SPV 的现金流受到了影响。如果发起人的信用评级不低于融资工具中寻求的评级，由于发起人评级可以作为融资工具的独立评级被接受，这可能不是个问题。然而，如果发起人没有高的评级，可能有必要从其他实体获得承诺，在发起人没有履行维修义务的时候，由其他实体提供维修服务。合同也可以包含进一步的规定，例如需要予以解决的抵销权、升级权、提前终止权或下调租金的规定。

担忧可能出现在交易的一方需要承担车辆或设备产生损失、损害赔偿或个人伤害的责任和义务。在英国，金融服务管理局在其为资本目的处理表外资产的指引中要求英国监管作为与消费者融资应收账款有关的发起人的机构采取合适的步骤（例如安排保单或遵从买方的赔偿），以覆盖资产售出后的该等索赔风险。

一些国家在计算汽车贷款的剩余未偿还余额时，会使用被称为"78 法则"的摊销方法。该方法首先以年金为基础计算相等的分期付款的金额。涉及本金摊销的分期付款金额是原始贷款金额的一部分，该原始贷款金额等于交易寿命的每个期间的数字总和除以期间的数目（对于 12 期的贷款，总和将是 1+2+3+4+…+11+12=78）。例如，在 12 期贷款的第 4 期，分期付款的本金金额等于贷款本金的 4/78。这种摊销方法通常会导致比年金贷款摊销更忙的摊销计划。因此 78 法则贷款的利率在贷款开始时的利率将高于可比的年金贷款利率，但是在贷款的寿命期内不断下降，以至于在贷款期间结束时的利率会低于年金贷款利率。由于这种摊销方式允许发起人在贷款的整个寿命期间收取更多的预付现金（没有预付罚金），因此它将作为一种预付款的抑制措施使用。

图 5-1 显示了可比较的 12 年年金方式贷款和 12 年"78 法则"贷款的摊销曲线，两者都执行 8% 的实际利率。

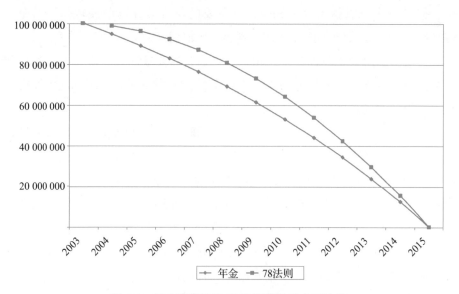

图 5-1　年金型贷款和 78 法则贷款的余额比较

5.2.2 信用分析

由于消费者池的分散属性，大多数分析依据的都是历史数据。因此，发起人可以提供的历史数据的质量是关键。由于其较低的价值和高度相关的赎回权以及按抵押品价值百分比计算的销售成本，抵押品的价值有时不太受到重视。

关键信息

- 发起人的发起量和违约率/违约/损失的历史水平；
- 证券价格稳定所需的时间；
- 承销程序；
- 服务质量；
- 收回的市场和价值。

在汽车贷款交易评级中，标准普尔使用对标市场上其他资产池的损失的精算方法（见标准普尔公司的 *Auto Loan Criteria*）。业绩在不同资产池间差异很大，信用和承销标准在这里很关键。静态池数据的典型损失倍数从 AAA 级的 4 倍或 5 倍，下降到 BBB 级的 2 倍（如果损失通过动态池数据计算，则数字首先采用加权平均期限进行分解）。

5.2.3 信用卡

零售商通过面值折扣的方式（该折扣被当作交换）出售客户签署的信用卡凭证给收购商寻求偿付，客户用信用卡从该零售商处购买货物或服务。收购商然后将凭证出售给信用卡清算商（如威士或万事达），该清算商将凭证出售给信用卡发行银行。

证券化的应收账款可以构成：

- 信用卡发卡行消费者账户的未偿还额；
- 威士或万事达卡商应支付收购商的未偿还额。

前者通常称为信用卡应收账款，并且是信用卡应收账款交易的课题。后者被称为信用卡凭证应收账款，并且由于它们能使收购商从位于收购商本国以外的、具有良好信用的实体（威士和万事达卡机构）的应付金额中收取资金，从而规避该国货币数额的上限，因此通常是远期交易的客体。

典型的信用卡交易的每日结构如图 5-2 所示。

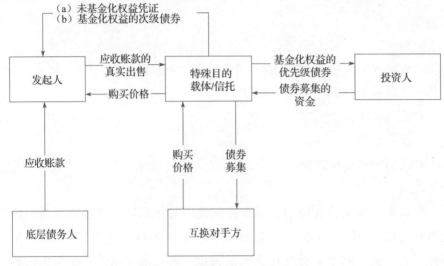

图 5-2   信用卡结构：第 1 日

消费者账户的未付款由消费者按月进行支付，金额等于未付款债务的全部数额。如果信用卡的初始未付金额在证券化中被全部售出，那么交易的加权平均寿命会非常短，该寿命不会使相对较高的交易前段成本在一个足够长的时间内被摊销。为了设置一个更长的平均寿命，指定的信用卡账户的所有应收账款将被出售给 SPV。这可以进行现金收款的再投资，从而延长平均寿命。

然而，反过来，这产生了一个新的问题，即特别账户下的未付款金额水平在不同时期会存在显著的差异。如果 SPV 购买了所有的未付款项，它需要一个波动水平的资金以匹配其资产基础，这将是复杂的构造。目前的替代解决方案通常是将整个账户转入信托，在指定账户下的应收账款中给予 SPV 不可分割的利益，SPV 拥有信托中不可分割的股份（提供资金的利率或投资者利益）。该利率水平由被称为浮动分配比例或 FLAP 的分数决定，该分数以 SPV 提供资金的本金金额作为分子（高级或次级），以各期波动的未付款项作为分母。这使得 SPV 能提供满足相关规定要求的资金。剩余利益（未提供资金利益或销售者利益）则由发起人享有。

如果本金或利息支付已经到期，信用卡规定的未付金额不执行最终到期日。这意味着不可能设立根据证券化发行的债券的简单的最终到期日。以抵押贷款为例，为了设定该到期日，在循环期结束时，FLAP 被转换成固定分配百分比，以便于 SPV 的资金逐步摊销，直到最终未支付部分到达还款日。另外，在本金资金账户中，本金分配可以累积，并用于清偿债务，在最终到期日时进行一次性还款。这为投资者创造了一个简单的结构，但是在还款账户上有内嵌的负面作用。

信用卡余额若超过应付日 30 天则被列为拖欠。在 180 天后，信用卡的应付和未付金额被列为冲销。在信用卡交易报告中，总收益如每月支付率或MPR（财务费用收款和信用卡余额的本金收款）被监控。总收益扣除所有的冲销、融资成本和费用后，能够提供交易的超额利差水平。

典型信用卡正在实行的结构如图 5-3 所示。

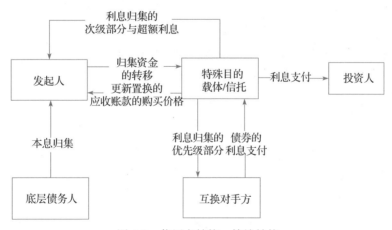

图 5-3　信用卡结构：持续结构

5.2.4　信用分析

和其他消费者资产一样，信用卡主要依靠历史数据进行评估。关键变量稍有不同，它反映了预计较高的损失水平，但是可以通过投资组合的显著利差对信用卡账户的收益率进行补偿。

关键信息

- ◆ 每月支付率（每月支付，%）；
- ◆ 收益率（年化，%）；
- ◆ 冲销（年化，%）；
- ◆ 超额利差（扣除冲销、资金成本的年化，%）；
- ◆ 超期 30 天的拖欠（%）。

在对信用卡交易进行评级时，标准普尔公司应用的是相当于 AAA 评级公司 3 倍或 5 倍的压力测试因素（见标准普尔公司 *Credit Card Criteria*）。

5.3 债务担保证券

CDO（债务担保证券）可以被细分为 CBO（债券担保证券）和 CLO（贷款担保证券），也可以分为套利或资产负债表交易。资产负债表交易是承诺为放松对象资本的监管的目的降低银行信贷规模，或降低特别借款人交易时使用的信贷额度。套利交易通常包括特别购买的新资产，其目的是从所管理的资产或持有的部分交易中获益。

每一项交易都可以进一步被划分为现金流交易、综合交易和市场价值交易。现金流交易类似于其他某种类型的证券化，在该证券化中，现金流交易依靠相关资产池定期支付的现金流，对发行的证券进行支付。综合交易由信用违约互换提供支持，并且仅在相关投资组合发生信用事件时遭受损失。这些内容在第 7 章中将详细叙述。市场价值交易依靠价值的交易分析，该分析可在任何时间点的清算投资组合中实现。

CDO 可以是静态或受控的。静态交易是目的在于使相关资产在交易的整个寿命期间保持不变。受控的交易允许资产管理者变换相关资产的流入和流出，可以因此而改变交易的信用状况。通常，这允许移除"信用提升"或"信用损害"的资产，还规定了纯粹委托交易的年度金额（通常，不超过每年资产池总额的 20%）。

特别地，CBO 与重新包装具有许多共同的特点，主要区别在于相关资产投资组合的差异性和细分程度，以及投资组合交易的能力。如下文所述，交易会涉及与证券法相关的问题，还会导致在进行多种类似交易的重新包装计划中产生税收。换句话说，需要关注 SPV 是否是资产管理人所在的司法管辖区的税收居民，该资产管理人是否出于利得税的目的交易投资组合。在英国，虽然在日常业务过程中为获得市场薪酬提供服务的投资经理可以免除这种风险，但英国对非居民企业就其英国分支机构或在英国代表该公司的代理机构获得的利润需要征收公司税。

典型的现金流 CBO 交易结构如图 5-4 所示。

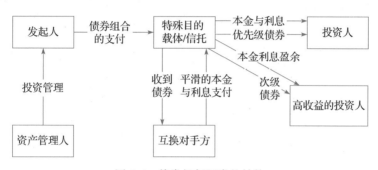

图 5-4 债券担保证券的结构

由于形成投资组合的相关贷款协议有时易含潜在的风险，需要投资人对其多加关注，CLO 可能更加复杂。某些贷款协议包含的转让限制通常加剧了这种复杂性，该限制会在未得到相关借款人同意的情况下禁止转让贷款。在实践中，转让限制意味着到期的交易以发起人作为独立的评估，或通过使用综合结构，通过非主要参与人进行安排。

这个市场中的其他关键问题是不扰乱相关借款人的关系和不披露除绝对必要外的与贷款相关的更多细节。这可以通过依靠投资者对发起人自身的信用评级系统的感知能力来说服投资者接受最小化地披露相关借款人的实际身份。

处于 CBO 或 CLO 发行中的 SPV 经常从事相关资产的买卖，因此要谨慎选择投资公司。美国 1940 年《投资公司法》定义投资公司为主要从事证券投资或买卖业务的证券发行人。在美国从事公开发行或私募证券的投资公司要在美国证券交易委员会（SEC）进行登记。对于发行在外的证券由不超过 100 名美国人实际拥有，并且不打算公开发行其证券的发行人，以及对于发行在外的证券由合格投资人（投资价值不低于 500 万美元的个人投资者，或以全权委托方式拥有或投资的投资组合价值不低于 2 500 万美元的公司投资者）单独持有，并且不打算公开发行其证券的发行人可以享受豁免。

资产管理人为 CBO 交易形成资产池的能力可以使管理人避免持有违约资产，或实现高于交易资产面值的利润。该交易能力需由评级机构进行审查，评级机构会设定交易必须遵守的资格或替代标准。这些标准的目的在于确保资产池在交易之后不会具有比交易前更高的违约概率，并处理以下因素：

- 单一发行人的最大集中度；
- 多样性得分；
- 对投资组合使用评级机构模型确定的净损失率；
- 资产池的单项资产的加权平均评级因素的最小化评级水平；
- 资产池的 WARF（加权评级因素）。

多样性得分反映了一定程度的各行业和资产的相关债务人在本国 CDO 资产池中资产的多样性。投资组合的多样性越强，资产池可察觉的违约相关性风险越低，交易要求的信用增强越低。

在证券化中，发起人经常通过认购次级票据或其他信用增强的形式，保留证券化资产的一定量的信用风险，并且在大量 CDO 中，类似的首次损失部分经常被发起人或资产管理人保留。

然而，在一些 CDO 中，安排人可能打算将次级债券部分全部抛售给投资者。用于促进该交易的一种结构是重新打包次级债券部分，将高级债券部分放在同一交易中（通常作为联合票据，不使用重新包装公司），或将高利率证券（如美国国库券）放在同一交易中，以保证本金的回收。

5.3.1　超高级部分

CDO 交易中套利是可实现的，无论资本减免还是资金利差，都可以依靠出售与最高级别风险有关的风险而获利。

对于 CLO 交易，寻求账户资本减免的银行希望尽可能地降低最大部分投资组合的资本待遇，针对整个超高级别发行的债券会导致影响价格的大规模交易。另一种方法是对超高级部分的风险进行信用违约互换，从而将该投资组合部分的资本费用降低到通常费用的 20%。

由于 CBO 交易通常更小，并且要求提供融资，更多的这种交易已选择将高级债券出售给市场。然而，由于超高级别部分的经济融资可以决定整个交易的经济性，所以也出现了其他选择，如：

- ◆ 回购融资；
- ◆ 资产负债表融资；
- ◆ 商业票据融资。

5.3.2　信用分析

CDO 的信用分析涉及对于若干因素的分析：

- ◆ CDO 中的资产类型；
- ◆ 交易经理的灵活性和激励制度（如果 CDO 是被管理的）；
- ◆ 初始资产池的确切组成（以及替代标准，如果资产池是被管理的）。

对于交易经理在交易中所发挥作用的分析，可以通过观察他们要交易的任何现金承诺（例如在交易中保留产权），考虑他们的资本结构、根据交易发行的票据利息的资源和整合排列以及他们发起和管理各种资产的专业知识来了解。

初始资产池的组成分析涉及对每项资产的公司信用评估（或 ABS 资产池每项单个 ABS 资产的评估）。这将通过平均评级明确的资产池的同质性与细分程度、最大化个体集中度和资产池的多样性观点相结合，从而得到一个更为全面的结论。

关键信息

- ◆ 每个资产名称的最大化集中度；

◆ 多样性；

◆ 主要行业部门；

◆ 利息保障倍数；

◆ 低评级资产的金额；

◆ WARF（加权评级因素）。

在对 CDO 交易进行评级时，标准普尔公司为每项相关资产分配了一个违约概率（或者从一个明确的评级范围，或者通过映射银行内部的评级分数），然后资产池通过它们的 CDO 评估模型（蒙特卡罗模拟）在相关资产池的部门多样性的相关假设基础上，根据不同的评级水平确定整个资产池的违约频率（见标准普尔公司的 *Global Cash Flow and Synthetic CDD Criteria*）。在美国，损失幅度的范围对于高级担保银行债务在 40% ～ 50%，对于高级担保债券在 45% ～ 60%，对于次级债券在 72% ～ 85%。在英国，损失幅度的范围对于高级担保银行债务在 35% ～ 45%，对于高级担保债券在 40% ～ 55%，对于次级债券在 85% ～ 90%。在欧洲大陆其他地区，损失幅度的范围对于高级担保银行债务在 45% ～ 55%，对于高级担保债券在 45% ～ 60%，对于次级债券在 75% ～ 80%。新兴市场资产的 CDO 受到不同区域对于集中度水平更严格的多样化指引，并且部分新兴市场债务会有更高的损失假定（主权债务 75% 的损失，公司债务 85% 的损失）。

穆迪公司根据相关资产的产业加权平均利差计算投资组合的加权平均多样性得分（见穆迪公司 *Rating Cash Flow Transaction Backed by Corporate Debt* 和 *Emerging Markets Collateralized Bond Obligations: An Overview*）。对于资产池的二项展开式来说，该多样性得分被认为与资产池的同质债券数量相等。对于二项展开式，资产池的加权平均信用评级需要根据资产池中每项相关资产的评级决定设置违约率。对于特定的资产类别，通过损失水平的相关性设定损失幅度。在资产池的二项展开式中，信用增强水平被确定为每个场景的损失额。新兴市场资产的 CBO/CLO 受到各地区更严格的多样性指引，并且新兴市场债务将面临更高的损失假定（主权债务 75% 的损失，公司债务 90% 的损失）。但可以通过为高级债券部分的交易设定最低 20% 的信用增强以使其获得 A 级或更高级别的评级。

惠誉国际为每项相关资产分配一个违约概率（或者从一个明确的评级范围，或者通过映射银行内部评级分数），然后资产池通过它们的矢量评估模型（多步蒙特卡罗模拟）在相关资产池的部门多样性的相关假设基础上，根据不同的评级水平确定整个资产池的违约频率（见惠誉国际 *Global Rating Criteria for Collateralized Debt Obligations*）。损失幅度通过强调发行的 CDO 债务的评级水平和公司的投资级或再投资级状态以及公司的地理位置而变化。市场价值型 CDO 计算相关投资组合的信用质量和流动性以及相关投资组合的历史市场价值波动性的投资级发行的提前率。

5.4　商业抵押支持证券

CMBS（商业抵押支持证券）的分类可以涵盖众多不同的交易类型，包括：

- 商业抵押交易（发起人是抵押借款人，而不是不动产的所有人）；
- 居住的不动产（发起人是产权的所有人——典型的"多家庭共有产权"，出租给居住的承租人）；
- 商业不动产（发起人是出租给商业承租人的不动产的所有人）；
- 销售和回租交易。

商业和居住的不动产交易通常被结构化于使用租赁现金流支付已发行证券的利息，通过资产处置或再融资获得的资金进行气球膨胀式支付或一次性支付本金。在许多情况下，可以使用担保贷款结构，而不要求转移和处置不动产（这会产生印花税和资本利得税问题）。转移也会使发起人团体中的物业权益价值的保存变得很复杂，并且可能会要求与承租人就租赁条款进行再次协商。由于强制执行证券和出售产权需要一定的时间，因此财产担保的相关贷款通常被设计为成熟前的证券（如果无力再融资，那么则有必要）。

有两个方面需要分析——租赁收入支付利息和本金摊销支付的能力及财产价值支付本金的能力。

租赁期限很有可能以当地市场上可用的期限作为相对标准，并且需要分析以决定下一个租赁长度。

在美国，商业租赁通常是 5 ~ 10 年，而且可能有 3 种费用（承租人有义务支付财产的税收、保险费以及维修费）。在英国，商业租赁历史上有 25 年期限的完全维修和保险（FRI）租赁（承租人有维修和保险的义务，出租人可以通过服务费从承租人处回收为此支付的费用），可能包含有 15 年的短期终止条款和 5 年以上的租金复查。

如果发起人是财产的所有人和出租人，其应承担各种不同的费用和维修义务（其中一部分是可以回收的，如当租赁是 FRI 租赁时），该义务不由纯粹的财务发起人（如商业票据抵押权人）承担。因此，不动产交易的分析更类似于适用于全义务交易的关于发起人的周期性现金流和费用的分析，同样也会适用于 DSCR 比率（如果租赁是长期的，且没有终止条款，DSCR 很有可能更严格地反映更强劲的合同现金流）。

对于不动产，要求进行完全保险，并且要求第三方评估。

商业抵押和商业不动产交易也需要考虑承租人的商业特征对不动产的影响（例如，承租人是制造商时可能产生的环境问题和关联贷款人的责任问题）。

信用分析

交易可以通过承租人 / 借款人的数量进行分类，主要细分为：

◆ 出售和售后回租交易（单一承租人）；
◆ 投资组合交易（大量承租人或借款人，如商业抵押的借款人）；
◆ 奖品或高价值的财产交易（有限的承租人）。

CMBS 结构的主要风险可以细分为：

◆ 承租人 / 借款人违约风险；
◆ 租赁终止 / 承租人不续约；
◆ 销售 / 转租赁风险；
◆ 气球膨胀式再融资风险。

对于出售和售后回租交易，通常在交易期限内，有一个长期的租赁而没有租赁终止。因此需要根据出租人的公司信用和出租人违约的不动产潜在的销售或转租恢复价值进行分析。

对于投资组合交易，分析集中于不动产的地点和使用。部门通常可以分为：

◆ 办公；
◆ 零售业；
◆ 工业；
◆ 宾馆 / 休闲。

如果资产池采用商业抵押的形式，那么还可以通过历史违约频率进行分析。对于有限数量承租人的高价值不动产，分析是类似的，但是集中度风险（即少数财产的关注度）也是相关的。

关键信息

◆ 入住率；
◆ 租金登记册、扣除费用后的净租金收入和资本支出水平；
◆ 利息保障倍数；
◆ 终身净值；
◆ 气球膨胀式终身净值；
◆ 租赁期限；
◆ 欠款；
◆ 违约。

不动产的评级假设在不同国家之间差异显著。

根据美国不动产交易评级指南（见标准普尔公司 *CMBS Property Evaluation Criteria*），标准普尔公司依据扣除资本支出和保留成本的现金（稳定的净现金流）后的当前净收入和费用（净经营收入或 NOI）确定一个数字。强调的资本化率将适用于由此产生的稳定的净现金流，并用以确定调整的财产价值。这将根据财产类型和期望的评级等级（通常对单一财产担保的交易比多样化财产贷款担保的交易设定更高的信用等级，在后面的例子中，对于多样化的增加会提供信用）给出基准的 LTV 和 DSCR 比率（对于各自调整的财产价值和稳定净现金流）。对于美国多样化财产的多家庭交易，指示的水平为 40%～50% 和 1.65～2.05 倍（AAA 级）、50%～60% 和 1.55～1.95 倍（AA 级）、55%～65% 和 1.4～1.8 倍（A 级）、60%～70% 和 1.3～1.7 倍（BBB 级）、70%～80% 和 1.2～1.45 倍（BB 级）以及 75%～85% 和 1.15～1.35 倍（B 级）。

对于英国商业不动产交易（见标准普尔公司 *UK Commercial Real Estate Criteria*），标准普尔公司根据商业承租人的信誉、租赁的期限长度（长期租赁意味着承租人更有可能违约）以及期望的评级等级对违约风险进行分配，并运行蒙特卡罗模型观察 DSCR 在不同情况下的影响。假设租赁收入在英国从违约终止条款生效时下降了 30%～50%，以便模拟新承租人减少的后续租金。标准普尔公司将指示第三方评估人评估 75% 的资产池价值。由于通常气球膨胀式或一次性还款本金部分用于偿还这些交易，标准普尔公司将比较违约和再融资情况，并选取这两个信用增强数的较高者（在英国为了对财产进行有效融资，所有人通常会需要表明剩余承租人还剩下不少于 12～15 年的租赁期）。在英国，基本的市场价值下降假设对于 BBB 级情况是 35%～45% 的下降，对于 AAA 级情况是 50%～65% 的下降（取决于商业财产的类型）。正如所指出的，这些数字在不同市场间差异显著。

5.5　担保债券和德国抵押债券

词语"德国抵押债券"（单数"pfandbrief"，亦称 P 债券）是担保债券的德语术语，该担保债券是由动态变化的抵押资产池或公共部门资产担保的。该术语和产品不因其使用体现德国立法的精神而成为德国专属，欧洲其他司法管辖区也在使用该术语。尽管德国抵押债券仍然可能是其所在国的类似产品的一个很方便的标签，但这严格来说是不准确的，因为其他产品的期限、结构和风险不同，并且术语"担保债券"和抵押担保品种的"抵押债券"现在已经被广泛地使用（见表 5-1）。

表 5-1　担保债券和 P 债券：欧洲各国情况

国家	名称	资本权重	发行限制	担保
奥地利	pfandbriefe	10% 的资本风险权重，而且符合欧洲央行的第一层级要求		可以由抵押贷款或公共部门贷款资产池担保
丹麦	realkreditobligationer	10% 的资本权重		没有公共部门债务
芬兰	抵押债券或公共部门债券			抵押银行可以发行由抵押贷款池支持的债券或由公共部门贷款资产池支持的债券。池子中合格贷款的最大贷款价值比是 60%
法国	obligations foncieres 或 OF 或 SCF	10% 的监管资本权重	法律要求由担保品池超额担保	OF 发行的担保池子或证券以及至少 90% 的价值由这些抵押贷款或其他流动性资产支持。法律对于合格的资产设定了质量要求。（贷款价值比不得超过 60%，或在有额外担保品的时候不得超过 80%）公共部门池子包括住房抵押贷款、商业抵押贷款或其他符合公共部门要求的不动产。
德国	pfandbriefe，由德国抵押贷款银行在《抵押贷款银行法》下发行	10% 的风险权重。从 1999 年起，如果 pfandbriefe 是以欧元计价和挂钩的，那么可以被用于欧洲央行第一层级的回购担保品	由抵押贷款银行发行的 pfandbriefe 有一个最大规模的限制，不得超过银行资本的 60 倍	pfandbriefe 可以由合格的抵押贷款池或公共部门资产支持。这两个池子分两类注册人。合格的公共部门资产可以包括德国政府、公共权力机构的贷款和证券，以及欧元区的政府抵押贷款和证券。对于来自欧元区以外国家的资产，池子限定每个国家不得超过 10%。从 2002 年 7 月开始，来自美国、加拿大、日本、瑞士等国的公共部门债务资产也可以进入池子。委托人由 BAK 指定，用来监管池子的资产交换
爱尔兰	担保债券		发行规模不得超过资本的 50 倍	由抵押贷款信贷机构发行的债券由合格的抵押贷款池支持，而由公共部门资产发行的债券由合格的公共部门资产支持。池子的特性是循环可同转的，而且每个池子可以支持多个担保债券的发行。公共部门资产可以来自爱尔兰、欧元区或欧元区经济区，G 7 国家或瑞士。然而，抵押贷款银行发行的担保债券，不超过 15% 的担保品池中可以包含来自非欧元经济区的资产。抵押贷款或商业银行发行的担保债券，担保品中住房抵押贷款的贷款价值不得超过 75%，商业抵押贷款的贷款价值的比例不得超过 10%
卢森堡	lettres de gage hypothecaires（由抵押贷款支持的债券）或 lettres de gage publiques（由公共部门资产池或公共部门资产支持的债券）	10% 的监管资本权重		资产池可以包含含来自 OECD、EU 和 EEA 的资产；组合不能包含来自超过 60% 的抵押贷款。对于抵押贷款支持债券，组合包含超过 60% 的抵押贷款

担保债券市场起源于 18 世纪，德国于 1769 年通过立法，随后丹麦于 19 世纪通过类似的立法，法国在 1852 年、西班牙在 1869 年都通过了相关立法，因此把该市场描述成一个新增长区域并不十分准确。然而，在 1995 年设计出巨型德国担保债券之前，该行业被严格限定在一定范围之内，其市场主要是德国和丹麦的本国市场。而法国担保债券的发行则被限制在一定发行人的范围内。

1995 年 5 月，为推动德国担保债券市场的发展，引进了巨型德国担保债券的发行标准，其意在通过标准化发行条款和设定巨型德国担保债券的最小发行规模为 500 万欧元，进而增加投资人收益的流动性。巨型德国担保债券被要求在德国交易所上市，并且要求有 3 个做市商。由于欧洲政府需要在公共经济水平方面符合"马斯特里赫特条约"的相关要求，该发展正好与全欧洲普遍增加政府发行限制保持一致，因此缩减了欧洲高品质、流动的 AAA 级资产的资产池。德国的德国担保债券市场作为单一和最重要的欧洲市场，有着一个良好的开端，但是随着欧元的引入，其他欧洲发行人也有机会直接与德国市场竞争。

因此，在 1997 年 11 月，卢森堡当局引入了担保债券立法，该立法随后于 1999 年被法国当局引入，并于 2000 年被芬兰当局引入。西班牙银行在 2000 年 4 月降低了西班牙担保债券的风险权重。爱尔兰在 2001 年通过了担保债券立法。比利时和意大利在 2001 年也建议立法。许多东欧国家在 1995 ~ 2000 年也引入相关立法。该产品市场迅速成长起来，从一个国内产品发展成跨境产品。

法国市场上发行的此类债券迅速增长；爱尔兰于 2003 年 3 月在爱尔兰市场首次发行 40 亿欧元此类债券，并期望其能如同在其他国家那样表现优异；德国、西班牙和卢森堡市场也对此持乐观态度。

最近，更多人在关注德国银行业评级下调和德国州立银行即将取消国家担保对担保债券市场的潜在影响。

2003 年，哈里法克斯银行（HBOS）推出了英国担保债券计划，该计划允许发行固定利率、浮动利率或与指数挂钩的担保债券。虽然没有关于担保债券的英国立法，但根据英国法律体系的灵活性，可以复制担保债券结构的形式。在这种情况下，HBOS 通过公平转让的方式，将担保投资组合转换入一个新的 LLP（英国有限责任合伙企业）中。然后 LLP 向第三方投资者担保

HBOS 金融理财服务发行的证券。如果 HBOS 金融理财服务对债券发生违约，债券会随着根据担保收取抵押品池收益的时间被废止。收益由债券未到期的担保投资合同（GIC）账户持有，并且包含过度抵押以涵盖债券到期的负利差风险。

从标准普尔公司和惠誉公司对发行授予的 AAA 级评级，以及穆迪公司依照发行结构给予发行人的长期未担保证券信用评级的提升（八级）中，可以明显看出英国证券的期限长度。英国金融服务管理局（FSA）授予英国担保债券 20% 的加权分享——与其他欧洲国家发行的担保债券的风险加权在同一条线上。然而，由于大多数其他欧洲国家授予它们自己国家的担保债券 10% 的加权风险，并且对其他国家发行的担保债券使用本国监管者所在国的加权，因此相对于其他担保债券，欧洲大陆的投资者更不可能购买英国担保债券。

大量（80%）的德国担保债券发行是由政府部门债务而不是抵押债券担保的，并且绝大多数（大约 99%）的巨型德国担保债券发行是由公共部门债务担保的。截至 2002 年年底，单独的巨型德国担保债券市场已有市值超过 4 000 亿欧元的债券发行在外。

5.5.1　担保债券和资产支持证券的区别

传统的 ABS 是由 SPV 中分离的资产池担保的资产负债表外工具。担保债券同样不在资产负债表外，而是由仍然是发行机构资产负债表的一部分的抵押品池担保的。它们通常都是一次性到期偿还。在给担保债券评级时，评级机构专注于解决以下两个主要问题：

◆ 发行人的任何破产可能波及抵押品池，或导致延期使用抵押品池支付担保债券的程度（即抵押品池与发行人破产隔离的程度）；
◆ 抵押品池的信用质量和其可以动态变化的方式以及对资产池发行融资的方式。

5.5.2　破产隔离

为了解决第 1 个问题，担保债券根据引入它们的立法规定需遵守特定的法律制度。这个立法提供众多寻求将抵押品池与发行人的破产相隔离的解决方案中的一种。

保护的水平在各个司法管辖区差异很大，法国和爱尔兰被认为具有更强的担保债券隔离保护，西班牙要弱一些。

在德国，虽然穆迪公司仍然认为应该有一个与发行人信用评级相关联的信用水平，但是抵押品池被分成独立的公共部门资产池和抵押资产池，每个池子都与发行人的破产程序相分离，这被认为是相当强劲的。

5.5.3　抵押品池

每个国家的担保债券立法都规定了用于支持担保债券发行的抵押品池的准许构成的资格要求。对抵押担保的主要要求通常是有资格使其列入资产池的抵押贷款的最大化贷款价值比（LTV）。这个要求在不同的国家间存在很大的差异，从德国和芬兰的 60% 的 LTV 到西班牙住宅物业的 80% 的 LTV。对于公共部门抵押品，在经济合作与发展组织（OECD）或欧洲经济区（EEA）中的相关限制通常是地理位置上的，并且在许多情况下，国外发行人发行这些资产的比例也是受到限制的（例如在德国，限制为资产池的 10%）。

在卢森堡，资产池可以完全由卢森堡以外的 OECD 资产组成（增加对大型担保债券中的低信用评级的 OECD 公共部门发行资产套利的可能性）。

在某些情况下，对担保品池的发行水平受到严格限制，以为发行提供超额抵押品。例如，在西班牙，发行量不能超过抵押品池（对于抵押）数额的 90%，或抵押品池（对于公共部门资产）的 70%。

在英国发行 HBOS 担保债券，最大发行量是任何时间点总贷款余额的 93%。另外，虽然任何 LTV 贷款可能包括在资产池中，但仅发行达到贷款指数价值 60% 的贷款部分，因此超额抵押担保会高出 7%，并且金额要求将所有贷款降低到 60% 的贷款指数价值。增加的超额抵押担保将被包括在内，以覆盖潜在的抵销风险和负利差。

5.5.4　资本权重

作为具有完全追索权的资产负债表工具，担保债券的发行不会有助于降低资本金额，发行人对于其风险加权资产，有义务持有该资本金额。

然而，由于低风险的特性，担保债券可以从某些国家投资者持有资产的低风险权重中获益，担保债券在澳大利亚、丹麦、法国、德国、卢森堡和西班牙的权重为 10%，而在英国的权重为 20%。

德国抵押银行特别游说巴塞尔委员会根据新《巴塞尔协议》对担保债券保留 10% 的风险权重，而给予非高信用评级银行或 ABS 发行 20% 的权重（虽然在任何情况下，如果《巴塞尔协议》生效，并给予高评级发行 20% 的权重，那么它们对于其他发行会损失一定程度的比较优势）。

5.5.5　利差

担保债券通常以固定利率债券的形式发行。

担保债券的利差一直与资产担保交易联系得更为紧密，且与之具有相同的评级，利差能够反映担保债券更强的流动性、长期的历史（在德国）、缺乏预付款风险（由于通常以一次性支付为基础进行结构化设计）以及更低的资本风险权重。

这使得担保债券可以作为一个低收益率资产，如政府部门贷款（如果它被证券化，有可能会产生负收益）的有效融资机制。该领域（特别是对于巨额德国担保债券）的发行数量和便宜的发行融资利率也会导致增加采用定向利率的套利发行形式。因此，德国公共部门期票在巨额德国担保债券内部交易，发行人可以大量发行公共部门债务，并使其在收益率曲线中向下移动（使其能够以正的利差发行）。另一方面，他们可以提前融资，并将收益作为支持发行的抵押品进行存款，当利率上升时再买入期票。

虽然随着德国银行信用的恶化，德国担保债券的利差有所扩大，但担保债券通常贴近互换进行交易，有一个小幅（2～5 个点）的折现（对于较短的到期期限）或溢价（对于较长的到期期限）。

5.5.6　评级

担保债券的评级依靠发行人评级和抵押品池评级的强度的复合，两者都不能单独使用——发行人在该司法管辖区可能与较强的破产隔离能力有较低的相关性，而在其他司法管辖区则具有较高的相关性。抵押品池的信用可能随着动态替代抵押品池的能力而发生变化。

相对于标准普尔公司或惠誉公司，穆迪公司采取与发行人联系更紧密的方式对担保债券进行评级。从 2003 年起，穆迪将德国担保债券评级与发行人评级挂钩，但是对于投资级发行人给予最低 Aa2（公共部门德国担保债券）或 Aa3（抵押的德国担保债券）的评级。

三个评级机构对法国和爱尔兰的担保债券都有强烈的意见，对西班牙立法提供的保护意见较弱。对于西班牙担保债券，由于其发行不被认为是真正的破产隔离，所以它们通常只允许发行的评级在发行人的信用评级基础上上升两个评级档次。如果发生破产，这会由于潜在的延迟而难以实现担保债券的支付，因为担保债券仅仅只具有优先于银行资产的破产请求权。

英国担保债券已经获得了标准普尔公司和惠誉公司的信用评级，而穆迪公司通过对发行人的长期未担保信用评级给予 8 个档次的信用提升来处理与其相关的发行结构问题。

5.6　未来现金流

未来现金流交易依赖于用于偿还募集资金的尚未签约的金额，其与全业务交易具有表面的相似性。然而，在未来现金流中，只出售特定的资产池（虽然该池中的一些资产是在未来产生的），而不是一般的商业现金流。这里由于通常利用当前或未来应收账款的真实交易，因此不需要对其进行证券化（在某些司法管辖区，当产生未来应收账款时，这可能需要执行周期性的法律文件，从而影响到未来应收账款的转让）。

为了偿还融资，投资者依赖于新应收账款的发起人在周期性基础上持续产生应收账款，但这些不是真正的资产担保结构。换句话说，交易不是完全以在第一天就存在的应收账款进行偿还的。

发起人的破产通常会防止发起人持续产生应收账款，并且在商业中未产生足以覆盖融资的利息和本金支付的应收账款让投资人暴露在发起人的未担保信用风险中，若存在交易的担保则可能使这一风险消失。因此，交易以某种方式与发起人的信用评级相关联。

未来现金流交易的主要好处是可以通过获取国外的现金流来规避主权

限制（见第 2 章），因而实现在发行人的信用评级和主权的信用评级间的套利。

因此，在像土耳其这种拥有比较强的公司评级而主权评级比较弱的国家，未来现金流交易是很有用处的。如果价值比较稳定的"硬通货"会阻止现金流，那么通过指导代理银行（在人工汇款交易中）、信用卡清算人（威士或万事达）（在信用卡支付凭据交易中）或客户（在出口应收账款交易中）直接向 SPV 名下的海外账户付款就可以获取现金流。

使用每年本息的 4 ～ 5 倍的年度现金流来结构化交易，以确保如果遇到问题，可以通过迅速摊销来自未来现金流的债券，公平迅速地盘下交易。

信用分析

在分析未来现金流交易中，商业产生的可预测的未来现金流水平的稳定性是关键。

发起人的详细分析也是很有必要的。如果未来现金流交易包含发起人对显著收入来源的承诺，这会影响发起人偿还其他（如未担保）债务或一般经营费用的能力，从而导致发起人违约。

关键信息

◆ 资产覆盖率：产生的毛收入水平对利息保障倍数和总债务支出的比值。

在对未来现金流交易进行评级时，标准普尔公司通常限制对发起人的当地货币进行评级。穆迪公司会分析发起人的商业领域对国家经济持续发展的重要性，而不考虑发起人的破产（虽然发起人的当地货币评级仍然很重要）。惠誉公司认为发起人的当地货币评级可以作为评级上限，但是很有可能对某个交易的评定超过该水平的评级。

5.7 不良贷款

不良贷款证券化的结构根据贷款的具体资产类型存在显著差异。通过这种方式证券化的普通资产类型是不良抵押（如在意大利）和不动产担保的不良贷款（如在日本）。这两种类型的贷款从证券担保贷款中获得收益，其结果是这些交易的许多结果和评级分析都关注强制执行贷款或抵押担保的程序和时间，以及后续抵押住宅或商业地产的销售。

在当时最基本的水平上，作为执行抵押和房地产交易的结构需要确保 SPV 可以采取所有的必要措施，以强制执行担保物，并实现该财产的价值。这可能需要 SPV 作为抵押权人进行登记并转让支付或登记税收。然而，在大多数情况下，考虑到问题贷款在严重衰退或资产价格下跌时通常成为系统性的问题，在这方面存在显著的监管或税收障碍，比较常见的是政府会指定一项短期或中期的机制，旨在处理其中的部分交易成本和税收障碍。

例如，在意大利存在一种风险，即 SPV 可能没有足够有力的强制执行来实施抵押担保，因此关于证券化的 130 法案（它提供了一种简单的转让机制，不要求 SPV 转让人作为担保权人进行登记）一直在修订，这些修订专门用于解决这些风险，并且对在该法案生效后的两年内从事证券化业务的意大利机构规定了一个有利的亏损会计制度。在日本和泰国，通过了特别基金立法以及为海外投资者提供税收激励，使海外投资者能够投资于其国内的房地产，从而实现本地房地产市场的振兴。在韩国，韩国资产管理公司（KAMCO）一直利用韩国的 ABS 和 MBS 法律活跃于不良资产的证券化领域。

财产担保贷款投资组合的估值和评级分析对尽职调查有较高的要求——因为借款人已经违约，房地产是可以实现担保价值的唯一途径。

基于同样的理由，可能会要求对当地房地产市场的流动性和需求水平进行分析。

对于未担保的不良贷款交易，如意大利政府在 1999 年 11 月的 INPS 交易，实现评级标准价值会更难。在这种交易中，适当性源于作为征稽机关（其本身就是国家机关）支持后盾的国家和交易中包含的显著水平过度的抵押担保——423 亿欧元的整个抵押品池的交易，评级票据只针对 11% 的最高评级发行（虽然其从 4 个评级机构获得了 AAA 评级）。

确保对服务商进行适当的激励，以促使其有效地履行职责并考虑所有可选择的决定是很有必要的。第三方以折价方式从发起人处买断的资产池很有可能完全并迅速地被提供服务。如果购买方自己为资产池提供服务，他们会尽快设法证明其购买价格并实现股权；如果他们雇用第三方专业服务商（专业从事不良资产回收的服务商），他们会利用费用支付和为成果提供奖励的合同条款来激励第三方专业服务商。因此，投资者很可能对该抵押品池的任何机构化票据的业绩有更大的信心。

通过对比发现，如果发起人结构化一项交易而关闭其中自己的账户，抵押品池中的客户基础很可能反映出发起人的剩余客户基础，用于该领域的强有力的执行手段会对发起人其他方面造成损害。从而，投资者会发觉发起人作为服务商没有为投资者利益行事的积极性，并且对收款过程的最终结果信心不足。此外，发起人从其账目中提取的聚合的交易将不遵守市场的出价，从而将抵押品池固定在某价格上。如果发起人没有完全减记其在贷款池中相对于市场基准价值的头寸，这会激励发起人以确保回收率是最大化的，以防止任何进一步的减记影响其资产负债表。如果问题是系统性的，这还可以降低房地产市场的交易数量。例如，银行会继续在以过时的评估为基础的水平上持有贷款，并且不愿以当前价格出售担保贷款的财产，这是由于那时它们可能根据设定的新价格基准提供其他贷款。

服务策略很可能包括：

- 法院诉讼——担保资产的强制执行和出售；
- 持有房地产策略包括在拍卖中对抵押房地产进行投标，以便获得无限制的业权并实现更大的价值，这是由于法院拍卖会被极度宣传或展示，并且带来的收益率低于市场水平；
- 协商解决或贴现偿付（DPO），为借款人提供及时支付的折扣；
- 产权互换，以债务豁免作为回报，通过协议从借款人处获取担保财产；
- 部分投资组合的转售，不大可能实现显著的价值。

来自不良贷款交易的现金流很可能具有起伏不定的性质，这是由于协商解决和法院强制执行的过程不会允许进行精确的时间预测。从而，对于向投资者支付所发行证券的优先级利息以及在强制执行收款到期日之前必要的催收费用，都会需要流动性信用额度。不良贷款交易的流动性信用额度通常采用服务商垫资的形式，据此，服务商将对催收费用预先支付现金，并随后用回收的款项进行冲抵（与最初预先支付的利息一起）。

现金流也有可能需要利率对冲。来自不良贷款投资组合的现金流很显然存在潜在的广泛差异度。利率波动可以间接影响变现的金额（例如，它们对房地产二级市场行为和价格的影响），但是不太可能存在任何可以证明的相关关系。由于存在收款时间的不确定性导致固定利率融资的成本超出预期的可能性，抵押品池的融资很可能采取浮动利率，并且融资成本很可能因此如同利率一样上升（由于融资成本上升，利率的提高会导致产权市场和变现的下降，这也会使变现的金额呈现负相关）。

通常利率上限很可能是最合适的对冲。又由于收款时间的不确定性，证券的摊销安排也将不确定，并且由于互换在不匹配的交易中再次引入利率风险，摊销随着因此进行的双向付款而波动，对期望摊销水平设置的互换会让投资组合处于对冲不足或过度对冲的境地。可以在最保守的清偿方案中固定利率上限，使投资组合处于合适的对冲（如果收款缓慢）或过度对冲的境地（假定付款是单向的，并且交易中没有受到利率的影响）。

信用分析

不良贷款投资组合可能的清偿情况可以通过下述评估进行确定：

- 每项贷款的清偿金额是多少；
- 清偿金额何时收到。

清偿的金额可以参照担保抵押贷款的抵押品价值和丧失抵押品的回赎收益，以及参照与无担保抵押贷款相类似的市场的历史清偿水平进行量化。

担保抵押贷款回款的时间可以通过丧失抵押品的回赎收益的类似期间，以及可追溯的未担保抵押贷款的回款时间进行量化。

关键信息

- 投资组合的总账面价值（GBV）；

◆ 发起人规定日期之后的投资组合的净账面价值（NBV）；

◆ 投资组合的销售价格（如果由第三方从发起人处获得）；

◆ 抵押品；

◆ 估值；

◆ 历史清偿经验（清偿的时间水平和专业化程度）；

◆ 当地丧失抵押品的回赎的法定程序。

在对不良贷款交易进行评级的过程中，虽然该方法更为进步且详细，但评级机构可能会使用相关类别的正常资产中的类似方法确定损失的严重程度。通过对比发现，评级机构很少对不良贷款做违约率分析，因为在大多数情况下，对于不良性质的资产假定的违约率是 100%。

在对房地产抵押担保的不良贷款评级中，惠誉公司可能要求对次级权益类贷款停止支付，直到优先级别的贷款已经支付完毕。他们会限制投资级债务的金额，该债务相对于与贷款的资产评估价值有关的不良贷款或对于市场中贷款交易的价格来说是可以实现的。

5.8 房地产投资信托

房地产投资信托（REIT）是一项美国的发明。它们是投资于房地产和房地产相关资产的封闭式基金（例如，RMBS 和 CMBS），享受一定的税收优惠。在其美国最初的形式中，如果它们符合美国《税收法典》规定的要求（包括向投资者分配净收入的要求），它们可以被豁免公司税。

REIT 随后在其他司法管辖区被复制使用，特别是在日本和新加坡。至今它们一直很少关注欧洲产品，虽然欧洲也在大量使用担保债券产品。

欧洲的 REIT 存在于比利时（以 FBI 的形式）、法国（以 SIIC 的形式）和荷兰（以 SICAFI 的形式）。

5.8.1 日本 REIT

日本 REIT 通过自 2000 年 11 月生效的修订的《投资信托法》（《关于投资信托和投资公司法》）引进。修订法案允许投资信托或投资公司直接投资房地产（在这之前，REIT 被严格限制主要投资于证券），并且作为房地产的持续投资者。

日本 REIT 可以享受税收优惠，但开展的业务种类被严格限制。日本 REIT 必须外包其所有业务，并且被要求避免参与可能会产生利益冲突的交易。利益冲突的可能性（以及缺乏大多数经理人的历史业绩记录）是评级机构关注的主要方面。

在 2001 年早些时候，东京证券交易所发布了日本 REIT 公司的上市规则，要求：

- 财产必须包括至少 75% 的日本 REIT 投资组合，且剩余的 25% 必须由现金或现金等价物组成；
- 投资组合主体必须包括对现金财产的长期投资；
- 独立的房地产评估人必须对取得和销售的财产价值进行评估；
- 在登记时，必须披露主要交易。

根据日本 REIT 的规定，可以在财产登记和所得税方面有所优待。如果向股东分发的股息不超过收入的 90%（这可以提高对日本 REIT 的流动性融资要求），允许日本 REIT 从收入中获得股息。以美国 UPREIT 的方式捐助给日本 REIT 的财产对日本 REIT 免征税收（该资产以账面价值捐助，没有引发税收开支），这会导致对发起人征收资本利得税。

5.8.2　新加坡 REIT

新加坡 REIT 随着 2003 年 3 月 28 日 MAS 发布指南后已经升级，该指南使新加坡 REIT 借贷金额可达其资产的 35%，并且如果其资产的评级至少在单一的 A 级，借贷金额可以超过 35%。新加坡 REIT 可以投资于新加坡海外的产权。

5.8.3　其他发展

2003 年 7 月 30 日在中国香港，香港证券及期货事务监察委员会颁布了建议建立 REIT 的法典，REIT 的股份可以被出售给散户。REIT 必须在香港证券交易所上市，并且只能投资于香港的房地产。它们可以通过 SPV 控股公司持有房地产。该 REIT 至少 90% 的净收入必须进行分配。另外，它们可以借贷相当于它们总资产的 35% 的金额。

在中国台湾，《房地产证券化草案》规定建立 REIT 式的信托，该信托可以豁免一定的土地税。

5.9　重新打包

与证券化交易不同，如果只通过 SPV 开展一项单一的交易，通常可将其作为一种降低个人交易成本和缩短开展交易所需的时间长度的方法，建立用于重新打包的 SPV，以开展交易。此外，为了符合个人投资者要求，这通常要求远远快于证券化地完成重新打包。这些因素意味着事实上远远超过 SPV 实施管理和其他功能的很多事项是通过设立 SPV 并作为 SPV 发行工具的安排人和承销商的银行展开的。从利得税的目的来说，这引起了对 SPV 是不是安排银行所在的司法管辖权的税务居民的关注。例如，英国税法就非居民企业在英国的分支机构或作为非居民企业英国代表的机构取得的利润对非居民企业征税。虽然英国代表不包括在日常业务活动中为了市场薪酬而提供服务的投资经理，但如果银行正在管理 SPV 的债务（这是指它的基金），而通常不是由投资经理开展这项功能，那么这项豁免可能不适用。

为 SPV 提供服务也可能提高 SPV 在安排银行的会计或满足资本充足率的资产负债表上进行合并的可能性，因为某些司法管辖区要求 SPV 出于会计或资本目的对直接或间接由另一实体控制的实体进行合并。

如果 SPV 被用于多笔交易中，需要寻找某种方法确保 SPV 的成本和费用适合持续经营。任何该种方法需要能够节省税收，并且不应通过将 SPV 与承担费用的一方合并的方式归类为对 SPV 的支持（例如，对 SPV 或 SPV 董事的赔偿可能会引发英国 FRS 第 5 条规定的会计问题，并且经常性支出的支付会引发资本监管指南规定的资产负债表表外问题）。通常使用的方法是通过次级贷款的方式，费用的拨付以交易对交易为基础，通过调整用于交易的互换或其他衍生产品的价格，或使用超额利差，这包括费用基金的前期拨付（金额应可以涵盖整个项目过程中的项目支出）。

如果 SPV 正在进行多个证券发行，而其中一个或多个发行进行了信用评级，且不是所有的发行都获得相同的评级，那么为了使最低级别或未评级的发行不影响到较高级别的发行，需要满足评级机构对于某一系列发行与其他系列发行实行风险隔离的要求。这些要求意味着在每项交易的文件中必须包括有效的限制追索权语言，以限制投资人就该项交易追索相关资产，并且应将相关的标的资产向受托人进行抵押，以至于投资者在其他交易中不能附加该资产。

图 5-5 显示了通常风险隔离重新打包项目的结构。

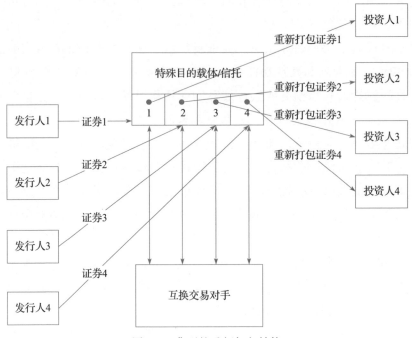

图 5-5   典型的重新打包结构

在存在费用拨付可能不足的情况下，会产生对 SPV 是否进行破产隔离的关注。这会导致 SPV 的股东对技术破坏的风险要求补偿，除非可以使他们确信存在充足的费用拨付。该赔偿金的支付又会产生对重新打包机构的会计或资本合并问题。

在重新打包交易基础的资产中能否成功创设担保权益取决于资产的属

性。对于债券的重新打包，主要关注的一个问题是，是否在清算系统中持有该债券，或是否由保管人以物质形式直接持有该债券。

中间证券（该证券已经发给某种证书，但是该证书由中间人（如保管人）持有）和非物质化证券（该证券不存在任何证书）的各方权利的法律分析是很复杂并且没有得到充分解决的。然而，现在已经有了一些进展，在美国是通过引入美国《统一商法典》（UCC）修订的第 8 条，在欧洲是通过 1998 年的《结算终结指令》和 2002 年的《财务担保指令》。

在英国，如果相关资产涉及不超过 10 个债务人的债务，或者如果一个债务人拥有不少于 10% 的资产，则英国上市管理署（UKLA）对其在伦敦股票交易所上市发行将规定最低披露要求。如果对标的资产仅做有限披露，这会带来困难。

由于重新打包结构中的互换通常是由设立该结构的银行来安排这一事实，银行通常会比在标准化的证券化中更关心对互换提供者的权利的保护。倘若有必要对标的资产进行强制执行，通常将互换提供者与投资者放于同等地位，或使互换提供者的地位超过投资者。虽然作为信用独立事件（如税法的改变），互换提供者可能与投资者的评级居于同等地位，但是如果向投资人发行的票据是经过信用评级的，且强制执行是由于标的债券的违约导致的（见第 2 章），那么评级机构通常仅会允许互换提供者的评级排在投资人之前。

5.10 住房抵押贷款证券

抵押交易通常分为：

- 原始发行；
- 次贷或不良贷款发行；
- 集成信托发行；
- 反向抵押担保。

如果存在一些负面信用特征（如拖欠），那么次贷市场由信用构成，而不良贷款市场由具有不寻常特征的信用构成，如收入的自我认证（最典型的是自我雇用的个体）。在实践中，两个部分的术语可以互换使用。美国、英国和（最近的）澳大利亚是发展至今较大规模的次贷抵押市场，虽然在中国香港也出现了负资产抵押的形式。

集成信托结构通过在整个累计期间，将整个抵押品池的本金收入转移给每个子弹式类别的抵押品，为大的联合的抵押品向信托的转移提供多种系列的发行担保，允许发行特殊的一次性偿还的 MBS，包括法定到期日比抵押品池中的抵押品到期日短的 MBS。由于在这种投资组合中存在相对水平较高的替代品，资产周转池可以有效地为投资者提供担保。在英国，苏格兰银行的 Mound Financing 于 2000 年 4 月首次发行时就已经使用抵押的集成信托结构。

反向抵押担保（也叫作股票发行抵押）作为从房产中提取价值的一种方式，是专门为年老或退休的借款人设计的产品。聚合式利率终身抵押贷款在低 LTV（25% ~ 30%）时是比较高级的，这将加速提高财产的价值，直到借款人死亡（或者对财产销售进行提前支付）。作为零息票财产，这些抵押担保的交易与大额的流动性额度密切相关，以为交易的最初几年提供利息支付。

任何抵押证券化的基本原则是需要向 SPV 有效转让抵押担保利益，使得在未支付的情况下，SPV 可以对单个债务人强制执行利益。这会在相关的土地登记部门产生对抵押转让进行登记的要求，从而导致管理的复杂化和一定的费用成本。为了加以保护，防止因任何损坏或毁坏财产的事件导致财产价值的损失，一般财产保险的转让也是很重要的。另外，在某些市场中，发起人使用联营体政策或 MIG 政策以弥补联营体的损失，作为在任何证券化之前联营体信用保护的一种形式是盛行的。如果发行人获得很高的信用评级，且对联合体发行人的索赔可以进行适当的转让，这反过来会形成交易信用增级一个有价值的组成部分。联营体发行在经济衰退和 20 世纪 90 年代房地产价格下跌以前，是许多英国抵押证券证券化的特征，目前仍然在澳大利亚的交易中被广泛使用。

与向海外 SPV 转让大额抵押贷款（通常是许多人在其一生中最大和最

显著的财务负担）的适当管理有关的消费者问题可能也是政府所关注的，它会以不同的方式表现出来。

具有不同利息和本金支付结构的一些种类的抵押产品可能需要复杂的依靠 ABS 发行市场的性质的利率对冲要求，并且可能意味着发行需要被分成与不同产品有关的各种批次。在美国，许多抵押都是固定利率的，但是固定利率转售的抵押债券市场已经得到发展，从而作为固定利率债券，降低对冲要求，对抵押进行融资发行。

在大多数其他市场中，浮动利率债券盛行。在中国香港，有限种类的抵押产品正在出售（都是以 HIBOR 或香港优惠利率为基础的浮动或可变利率产品，几乎没有例外）。在英国，更复杂的结构已经发展到涵盖固定利率和浮动利率抵押，以及递延利率产品、稳定利率产品、还款、养老抵押结构，最近的产品则如浮动抵押。从而：

- 固定利率产品通常会用上限进行对冲；
- 浮动（或可变）利率抵押依靠对发起人就其可变利率抵押投资组合收取的利率计算最低利率或"门槛息差"（该利率将持续影响证券化的抵押，直到发起人对证券化组合设定利率的权利被明确终止）；
- 延期或稳定的利率产品会依靠在交易开始时创立的储备基金，由于初始的低利率运营（对递延利率抵押）或稳定计算（对于稳定利率抵押），该储备基金用于为递延或稳定利率的抵押贷款金额提供任何资金累积的融资；
- 浮动抵押可能使用循环信贷。

简单的产品中的抵押文件会包括其他附加部分，如在一定情况下，发起人向抵押人做出进一步垫资的规定（在某些情况下，可能要求发起人做出强制性的进一步垫资）。转让抵押必须以发起人可以继续进行该垫资，且无须他们担保这种方式来进行（因为抵押担保利益已经转移给了 SPV）。如果发起人没有进行垫资，那么个体债务人由于发起人违反做出垫付的要求，可能试图不对抵押贷款进行支付，因此也需要承诺融资，以支付强制性的进一步垫资的方式，来对投资人进行保护。至于追加融资的能力，如果 SPV 购买了进一步垫资，在高级水平下，相同担保权益规定的进一步融资也可能是与之相关的。

　　抵押贷款可能会给个人投资者带来税收减免，通常被当地政府用于刺激地方房地产市场的发展或激励置业。例如在英国，MIRAS（或抵押贷款利息源头减免）在 2000 年 4 月 6 日被废止以前，允许个人投资者通过在源头扣除的方式实现抵押贷款利息支付的税收减免，从而，对税收减免的主张不会受损，任何抵押贷款的转让都必须通过这种方式实现。在英国，过去需要使用英国的 SPV 作为抵押担保贷款的购买人，为了住房贷款贴息制度（MIRAS）立法的目的，该 SPV 作为"合格贷款人"而成立，导致税务局要求，如果 MIRAS 正在索赔，抵押贷款中的实际权益不会在两个或更多的人之间进行分割（使其很难使用应收账款信托作为居民抵押贷款交易的利润带机制）。

　　提前支付风险对抵押担保有着很重要的影响。在许多国家，个人对于房地产抵押在任何时候进行提前支付有着相对不受约束的权利。特别是，大多数司法管辖区的抵押担保贷款在每次个人搬离房子的时候都会要求进行全额预付，由此产生的提前支付风险和再投资风险要求对加权平均寿命和固定提前支付率进行详细的分析，并且要求使用 GIC 在单个利息期间防范交易中的再投资风险（见第 2 章）。

　　提前偿付的水平，通常是按照固定提前偿付率（CPR）来建模计算的，以某一年份初始时候的贷款本金余额为准，该年实际还款本金的比例减去计划的还款比例。美国使用基于 100%PSA 的标准化提前偿付速度。在这种速度下，CPR 一开始是每月 0.2%，每月依次增加 0.2%，直到 CPR 在 30 个月后达到 6%，然后一直保持在此水平。另外一个标准化的速度是 100%PSA 的乘数因子（例如 200%PSA，一开始是 0.4%，每月依次增加 0.4%，直到 CPR 在 30 个月后达到 12%，然后一直保持在此水平）。

　　图 5-6 比较了不同的固定提前偿付速度水平下的年度还款情况，显示了这些不同的提前偿付速度的影响。

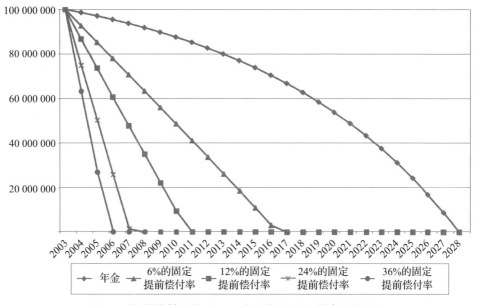

图 5-6　提前偿付速度对于 25 年抵押池的未偿余额的影响

信用分析

抵押贷款的交易通过参考借款人池子的特征以及贷款的抵押品能够获得的价值这两个方面来进行分析。

关键信息

- ◆ 合格 / 不合格借款人；
- ◆ 贷款原因；
- ◆ 收入乘数；
- ◆ 之前的拖欠款项；
- ◆ 贷款老化程度；
- ◆ 贷款价值比（LTV）；
- ◆ 位置 / 房产的地理分散性。

在对抵押贷款交易进行评级的时候，标准普尔将抵押贷款池与基准池的常用特征（如贷款价值比、地理集中性与老化程度）进行比较。对于英国（见标准普尔的 *CreditWeek*），基准池是一个数量不少于 300 份的贷款，在地理上分散，贷款价值比不超过 80%，最大贷款规模不超过借款人收入的 2.5 倍。对于每个市场，基准的设置都是不同的，比如，对于中国香港，贷款价值比是 70%（见标准普尔的 *Structured Finance Asia* 1997）。

对于这一基准，设定一个特定的违约率（在英国，变化范围从 BBB 的 15% 到 AAA 的 6%，后修改为从 12% 到 4%），或是中国香港的从 12% 到 4%。同时，还会设定一个损失率，在英国，是从 BBB 的 47.8% 到 AAA 的 31.5%；中国香港是从 71% 到 54%。

损失的严重性水平，基于房地产市场价值下跌 37% 到 24%（对于英国南部，是 47% 到 30%，对于英国北部是 25% 到 16%），在中国香港是从 60% 跌至 48%。

这些初始数据被用来作为分析贷款池的参考。数据随着基准的不同而有所变化（根据池子的一些关键属性进行微调）。交易的其他数据（加权平均的止赎率，WAFF）和损失严重程度（加权损失度，WALS）以及信用增进的基本水平（从 AAA 的 7.25% 到 BBB 的 1.9%，在中国香港是 10.6% 到 4.3%）也会发生变化。

对于现金模型，违约被假定为是在第 1 个月、第 13 个月、第 25 个月发生。在违约发生的 18 个月后，可以回收部分利益，模型在不同的利率水平和提前偿付下，进行压力测试。

穆迪将贷款池与基准池进行比较，以显示其关键特征。对于英国，是一个数量不超过 300 笔的贷款，地理上分散，贷款规模最高为借款人收入的 2 ~ 3 倍（见穆迪的 *Approach to Rating UK Residential Mortgage-Backed Securities*）。对于该基准，池子被分为两个有着不同贷款价值比的部分，以显示家庭持有的权益的水平。对于有着不同贷款价值比的部分，可以要求不同的信用增进水平（AAA 评级要求：对于 100% 的 LTV，为 17.32%；对于 80% 的 LTV，为 8.48%；对于 55% 的 LTV，为 2.5%），对贷款进行逐笔分析。初始数据也被用来作为池子其他特征的参考。

惠誉通过对有不同预期违约率和损失率的产品进行逐笔贷款分析来决定信用增进水平（见惠誉 *UK Mortgage Default Model*）。贷款违约率参考房产

的家庭持有的权益和贷款相当于家庭年收入的倍数来设定。在英国，AAA
评级、80% 的贷款价值比要求贷款违约率设定为 11% ～ 18%。损失率可
参考贷款价值比、执行成本设定，比如假定房屋市场价值下跌 40%（对于
AAA）和下跌 25%（对于 BBB）。

5.11　贸易应收账款

贸易应收账款涉及使用信用付款的商品或服务的商业活动。合同的文本
因此也会（相对抵押贷款或租赁）不那么规范，典型的情况下会包含一些商
业的标准条款。如果应收账款涉及出口交货，通常则会有信用证的信用支
持。这些信用证由出口商的银行或进口商的银行出具。买方信用证是指由银
行向商品的买方出具的，将支付款项交付给卖方的承诺。卖方信用证是指由
银行直接向商品的卖方出具的承诺。由于银行的信用通常要比进口商的信用
好，信用证对于商品的卖方是一种信用保护，因此信用证是应收账款的信用
分析的一部分。在这种情形里，获取来自信用证的现金流非常重要。本书第
13 章将讨论以下几点：

- ◆ 信用证（包括跟单信用证和备用信用证）；
- ◆ 汇票；
- ◆ 常见的贸易融资术语（如 CIF、FOB 和 INCOTERMS）。

贸易应收账款通常期限较短且不须承担利息。最理想的能够匹配的融资
形式是以折扣发行的商业票据，其能够迅速和方便地根据需要的融资金额进
行调整。由于应收账款期限较短，其交易通常是循环操作的，需要定期置
换。贸易应收账款的交易结构会设定一个最后的购买时间，在此之前允许持
续地购买应收账款直到提前摊还事件出现（见第 4 章）。持续购买意味着发
起人的业务系统必须能够跟上日常计算和定期的报告要求。这类交易同时还
需要处理应收账款在出售后被发现不符合出售标准可能带来的麻烦。由于没
有足够的时间，应收账款在出售给 SPV 之前，不可能一一确定其是否符合
出售的标准。由于应收账款期限较短，这通常可以通过下调购买价格的方式

来处理（这样可以在计算时将不合格的应收账款去除，后续将未付款的不合格的应收账款直接交给发起人），而不是采取在抵押贷款类交易中出现的要求回购的方式。

图 5-7 显示了典型的贸易项下应收账款的通道结构：1 日结构。

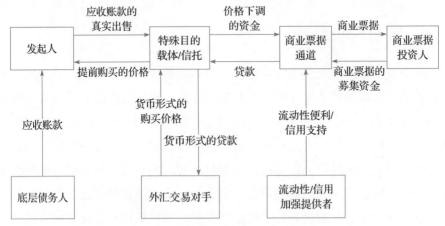

图 5-7   贸易项下应收账款商业票据的通道结构：1 日结构

商业票据融资的使用使得交易结构中，商业票据的周期滚动融资不成功的流动性风险提高。评级机构经常要求通道结构通过流动性便利实现对商业票据到期面值的全覆盖。因此，这引发了对于便利的借款基础的合适定义的讨论，以使得提供流动性的银行确保它们不会因为提供便利而导致不利的资本充足要求（如果便利被认为是提供信用增进的话，就会出现这种情况）。贷款基础是在贷款便利项下的随着时间变化的最大的贷款额度。这个数值是动态的，通过参考未违约的应收账款的价值进行设定，被设计用来确保提款是用来解决流动性的问题而不是提供信用增进。然而，在一些情况里，其贷款规模比上述目的更大，为商业票据的投资者提供了部分担保。例如，贷款基础的"回顾"，通过将贷款基于之前一个周期里违约的应收账款进行发放，提供了商业票据的全额覆盖。

图 5-8 显示了典型的贸易项下应收账款商业票据的通道结构：滚动融资结构。

由于在出口贸易中基础的应收账款合同是由两个不同司法体系中的参与方签订的，在没有特别指定合同的处理法律以及出口商没有坚持对所有合同使用同一法律的情况下，不同的应收账款可能是由不同的法律来监管的。这就需要对于不同司法体系中与转移应收账款相关的法律进行调查研究，以确保应收账款池子在相关的司法系统中，被合适地转移。

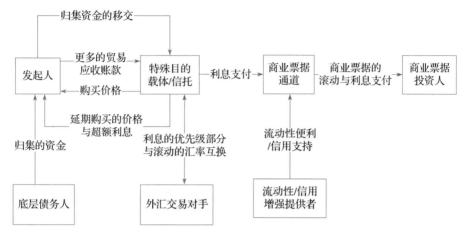

图 5-8 贸易项下应收账款商业票据的通道结构：滚动融资结构

信用分析

贸易应收账款交易的风险通过参考以下数据的历史水平来分析：

◆ 核销；

◆ 拖欠；

◆ 扣减（比如，由于财务折扣导致的发票金额扣减）。

在对贸易应收账款交易进行评级时，标准普尔将压力因子乘数应用于池子内含的损失规模（按照之前一年的最高的滚动 3 月的平均历史损失）以决定初始的信用增进水平（见标准普尔的 *Trade Receivable Criteria*）。压力因子乘数从 2.5 倍（对于 AAA 评级）到 1.5 倍（对于 BBB 评级）不等。最低水平的增信基于底层基础资产的借款人的信用状况，根据一定数量的借款人违约的假设进行计算来确定。

穆迪考察历史数据，但是将它们的信用增进水平建基于对于发起人的详细调查、发起人的地位以及其他和池子相关的因子上（见穆迪 *Trade Receivables Update: Concentrating on Dilution-Focus on Capital Goods and*

Consumer Products Receivables）。

5.12 全业务证券化

全业务证券化或 WBS，是一种介于有担保的公司债务和未来现金流交易之间的混合形式。

或许，和其他形式的 ABS 最重要的区别是，WBS 关注投资者在交易结构中承担的运营风险。未来现金流有一定程度的运营风险的保护，这是因为投资者对于未来现金流有特定请求权利并且债务能够在发行人支付运营费用之前逐步摊还。公司债券对于公司的运营风险有全部的暴露。

全业务交易需要允许在债务完全支付前支付运营费用，根据定义，没有其他的现金可用于支付费用。和有担保的公司债务最重要的区别在于，公司中被认为适合进行全业务证券化的业务和现金流的可预测性，因此相比其他公司债务有较低水平的运营风险。

最多的交易是在英国一些有限的部门中发生的，包括：

- 高速公路；
- 酒吧；
- 媒体与娱乐机构；
- 运输与基础设施；
- 水务；
- 健康护理；
- 殡葬服务。

在这些交易中，酒吧的交易表现良好。这是缘于酒吧强劲、稳定的现金流和不动产的价值，水务交易的表现也令人满意。

其他部门的表现参差不齐。高速公路服务站的交易表现尤其差劲，主要是由于过高的财务杠杆和失去平衡的债务结构。这些交易的细节将在第 8 章中讨论。

运输与基础设施的交易受到"9·11"事件以及为现金流做贡献的公司

财务困境的影响。

RHM（金融交易，Rank Hovis McDougall）的全业务交易结构，最近经常被与其他的全业务结构区分开来。因为这项交易中公司所处的是竞争性行业，相比其他交易有较低的杠杆水平（杠杆是较高的运营风险的一种反映）。

在英国之外的其他地区，只有很小数量的这类交易。和英国的交易结构最为类似的是，意大利的 Romulus 金融交易和芬兰的 Tornator 金融交易。德国的 Tenovis 金融交易也同样重要。

全业务证券化的细节见第 8 章。

信用分析

全业务交易的信用分析的性质根据具体行业的不同而有所不同。这种分析与公司信用分析类似，但是会更关注这些交易结构的特征，包括：

- 竞争地位的强弱；
- 行业板块——对于新兴技术和需求下降的承受力；
- 盈利（EBITDA）的稳定性；
- 维持运营所需要的资本支出水平。

交易特定的要素包括：

- 出租率和收费率（护理院）；
- 酒桶数量和租金（酒吧）；
- RAV（受监管的资产价值）（水务）。

第 6 章

机遇与挑战

6.1　简介

资产支持市场在其短暂的发展历史中曾面临许多挑战，但最终都证明了它们是极富韧性的。甚至，在一些时候（比如 2001 年的"9·11"事件之后），ABS 证券被认为是债券投资者的安全港，因为它远离更敏感和更加波动的公司债券市场。作为一个立足于创新的市场，ABS 市场时常不得不去适应变化的监管和税务环境，基于市场当下面临的不确定性，这种灵活性对它们非常有利。

本章以及第 7 ～ 11 章将论述一些发展中的机会领域，以及有可能对资产支持证券市场向前发展造成困难的因素。

◆ **合成工具**　债务担保证券（CDO）以及资产支持证券（ABS）交易合成技术的发展大大增加了证券化技术应用的范围和灵活性。合成技术在欧洲被大量使用，因为允许几个不同司法管辖区内的资产同时证券化，而不用遵守所有相关司法管辖区内有关税务隔离和真实销售的当地规则。合成技术也允许资本结构中特定风险切片的证券化———一种在新《巴塞尔协议》(Basel Accord) 生效时可能有重要作用的技术，它将使仅要求发起人持有的资产中过高的那部分分级出售变为可能

（见第 7 章）。

- ◆ **整体业务**　英国（以及处于增长中的欧洲国家和其他地区）的整体业务证券化允许通过 ABS 市场使用更广泛领域的公司市场筹集资金，并且已经吸引了来自私募基金发起人和杠杆借贷市场参与者的极大兴趣（见第 8 章）。

- ◆ **欧盟**　欧盟正试图为资本和投资建立一个单一的欧洲市场，如果它成功的话，可以创造一个堪比美国的境内资本市场。尽管欧元的引入在推进这一目标方面已经比迄今为止的其他方法做了更多，但达成这一目标仍有很多工作要做。由于依赖消费者和商品金融市场的本地市场机制、对待房屋所有权和债务人责任的文化以及资产转让和证券发行方面法律操作与监管规定的资产支持交易的复杂本质，ABS 市场表现了试图达成这种一致的特别的复杂性。

- ◆ **会计**　安然与世通公司的会计丑闻引发了对证券化交易资产负债表性质的挑战以及对会计处理的如下改革：
  - FASB 解释第 46 号（FIN 46）以及为 FAS 140 起草修正案；
  - IAS 39 修正草案。

- ◆ **资本**　对 ABS 市场基础最主要的挑战来自资本监管，包括新《巴塞尔协议》草案下正在讨论的对资产负债表处理的潜在改革（见第 11 章）。

6.2　会计与资本资产负债表改革的重要性

出于会计或者资本目的的资产负债表处理经常成为进行证券化的原因。对于现行的资产负债表处理存在一些挑战，而这些挑战的本质我们将在第 10 章和第 11 章做进一步的分析，但仍然值得在此处对这些变化可能带来的实际影响做初步分析。

6.2.1　交易留存表内的实际影响是什么

证券化和结构化交易通常是出于许多原因——融资、风险转移和资本释放则是其中最重要的。

证券化资产负债表处理的会计准则通常要求放弃控制和决策，或者放弃损失风险和从资产中获取利益的能力（以及在某些时候同时放弃以上事物，其本质是使证券化交易有自我进行的能力，可以在不限制损失风险或者发起人持有的利益份额的情况下放弃直接的决策）。历史上，证券化 SPV 是否与发起人合并报表取决于发起人是否拥有与 SPV 有关的控制或投票权。

资本目的的一类交易通常遵循会计处理决定的标准。

会计改革已经开始改变会计处理标准，尤其是有关 SPV 合并处理的内容：

- IAS 27 下 SIC-12 解释（在越来越多的公司使用国际会计准则的情况下，也越发相关）；
- 2003 年 1 月 FIN 46 解释（以及后来 2003 年 6 月的 FAS 140 修正草案）。

当获得收益的权利被保留，使得分析认为从发起人到 SPV 转移的意义变低时，这些新的要求（见表6-1）降低了 SPV 从合并账户移出的可能性。

表 6-1　会计表外处理与非合并报表的要求

	美　　国	英　　国	国际会计准则
初始情况	FAS 140：放弃控制或3%的外部权益	FRS 5：转移所有的风险与收益或对于关联声明的风险与收益有一上限	IAS 39/IAS 27/SIC-12：放弃控制与决策以及几乎所有的风险与收益
后续演化	FAS 140：放弃控制且又不能提供流动性或信用额度 FIN 46：10% 的外部权益或放弃绝大多数的风险与收益（可变利益）	FRED 30：往联合标准靠拢以取代 FRS 5 和 IAS 39	IAS 39 的修订：在发起人或是特殊目的的载体层面没有持续的涉入（回购资产或是提供无上限担保的权利）以符合穿透检查的处理。任何有上限的担保额度将留在表内

6.2.1.1　公司

新方式对公司发起人的主要影响在于将改变他们在银行债务和其他债务

间管理财务契约的能力。目前，应收账款或者其他资产的证券化产生了现金取代资产的结果，这既可以使发起人偿付现有债务（由此缩减公司的资产负债表），又可以继续再投资新的资产（由此增加盈利能力）。在任一种情况下，公司都能改进其财务指标——前者通过降低杠杆率，后者通过增加净现金流（由此改善其债务清偿和利息覆盖）。

如果证券化资产合并后留在资产负债表内，那么公司的资产负债表规模将增大，以反映新的资产（现金）和新的负债（有限追索债务）。实际上，证券化扩大了资产负债表的税基。

- 如果交易中负债的规模大于资产（与公司资产负债表内存留部分的比例有关），公司杠杆有可能会上升。
- 再投资新的资产将有利于总收入，但因为包含了证券化债务的偿债费用，总偿债额也会上升。

无论证券化在会计意义上是否合并，都不影响企业产生的真实净现金流或者可用于偿还负债的净资产。契约比例的变化说明了一个已经被评级机构认同的关于广泛应用证券化的企业的问题。换句话说，剩余现金流（超额利差等）和剩余资产（证券化资产中的权益净额）的信用质量低于未经杠杆操作的现金流和净资产，因此不应在财务契约中被赋予同样的价值。

这一问题在评级公司评定公司等级时被纳入考虑范围（在一些案例中，评级公司把证券化资产合并以计算比例），评级公司已经注意到了在现有无抵押债务中大量使用证券化的影响。

实际上，通过证券化管理财务契约的可能性可以被用作一种对银行部门进行套利的结构，正是公司能够接近银行部门的能力，使得把资产带回资产负债表的任何影响都是最有可能被感知到的。

6.2.1.2 金融机构

更严格的合并标准对金融机构的单一最大影响在于监管资本。银行不像借款人那样依赖于财务契约，但是与监管资本要求紧密相关，监管资本要求密切影响着机构交易的感知风险和业务成本。

在资本标准下，金融机构受独立和合并标准的监管，且通常被要求合并拥有的金融实体，并从持有的资本权益中扣除商业实体。合并相关实体通常被定义为拥有过半数的所有权和控制权。

资产的损失风险可以用这种方式转移，以降低资产所占用的资本，而不将资产本身从会计资产负债表中移出，此方式早已有之，主要的例子有从属参与（历史上的）和信用衍生工具（现在更多）。对于没有被合并的证券化载体，金融机构将把证券化含有的所有权益从资本中扣除。反之，如果证券化载体被合并进来，则该载体的所有资产需要被计入合并资本计算，除非可以适用"透视"处理（IAS 39 修正草案建议）。

CP 通道（CP conduits）已经被视为最主要的受害者。如果被合并，机构资产负债表上的资本处理就会使得这些通道资产像是原本就属于该机构一样。

迄今为止，似乎主要通道资产都是第三方资产的欧洲通道可以避免 SIC-12 下的会计合并，因为相比第三方获得的收益，通道带给发起人的所有权收益是有限的。

美国通道也在寻求避免会计合并，但现在这变得更加困难了。对美国 FIN 46 范围的关注使得银行行为集中在试图保证 CP 通道落在 FAS 140 的 QSPE 条款内，但这种做法因为 2003 年 6 月的一份征求意见稿（2003 年年末被取代）而"陷入泥潭"，该征求意见稿限制了发起人参与 QSPE 流动性额度的能力。因此，注意力转移到了试图为 CP 通道构造可以出售给第三方投资者的预期风险票据，借此确保超过 50% 的通道损失将被吸收，脱离通道发起人，并保持 FIN 46 下的会计上不合并。在 CDO 中，则通过考虑给予投资者以投票权来获得不合并的处理。

6.2.2　合并有多大的影响

机构仍将受益于风险转移，它的信用风险被它的通道支持水平所覆盖，也可能受益于更低的资金成本。合并不会对机构的信用评级产生影响，因为信用评级机构已经把机构涉及通道的经济风险考虑在内了。

即便没有合并，随着新《巴塞尔协议》的生效，银行发起的 CP 通道也会受制于更高的流动性额度资本支出。然而，在新《巴塞尔协议》下，这会被更高评级的资产带来的更低的资本支出所弥补，比如那些被通道持有的资产。并且，考虑到新《巴塞尔协议》评级较高的资本要求较低的影响，使用CP 通道来降低资本的要求随着时间推移可能被使用得越来越少。

资产负债表 CDO 可能会遇到困难

考虑到此类交易的数量，以及最初其背后理性的资本释放动机，资本涉及合并的可能性在此处更加重要。因此，这类交易可能会以不同的方式结构化，也许会依靠与市场交易对手进行的信用违约互换，并且不使用 SPV。

6.2.3　透视处理

2002 年 6 月，IAS 39 草案提供了会计合并的一种豁免路径，即对有限追索债务的透视处理。在该处理的范围内，它将显著地为欧洲公司和机构抵消不断增长的合并风险。

美国 FASB 和欧洲 IASB 在 2002 年 10 月 29 日声明，将合作以求在2005 年 1 月 1 日之前实现美国标准与 IAS 的趋同，并且更多地适用 IASB而非 FASB 下的规则标准方法，这可能会为美国企业和机构降低 FASB 解释带来的影响。

6.3　新《巴塞尔协议》

新《巴塞尔协议》的草案将在第 11 章中做详细分析，但此处仍有必要对协议整体影响的宏大图景做一分析。

目前，在许多不同的资产种类之间，资本以同样的基准被持有。新《巴塞尔协议》将对此做出调整以便资本持有的水平能够更直接地反映相关资产的信用风险。这种信用风险将以不同的方法测算，从使用外部评级到使用内部模型和数据来论证历史损失。它的总体相关性在于监管资本将开始更加真实地反映机构持有的针对相关信用风险的审慎经济资本的水平，反映有多真实则有赖于系统的质量和问题机构的报告。

6.3.1　新《巴塞尔协议》带来的可以预计的必然趋势是什么

拥有最好的、最先进系统的机构，或者在市场特定领域非常专业并因此能够形成特定资产类型信用风险更为详细意见的机构，将会发现它们监管资本的关联变得更加紧密。

从另一方面看，系统质量低劣的机构或者对特定领域浅尝辄止且没有详细的历史性知识的机构，将会发现新《巴塞尔协议》正向它们要求监管资本。这将可能是一种改进（比如，AAA 资产），或者更糟糕（比如，低于投资级别的资产）。

这样做的结果是那些已经建立了与它们业务相称的系统的银行将享受竞争优势，因为它们的竞争对手既要被强制支出来升级它们的系统，又要调整其资本/资产比例。

6.3.2　资产支持市场的结果是什么

（1）更加老练的机构可能会更谨慎地使用证券化。如果证券化高评级资产释放的资本小得可怜，为什么要使用相对昂贵的证券化债务来这样做呢？取而代之的是，交易可以被合成结构化，完全由资产池中的夹层和次级风险组成。

（2）不够老练的机构可能会使用证券化来重新平衡它们的资本基础，远离特定领域，或者继续在资本要求更高的领域为发起新的交易提供支持。

（3）证券化可能会成为金融机构更加重要的融资工具，而不是一个资本释放工具，这将是一个重要的趋势。考虑到在一些方面（如资产负债表）CDO 市场迄今为止的发行标准，更多的交易是为了实现资本释放。德国融资交易和远离合成的趋势在其他地方被谈及，这是因为德国金融部门的融资成本由于其机构恶化的信用质量而有所升高。

6.3.3　这对资产支持证券市场是不利的吗

如前所述，资产支持市场是极为灵活的，且作为广阔金融市场中压力点的结果不断展示出最大的成长区域。我们观察到意大利房屋价格暴跌后，意大利 NPL 发行的增长、《马斯特里赫特条约》制定后意大利国家 NPL 发行的增长或者日本银行 NPL 上升后的资产负债表 CDO 市场的增长。

市场的灵活本质意味着大部分"问题"变成了新的机会。没有理由相信现在使用 ABS 市场作为融资工具的实体会更换它们的发行模式。利差可能会反映受监管机构为了持有它们而不得不支出的资本，但是考虑到作为投资者未受到资本监管的机构（如对冲基金、SIV、CP 通道、养老基金）的优势，则市场不太可能出现瓦解，而且其他机构将有可能使用 ABS 市场进行融资，比如德国的银行。

寻求资本释放的实体可能会改变它们的发行模式，新的风险权重将可能摧毁它们也可能创造新的机会。Mega-RMBS 主信托开始看上去难以驾驭（它有通过接手担保债券获得更便宜融资的新计划），但是低评级公司（它们的银行融资成本会根据上升的资本要求而升高）ABS 债务的发行将一定会出现上升。

当然，高评级公司（尽管和几年前相比更加稀少）和金融机构融资成本的下降本身将引发基于收购的活动的进一步机会以及再融资或整体业务模式的杠杆交易的潜力。

第7章

合成与信用衍生品

信用衍生品在20世纪90年代首次出现，并且在此后成长和变化为一种它们自身的独立金融产品线，以及一种能够以增强流动性和标准化的方式来管理和转移信用风险的金融工具。

信用风险的投资需求直接存在于企业和政府债券市场中并通过资产互换合成。与其他衍生品领域一样，信用衍生品市场试图在合成基础上创造一个巨大且流动的交易市场，无论这一市场下的产品本身是否广泛可用或流动。

不过，早期的信用衍生产品中，市场的先行者几乎只关注主权信用风险。以流动性政府债券市场为对冲来降低风险的有效性是一个激励因素，私人公司若掌握政府更高层次的市场知识和信息也能有此效应。此后，市场开始成长并且多元化。

◆ 重要的市场参与者开始投资开发将市场带入独立定价机制所需的研究和定价基础工具，而不满足于纯粹的价格对冲中介角色。

◆ ISDA承担了信用违约互换标准化文件格式的制作，并且逐渐将信用衍生品术语标准化（1999年7月，其主导了1999年信用衍生品定义手册的出版，以及2003年1月更新的简式信用违约互换确认）。

因为欧洲的企业债券市场较小且相对不发达,信用违约产品市场在欧洲发展得比在美国快,逐渐地,合成 CDO 交易开始使用信用衍生品头寸进行组合。作为证券化交易中的风险转移技术,信用衍生品也呈现出更大的规则性特征——这一领域中运用信用衍生品技术有为多司法管辖区证券化带来转变的潜力。

随着 ISDA 2003 年信用衍生品定义在 2003 年 1 月 11 日出版替代了 1999 年的信用衍生品定义,信用衍生品市场在 2003 年前期经历了一次重要的发展。2003 年信用衍生品定义自 2003 年 6 月起开始使用,且合并了在 2001 年间出版的"重组、换股及继承人附录"。同时,新的定义也对什么构成了基于供应目的的"非偶然"义务做了说明(新定义围绕着保护原则,把债券纳入偿还公式,并且对实物交易和补仓程序做了修改,使其和信用事件一样)。2003 年定义也为在不同基础上使用担保做了准备——各方可以选择它们是希望所有担保给出相应的实物使第三方可以触发信用事件并交付担保物(在欧洲流行的方式),还是仅仅由合格关联方提供担保(在美国流行的方式)。

7.1　合成证券化:信用衍生品

在欧洲,合成证券化主要运用于 3 个领域:CDO、CMBS 和 RMBS。它们在原始权益人和 SPV 之间进行信用违约互换,其中包含一揽子的信用(合成 CDO 的债券池、合成 RMBS 交易的抵押池等)。SPV 同意补偿原始权益人在债权群组中受到的损失,作为回报,SPV 将收取定期保费。

SPV 向投资者发行票据并投资于收益产品,通常用以下方式担保:

◆ 政府债券;
◆ 抵押契据或者担保债券;
◆ 回购;
◆ 保证投资回报存款证(GIC);

◆ 原始权益人发行的票据。

根据原始权益人和票据投资人各自对信用违约互换和票据的申索权，担保物同时抵押给了原始权益人和票据投资人。

典型的合成证券化结构如图 7-1 所示，是担保物的投资盈利以及信用违约互换的合成型结构。

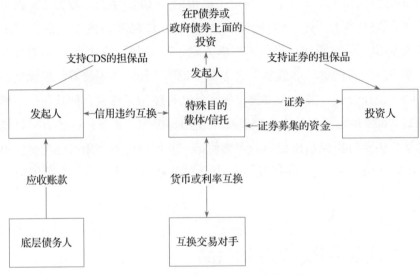

图 7-1　信用违约互换的合成型结构：第 1 日

保费收入一起被用于向投资者支付收益。典型的合成证券化结构如图 7-2 所示。

如果相关资产遭受损失，一部分担保物将被清算，收益将支付给原始权益人。交易到期后，剩余票据（例如有关所受损失折余数的净值）将会以剩余担保物赎回。潜在违约发生时典型合成证券化的结构如图 7-3 所示。

交易的担保物的形式是重要的，因为投资者在合成交易中面临二元风险——他们暴露在相关资产受到损失的风险下，也面临担保物价值变化的风险，这些担保物是 SPV 借以偿还票据的唯一来源。以原始权益人发行的票据（或者原始权益人保证金）作为担保方式的交易，暴露在原始权益人无担保的信用风险之下，并且因此没有与原始权益人的信用评级脱钩。

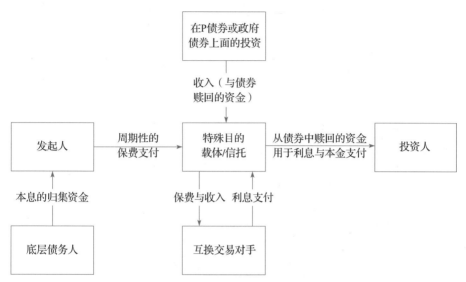

图 7-2　信用违约互换的合成型结构：持续

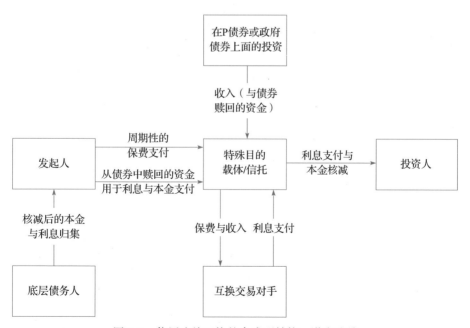

图 7-3　信用违约互换的合成型结构：潜在违约

原始权益人有权时不时地将资产替换进或替换出债权群组——通常需要符合特定的替换标准（见第 4 章）。

运用信用衍生品为证券化结构带来的主要好处如下。

- **简单**。通过创设一个新的资产（衍生品），而不是转让既有的资产，信用衍生品实现了风险的合成转移。引起精细而复杂的结构问题（转让通知要求、破产平仓、资本利得税、印花税、真实出售等）的转让所导致的许多问题不再发生（尽管衍生品自身当然会引发其自身问题的一部分）。在德国，因为德国真实出售交易中 SPV 可能会上升的潜在交易税成本，这已经成为合成市场发展的特别原因。

- **管理简便**。风险的合成转移有助于避免一些管理上的复杂性和全部转让所要求的账户独立和支付记录。

- **灵活性**。因为基础资产没有转让，资产的替换和补充也可以在不要求进一步转让（在每次转让发生时，都不得不产生额外的意见、税务事项和文件编制）的情况下进行。取而代之的是，可以设立关于风险转移相关义务合格性的特定替换标准。

- **交易能力**。在有严格的银行保密和披露要求或者对应收账款转让有限制的国家（或该等应收账款包含了转让的禁令），合成风险转让可以提供一个替代的转让途径，也是实际进行交易的唯一路径。

- **多司法管辖区交易**。尽管单一欧洲货币已经就位，欧盟在金融服务领域试图建立单一市场的愿望仍然理所当然地面临着各个司法管辖区内现存税务和法律制度的差异。在亚洲，包含各种货币和监管制度的市场则更加分裂。风险的合成转让绕过了与应收账款有关的制度，在一些案例中，信用衍生品是一个刚刚被开发出来的新的增长中的领域。这种增长部分是因为大部分国家想要确保它们本土的机构在这一领域的商业竞争中不会处于不利地位，部分是因为产品公认的复杂性和监管者想要与在其他地区尝试和测试过的制度接轨，因此在不同司法管辖区内的信用衍生品标准具有明显的同质化现象。

这也使得对其他交易来说太复杂的一种产品得以诞生——多司法管辖区（或多大陆）证券化。

- ◆ **监管资本套利**。大部分中央银行为信用衍生品制定的信用风险转让标准通常比它们为证券化所制定的标准低，这使得基于真实资产很难获得的利益可以在合成基础下获取。

- ◆ **融资成本**。合成转让可以让原始权益人将现有的融资结构完全放在一边。这可以为原始权益人提供一项重要的融资收益，原始权益人现在可以在零售存款市场进行融资。权衡全资产转让和合成混合之间的选择将取决于原始权益人的经济地位以及他的资本成本与表内融资成本的比较。因为大部分低风险份额的出售，全资本释放将更加耗费现金。

7.2　超级优先份额

观察图 7-4 不难发现，在这一结构中，企业贷款组合中的风险被分为了优先损失份额（组合中很大的一部分，至少其中的一部分将会达到 AAA 的信用评级）和剩余部分。风险的剩余部分，根据上述定义，高于 AAA 的信用评级，并且可以以超优先级的信用违约互换将相对廉价的无备资基础资产出售给经合组织银行。这将保障买方能够把剩余部分的资本风险权重从 100% 降至 20%。

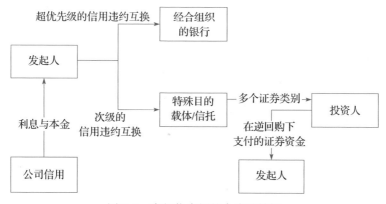

图 7-4　有超优先级的合成型结构

超优先级的信用违约互换的准确触发点在各个交易中各不相同，既有资产池质量的原因（这将会决定资产结构中低于 AAA 评级的资产的准确数量），也有超级优先买家的风险承受能力的原因。例如，2002 年企业债券市场利差显著扩大期间，超优先级的触发点也变得更高了。

反过来，OECD 银行可能会将超优先级违约互换的风险转移给其他方，比如单一险种保险公司。

因为一些交易的规模和相对应的向市场销售大量 AAA 分级的长期票据的成本，这种结构模式在市场上被越来越多地运用，特别是运用于大型的交易。这种结构在 CDO 交易中最为常见，但同样也被德国银行用于 CMBS 和 RMBS 交易。

次级份额的信用风险通过次级信用违约互换出售给一个 SPV。SPV 针对投资者的风险发行票据，范围从 AAA 评级降至次级——通常是总额的 2%～3%。发行收入通过逆回购由 SPV 转移给原始权益人以换取政府证券或抵押契据。因为投资组合被结构化，原始权益人得以用特定规范内的简单标准替换组合中的贷款。

因为 SPV 将会把政府或者抵押契据抵押品同时抵押给投资人（当基础票据组合履行时偿付发行的票据）和原始权益人（当基础贷款组合不能履行时偿付 CDS）：

◆ 票据可以与原始权益人的信用评级脱钩（为了投资人的利益）；
◆ 原始权益人根据抵押品类型可以从次级份额获得 0～10% 的资本加权，也可以从超优先级中获得 20% 的风险加权。

假设有 80% 的超优先级，这一结构可以借此从公司债务上减少 8% 的资本扣减：

$$（80\% \times 20\% \times 8\%）[超优先级]+（18\% \times 10\% \times 8\%）[附抵押契据次级互换]$$
$$+2\%[假定持有次级]$$
$$=3.424\%（或者1.424\%，如果次级可以被出售的话）$$

假设有 95% 的超优先级（一些德国 RMBS 交易可以达到），这一结构可以降低抵押债务的 4% 的资本扣减：

$$（95\%×20\%×8\%）[超优先级]+（4.5\%×10\%×8\%）[附抵押契据次级互换]$$
$$+0.5\%[假定持有次级]$$
$$=2.056\%（或者 1.556\%，如果次级可以被出售的话）$$

在这两种案例中，如果次级可以被出售，资本扣减都会更加显著。

7.3　合成证券化对投资者的有利点和不利点

有利点

- **已界定的风险**。相关资产投资人承担的唯一风险就是违约风险导致的损失。投资人不承担外汇汇率波动、资产平均毛利下降或者其他并非源于信用事项的不履行（比如主动管理的 CDO 交易的交易损失）的风险。

- **有限损失**。通常，损失被设计成仅仅覆盖本金的损失，而不覆盖止赎权的费用或者应计利息。

- **管理人灵活性**。如果交易是被管理的（比如主动管理型 CDO 结构），那么合成基础可以带给管理人更多的替换资产的灵活性。因为合成结构不大可能包含所有类型的利差或者面值测试，管理人可以制定清晰的信用决策。替换的技术也比现金基础的结构更简单。

不利点

- **无超额利差**。投资者不能获得超额利差的收益，这一利差可以被用来弥补随时间推移而产生的损失（比如与抵押交易相比，在这类交易中，超额损失被用来弥补之前的止赎亏损。一旦损失发生，投资者的票据将会被永久减计。

◆ **信用关联**。如果 ABS 收益被投资于损失了价值的抵押品，无论相关资产的表现如何投资者都将会遭受损失，这是一种独有的风险。如果抵押品采用了原始权益人（或者其他对降级敏感的实体）发行的票据的形式，因为投资人受与此信用直接关联的信用所影响，那么票据也将会根据此信用下调评级。

◆ **管理人质量**。在主动管理型 CDO 结构中，相比现金结构，合成结构的管理人增加的替换资产的灵活性会给投资人带来更大的损失风险，尤其是所涉及的管理人的水平较差的话。

7.4　信用衍生品的术语和模式

围绕着参与者和标的事项的三个基础定义，市场有它自己的术语。

◆ **信用违约风险保护卖方**。出售信用违约风险保护和承担信用衍生品风险的一方（也被称为信用风险买方）。

◆ **信用违约风险保护买方**。购买信用违约风险保护和分流信用衍生品风险的一方（也被称为信用风险卖方）。

◆ **参照义务**。其违约或者履行决定了信用衍生品支出的资产。

任何信用衍生品的功能都是将与已界定的参照义务有关的信用风险从信用违约风险保护买方转移到信用违约风险保护卖方。信用衍生品主要有 4 种模式。

◆ **信用违约互换**。最常见的类型。信用违约风险保护买方向信用违约风险保护卖方支付定期保费。如果与参照义务有关的特定触发违约事项（或者信用事项中详述的特定参照实体的其他义务）发生，信用违约风险保护卖方向信用违约风险保护买方支付与参照义务价值损失相等的费用。

◆ **总收益互换**。资产互换市场的基础。信用违约风险保护买方将基于特定证券（参照义务）名义本金额现金收入的定期数额过手给信用违约风险保护卖方（过手数额等同于收入，如果收入较少，过手的金额也较少）。信用违约风险保护卖方向信用违约风险保护买方支付根据相同名义本金额收取的基于 LIBOR 或者其他市场利率的定期数额。这一交换也可以反映参照义务价值的增值或贬值（例如，与股票有关的互换）。

◆ **信用联系票据**。基于证券化或再包装发行的有限资源票据的合成版本，投资人提前付现认购支付本金及利息的票据。如果与参照义务有关的特定违约处罚事项（或者信用事项中详述的相关资产的特定其他义务）发生，应支付给投资人的数额将相应减少与参照义务价值减损相同的数字。

◆ **信用息差产品**。一个更加复杂的产品，如果特定证券的收益率（参照义务）和参照物（比如政府债券）收益率的利差扩大超过一定点位（显示相对于政府信用，发行人信用已经恶化），其信用违约风险保护买方获得给付。

7.5　信用衍生品的使用和定价

信用违约互换

证券化产品具有相似的原理。它们可以被用来：

◆ 释放特定客户的信用能力；
◆ 通过以不同的现金或者利率基础转移信用风险，有效地再包装银行持有的资产；
◆ 分散风险而不伤害与客户的直接关系；
◆ 释放银行为应对信用风险而持有的资本；
◆ 通过承担次级风险来设置杠杆。

因为信用违约互换是表外的，它们也可以用作承担表内风险的替代品。

当信用违约风险保护卖方成本高昂时，这一方法特别有效，因为他们可以运用信用违约互换以不足额准备的方式承担风险，这意味着他们的回报不会被必须提供高于市场平均水平的准备金所稀释。

历史上信用违约互换主要用于交易主权信用，但是现在也被广泛用于企业、银行和合成信用产品中（包含一揽子不同的信用）。信用违约互换的对冲是各自通过介入相关证券并卖空来投资政府债券，或者通过借入现金并买入相关证券来创设一个合成的有关企业或者政府信用的空仓或者多仓。

因此，套利机会会导致 CDS 保费回归相关证券与无风险基准的利差。

信用联系票据

作为信用违约互换的足额准备版本，这些工具无论使用还是定价，实质上一样都是再包装票据或者证券化发行。

总收益互换

作为表外转移信用风险的另一种方式，总收益互换以一种类似于信用违约互换的方式被使用。它们常常用于池内资产临时出表。定价方式也与信用违约互换相似，市场资金成本被有效地加于两方，一方是 LIBOR 基准相对于无风险利率的利差，另一方是信用风险的利差。

信用利差期权

这些产品可以通过创设两个信用之间或者长短期信用之间的合成利差，来达到市场中立的目的，这将不被整体市场的上升或者下降所影响。

7.6　结构和重点

不像其他的衍生品，多年来与 CDS 相关的许多法律、监管和结构问题都已经被讨论过并且（大体上）已经被解决了，信用衍生品的讨论是近期的事。

7.6.1 赌博和保险问题

信用衍生品会引起的赌博问题与其他衍生品一样，但它们也引起一个对市场参与者具有核心重要性的问题，那就是，出于监管和法律目的，信用衍生品合同可能被解释为保险合同。

赌博协议在英国法中是无效且不具有强制力的，但是如果它们属于2000 年的《金融服务与市场法案》(Financial Service and Markets Act) 中，s.412 规则，则是被支持的（如果它们是法案下受监管的投资，比如差价合约）。

一方面，出现信用衍生品被归入保险合同下的风险是因为信用衍生品习惯给予信用违约风险保护买方保护。把信用衍生品归入保险合同的处理可能导致信用衍生品的提供方受到保险监管主体的监管，或者因为提供主体不适合而导致信用衍生品合同无效。另一方面，信用衍生品的买方可能会受制于保险法下的最大诚信义务，要求他们披露与交易有关的所有信息，这将可能影响信用衍生品提供方提供衍生品或者为衍生品定价的决定。

不过，信用衍生品在英国已经与保险合同区分开，因为信用衍生品不以补偿买方所受损失的方式支付，而是无论买方是否遭受损失，支付都是必须的。

7.6.2 机密性与内幕交易

银行在组合资产负债表交易中使用信用衍生品导致了对银行在信贷关系中获得的相关客户的保密信息的担忧。这种担忧有两个方面：

◆ 考虑到典型的银行客户保密性限制，这些信息是否可以被用来证明信用事件的发生；

◆ 参与信用衍生品交易时银行是否把这些信息作为内幕信息。

前一个问题是银行保密法是否具有管辖权的问题，后一个则是经常被交易商提起的更加宽泛的问题，包括对银行不公平地利用市场的担忧。即使假定银行没有不正当地使用这些信息，在任何项目中它们仍需要确保与内幕信息有接触的员工与参与信用衍生品行为的员工的隔离，以避免坠入内幕交易的风险。

7.6.3　文件

为确保适当的净额结算交易，交易越来越多以框架协议净额结算协议的国际互换及衍生工具协会主协议（ISDA Master Agreement）的标准来准备文件。ISDA 已经公布了信用违约互换交易的范本，同时还有产品的标准化释义，这一释义围绕以下几个关键概念。

- **参照义务**。从属于衍生品的义务。无论是特定参照义务（对现金结算交易来说，它在信用事项发生时被用于计算衍生品的支付）还是可能被明确的交付类衍生品（对实物交易来说，比如"非或有""可转让""最长期限"）。
- **相关实体**。发出或者创造参照义务的实体。
- **义务**。可能发生信用事项的相关实体的一些义务（通常被划分为不同类别，如"仅参照义务""债券或贷款""借款"）。
- **信用事项**。衍生品中信用违约风险保护卖方向信用违约风险保护买方支付的触发信号的一些事项。

7.6.4　对冲和基础风险

从信用违约风险保护买方的角度来看，确保保护合同有效的关键在于成功地将信用违约风险保护买方持有标的仓位下的风险与信用衍生品的支付触发条件和金额关联起来。

举例而言，信用衍生品从相关实体结构化而来，是信用违约风险保护买方暴露的标的实体的主要提供方，相关实体的破产将会强行致使标的实体破产。实际上这是一种不完美的对冲，因为标的实体有可能因为与相关实体完全无关的一些其他原因破产，而信用违约风险保护买方不能获得信用衍生品的支付。

同样地，使用相关实体发行的债券作为参照，标的风险是贷款或者衍生品，可能会导致错配以至于任何衍生品触发的支付时间和数额与标的风险的损失不相称。

因此信用衍生品应当被结构化为对冲，除非有其他的理由来运营信用衍生品。

7.6.5 信用事件

根据 1999 年信用衍生品的定义，标准信用事件包括：

◆ 破产；
◆ 债务到期未能支付；
◆ 债务违约；
◆ 债务加速到期；
◆ 拒绝清偿 / 延期还款；
◆ 重组。

在大多数交易中，债务违约不再被认为是信用事件。2002 年 4 月 5 日之后，ISDA 也不再将债务加速到期和拒绝清偿 / 延期还款作为标准信用违约互换的信用事件。仅剩破产、债务到期未能支付和重组作为常见的信用事件。

自 2001 年保险公司 Conseco 重组后，重组信用事件得到广泛的讨论。当 ISDA 定义的"重组"信用事件发生时，触发了与 Conseco 相连接的信用互换支付，随后导致 Conseco 的银行贷款重组，实际上并没有经济意义上的违约发生。该事件导致那些购买 Conseco 信用保护的交易商大为盈利，这在市场上被认为并不公平。

因此，2001 年 5 月 11 日，ISDA 重新定义了"重组"事件（被认定为修改后的重组），排除了那些会触发少量债务人（不到 4 个非关联持有人）的重组事件。

当发生重组事件时（重组之日起 30 个月后），修正案允许交易各方指定进行"实物交收"的最长到期日资产。该做法旨在阻止信用保护买方通过交割非常长期或永久证券（当发行人出现财务困境时，该类证券比其他证券折价更多，因而发生"最便宜交付"）进行套利。修正案还将"完全转让"增加为交割的义务。

Conseco 事件发生后，评级机构针对交易涉及重组事件的违约评估意见开始对市场产生影响。评级机构采纳了修改后的重组定义，认为 CDO 和重组交易的违约频率较低。那些通过 CDO 来对冲 CDS 头寸的交易商都热衷使用修改后的重组交易定义，以确保交易双方风险匹配。

虽然美国市场的标准互换交易大部分都换成修改后的重组定义，但是欧洲的互换交易继续延续原始的定义。对于信贷衍生工具的最终用户而言，修改后的重组条款存在限制，即只有"完全可转让的"资产（新重组定义将其定义为可自由转让给更广泛接收人的资产）可能被交割，而在欧洲的很多贷款文件中，对贷款的转让存在很多限制性条件。因为无法进行贷款的实物交割，这将使修改后的重组定义无法完全地对冲贷款债务。

因此，交易商和终端使用者之间对重组定义的要求存在明显区别。交易商热衷于阻止 Conseco 案例重现并对冲交易账户，而终端使用者希望确保他们购买的保障尽可能滴水不漏。这促使 ISDA 出台了重组的 2003 版定义，对重组增加了进一步的选择，现在允许重组信贷事件有 4 种可能的结果。

- **重组**。最初形式，在日本被广泛使用。
- **有到期限制及有条件转让债务的重组**。2003 版定义中的所谓"修正之后修正的重组"的定义，在欧洲被广泛使用。它要求非债券类可交割物的转让前提为得到相关实体、保证人或任何代理人的全部同意，并限制交割物的到期日不得超过交易预定终止后的 5 年。
- **有到期限制及完全转让债务的重组**。于 2001 年提出，并在美国使用。可交割资产的转让无须任何人同意，限制交割物的到期日不得超过交易预定终止后的 2.5 年。
- **非重组**。

7.6.6   计算赔付

大部分标准的 CDS 以实物结算为结算基准。然而，大部分合成证券化结构（包括 CDO）以现金结算为结算基础，因为投资者将实物资产转移给 SPV 会面临很多难题。

7.6.6.1 现金交割

现金交割涉及当相关资产出现损失时，SPV 支付给原始权益人的金额。通常参照如下的指标进行计算。

- ◆ 市场报价（用于企业债券或其他交易性资产）。
- ◆ 止赎申请后的损失（用于抵押贷款、应收账款等）。
- ◆ 止赎损失通常等于最终销售金额减去贷款的本金，因此不能覆盖信用风险保护买方的止赎费用或贷款到期日和恢复日之间的应计利息损失。在某些情况下，它可能包括以上的金额（其中一项或全部）。

这里有必要了解计算代理机构的角色，在现金交割交易中，计算代理机构将作为代理来确定信贷衍生工具的损失金额。在金融和非金融交易对手之间的交易，通常金融交易对手会被当作计算代理机构。

尽管 ISDA 设想通过独立第三方来对参照债务的剩余价值进行报价以确定损失金额，但是这种客观性要求对信用衍生品不太适用，因为信用衍生品是标的物，是低流动性债务。在这种情况下，任何损失的计算都可能是一个相对主观的过程，也因此会造成大量的纠纷。

7.6.6.2 实物交割

实物交割涉及以资产的面值交付标的资产。2001 年 10 月 7 日，Railtrack 公司管理层讨论交付 Railtrack 公司发行的可转换债券的可能性，讨论集中于 ISDA 定义的"非或有"的含义，主要用于指定交易的可交割债务。

2011 年 10 月 18 日，罗宾·波茨（Robin Potts）认为可转换债券不应被认为"或有"，因此可交割物满足"非或有"的要求。可转换债券带有"寡妇和孤儿"条款，在该条款下受托人可以决定是否转换，这也可被解释为创建了应急偿付机制。然而，法院却不认同这种条款为 ISDA 定义的"或有"，因为受托人几乎不会行使期权。（例如，在信用受损的情形下，转换期权已经为无价期权。）

继 2001 年 10 月 Railtrack 公司诉讼之后，2003 年 2 月 13 日，英国高等法院裁定野村证券和 CSFB（瑞士信贷第一波士顿银行）的纠纷，该纠纷涉及瑞士信贷第一波士顿银行在 CDS 交易中拒绝接受 Railtrack 公司的可转换债券为可交割物。

CSFB 认为可转换债券为或有，但高等法院裁定存在两种不同的情形：可转换债券持有人持有的期权（"非或有"）以及可转换债券发行人持有的期权（"或有"）。

7.6.7   其他术语

信用衍生品的其他特性还包括：

◆ 实质性；
◆ 公开可获得信息。

信用衍生品的实质性阈值用于当参照债务的损失低于某一数值时将触发索赔（防止衍生品仅发生少量损失时，就触发索赔）。因为可能从资本中扣除这些阈值或需要在购买信用衍生品之前就事前批准阈值，监管层不喜欢实质性阈值，现在已经很少使用。

在索赔前必须通过公开可获得信息核实信用事件，这一要求在实践中很难使用，尤其是在参考债务为非公开交易的情形下。ISDA 将该要求设定为可选条款。

7.7   合成工具的监管资本优势

各个国家的金融监管部门都会针对信用衍生工具的信用风险转移制定适当的准则，作为证券化中"真实出售"风险转移的指导方针。在大多数情况下，信用衍生品的规则都很简短和不够全面，主要聚焦于为风险保护资产和信用衍生品之间建立合适的风险对冲匹配。

例如，英国的证券化准则允许以约定更替、转让（法律或平衡法）、信托声明、融资性参与进行资产转让。使用其他方法转让资产需要事先征得 FSA 同意和支持性的法律意见。转让方还需遵守一长串的具体要求（详见第 12 章），包括以下内容。

◆ 转让方没有任何权利或义务购回资产，除非以下情形：①拥有发起人的看涨期权，当证券化的资产组合不超过最大价值的 10%，且资产仍是正常类资产；②早赎和生息条款（仅限于抵押贷款案例，视个案处理）；③违反了转让人在出售资产时做出的可控的承诺（该承诺不能用于保证相关借款人的未来信用）。

◆ 转让方法律顾问提供的转让方将不承担投资者损失的证据。

◆ 审计师认定该交易符合财务报告准则第 5 号（FRS 5）。

◆ 发起人需要提供书面证据以表明发起人的律师和审计师符合 FSA 的要求。

然而，英国对信用衍生工具的要求却并不严格，具体如下。

◆ 对于融资性信用衍生工具，信用风险保护买方没有义务偿还信用衍生工具收到的任何资金（除非在信用衍生工具终止时，触发信用事件或违反参照债务的承诺保护）。

◆ 只有当参照债务仍是正常债务时，信用风险保护买方才可以行使选择权取消信用衍生工具（或者在一篮子结构中，当一篮子参照债务的剩余未回收价值不超过最高值的 10%，而且资产仍是正常资产时）。

可以看出，信用衍生工具的要求并不详细（例如，法律及审计确认条款），限制较少（例如，使用特定的转让方式）。

7.8　信用衍生工具的国际资本处理

在银行账户中，信用衍生品的资本处理方法主要由对担保的资本处理方法发展而来，如处理最常见的信用衍生工具——部分融资型信用违约互换。而对于完全融资型产品，可以被处理为完全融资型的从属参与或现金抵押风险敞口。在交易账户中，信用衍生工具，通常被处理为参考债务的短期或长期头寸。

1998 年和 1999 年，适用于信用衍生品的资本处理监管规定相继出台。美联储最早在 1996 年和 1997 年，出台了相关规定；英格兰银行于 1996 年 11 月第一次出台了相关草案；加拿大监管部门于 1997 年 10 月出台了相关指引；法国于 1998 年 4 月发布相关指引；随后不久，英国也出台了相关规定；德国于 1998 年 7 月和 1998 年 9 月发布准则草案；日本于 1998 年 12 月和 1999 年 3 月制定；中国香港于 1999 年 12 月公布指导方针；澳大利亚于 1999 年 12 月和 2000 年 9 月完成；新加坡于 2000 年 4 月、芬兰于 2000 年 12 月相继完成。

监管机构如此快速地出台相关规则的原因在于，金融产品的日益全球化以及为本土的市场参与者在全球范围建立公平的竞争环境。因此，这些资本处理非常相似，仅在少数不同的领域存在区别，总结如下：

- 交易账户是否可接纳信用衍生工具用于资本金用途；
- 参考债务是否必须与信用保护资产完全一致，用于确认该信用保护（或是否为同一发行人发行的、拥有相同的优先级或比保护资产的优先级更低）；
- 可否通过比标的债务更短期限的衍生品，获得资本收益；
- 一篮子交易的资本处理；
- 交易账户中，信用风险敞口盯市价值的附加潜在风险程度。

大多数监管机构对信用利差产品不急于做出判断，等待出现更多的实例并在市场上使用，再决定适当的资本处理方法。

7.8.1 澳大利亚

APRA 于 2000 年 9 月出台了信用衍生工具的资本处理指引。该准则涵盖银行账户和交易账户的资本处理。

- **期限错配** 浮动计算。

7.8.2 加拿大

信用衍生工具指引于 1997 年 10 月出台。

7.8.3　芬兰

信用衍生品指引于 2000 年 12 月 5 日出台。

7.8.4　法国

Bancaire 委员会于 1998 年 4 月发布了信用衍生工具资本处理的论文。如果信用衍生工具由做市商每日盯市报价、可供出售，而且机构擅长于信用衍生工具市场并具备准确的估值模型，那么信用衍生工具可以被视为交易账户工具。

7.8.4.1　银行账户处理

- **参考债务**。同一发行人。
- **最低期限**。如果参考债务期限低于 1 年期，则不确认保护价值。
- **期限错配**。如果信用衍生工具比保护资产的期限要小，且信用衍生工具到期期限在 1 年以内，则不确认保护价值。如果信用衍生工具在 1 年或超过 1 年之后到期，则超过 1 年的部分被视为信用风险保护买方未履行资本承诺额的剩余风险，对该部分计入资本。（如果剩余风险为一种未履行资本承诺，则对该剩余风险的风险权重为普通未履行资本承诺额权重的一半。例如，OECD 银行用 3 年期的 CDS 来保护 5 年期资产头寸，其风险权重为本金的 70%，即保护期间的 20%+ 剩余风险的 50%。）
- **篮子交易**。"首次违约"篮子结构给予信用风险保护买家最低的篮子风险权重。销售"首次违约"信用衍生品篮子结构的卖方需要计提的资本等于篮子里各个资产的计提资本之和。

7.8.4.2　交易账户处理

- **参考债务**。完全匹配。
- **期限错配**。信用衍生工具必须与受保护资产的期限完全一致。（如果信用衍生工具期限小于受保护资产，那么受保护资产的特定风险和信用衍生工具的特定风险都将被记录。）
- **篮子交易**。"首次违约"篮子结构允许信用风险保护买方计入篮子中信用质量最低资产的空头头寸，销售"首次违约"信用衍生品篮子结构的卖方计入篮子中各类资产的多头头寸。

◆ **附加因子**。除了市场风险评估，部分融资型的信用衍生工具，例如总收益互换和信用违约产品（不包括融资型信用衍生品，例如信贷联结票据）还存在交易对手信用暴露风险，应通过增加附加因子的方式扣减衍生工具的盯市价值。附加因子的系数确认方式为：利率附加因子（投资级）、信用风险保护卖方确认的权益附加因子（非投资级）、信用风险保护买方确认的商品附加因子（非投资级）。相关的附加系数乘以名义本金后相加，乘以交易对手风险权重和权重系数 8%，得到资本扣减项。

7.8.5 德国

BAKred 于 1999 年 6 月 16 日发布对信用衍生品资本处理的 10/99 号通告。如果标的资产是安全的，TRORS 和 CDS 可以被视为交易账户工具；如果标的资产是贷款（除非每日盯市、可供出售，才可能放在交易账户中），TRORS 和 CDS 可以被视为银行账户工具。该指引没有明确篮子结构的处理。

7.8.5.1 银行账户处理

◆ **参考债务**。同一发行人。
◆ **期限错配**。信用衍生工具必须与受保护资产的期限完全一致。（如果信用衍生工具期限小于受保护资产，不确认保护价值，但也不需要计入信用衍生品的额外风险敞口。）

7.8.5.2 交易账户处理

◆ **参考债务**。同一发行人。
◆ **期限错配**。信用衍生工具必须与受保护资产的期限完全一致。（如果信用衍生工具期限小于受保护资产，那么受保护资产的特定风险和信用衍生工具的特定风险都将被记录。）
◆ **附加因子**。除了市场风险评估，部分融资型的信用衍生工具，例如总收益互换和信用违约产品（不包括融资型信用衍生品，例如信贷联结

票据）还存在交易对手信用暴露的风险，应通过增加附加因子的方式
扣减衍生工具的盯市价值。附加因子的系数确认方式为：利率附加因
子（投资级）、权益附加因子（非投资级）。相关的附加系数乘以名义本
金后相加，乘以交易对手风险权重和权重系数 8%，得到资本扣减项。

2000 年 2 月，德国银行请求 BAKred 降低银行账户信贷资产的衍生工
具的资本处理要求，并细化期限错配的处理方法。

7.8.6　中国香港

香港金管局于 1999 年 12 月公布了信用衍生工具资本处理的准则。该准则
要求机构在交易账户的信用衍生品资本处理问题上，向金管局进行咨询。

- **参考债务**。同一发行人。
- **期限错配**。向金管局咨询。
- **篮子交易**。向金管局咨询。

7.8.7　日本

日本财政部于 1998 年 12 月公布信用衍生工具的简易准则，并于 1999
年 3 月由日本银行家协会发布了更为详细的规则，主要是复制 FSA 在英国
公布的规则。

7.8.8　新加坡

新加坡金融管理局于 1999 年 12 月和 2000 年 9 月公布了银行账户和交
易账户的信用衍生工具资本处理准则。

如果衍生工具存在交易并每日盯市，则该信用衍生工具被视为交易账户工具。

7.8.8.1　银行账户处理

- **参考债务**。同一发行人。
- **期限错配**。如果信用衍生工具比保护资产的期限要小，且信用衍生工

具到期期限在 1 年以内，则不确认保护价值；如果信用衍生工具到期期限在 1～5 年，则浮动计算保护价值；如果信用衍生工具到期期限超过 5 年，则全额确认保护价值。

◆ **篮子交易**。"首次违约"篮子结构给予信用保护买家篮子中某一个资产违约的保护。销售"首次违约"信用衍生品篮子结构的卖方需要计提的资本等于篮子里各个资产的计提资本之和（上限为最高赔付金额）。按比例篮子结构将提供信用保护，并按照篮子中资产的比例计提风险资本。

7.8.8.2　交易账户处理

◆ **参考债务**。同一发行人。

◆ **期限错配**。如果信用衍生工具比保护资产的期限要小，对于剩余风险敞口部分，信用风险保护买方将记录参考债务特定风险的远期头寸。

◆ **篮子交易**。"首次违约"篮子结构允许信用风险保护买方记录篮子资产的空头头寸。销售"首次违约"信用衍生品篮子结构的卖方则记录篮子资产的多头头寸，上限为直接从资本中扣除。按比例篮子结构仅将创造各资产在篮子中的比例加权的空头和多头头寸。

◆ **附加因子**。除了市场风险评估，信用衍生工具还存在交易对手信用暴露风险，应通过增加附加因子的方式扣减衍生工具的盯市价值。附加因子的系数确认方式为：利率附加因子（合格资产）、权益附加因子（非合格资产）。相关的附加系数乘以交易对手风险权重和 BIS 系数，得到资本扣减项。

7.8.9　英国

英国金融服务管理局于 1998 年首次发布了信用衍生工具的准则，并定期修订。最新的修订版本于 2003 年 9 月 1 日生效，规定了第二次违约篮子的资本处理方式并修订了首次违约篮子的资本处理方式。英国金融服务管理局允许信用衍生工具用于交易账户。

7.8.9.1 银行账户处理

- **参考债务**。同一发行人。
- **期限错配**。如果信用衍生工具比保护资产的期限要小，且信用衍生工具到期期限在 1 年以内，则不确认保护价值。如果信用衍生工具 1 年或超过 1 年之后到期，则超过 1 年的部分视为信用保护买方未履行资本承诺额的剩余风险，对该部分计入资本。（如果剩余风险为一种未履行资本承诺，那么对该剩余风险的风险权重为普通未履行资本承诺额权重的一半。例如，OECD 银行用 3 年期的 CDS 来保护 5 年期资产头寸，其风险权重为本金的 70%，即保护期间的 20%+ 剩余风险 50%。）
- **篮子交易**。"首次违约"篮子结构提供信用保护买家对冲篮子内任一资产信用违约的保护。销售"首次违约"信用衍生品篮子结构的卖方需要计提的资本等于篮子里各个资产的计提资本之和，上限为直接从资本扣除（如果金融服务管理局认为篮子资产有很强的相关度，则不实施此项资本处理）。在 2003 年 9 月 1 日的修订版本中，销售"第二次违约"信用衍生品篮子结构的卖方需要计提相同的资本，但忽略资产池中单一最差的资产。该修订版本规定，如果首次违约篮子或第二次违约篮子采取信贷联结票据的形式（且评级为合格债务，即投资级），那么信用风险保护卖方可以按资产池中的单一最差资产的权重计提篮子资本。按比例篮子结构仅降低资本，或按照篮子中每个资产的权重比例计提资本。

7.8.9.2 交易账户处理

- **参考债务**。同一发行人。
- **期限错配**。如果信用衍生工具比保护资产的期限要小，对于剩余风险敞口部分，信用风险保护买方将记录参考债务特定风险的远期头寸。
- **篮子交易**。"首次违约"篮子结构允许信用风险保护买方记录篮子资产的空头头寸。销售"首次违约"信用衍生品篮子结构的卖方则记录篮子资产的多头头寸，上限为直接从资本中扣除（如果金融服务管理局认为篮子资产有很强的相关度，则不实施此项资本处理）。在 2003 年 9 月 1 日的修订版本中，销售"第二次违约"信用衍生品篮子结构的卖方则记录相同的多头头寸，但忽略资产池中单一最差的资产。信用风险保护卖方所收购的信贷挂钩票据如被评为合格债项（即投资级别），则信用风险保护卖方将按照票据发行人的权重，记录信用挂钩票据本身的特定风险多头头寸。按比例篮子结构仅按照篮子中每个资产的权重比例创造多头和空头头寸。

- ◆ **附加因子**。除了市场风险评估，部分融资型的信用衍生工具，例如总收益互换和信用违约产品（不包括融资型信用衍生品，例如信贷联结票据）还存在交易对手信用暴露风险，应通过增加附加因子的方式扣减衍生工具的盯市价值。附加因子数字介于 0 ~ 15%（由合同的剩余期限和合同类型决定，合格债务项目为名义本金的 0 ~ 1.5%，非合格债务项目（如非投资级债务）为名义本金的 6% ~ 10%）。在 1999 年新《巴塞尔协议》之前，交易对手风险权重为 0 ~ 50%，新《巴塞尔协议》取消了 50% 的上限。相关的附加系数乘以名义本金后相加，乘以交易对手风险权重，再乘以权重系数 8%，得到资本扣减金额。

7.8.10 美国

美联储于 1996 年 8 月 12 日和 1997 年 6 月 13 日发布信用衍生品的资本处理指引。

7.8.10.1 银行账户处理

- ◆ **参考债务**。受保护资产需交叉违约。
- ◆ **篮子交易**。"首次违约"篮子结构提供信用风险保护买方对冲篮子内最小和最低风险权重暴露违约的信用保护。销售"首次违约"信用衍生品篮子结构的卖方需要计提的资本等于篮子中风险最大的风险加权资产。

7.8.10.2　交易账户处理

◆ **参考债务**。精确匹配或可证明相关。

◆ **篮子交易**。"首次违约"篮子结构允许信用风险保护买方记录篮子内最小和最低风险权重资产的空头头寸。销售"首次违约"信用衍生品篮子结构的卖方则记录篮子里风险最大的风险加权资产的多头头寸。

◆ **附加因子**。除了市场风险评估，部分融资型的信用衍生工具，例如总收益互换和信用违约产品（不包括融资型信用衍生品，例如信贷联结票据）还存在交易对手信用暴露风险，应通过增加附加因子的方式扣减衍生工具的盯市价值。附加因子系数为权益附加因子或商品附加因子。附加因子系数乘以名义本金后相加，乘以交易对手风险权重，再乘以权重系数 8%，得到资本扣减金额。

第 8 章

全业务证券化

正如在第 5 章中所说，全业务交易是发起人的某个业务线或部分业务所产生的长期现金流的证券化。该交易并不依附于某些合同的付款期（如抵押贷款或汽车贷款交易），也不在特定的合同框架内运营（如信用卡交易中的客户卡协议）。该交易也无法通过严格的标准来定义（如未来应收账款），而是依附于业务经营所产生的现金流。

根据以上定义，全业务证券化看上去类似于普通公司债券，而不太像资产支持证券。实际上，全业务证券化介于两者之间，在某些方面与公司债券重叠，而与之不同之处，就是全业务证券化的优势所在。

- 全业务交易由业务资产所担保（大部分公司债券一般都无担保，通过不得再担保条款来保护债券投资者的利益）；
- 通常选择公司特定的有大量稳定现金流的部门进行全业务交易。

8.1　全业务交易的优势和要求

- **杠杆**。这是全业务交易的最大优势。银行交易很少超过 100% 的负债率，因此融资额只能达到业务估值的 50%。高收益债券可能实现

200% 的杠杆率，融资额达到业务估值的 2/3。全业务交易可以实现更大程度的杠杆，截至目前，全业务交易的融资额可从业务估值的 60% 上升至 90%。

◆ **额度**。全业务交易的债务融资额度要比银行和高收益债券高，主要原因在于债务可实现长期摊销。通常情况下，全业务交易可融资额为 EBITDA 的 6～10 倍，而高级别 LBO 银行贷款仅为 EBITDA 的 3.5～4 倍，夹层贷款或高收益债券则为 4.5～5 倍。

◆ **期限**。相较于银行市场，债券市场可以实现长期限债务融资。因此全业务交易的期限可以达到 30 年，而银行和高收益交易市场只能实现 7～10 年的期限。

◆ **成本**。全业务交易可实现两个方面的成本优势。
①如上文所述，全业务交易的期限显著长于其他债务融资方式，由于较长的债务摊销期，每年均摊的债务服务成本较低；
②由于较低的债务服务成本，利息保障倍数和偿债覆盖率较高，可实现较高的信用评级以及市场困境下的较好抗压性，从而可以降低票面利率。

◆ **条款**。全业务交易的条款允许管理层更灵活地运营公司日常业务，优于银行交易和高收益交易的条款。

鉴于以上优势，全业务交易引起了证券化行业和企业界的高度兴趣，但限于全业务交易所依赖的基本分析方法，该业务尚未能得到快速发展。由于全业务交易依附于经营性现金流，稳定、长期、可预测的现金流十分重要。全业务交易主要适用于以下的公司类型：

◆ 拥有稳定和可预测的现金流；
◆ 拥有受保护的行业地位：没有竞争、进入门槛高、公司的竞争地位不太可能随着时间的推移而发生显著改变；
◆ 实现成功运营并不依赖特定的管理人员或管理要素；
◆ 稳定的监管环境，监管干扰或行动不太可能损害现金流；
◆ 无须重大的资本开支。

结果就是，迄今为止全业务交易主要集中在特定的行业或受到竞争保护的公司，例如：

- 高速公路服务站；
- 现金流稳定且业务的精髓在于房地产价值的公司；
- 长期占主导地位的娱乐集团；
- 全球范围内占主导地位的广播集团；
- 运输和基础设施资产；
- 自来水公司；
- 相关医疗保健公司。

此外，有些交易也采纳了全业务分析方法，包括：

- 媒体（例如，Bowie 债券和 Cecchi Gori 交易）；
- 股票交易，用买卖股票所产生的现金流来融资（例如，Marne & Champagne 交易）；
- 房地产（例如，Broadgate 交易，在现金流基础上运作，而不是选择子弹贷款或气球贷款）。

8.2　结构

由于全业务证券化的现金流转移特征，应收账款实际上并没有被真实销售，这与其他的证券化品种有所不同，仍然有必要将全业务交易的业务经营现金流与其他业务的现金流所隔离，以预防企业的破产风险。而且，全业务交易将显著增加公司的杠杆率，并减少其他债权人的可用权益。因此，有必要选择合适的隔离结构，以确保其他债权人无法接触到全业务证券化的现金流。

8.2.1　英国的交易

目前为止此类交易最常见的交易结构是担保贷款，这在英国得到广泛应用。主要原因在于，英国的制度设计对债权人较为友好，允许"行政接管人"来阻止诉讼程序可能对现金流支付造成的不利影响。

此结构如图 8-1 所示。

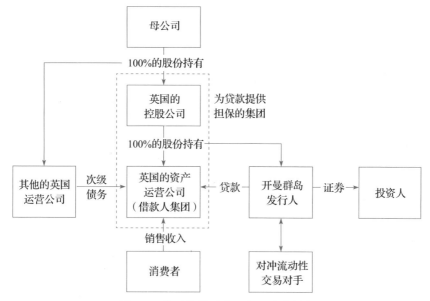

图 8-1　典型的英国全业务证券化结构

除了直接控制运营公司的资产，运营公司的股权也可能被质押以确保母公司能拥有更多的控制程度。如果有一些产生现金流的公司远离主要交易结构，且直接控制其资产比较困难，那么也可以通过股权质押的方式在一定程度上进行控制。

资产控股运营公司发行抵押票据通常还得考虑以下因素：

◆ 金融援助法案；
◆ 证券法；
◆ 税务；
◆ 企业结构。

大部分全业务交易主要用于杠杆收购的再融资，并涉及金融援助规则。该规则要求，被并购目标不能为并购方收购其股权的行为提供援助。有一些办法可以突破该规则，最常见的方法是"掩饰程序"：被并购目标的董事申明该公司在提供援助后，可以支付至少 12 个月的债务。然而，只有私人公司可以出具该声明，公众公司则不行。但只有公众公司可以挂牌发行证券给投资者。

迄今为止，大部分交易结构都使用了开曼群岛的特殊目的公司向投资者发行证券。因为，开曼群岛的证券法很简明，而且不受英国公众公司不能使用掩饰程序的限制。开曼群岛的发行人通过贷款的方式，将资金交付给英国国内的私人运营公司或资产持有公司，这些公司的资产浮动抵押给该贷款，并任命行政接收人（阻止任命管理人），以确保债权人在任何破产程序中都享有控制权。

为了确保公司间贷款（发行人和借款人）免收利息预扣税，开曼发行人通常受借款人集团的控股公司控制，因此集团内的支付可以不计入集团的收入。目前这种做法已经不太重要，2001 年的《金融法案》已经规定免于征收公司间的预扣税。

企业特定的组织架构也会增加交易和资产隔离的复杂性。

8.2.2　自来水公司交易

英国证券化金融最活跃的领域是自来水部门。自来水部门的交易与全业务证券化有一个关键的不同点——自来水资产缺乏安全性（例如，管道），但这些交易非常相似，所以可以看作全业务证券化交易。特别的是，自来水交易是高杠杆融资，并与经营业绩和经营风险密切相关。该领域的第一个交易案例是 2011 年 5 月的 Dwr Cymru 与 Welsh Water 的交易，该交易采取了非营利组织（NPO）的结构，设立了担保有限责任公司进行收购业务，所有盈利都留存企业、再投资或返还给客户。其他自来水交易也复制该交易的结构（Anglian Water 和 Southern Water），但都没有引入非营利机构的控股结构。

英国自来水公司的融资动力与英国自 1989 年自来水公司私有化以来的监管政策有关。在监管框架中，监管资产价值（RAV）（或监管资产基础（RAB））数值在自来水公司私有化阶段确定，它并不反映完整的资产价值，仅覆盖管网和基础设施更替成本的一小部分。RAV 是公司运营的资本基础，监管框架在 RAV 的基础上设置盈利回报。

英国水务监管部门每五年调整一次价格上限，以确保自来水公司的收入可以覆盖其运营成本、维护性资本支出和支付 RAV 的合理资本成本。价格调整方式是在原有基础上加上零售价格指数并加减 K 指标（旨在奖励效率改进或惩罚表现欠佳的指标）。在 5 年期间，如果发生增加资本债务和实质性的不利影响，自来水公司可以要求"临时调整 K 指标"（IDOK）。

增强性资本支出可增加 RAV（维护性资本支出不可以），当期成本折旧减少 RAV，零售价格指标也可以增加 RAV。

基于监管框架，自来水公司可以按照 RAV 的一定比例融资，以确保扣除成本和资本开支后的自由现金流可以偿还债务。例如，Dwr Cymru 交易发行了 20.6 亿英镑的债务（包括浮息票据），即债务总额是 RAV 的 93.6%，其中 19.6 亿英镑（或 RAV 的 89.1%）为投资级别。债务中的 15.6 亿英镑是高级债务（评级为 A-/A3，一部分是打包债务），占 RAV 的 77.7%。此外，监管公司允许通过增强性资本支出来增加 RAV，自来水公司因此通过贷款计划来筹集增强型资本支出的资金。

尽管自来水公司稳定性很高，但这些交易结构仍存在隐忧。英国水务监管部门授予自来水公司的营运许可证不得撤销，如果撤销则需要提前 10 年通知。在许可证转让过程中，交易结构还需将会员和债权人纳入考虑范围以确定转让价值。

自来水运营许可证或保证供水的资产不能用于构建安全措施，因为可能会干扰自来水公司特殊管理体制下专门管理人的任命。该机制使英国水务监管部门不受安全措施的限制，可以委任破产管理人（公司资产浮动抵押给持有人的交易安排，可以阻止一般企业委任破产管理人）。由于无法对自来水管网采取安全措施，自来水交易结构设计为如果出现违约事件，则暂停 18 个月。这样设计是为了在出现违约事件时，英国水务监管部门可以为自来水公司设立特殊管理人，如果做不到这一点，自来水公司的股份可能被强制出售。

8.2.3　非英国交易

在其他国家，可能没有为了安全因素来暂停诉讼的机制，因此演化出了其他机制。

分析的核心是债券受托管理人（直接或通过接收人）对产生现金流资产

的控制程度，以及当出现问题时，受托管理人对资产的经营介入、出售资产或亲自运营或通过代理来运营的能力。

通过使用债券受托管理人机制，当运营资产现金流下降时，债券可能被赎回并立即执行。这给了企业管理人员压力，要求其认真考虑债券持有人的利益。当然，这种机制对权益持有人不利，因为他们放弃了一部分的控制权。

8.2.4　其他结构特征

全业务证券化交易的票据种类主要设计为短期限浮动类（可赎回不受惩罚）和长期限固定利率类（Spens 条款的提前还款处罚）。短期限类别可灵活赎回，可降低资金成本，并可在 IPO 事件中去杠杆。长期限类别可满足长期限投资者的需求，并延长债务的到期日（降低每年的还款摊销金额），可有效地增加杠杆。

全业务证券化涉及宽泛的业务类型，也意味着不同的结构将带来其他相关的问题。

一级方程式交易结构中（广播、广告收入形成的资产池），一级方程式行业中对竞赛场地的竞争被认为是主要风险因素。在交易结束后，一家公司设立了世界锦标赛大奖赛（GPWC）作为一级方程式的竞争赛事。

媒体和知识产权交易可能遇到交易结构中对知识产权的精确估值问题，因为知识产权的未来价值很难估计。此外，他们需要小心设计结构，以确保合同权利和专有权利是完整健全的，可以充分抵押或转让且不违反相关条款（包括产权发起人和有关版权持有人之间的头权利，也包括授权使用权利的子权利）。

8.2.5　税收

全业务证券化的结构可用于降低税负，最常用的方式是借款人集团外部的实体引入次级债或零息债券，为借款人集团提供未来的减税来源。

如果这笔债务可以得到支持（并不导致资本弱化问题或利息支出被划分为股息分派），债务利息的支付（或权责发生制，没有实际支付）可以作为收入的抵税额，从而实现节税。

税收结构有利于压力测试。当评级机构继续进行压力测试时，权责发生制下（没有实际支付）的初级债务利息支出可降低整体税负，有利于提高债务的偿还能力。

8.2.6 收购融资

大多数国家都有金融援助的法律禁令，导致采用全业务证券业的收购融资交易结构更加复杂化。在英国，这意味着需要使用一个私有公司的掩饰程序来构建债务安全包，或由被收购企业的现金流来偿付收购债务。正如在前文中讨论的，这可能涉及使用一些特定的公司结构，或要求遵守某些监管规定。

8.3 公司估值

全业务证券化交易为公司估值引进了新方法。传统的公司估值方法通常是以下方式的组合。

- **账面价值**。公司的价值相当于其净资产值，也就是公司资产负债表中，资产扣除负债的价值（同时扣除合并入其资产负债表的少数股东权益）。这反映了公司股本的价值，但没有考虑那些产生的商誉和持续盈利的资产价值。
- **比较价值**。这个方法比较具有相同特征的不同公司，并计算出价格或价值。最常见的例子是参考同一行业的上市公司，计算基准市盈率对公司进行估值，然后与被估值公司的盈利进行比较，以确定其每股价格的相对值。
- **折现值**。这个方法在公司折现现金流量的基础上，观察 5 年内的股息现金流并预测在第 5 年年末的预期股价。
- **清算价值**。该价值为公司清算及资产出售后实现的价值，也被称为折卖价值。和账面价值一样，它并不反映企业持续经营的性质或价值。然而，清算价值反映了资产在市场销售基础上实现的现值，而不是其历史账面价值。
- **重置价值**。该价值是重置公司资产的成本，也是竞争对手进入市场的成本。该价值是经济学家对公司的估值上限，因为如果一个公司或部门的估值持续超过其重置价值，就会引诱竞争对手进入市场并参与竞争，从而推动估值下降。

"互联网经济"估值方法出现于 1998 年和 1999 年，它们试图确认某种事实：互联网公司最初的业务增长期是时间压缩期，因此公司价值建立在发展初期这些公司所处的行业位置上，当增长已达到顶峰，公司业务比较稳定后将拥有比较稳定的收入来源。两个主要的估值方法如下。

◆ **折现值**。该方法通过折现公司未来 5 年的收入，并基于相对估值计算公司价值。该方法假设 5 年的高增长期将趋于稳定，并采用 5 年的年复合成长率（CAGR）（互联网行业，对于初创企业的基准通常超过 50%，甚至超过 100%），以当前的收入来确定未来 5 年的收入。计算高增长期结束时的收入，将这些收入以通常的股市回报率折现至现在。当前的成本水平无须特殊考虑（假设前几年成本超过收入，成本基础导致收入基础（如创造品牌和广告）的支出），通过传统的经济比较基础计算公司的净利率。由此得出盈利数字后，通过 P/E 比较估值方法确定公司的价值。

◆ **用户价值**。这种方法的前提是公司的客户群非常重要，并假设未来可以找到该客户群实现收入的方法。因此，观察其他交易的互联网公司的客户以及公司价值，通过比较估值的方式对被估值公司进行估值。

评级机构的全业务证券化建模方法可以提高投资级评级债务的评级，以便在市场上对企业的价值进行提升。筹集债务可充分利用企业所有者的剩余资产状况，从而提高股本回报率。由于这种增长很可能会使股权回报率高于以前的水平，收购者愿意支付的收购公司的价格将增加，从而提升企业在该行业的估值水平。

因此，那些适合全业务分析的企业都在考虑证券化和高效率杠杆结构，或者它们都可能成为杠杆收购的目标，方法是通过证券化再融资。许多英国公司背负 1.5 倍的 EBITDA 的债务水平，资产负债比例大致为 50%，可以通过全业务证券化显著增加杠杆。迄今为止，全业务证券化交易的绝大部分用于再融资收购公司，或（一级方程式交易）方便所有者以最大值套现（作为IPO 的替代方案）。

8.4　评级分析

站在信用分析的角度，评估交易的信用水平主要是评估公司现金流的充裕程度，能否覆盖计划偿还债务（利息和摊销）并在交易过程中继续保持。全业务证券化的评级分析主要基于公司的 EBITDA（营业利润与非现金项目（如折旧）的加回），扣除核心业务的资本支出，并剔除一次性或不确定的收入来源，计算出基本情况稳定的自由运营现金数字。

为了反映评级机构的压力测试分析，评级机构假设公司投资级别的年度现金流将低于高收益结构的低等级。因此，全业务证券化交易支持的投资级的年度现金流将低于高收益结构支持的投资级。

从全业务证券化获得的优势是，评级机构认可该业务的长期发展，可实现上述的特点（该证券获得了核心资产、公司强有力的竞争地位和稳定的现金流）。鉴于全业务证券化的长期性，债务融资数量比银行的债务或高收益债券要大，同时每年的债务摊销率较低。因为更大的债务覆盖率，债务的短期风险低于高收益债券（实际基本情况下，全业务证券化交易完成后债务覆盖率 DSCR 可达到 2 倍，高收益交易 1.5 倍、银行债务 2.5 倍和未来流动交易4 ～ 5 倍，这些交易每年的现金流量更不稳定）。然而，风险留存的时间跨度也很长，投资者需要接受这一观点。

评级分析亦会研究企业剩余资产的水平，因为这将激励企业所有者和管理者继续经营业务，偿还债务。

此外，评级机构希望看到交易结构提供了足够的保护，以防止发起人破产，并具备相关的承诺条款。

- 保持一定的债务偿还比率。通常设置两种触发条款——违反较高者将不能支付股息，违反较低者该交易将违约。股息触发条款通常被设置为 1.5 倍左右，违约触发条款设置为 1.25 倍左右（基于连续 4 季度），对那些现金流存在变动以及内含经营风险的交易而言，这些倍数将更高。

◆ 发起人及其集团必须按照行业标准审慎经营业务（例如，决定未来资本开支计划）。

◆ 发起人不得进行可能损害企业偿还债务的借入、出售、处置资产行为（限制范围内可以允许自由处置）。

信用分析还包括备份服务机构，并获得接收方的授权，在业务经历困难时，运行所有或部分业务。

8.5 不同国家的可行性

全业务证券化的可行性在很大程度上取决于两个因素：

◆ 公司经营业务及市场的性质；

◆ 该公司主要资产和业务运营所在的国家。

公司处于垄断或受保护地位，并拥有强大、稳定的现金流，将是全业务证券化交易的基础。为了确保公司经营现金流可以被隔离并专用于投资者，应分析公司所在国家的破产制度，以确保公司在破产后，存在接收机构代投资者继续经营该业务并实现现金流。

接收机构所接收的不仅是足够安全的硬资产（例如，房地产），根据定义，债券投资者所投资的业务价值在于持续运营并产生现金流，例外情况是CMBS和库存现货交易。

英国对债权人友好的破产制度，已经形成全业务证券化发展的基础。这一制度在一定程度上受到企业法的威胁，但英国在全业务证券化技术上仍然遥遥领先于其他司法管辖区。

全业务证券化在其他国家的发展较为有限且复杂，因为存在各种不同的用于规避破产制度的潜在结构，具体如下。

◆ 特许经营安排（在 Arby 的结构中使用）；

- 向破产专设实体进行授权租赁/合成租赁；
- 使用权；
- 库存/存货的安全性（用于 Marne & Champagne 和 Rosy Blue Carat 交易中）；
- 知识产权隔离；
- 所有者/经营者分成两个公司，所有者将经营外包给经营者；
- 许可证；
- 主营业务资产转移至破产专设公司（房地产行业中，以单一设立的子公司持有资产）；
- 担保权益，并附加公司股权质押。

不同国家的具体分析参见表 8-1。

8.5.1　芬兰

芬兰是欧洲大陆第一个开始真正的全业务证券化的国家。2002 年 11 月，Tornator Timberland 以 Stora-Enso 的林业资产完成了首单全业务证券化交易。这笔交易以芬兰 594 000 公顷森林的收益进行证券化。

该交易以林业资产创设证券，并附带母公司的股权质押。此外，芬兰还可暂停诉讼，债权人不能阻止该证券的收益。因此，该笔交易的结构被设计为限制潜在债权人的数量。

8.5.2　法国

法国的 Marne & Champagne 交易尽管不是全业务证券化，但首次使用了抵押贷款技术。法国 A 级银行的票据得到 Jersey SPV 贷款担保，同时，银行向三个香槟公司进行借款，以香槟的库存进行占有型质押担保，香槟的库存由第三方持有。

如出现还款中断事件，可触发流动性融资（金额覆盖 2 年的贷款期限）。如果指定行政接管人，且可能出现延迟付款的情况，票据受托人可以出手 SPV 贷款权利至另一家香槟酒庄以强制执行（从而绕过了延期偿付期间无法强制执行的风险）。

表 8-1　按国家进行分析

国　家	夺取与控制资产的能力	现金流的干扰		其　他		交易
	全部担保利益	"破产法"第 11 章等	有优先权的债权人	债务剥离与法律上的合并	财务支持	
芬兰		重组的现金流不会被有担保的债权人阻挡				2002 年 11 月 Tornator Fiance 的交易
法国	没有浮动抵押 如果有任何一个债权人提起破产要求，其他债权人失去对破产清算的资金由法庭控制；破产时的主要保护是针对雇员的	在下述期间持续： • 债权人开始温和处理（3 个月）； • 债权人开始：救济恢复或清算清算恢复（20 个月）	在以下项目之后： • 雇员； • 获得资金的成本； • 税收与社会成本； • 申请破产后产生的新债权人		只能通过处置额外的资产来核减资本；可以向母公司处置资产进一步核减资本；同样共享担保	没有外部的交易 CMBS
德国	没有针对由法庭实施拍卖的不动产的浮动抵押 如果有任何一个债权人提起破产要求，其他债权人失去对破产实施的控制；法庭指定的破产管理人必须制订一个破产清算计划；将所有类型的债权人都包含在内，以考虑是否清算/重组/移交	从破产提出到破产计划通过和制订通常需要 3 个月； • 能够覆盖流动性便利； • 破产计划要提出业务持续方案以利于所有债权人	在获得资金成本之后	可以使用售后回租将经济权益保留在卖售人手中（因此没有税收）来进行债务剥离和资产隔离		2001 年 11 月 Tenovis Finance 的交易
爱尔兰		在检查检查期间同持续；只会在申请超过 3 天后受到阻拦			有洗白流程	

国家						
意大利	对于银行贷款人的有有限的浮动担保	在检查控制期间同持续，最多 2 年；不会被 Article 46 浮动担保阻拦		法律上的合并是可能的	不能向上传输价值：（如果有目标公司 2/3 的权益，那么合并目标公司到新公司）（如果合并新公司，将会到目标公司到新公司，将会受到挑战）	1998 年 FILMS Plc 的交易；2003 年 Romulus Finance 的交易
英国	有浮动抵押 债权人可以控制资金	可以被有浮动抵押的债权人阻拦	获得资金的成本之后	不允许法律上的合并；对于债务剥离、雇员商务出差、处置的税收	私人公司能够使储备金来洗白公众公司只能用"更大的目的"	1997 年的多个交易
美国	将分支机构的应收账款/权利和商标转移到特殊目的的载体	在"破产法"第 11 章下自动持续	在以下项目之后：●破产后新生的债权人；●获得资金的成本；●工资、税收	法律上的合并并是可能的	如果破产或是只有很少权益的话，那么没有合理的收益回报不能转移资产	2000 年 11 月 Arby 的交易

在这种情况下，抵押贷款依赖于法国香槟库存的抵押权益较强的性质。因此，该笔交易技术难以使用除了房地产（抵押贷款式的 CMBS 证券化）之外的其他资产。

8.5.3　德国

欧洲最有前途发展全业务证券化业务的司法管辖区就是德国，因为德国的破产法对债权人提供强有力的保护并可对大部分资产提供足够的安全性。德国目前最有争议的问题在于，难以控制破产流程。该流程的关键在于了解破产接管人在启动破产程序后的反应，行政接管人可以由债权委员会所取代，并决定企业的破产计划。

破产计划的主要决定包括是尝试出售业务资产一次性偿还债权人，还是继续经营业务以实现持续现金流。一旦做出决定，则不可撤销。

在做出决定前，破产管理人必须考虑以下内容：

- 各类债权人的可实现价值；
- 业务的雇员的工作安全性。

可以确定的是，全业务证券化的结构是为了保护现金流证券化，持续经营实现现金流比出售资产为债权人提供了更大的价值；同样可以肯定的是，持续经营业务比出售资产为员工提供了更多的保障。

同时还需权衡经营业务所需负担的管理成本和时间成本，特别是公司刚进入破产程序时，供应商和客户考虑暂停与之相关的业务安排。

Tenovis Finance

德国第一笔全业务证券化交易发生于 2001 年，是 Tenovis GmbH 公司的 Tenovis Finance 交易。该业务使用了全业务证券化的抵押贷款技术，但抵押品池和结构接近于标准的证券化。抵押品池为价值 11.5 亿欧元的 PABX 系统租赁合同（负有维护义务），支持 3.5 亿欧元的贷款（包括 3 亿欧元的票据和 0.5 亿欧元的循环贷款）。大部分英国的全业务证券化业务已经很少以合同基础的收入作为基础资产。

尽管有巨额的超额抵押，合同的维护义务和破产管理人的终止风险限制了该笔交易的评级，使其最终被评为 A 级。评级机构认为 EDS 控股公司（由评级为 A 的 EDS 公司担保）的作用为备份服务机构。EDS 承诺在公司破产时提供接管服务（8 年，与票据到期期限匹配），同时还包括如下条件：

◆ 从行政管理人手中接管业务运营；
◆ 确保员工在企业将享有工作保障；
◆ 快速过渡至新知名的实体，其作用是保护供应商和客户的关系，鉴于客户拥有终止的权利，这一点尤为重要。

这些安排将为破产管理人提供适当保障，以确保公司可以有信誉持续经营业务，鼓励行政管理人选择续签业务合同，而不是终止合同。

客户终止合同的风险由终止合同罚金条款所保护，客户在终止合同时，需支付合同净现值 95% 的金额（前提是持续提供维护服务）。在垄断型企业、有限竞争行业或客户被锁定的行业中，此类风险不太重要。

评级机构也曾质疑过德国的破产管理人，但他们在破产过程中持续经营公司业务，使其打消了疑虑。他们还做了进一步的保护，服务业务被剥离至单独的公司，备份服务机构给予服务公司看涨期权，以确保备份服务机构在实施服务时可获得必要的工作人员和专家。受托人被赋予控制服务机构的股权，在必要时，可直接出售给服务机构。在德国企业破产后，国家将支付破产企业员工 3 个月的薪水，在员工找到其他工作之前，受托人需在 3 个月内采取行动寻找替代服务机构（时间越久，员工就越可能寻找其他工作）。

破产程序导致的流动性缺口由 18 个月流动性融资所支持（破产程序的预计时间为 3 个月）。

8.5.4 意大利

意大利第一个全业务证券化风格的交易发生于 2003 年 2 月，是 Romulus 交易。Romulus 交易基于特许经营权（设计了不太复杂的证券隔离结构），标志着意大利市场将持续发展为欧洲大陆最大的现金证券化市场。

8.5.5   马来西亚

2011 年 6 月马来西亚第一硅公司的 2.5 亿美元交易，标志着马来西亚完成了亚洲第一笔全业务证券化交易。虽然该交易由 Sarawak 经济发展公司提供担保，但交易结构仍然遵循了全业务证券化技术，马来西亚因历史原因，法律体系与英国兼容。

8.6   对于全业务技术的威胁

8.6.1   评级的波动

作为 CDO 板块的产品之一，全业务板块的评级波动性相比主流的 ABS、RMBS 和 CMBS 市场要高，很大一部分是由少数交易造成的，这其中包括被数次下调评级的 Welcome Break 和 Roadchef 交易。

波动性部分是由于这些交易的结构特征，下面有详述。然而，该板块较高水平的波动仍然有望在未来出现，这是由全业务交易承担更多的运营风险的本性所决定的（因此产生了对消费者和商业周期的风险敞口），以及相比大部分其他 ABS 较小的分散性和较差的颗粒度特征。

8.6.1.1   Welcome Break

Welcome Break 是第一笔全业务证券化的交易。这笔交易发生在 1997 年 8 月，是将 21 家高速公路服务站（有两家是由联合企业拥有的，在一开始就从交易中剔除出去了）进行证券化，以为 1997 年 3 月并购融资。该并购是通过 3.2 亿英镑的优先级和夹层级债务进行融资的，后来被价值 3.21 亿英镑的 A1、A2、A3 和 B 级的证券化融资替代。

图 8-2 显示了这笔交易的交易结构。

在并购时，EBITDA 为 3 560 万英镑。负债/EBITDA 为 9.02。如果 4 500 万英镑的高等级的循环便利加入，那么负债/EBITDA 将上升为 10.28。在 1998 年 10 月，通过发行 A1 和 A2 级债务票据，增加了另外 5 500 万英镑，使得新的负债/EBITDA 为 8.0（在此时 EBITDA 增加到 4 700 万英镑，如果依照初始的 EBITDA，那么负债/EBITDA 为 10.56）。如果将 4 500 万英镑的循环便利加回来，那么这一负债 /EBITDA 数值将上升为 8.96。

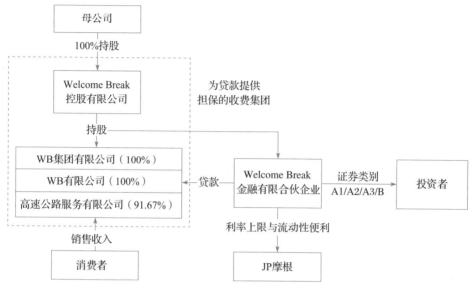

图 8-2　金融案例的交易结构

两个新的服务站被加进来了：1999 年 8 月是 Hopwood Park，1999 年晚些时候是 Wheatley。

由于是由政府特许授权经营的，授权数量很小，因此其他商家进入市场的能力受到限制，该业务被认为是长期融资的合适标的。收入被认为与交通增长和公路网络相关。

1998 年 11 月和 1999 年 3 月的季度数据显示 EBITDA 的增长趋势低于前一年度的同期情况（业务的特性是季节性较强，收入高峰时点是在夏季），因此证券价格下降。价格由于 1999 年夏季差强人意的数据而受重挫。

尽管在 2000～2001 年，EBITDA 有所恢复，但是在 2002 年又开始下降，使得市场对于企业在未来偿还债务的能力产生怀疑。尽管 A1 和 A2 的债务利息由于 Libor 的下降而减少，但是还款额度因为 A1 本金开始摊还而增加，这使得市场更加关注还款能力。

在 2002 年 2～5 月，证券遭受了数次评级下调，净结果如下。

◆ A 类证券（由发行时的 A）下调到 BBB（标准普尔、惠誉）。

◆ B 类证券（由发行时的 BBB）下调到 BB（标准普尔）/BB-（惠誉）。

评级在 2003 年中期进一步下调，原因是发行人提出的包括证券核减的再结构化请求。

◆ A 类证券下调到 BB（标准普尔、惠誉）。
◆ B 类证券下调到 B（标准普尔）/CC（惠誉）。

该交易一开始是在全业务板块增加了关于该领域特征的很多有价值的经验，这其中最重要的是债务偿还的安排。该交易的结构是，还款是逐渐上升的，基于公司在早些年的业务增长能够持续，使得其能够偿还不断上升的债务的假设。

如图 8-3 所示，在 EBITDA 为 4 160 万英镑（2002 年 6 ～ 9 月的平均值进行年化后的水平）的时候，交易将无法在 2005 年里按照还款安排支付 A 类和 B 类证券的还款，EBITDA 被要求每年增长 5.09% 才能够支持 1 倍的 DSCR。

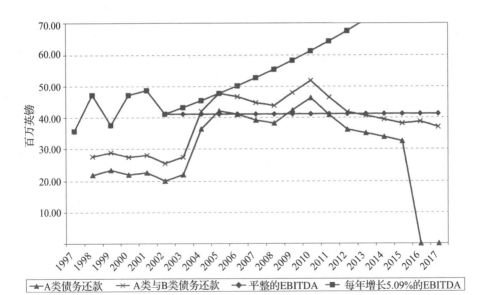

图 8-3　Welcome Break 金融有限合伙企业

资料来源：投资者报告。

因此，交易不仅违背了 EBITDA 保持为债务的 1.25 倍的条款，而且必须延迟 B 类证券的利息支付，甚至可能因为没有如期支付 A 类证券而触发违约事件。

事实上，EBITDA 随后进一步降至低于 4 000 万英镑。

这一债务还款结构的重要性，可以通过与图 8-4 所示的一个典型的年度债务还款结构（这一新的还款安排在新的全业务结构中常被使用）进行比照，得以展现。这一典型的还款安排使得利息支付与本金偿还加在一起的债务还款保持在稳定的水平，虽然在早些年份较高，但是更加稳定。

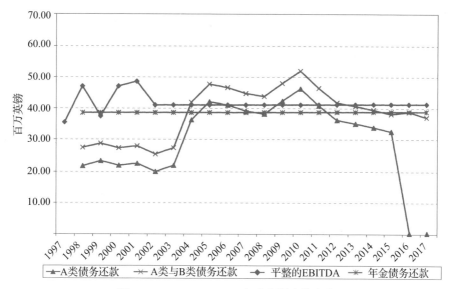

图 8-4　Welcome Break 金融有限合伙企业

资料来源：投资者报告。

在实务中，给定图 8-4 所示的年度基础，年度形式的结构只能承受较低的债务总额。

图 8-5 显示了采取平稳的 4 160 万英镑的 EBITDA 假设的交易结构的 DSCR，以及总计为 2.8 亿英镑（3 560 万英镑的 EBITDA 的 8 倍）的更低的债务总额的年度还款结构的 DSCR。

要获得投资级评级，债务总额为 EBITDA 的 8～9 倍的经验法则，自 Welcome Break 结束之后在很多全业务交易中得以发展。很多酒吧和交通基础设施的交易都是围绕这一水平。有些交易的负债超过这一水平，比如，

Romulus 金融，受益于较长的运营特许权，获得了 9.5 倍的 EBITDA 的融资。然而，新的有更大运营风险或更多最低资本支出的交易，远远低于这一水平（比如，护理类的交易只获得了 6 倍的 EBITDA 的融资）。

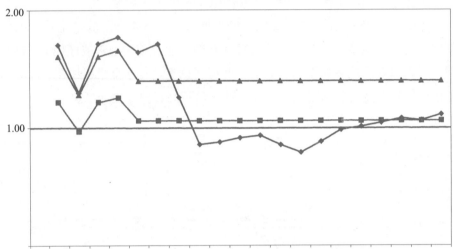

图 8-5　Welcome Break 金融有限合伙企业的债务还款覆盖

资料来源：投资者报告。

Welcome Break 交易中的较高水平的杠杆，包含了高等级的循环借款便利，债务还款在交易的存续期间逐年增长，也难以再次出现。1998 年，在交易结束后的第 2 年，在早期出现的 EBITDA 的上升趋势，恶化了后来出现的 EBITDA 下降所导致的不良表现。

能够维持 25 ～ 30 年的债务还款的结构化交易的关键是确保公司商业模式的波动性能够最小化。这部分是通过选择业务稳定的板块来达到，但是交易结构需要考虑避免引致无法抵保的压力。

另一个压力是在 A1 和 A2 证券里对浮动利率负债进行套保的方式。在 Welcome Break 交易中，是通过采取上限为 7.5% 的利率顶的形式来进行的，如果在图 8-3 和图 8-4 中显示的情景按照浮动利率运行，出现的结果将如图 8-6 所示。我们可以看到，这对于债务还款没有做任何改变（比如，假定在发行的时点，所有的浮动利率都与固定利率进行互换）。

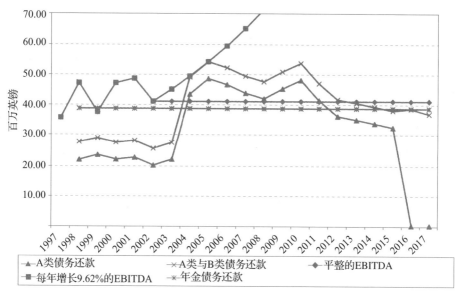

图 8-6　Welcome Break 金融有限合伙企业的债务还款覆盖
资料来源：投资者报告。

　　然而，如果浮动利率逐渐上升到 7.5%，则 A 类和 B 类债务还款要求会随着票面利息的增加而逐渐增加，在一个利率上升的环境中，这会给业务带来进一步的波动，进一步对交易产生不利影响，使得 EBITDA 达到债务还款的 1 倍的要求，需要 EBITDA 每年增长 9.62%。

　　2003 年 6 月 5 日，Welcome Break 公告了一个潜在的再结构化提议，这一提议旨在提供一种再平衡交易的方式。这一提议要求将 9 家高速公路服务站进行售后回租，所得资金用于偿还 A 类证券的大部分和在水位线之下的全部 B 类证券。效果是减少了整合性的债务（因此也减少了债务还款），并将债务还款转至一个更加平衡的形式，因此减少了结构的波动性并削减了交易的绝对杠杆。

8.6.1.2　RoadChef

　　另一个交易是 1998 年 11 月的 RoadChef 金融交易，这个交易同样在成立后遇到了困难。和 Welcome Break 一样，RoadChef 也是一个高速公路服务站（在这个案例中有 17 家）的全业务证券化，而且高度运用杠杆。1 769 万英镑的 EBITDA 承受了 2.1 亿英镑的债务，负债 /EBITDA 的数值达到

11.87。

和 Welcome Break 一样，RoadChef 集团的 EBITDA 在交易发起之后也没有如预期那样增长。然而，RoadChef 交易有一个相对不那么陡峭增长的债务偿还结构，如图 8-7 所示。

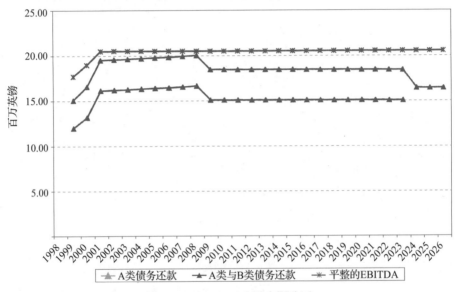

图 8-7　RoadChef 金融有限公司

资料来源：投资者报告。

和 Welcome Break 一样，在 2002 年 1 ~ 5 月，证券遭受了几次评级下调，净结果如下。

- ◆ A 类证券（由发行时的 A）下调到 BBB（标准普尔）/BBB+（惠誉）。
- ◆ B 类证券（由发行时的 BBB）下调到 BB。

尽管有这些压力，RoadChef 的相对更加稳定的本质清楚地显露出来。即使没有 EBITDA 的增长，也不会打破 1 倍的 DSCR 的财务条款。尽管有可能会打破 1.25 倍的 DSCR 的财务条款，交易允许交易的支持方向集团注入权益资本，这能够增加 EBITDA 以使其能够满足比例的要求。在实务中，EBITDA 随后增长，在 2003 年达到 2 180 万英镑。

8.6.2　企业法案

在英国全业务交易的破产隔离依靠浮动收费的持有人指定行政接管人的能力和接管人运营业务的能力。这些使得交易结构在业务出现破产的时候能够施加控制，最大化地增加债权人的价值和归集现金流的时间。

企业法案限制了行政接管人的使用，提高了行政诉讼的使用，以激励新创企业和创业者。它还改革了优先股债务的体系，这类债务的优先度排在浮动收费债权人之前。法案在 2002 年 7 月得到通过，在 2003 年 9 月相关条款正式实施。

为了证券化，立法正在准备对于法案条款的排除，但是仍然有关于法案对于仓储的影响和并购融资（在并购融资中，债券或商票发行并没有立即进行融资或再融资）的影响的担忧考虑。

8.6.2.1　行政接管

相关条款在 s.250 提供新的章节 72A。新的 s.72A 规定，合格的浮动收费的持有人可以不指定一个公司的行政接管人。合格的浮动收费在章节 16（是在 1986 年法案章节 B1 中加入的）中的第 14 段被定义为规定的浮动收费，或允许浮动收费持有人指定一个行政接管人的权利，以及其自身和其他收费与证券利息一起，被整个公司或基本上整个公司的财产所担保覆盖的权利。

在 s.72A（4）条款下，新的限制了指定行政接管人的条款将会应用在通过政府法定工具创设的浮动收费上面。

新的条款有很多豁免条款，能够允许指定一个行政接管人，这些情况具体如下。

- 在 s.72B 和条款 18 之下，在金融工具（在此合同之下，有一方承担了或是有可能会承担至少 5 000 万英镑或是等量金额的债务）的持有人有信托人 / 委托人 / 代理人（或是第三方担保人或担保权益或是有内置期权、期货的安排）的保障时，金融工具的合约安排包括：
  - 债务工具被国际公认的评级机构评级，被英国官方清单纳入或是在一个被认为是投资交易所的市场上进行交易或是在一个国外市场交易；
  - 一个债券或是商业票据被发行用来提供给专业投资者、高净值个人或是老练的投资者。

◆ 在 ss.72C、D、E 和条款 18 之下，为了公私合伙项目、公用事业项目或是一个某方承受或是有望承受至少 5 000 万英镑或是等量金额债务的项目而设立项目公司（一个持有项目资产的公司或是有一个独立的或是主要的合同义务去完成项目的全部或是部分的公司——这一义务或是直接或是通过指定代理进行，或是与其他公司一同实施，或是有意愿提供融资以确保项目得以实施或是持有这些项目公司的控股公司），在这种情形下为项目提供融资的个人有合同上的介入权利来承担全部或是主要的合同义务以实施项目的全部或部分。

8.6.2.2　行政接管人

当行政接管人还在运行的时候，不可以指定接管人，除非有指定行政接管人的浮动收费的持有人的同意或是浮动收费在一些情况（在条款 16 的第 39 段中规定）下被侵害。接管人的任命需要得到法庭授权或是得到同意，在 1 年的初始期里生效。

8.6.2.3　优先股

在 s.251 条款下，那些优先股的债务被清除，其他优先级债务（最近 4 个月员工的薪水以及年金）仍然保留为优先级债务。在 s.252 条款下，政府部门规定的数额将被隔离出来以保护未受担保的债权人。

第 9 章

欧　盟

欧盟的法律和法规尚未覆盖与证券化有关的大多数领域，但是近期在金融服务领域的指令发布的增加，已经使得人们能够对欧盟的证券化的规定进行更为细致的概览。

依据《罗马条约》，欧盟将其在欧洲的成员国形成一个单一的和谐市场，该市场旨在促进货物、服务、劳动力和资本的自由流动。自 1995 年以来，欧盟的 15 个成员国包括奥地利、比利时、丹麦、芬兰、法国、德国、希腊、爱尔兰、意大利、卢森堡、荷兰、葡萄牙、西班牙、瑞典和英国⊖。从 2004 年 5 月开始，欧盟的下一波扩张浪潮有 10 个新成员国加入，分别是塞浦路斯、捷克共和国、爱沙尼亚、匈牙利、拉脱维亚、立陶宛、马耳他、波兰、斯洛伐克和斯洛文尼亚。保加利亚和罗马尼亚是之后的一波，预计土耳其将步它们的后尘。⊜

欧盟的关键机构包括（国家元首）理事会、委员会（欧洲行政机构）、议会（由当选的议员组成）和欧洲法院。理事会作为立法机关，委员会作为行政机关，欧洲法院作为司法机关，由此实现的权力制衡使欧洲议会具有的权力相对较少。

2003 年 6 月 20 日，《欧盟宪法草案》的发布旨在承认欧盟计划中的广泛

⊖　2016 年 6 月，英国就退出欧盟举行全民公投，最终决定"脱欧"。——译者注

⊜　2013 年，克罗地亚加入欧盟，加上尚未完成"脱欧"的英国目前欧盟有 28 个成员国。——编者注

的扩张，并修订欧盟的政府框架。更多的领域转向合格的多数投票，并且宪法规定了一位理事会主席和一位欧盟外长，也规定了欧盟成员国离开欧盟的资格。

欧盟的法律包括：①《罗马条约》及其修正案（包括《单一欧洲法案》，该法案对《罗马条约》进行了修正），直接适用于欧盟成员国或个人及公司并可由欧盟成员国或个人及公司实施；②立法工具，包括法规、指令和决定。欧盟委员会提出这些工具并向欧洲议会经济和社会委员会（ECOSOC）与理事会提交草案，请其发表评论。这些工具被更新和提交给个人代表委员会（COREPER），然后再向欧洲议会提交一次，最终定稿并送到理事会，理事会投票接受还是否决。由理事会或委员会给予的建议或意见不具法律约束力。

2002 年 12 月，欧盟议会提出了一项决议，将法规更名为"法律"，将指令更名为"框架法"。

9.1　资产隔离和真实出售

对于资产的转移或者隔离，以及对于建立证券化 SPV，欧盟没有统一的立场。不过欧洲若干个司法管辖区中的立法涉及这些领域，主要是采用以下两种形式：

◆ 在法国和西班牙采用的基金架构；
◆ 在意大利采用的公司架构。

某些司法管辖区已通过了立法，规定了采用上述选项之一，比如比利时和葡萄牙。

9.1.1　延期偿付 / 自动中止

尽管欧盟尚未实施其自身统一的破产法，但是，欧盟已经根据 2000 年 5 月 29 日的 1346/2000 号破产保护程序法规，实施了相关规定。根据这些规定，司法管辖区的破产保护程序与一个实体相关。这具有潜在的重要影响，即设立该实体的国家或者该实体的法定形式现在都不能阻止对该实体主要利益中心（centre of main interests，CMI）的任何在其他欧洲司法管辖区的破产或延期偿付程序的运用。

该法规在 2002 年 5 月 31 日生效，对丹麦以外的欧盟所有成员国具有直接影响（预计在丹麦将实施单独的规则），并在与有关的国内立法不兼容的方面凌驾于国内立法之上。除非有相反的证明，否则 CMI 被认为是公司的注册办事处所在的司法管辖区，在 Brac Rent-a-Car International Inc（2003）的英国案件中，这已经得到了证明。该公司是美国特拉华州的公司，但法院认为，其 CMI 是在英国，如果 CMI 在欧盟范围内，则适用该法规。关于一家公司破产的主要程序要在该公司的 CMI 进行，并且涵盖了公司的所有资产，但不包括那些要经受次要破产程序的资产。次要破产程序可以在该公司拥有机构的任何司法管辖区进行，但仅涉及位于该司法管辖区的资产。破产程序将根据实施破产程序的司法管辖地的法院地法执行，该法规不适用于保险事业、信贷机构、投资企业或集体投资计划。

9.1.2　担保债券

过去几年中担保债券在整个欧洲已经出现了重要的立法活动，特别是法国、爱尔兰、卢森堡和西班牙都引入了新的立法，或恢复了旧的法律，以便帮助担保债券市场的发展，以与德国抵押债券市场竞争。英国也发行过担保债券，但没有具体的授权立法。

9.2　证券法

欧盟已经发展了许多不同的提案，这些提案对于在欧盟内发行和销售证券产生相应的影响，其中包括上市条件指令（Listing Particulars Directive）和公开说明书指令（Prospectus Directive）。

上市条件指令要求公司能够在整个欧盟使用单一的公开说明书来筹集资本。发行者母国的上市管理当局负责检查公开说明书，公开说明书需要通过上架登记每年更新一次。该指令也适用于整个欧洲较小公司的市场（如另类投资市场（AIM））。

对于公开说明书指令的讨论开始于 2001 年 5 月，当时欧盟委员会提出提案，建议制定指令来统一整个欧洲的公开说明书。该指令于 2003 年 7 月获得通过，并拟于 2005 年在欧盟各成员国实施，该指令有 8 年的过渡期。该指令将取代和统一整个欧盟现行的证券上市制度，并监管在欧盟内的证券公开发售以及证券在欧盟交易所交易的准入。

　　根据该指令第三条的要求，在向公众发行或者提供交易准入时要拿出公开说明书，该指令发挥作用的基础是公开说明书是由欧盟发行者的母国监管当局审核（在第二条第一款中被定义为发行人由其注册办公所在地的地方监管当局审核，或者关于面额在 1 000 欧元或以上（从 2003 年 3 月草案的5 000 欧元降至这个数字）的债务证券——要么是发行人由其注册办公所在地的国家审核，要么是将准许交易该债券的国家审核，要么是该证券将被发行给公众的国家审核，对于此，发行人具有选择权）。

　　那些没有被视为向公众发售的发售类别被包含在第三条第二款中（这些豁免不适用于准许交易），其中包括了向合格投资者（在第二条第一款中被定义为信贷机构、投资公司、保险公司、集体投资计划、养老基金、其他金融机构、其唯一目的是投资于证券的公司、超国家的组织、政府机构、那些并非中小企业的法律实体、那些明确表达了要求被作为合格投资者对待的成熟的个人投资者或者中小企业），在每个成员国向不到 100 人（除了合格投资者之外）发售，每名投资者最低投资额或最低面额为 5 万欧元的发售，以及在 12 个月的时间内总计发行额低于 10 万欧元的发售。第二条第一款将中小企业定义为至少符合以下条件中的两条的实体：员工数量少于 250 名；资产负债表总资产不超过 4 300 万欧元；净收入不超过 5 000 万欧元。

　　对公开说明书中所要求的信息的确定参考了证券的类型（债务或权益），也考虑了公司的规模和活动，尤其是与中小企业的关系。

　　反市场滥用指令（Market Abuse Directive）（2003/6 指令，2003 年 1 月28 日）2003 年 4 月 12 日生效，成员国必须在 2004 年 12 月 12 日实施。反市场滥用指令覆盖了在欧盟内的被监管的市场上被允许交易的所有金融工具，并要求每个成员国指定一个监管机构来避免发生市场滥用（内幕交易和市场操纵）的情形。

9.3　税务处理

预扣税

　　在经过 5 年的讨论后，储蓄税指令（Savings Tax Directive）（2003/48 指

令）最终于 2003 年 6 月签署。成员国将在 2004 年 1 月 1 日实施该指令，并从 2005 年 1 月 1 日起适用。英国和荷兰已同意确保在它们的附属领土（海峡群岛、马恩岛和加勒比附属地）实施同样的措施。

该指令规定，奥地利、比利时和卢森堡以外的欧盟所有国家从 2005 年 1 月起交换有关非居民储蓄的信息，从而使得各国能够对个人适当征税。将要求欧盟的付款代理人或收款代理人提供有关另一个国家的欧盟居民的个人（非公司）支付债券和银行存款的利息的信息（不论债券发行者或存款银行本身的地理位置如何）。而奥地利、比利时和卢森堡从 2005 年至 2007 年将实施征收 15% 的预扣税，从 2008 年至 2010 年征收 20% 的预扣税，从 2011 年起征收 35% 的预扣税（瑞士也将如此），并且只有在欧盟一致地确信瑞士和（特别是）美国符合欧盟的信息交换要求的情况下才会转向信息交换。

在 2001 年 3 月以前发行的债券将被豁免该规定，并且根据欧盟财经理事会（ECOFIN Council）在 2001 年 3 月 2 日的进一步决定，在 2002 年 3 月 1 日之前发行的任何债券中，可以用 2001 年 3 月 1 日之前发行的债券替代的，也将被豁免。在 2002 年 3 月 1 日或之后由政府或国有相关实体发行的债券，有意具备用 2001 年 3 月 1 日之前发行的债券替代的，将导致最初发行的债券和新发行的债券都受到新制度的约束。公司实体在 2002 年 3 月 1 日或之后发行的债券将受新制度的约束，并不能与 2001 年 3 月 1 日之前发行的债券互相替代。

9.4 会计处理

2002 年 6 月 7 日欧洲议会和理事会实施了有关国际会计准则的规章（Regulation of International Accounting Standards）。该规章要求在欧盟市场上市的欧盟公司在 2005 年 1 月 1 日开始的财年以及之后的每个财年在它们的合并报表账目中运用国际会计准则和国际财务报告准则（International Financial Reporting Standards）。成员国也可以选择将该规章运用于非上市公司，并可以将那些只有债务证券上市的公司对该规则的运用推迟到自 2007 年 1 月 1 日开始的财年或之后的财年。

国际会计准则对于表外处理的相关标准是有关合并报表的 IAS 27（以及 SIC-12，SIC-12 是常设解释委员会（Standing Interpretations Committee）发布的解释）以及有关终止确认的 IAS 39。

IAS 27 要求一家公司的所有子公司及该公司控制的所有实体实施合并报表（并且对合并财务报表的编制将包括这样的子公司和实体）。一个实体可能被看作被一家公司控制，即使该公司在该实体中拥有的权益很少或者没有权益。SIC-12 是一种适用于 IAS 27 的解释，包含有关一个实体被视为被控制并因此将被要求并入合并报表的指引。"控制"要求能够指导或主导SPV 的决策（或者建立一个"自动驾驶"的机制，以便该实体能以预先确定的方式行事），并且拥有从该 SPV 的活动中获得收益的目标。

IAS 39 规定，在一笔证券化交易中出于会计目的为了使一种资产被视为在一家公司的表外，该公司必须交出对该资产的控制权。这可以通过如下方式实现：受让方获得抵押或交换该资产的权利，转让方不保留对该资产的有效控制（通过在某一时点收回该资产的权利和义务，或者以与回购时的公允市场价值不同的价格收回资产的权利）。如果是这样的情形，该资产被给予"终止确认"并从发起人的资产负债表移到 SPV，然后由此导致的按照公允价值出售的组成部分，以及根据该资产的账面价值对出售价格进行的任何公允价值的调整，来替代该资产。如果转让方实质上保留该资产的所有风险和收益，则不能提供终止确认。2002 年 6 月 20 日，国际会计准则理事会（IASB）发布了对 IAS 39 的修订版本的征求意见稿，其中强调对那些已经被转让的资产或者一部分资产的"接续涉入"的概念。

更多详情参见第 10 章。

2002 年 7 月 3 日欧盟统计局（Eurostat）发布了关于欧盟国家开展证券化的会计指引，以配合遵守有关公共部门借款的马斯特里赫特标准。该会计指引列出了关于未来资金流的交易以及由国家抵押的交易将被视为政府借款的原则，具有递延购买价格或者由 SPV 向国家进一步付款的交易也是如此，由 SPV 向国家进一步付款的交易中，初始付款收入要比被转让的资产的市场价格低 15% 以上。

9.5　资本处理

欧盟委员会在 1999 年 11 月发布了有关监管资本的新《巴塞尔协议》提

议的第一份咨询文件，第二份咨询文件在 2001 年 2 月 5 日发布。第三份咨询文件在 2003 年 7 月 1 日发布，此前巴塞尔委员会在 2003 年 4 月发布了第三次征求意见稿（CP3）。这些文件规定了标准法（Standardised Approach）和内部评级法（IRB Approach）。

这些文件列出了规定草案，详情如下。

9.5.1　转移方法

发起人若要将证券化的资产排除在其资本计算之外，应当符合如下的要求。

- ◆ 已经将重大的信用风险转移给第三方。
- ◆ 转让方不保持有效或间接的控制（例如，通过一项在某一时点上收回资产的权利或义务）。
- ◆ 资产应当被转移到转让方及其债权人或破产清算人的控制范围以外。
- ◆ 所发行的证券不是转让方的债务。
- ◆ 受让方是一个 SPE，并且该 SPE 受益权的持有人有权不受限制地抵押或交换这些权益。
- ◆ 任何清盘回购权应当由银行自行决定，不应当超过总体发行规模的 10%，并且不得被用于提供信贷支持。
- ◆ 该交易不应该要求发起人改善池子的质量或提供信用增级，或者向投资者提供增大了的收益，以应对信用质量下降。

就发起人提供对交易的隐性支持而言，根据有关的文件，将要求发起人针对在该交易中的所有风险敞口持有资本，并且发起人必须公开宣布其已经提供了支持以及这样做可能造成的资本影响。

9.5.2　合成型证券化

这些文件在标准法下的"核查法"专门评估最优先的资产证券化的风险，并且为内部评级法实施推断评级。这些文件还规定了要求发起人在合成型证券化中将证券化的资产排除在其资本计算之外，具体如下。

- 不应该有任何规定实质性地限制信用风险的转移（如显著的实质性阈值等）。
- 该交易不应该要求发起人改善池子的质量，或提供信用增级或保留第一损失头寸，或者提供用于增强信用保障的成本，或者向投资者提供增大了的收益，以应对信用质量下降。
- 有关在相关司法管辖区的可执行性的法律意见书。
- 任何的清盘回购权应当由银行自行决定，不应当超过总体发行规模的 10%，并且不得被用于提供信贷支持。
- 可以把时间赎回包括在内，条件是把它们列在信用池的加权平均寿命之外。

以合成的形式进行的风险转移所实现的资本降低的程度将取决于支持该信用保护的担保品（根据这些文件规定的担保品新体系），如果有的话，也取决于信用保护出售者的对手方风险权重。

如果在基础的信用风险与在合成型证券化下带来的保护条款之间存在期限错配，将要求发起人持有资本以反映该期限错配。如果存在错配，那么，若该合成型证券化距离到期不到 1 年，将不会承认任何保护价值。如果该合成型证券化距离到期为 1 年或者更长时间，那么所出售的收益将被降低，降低的规模是在基础风险剩余期内用金额乘以合成型证券化的剩余期（采用风险权重的期限，相当于用期限来平均未被保护的金额和被保护的金额）。

9.5.3　信用增级和流动性便利

资产负债表表内项目将用于被衡量风险权重，这与其他资产一样。对于资产负债表表外项目，诸如在流动性便利下的承诺，将进行评估以确定流动性便利是否合格。要合格需符合如下条件：

- 该流动性便利必须清楚地确定在什么情况下可以动用流动性便利，且不得被用于信用增级，或弥补亏损，或提供永久资金；

◆ 对该流动性便利的动用不应当服从投资者，且该流动性便利的费用不应当是从属的；

◆ 在该交易的信用增级已经耗尽以后不能动用该流动性便利；

◆ 该流动性便利应当包含阻止动用该流动性便利用于过期未付或违约的资产；

◆ 该流动性便利应当包含一条规定，即如果池子平均质量降至低于投资级，可以动用的金额将下降。

在标准法中，合格的流动性便利可能被作为正常的业务承诺对待（对于不超过 1 年期，信用转换系数（CCF）为 20%，对于超过 1 年期，CCF 为 50%）。如果仅在一般的市场混乱的情况下（而不是与基础资产的流动性短缺有关）提供该流动性便利，则 CCF 为 0。对于合格服务商的预付现金提供 0 的 CCF，合格服务商的预付现金排在其他债权之前，具体由各国自由裁定。其他的资产负债表表外项目被给予 100% 的 CCF。

在内部评级法中，可能仅在一般的市场混乱的情况下被动用的流动性便利，在其全部的名义金额方面被作为资产负债表表内项目对待，然后仅仅要求银行确认由此导致的资本要求的 20%。其他的资产负债表表外风险在其全部的名义金额方面被作为资产负债表表内项目对待。

9.5.4　一般资本处理

大多数的欧盟资料密切追踪新《巴塞尔协议》的提议，关键的区别涉及对商业按揭贷款和担保债券的处理。

与 1988 年的《巴塞尔协议》不同，欧盟现行的规则中，丹麦、德国和希腊对商业按揭贷款的风险权重为 50%（在这些国家贷款价值比（LTV）最高为 60%，并且按揭贷款是在位于相关国家之内的已经完工的住宅地产或写字楼或多用途商业房产）。

新《巴塞尔协议》的提议确认未来商业按揭贷款的风险权重可能达到 50%。新《巴塞尔协议》的提议没有为担保债券确认一个不同的权重。目前的欧盟规则规定，奥地利、丹麦、法国、德国、卢森堡和西班牙的担保债券的风险权重为 10%。

在咨询文件下提出的新制度将具有在标准法下改变担保债券风险权重的效果，具体如下。

- ◆ 10% 的风险权重：由具有 20% 的风险权重的机构发行的担保债券，以及（由国家自行决定）对专门从事银行间和公共债务市场活动的机构发行的债券，并且这些债券获得了风险权重为 0 或 20% 的资产的全额担保。
- ◆ 20% 的风险权重：由具有 50% 的风险权重的实体发行的担保债券。
- ◆ 50% 的风险权重：由具有 100% 的风险权重的实体发行的担保债券。
- ◆ 100% 的风险权重：由具有 150% 的风险权重的实体发行的担保债券。

在基础内部评级法中，担保债券的违约损失率将是 20%（在高级内部评级法中，要求银行计算违约损失率）。

9.6　数据保护 / 保密

关于个人数据的处理数据保护指令 1995/46 对于处理"个人数据"给定了某些要求，包括要求不应该将个人数据转移到欧洲经济区之外，除非接收区域具有足够的个人数据保护规定。由于已经就"安全港"与美国达成了妥协，据此那些签约同意被在美国的监管机构监督的美国公司可以收到这些信息。欧盟还批准了关于将个人数据传输给欧盟以外的数据处理器的标准合同条款，欧盟以外的数据处理器代表已经发送了有关信息的数据控制器。

9.7　消费者保护

2002 年 9 月 11 日，欧盟委员会公布了有关消费信贷的指令（消费信贷指令（Consumer Credit Directive））的提案来代替指令 87/102。新的指令草案的第 30 条旨在通过避免成员国增添新规则来协调整个欧盟的消费信贷（某些特定的区域除外）。新规则监管"信贷协议"和"担保协议"（由作为一名消费者的担保人授予的担保履行信用的附属协议）。

在监管下没有最低或最高的信贷金额。某些协议被豁免遵守该指令第 3 条的规定：为购买或改造不动产的贷款（而不是权益释放按揭贷款，在权益释放按揭贷款中收入被用于其他目的），没有购买选择权的雇用协议，必须在不超过 3 个月的时期内由一笔单一的付款来解除的信贷协议（如借记卡），债务人在它们的正常业务活动之外以低于市场利率的价格授予的并非提供给一般公众的信贷协议以及某些与投资公司的信贷协议（这些协议在投资服务指令下受到有关信息和建议的监管的约束）。

根据第 28 条，债权人和"信用中介"（为了获取收费而充当达成信贷协议的中介的个人或法人实体）必须登记并接受检查和监督。

根据第 5 条，信贷协议和担保协议应当在营业场所达成。根据第 11 条，消费者获得在签署协议后的 14 天内退出协议的权利，这 14 天的计算始于协议的副本被送达消费者之日。有关协议必须符合一定的形式要求，包括在协议下声明放款人收取的"总贷款利率"以及"年费百分率"或 APR（反映信贷给消费者带来的总成本）。

9.8　其他事项

欧盟金融担保品指令（EU Financial Collateral Directive）（指令 2002/47，2002 年 6 月 6 日）适用于安排两个实体之间的证券或现金担保品，这两个实体中至少有一个是金融机构，而另一方不是自然人。关于记账式证券，该指令列出了法律冲突规定。该规定使得担保权益对第三方有所需要的对任何担保权益的完善措施，以及对任何其他步骤的完善举措，应当根据持有该账户的司法管辖区的要求进行，对担保权益的强制执行的任何步骤也应如此。该指令扩展了《结算终局性指令》（Settlement Finality Directive）的范围。

第 10 章

证券化的会计操作

证券化的会计操作所提出的主要问题涉及：

◆ 发起人对被证券化的资产和融资要求终止确认条件的或者资产负债表表外处理；
◆ 将证券化 SPV 作为发起人的子公司，或者作为一个独立的非合并报表实体对待。

在证券化行业中，以美国会计准则为核心的会计规则最初体现在 FAS 77 中。由于证券化活动在美国的主导地位，在处理与证券化有关的会计问题方面美国领先于全球其他地区。英国在 1994 年制定了 FRS 5 标准，世界上其他许多国家在开发它们自己的会计处理准则方面都会参考美国或英国的标准。美国最新公布的标准（FAS 140）从 2001 年 4 月 1 日起适用。国际会计准则标准（IAS 39）在 1998 年 12 月发布，从 2001 年 1 月 1 日起适用。

英国的标准聚焦于资产的风险和收益转移给 SPV，就风险被保留但设置了上限而言，资产的一个成分可能被转移至资产负债表表外（导致"相关呈报法"，在账户说明中既展示总数，又展示净额）。相比之下，美国的标准聚焦于资产控制权的转移（虽然新的 FIN 46 解释转移了这个焦点），所留存的任何风险成分被作为单独的残余风险记录。

IAS 39 遵循美国标准的趋势，主要重点在控制权。然而 IAS 39 与 IAS 27 和关于合并报表的 SIC-12（从 1999 年 7 月 1 日起生效）的相互作用，意味着 IAS 39 在避免在合并报表的基础上的资产负债表表外处理方面走得更远。SIC-12 拓宽了组定义，把那些由 "自动驾驶" 指引或运营的实体包括在内，公司从这些实体中实现收益。这很可能把大部分 SPV 包括在内——合成型交易中的 SPV 可能是例外，在这种交易中 SPV 没有向外支付超额利差。

2001 年至今，在安然公司和世通公司等发生的会计丑闻之后，会计标准已经经历了显著的变化和发展，欧盟实体在整个欧盟范围内应用标准化的会计准则。安然公司在 2001 年 12 月的倒闭带来了要求在公司的账目中充分和清晰地披露资产负债表表外安排的压力，以及在美国更为严格地实行有关表外交易的最低水平权益的规则。此后对那些运用证券化的公司的审查程度增强了（在它们在交易架构中摆脱的风险和它们留存的风险方面），对具有复杂的会计结构的公司的审查也在增强。

10.1　美国会计准则

10.1.1　FAS 140

FAS 140 在 2000 年 9 月发布，以取代 FAS 125，并适用于在 2001 年 3 月 31 日之后发生的金融资产转移和对金融资产的服务（不包括在该日之前承诺的一些转移，例如，进一步的循环交易档）。该标准适用于证券化和对现有交易的再证券化。

FAS140 提供了 4 种转移金融资产的方式，具体如下。

- 出售（如果达到 FAS 140 列出的要求）。
- 融资（如果没有达到 FAS 140 的要求）。
- 互换（例如，贷款被交换为票据的情形）。
- 部分出售（如果达到 FAS 140 的要求，但是发起人保留服务或者所发行的一类或多类的证券。在后一种情形下，所出售的资产被作为销售处理，所留存的资产（即服务权，达到因为服务所收取的足够多的报酬的程度，或者证券）将出现在资产负债表中）。

要符合出售的条件，转让方必须满足以下条件。

◆ 移交对资产的控制权，使得资产被隔离到转让方、附属、清盘人或债权人不能触及的程度。
◆ 将资产转移给一个 SPV，其中：
  • 对于一个 QSPE，票据持有人有权抵押或交换它们的票据或证书；
  • 对于其他实体，该 SPV 本身具有抵押或交换基础资产的权利。
◆ 不通过在某一时点收回资产的权利和义务，或通过收回特定资产的权利，保留对资产的有效控制（除了清盘回购权的情况，在这种情况下转让方保留服务或者将服务分包）。
◆ 接收来自该出售的收入（而不是票据或该资产的利息）。这一要求已经导致在美国的一些银行证券化中引入第二步继续转移，转移给一个发行信托。而此前在 FAS 125 下是"一步到位"地转移给一家子公司，以获得一份票据。

一个合格的特殊目的实体（Qualifying Special Purpose Entity，QSPE）从不合并在出售者的财务报表中，一个并非 QSPE 的 SPV 可能与出售者合并报表。要成为一个 QSPE，一个 SPV 必须具备以下几点。

◆ "明确地区别"于出售者，即它不能被转让方或其附属公司或代理人单方面地解散，并且其受益权益的公允价值的至少 10% 被不同于转让方或其附属公司或代理人的实体持有。
◆ 所拥有的被允许的活动是显著受限和预先规定的。
◆ 只持有被动的金融资产（即 QSPE 除了服务之外不做决定，例如，QSPE 不能持有控股股权）、现金和投资。
◆ 在选择何时处置资产时拥有有限的权力，以至于它只有在由于在它控制之外的违约事件导致它被要求处置资产时才能这样做，或者在行使卖出期权或买入期权或预先确定的到期日或清算日需要资金时才这样做。

如果该 SPV 不是一个 QSPE，那么它将被并入其多数股份持有者的账目，除非它属于 FIN 46 的管辖范围。

如果给予一笔交易出售的处理权，那么这相当于终止确认，卖出者被要求运用"出售收益"进行会计处理。一些卖出者把结构化的证券化作为融资而不是出售，这样做是为了避免按照出售收益处理。这是由于权益市场不喜欢出售收益，因为出售收益从未来的超额利差收入中产生了当期的会计利润（如果在出售收益计算中的违约和提前偿付假定是不正确的，将会导致收益波动）。

2001 年 7 月 19 日，FASB 发布了扩大 QSPE 资产处置能力的指引，允许代表 QSPE 行事的服务商以公允价值从证券化池子中购买贷款，而不损害对 QSPE 的处理。

10.1.2　FIN 46

2001 年 12 月 2 日，安然公司根据《破产法》第 11 章申请破产。在针对公司账目的资产负债表表外安排的充分和清晰的披露方面，外界在对美国证券交易委员会（SEC）施加越来越大的压力。在这个时候，QSPE 实体可以被分为：

◆ 那些符合 SEC 的 3% 的权益规则的实体（该规则规定实体拥有的最低权益必须至少达到其总资本架构的 3%，才能被允许进行表外交易）；
◆ 那些不符合这条规则的资本薄弱的实体。

那些作为非 QSPE 的实体将被并入其多数股份持有者的账目，除非它们是资本薄弱的（在这种情形下它们将被并入出售者的账目）。

在安然公司的情形中人们关切的是对那些显然符合 3% 的要求的实体的运用，这种运用可能通过确保外部投票控制权而避免并表，但是仍然是资本薄弱的，并且损失实际上由卖出者承担。因此，对于非 QSPE 的表外处理的 3% 的规则被更为严格地执行。2002 年 6 月 25 日，世通公司宣布了把 38 亿美元的费用错报为资本支出。在消息宣布后，6 月 26 日世通公司的评级被下调至 Ca/CCC–/CC。

这些事件发生之后，FASB 在 2002 年 2 月 27 日宣布，其正在考虑在 FAS 140 中，将那些非 QSPE 的 SPV 资产的转让者的反合并最低权益要求从 3% 提高到 10%。这是一个发展过程的开始（在整个 2002 年下半年有广泛的讨论），在 2002 年 6 月 28 日公布了一个解释草案，征询意见的截止日期是 2002 年 8 月 30 日，整个过程结束于 2003 年 1 月 17 日。当日公布了 FASB 对可变利益实体并表的解释（即 FIN 46），对于在 2003 年 1 月 31 日后创立的实体，从 2003 年 2 月 1 日起适用，对于 2003 年 2 月 1 日之前创立的实体，从 2003 年 12 月 15 日（最初是 2003 年 6 月 15 日）之后开始的第一个会计期起适用。

该解释并不适用于 QSPE。但如果一个实体是一个"可变利益实体"（VIE），则该解释适用，VIE 是：

- 该实体的权益不足以允许该实体在没有次级金融支持的情况下为其活动融资（为了这个目的，规模不到总资产的 10% 的权益被认为是不足的，除非该实体能够展示它为活动融资的能力，或者其拥有的权益至少与在没有次级金融支持的情况下运用的类似的实体同样多，或者它能展示权益超过了它的预期损失）；
- 它的权益投资者没有投票权，没有承担损失的义务或接收剩余回报的权利。

如果一个实体是一个 VIE，它将与将承受该 VIE 大部分预期损失的实体，或有资格获得该 VIE 预期剩余回报的实体（"主受益人"）合并报表，原因是主受益人持有该实体中的"可变利益"。如果由不同的实体承受损失和接收回报，则 VIE 将与承受损失的实体并表。如果一个 VIE 没有主受益人，则它不会被并表。

"可变利益"被定义为"在一个实体中的合同的、所有权的或其他的金钱上的利益，随着该实体的资产净值的变化而变化"。可变利益可以包括权益和债务工具、担保、卖出期权、衍生品、服务合同、租约以及其他项目。有鉴于此，一个实体将考虑由它本身和它的关联方（这包括某些事实上的代理人）持有的可变利益。

除了并表的考虑，可变利益持有者被要求满足信息披露要求。主受益人（以及并表）必须披露 VIE 的性质、目的、规模和活动，VIE 担保品的账面价值与分类以及 VIE 的债权人缺乏对主受益人的追索权的任何情形。重大的可变利益的持有者必须披露介入 VIE 的性质以及这种介入如何开始，VIE 的性质、目的、规模和活动以及由于介入 VIE 所带来的损失风险的最大规模。

10.1.3　对 FAS 140 的修正

继安然公司和世通公司的会计丑闻以及 FIN 46 的发布，美国在 2003 年全年进一步讨论了针对 QSPE 的允许活动的范围，此时有人担忧对 QSPE 豁免 FIN 46 可能会导致利用 QSPE 作为绕开 FIN 46 的一种方式。这导致在 2003 年 6 月 10 日发布了修订 FAS 140 的征求意见稿，这在 2003 年年末被更换为新的征求意见稿。

征求意见稿规定，QSPE 的允许活动不应当包括与卖出者达成流动性或信用增级协议。此外，任何 QSPE 的允许活动"重新发行受益利益"（例如，循环商业票据）不应该包括与提供超过一半的相关承诺或就受益权益的重新发行做决定的任何一方（及其附属公司）达成流动性和信用增级协议。

10.2　英国会计准则

10.2.1　FRS 5

在英国，会计准则理事会（Accounting Standards Board）有关报告交易实质的财务报告标准 5（Financial Reporting Standard 5）于 1994 年 9 月 22 日生效。FRS 5 要求，在一项证券化交易中出于会计目的要使一项资产被看作表外资产，附着于该资产的所有显著的风险和收益必须被转移到另一个实体。

如果是这种情形，"终止确认"将导致该资产被彻底从发起人的资产负债表中移除。如果不是这种情形，但是：

- 发起人在资产上的最大风险已被封顶；
- 该 SPV 和投资者"对于损失对'发起人的'其他资产没有任何的追索权，无论是外显的还是内含的"。

那么将运用被称为"相关呈报法"的一种混合处理。这种方法将总资产值与已经被转移的风险部门聚集在一组，以留下剩下的净风险敞口，所有这些都在发起人账户中的一个单独的会计科目中。

相关呈报法仅仅在如下的范围内提供。

- 发起人没有回购资产的权利或义务。任何回购权（例如，英国金融服务管理局指引所允许的 10% 的清盘回购权）或义务意味着，权利或义务延伸到的资产部分将不会被从账户的资产总值中扣除。清盘回购权、税款催缴以及内嵌在大多数交易中的回购权和升级条款可能在 SPV 层面上架构，而不是在发起人层面上架构，以避免失去 FRS 5 相关呈报处理的风险。
- 发起人提供的任何互换或上限：①根据市场条款；②不是基于发起人控制的利率；③仅仅是替代该发起人为在出售之前的资产组合进行的现有的对冲。

该发起人给予的赋予接近该发起人所有资产的赔偿可能阻止相关呈报处理。对于这一限制的程度有不同的解释，例如，关于其是否包括出于法律责任对 SPV 的董事的赔偿（这不是直接支持一笔交易的损失，而是支持可能出现的其他法律责任）。通常情况下，这将覆盖资不抵债时董事们可能因为交易而承受的任何负债，并且如果一个交易已被正确构造为破产隔离，在实践中绝不应当出现索赔（除了可能在程序架构中出现的情形，其中董事可能担心在 SPV 发生持续费用）。

若受让方实体是由被发起人直接或间接控制的，并且受让方本身代表着发起人的一个收益来源，这可能导致在相关呈报法中受让方本身被作为一家"准子公司"包括在发起人的并表账目中。如果受让方也是一个实际的子公司，那么将要求把受让方包括在内的全面的并表账目。

10.2.2　对 FRS 5 的修正

1998 年 9 月 10 日，会计准则理事会发布了对 FRS 5 的一项即刻生效的修正案，以安排资产负债表对构成了 PFI 交易或其他类似交易的房地产（如医院、学校、监狱等）的处理。该修正案具体要求如下。

- 总体交易中能够被单独地归因于提供服务，而不是归因于对房地产的运用的元素，被分离开来（例如，服务元素的运行时期与房地产元素不同，有不同的条款或终止条款，或者能够被分别谈判）。
- 如果不可分开的服务元素保持与房地产付款的联系，那么应用对 FRS 5 的修正案。
- 如果没有剩余的不可分开的服务元素，那么应用 SSAP 21，SSAP 21 把房地产的付款作为租赁付款处理，并运用谁承担"实际上所有的风险和所有权的回报"的测试来确立有关的付款是构成融资租赁还是经营租赁。如果租赁是融资租赁，那么将租赁付款贴现，计算净现值，以形成一个可以被计入付款方的账户的资本数字。

关于那些包含不可分开的服务元素（以及因此受到 FRS 5 的修正案的约束）对房地产付款的任何余下的运用，修正案列出了要考虑的若干风险因素。在相关的风险显著（涉及高度的不确定性）以及存在风险或情境成为现实的商业的可能性的时候，这些因素中的每一个因素都应当被考虑。有关因素对于房地产是否作为用户（在 PFI 交易中是政府）或者运营者的资产负债表上的资产出现，具有指示性，具体视谁承担风险而定。主要危险因素具体如下。

- 谁承担对该房地产的需求的风险（不论对该房地产的使用的增加或减

少，用户支付固定金额，这显示用户拥有需求风险）。

◆ 运营者能否获得第三方收入以覆盖该房地产（或者，例如，依赖来自用户的最低付款水平的抵押）。

◆ 谁决定该房地产的性质（或者，例如，运营者是否可以自由地使用其他房地产来履行义务）。

◆ 表现不佳是否被处罚（在这种情况下，该房地产很可能是该运营者的资产）。

◆ 运营者是否可以将其成本的特定的上升转嫁给买方（或者成本额提高被限制在与诸如零售物价指数（RPI）等综合指数的变化一致的水平上）。

◆ 谁承担废弃的风险。

◆ 谁承担剩余价值风险。

其他的补贴或该用户做出的其他贡献可能会给该用户带来与这样的付款有关的资产负债表表内项目，并且，如果该用户已同意在合同期末以与在未来时间的剩余市场价值不同的价格购买该房地产，那么在合同的时间长度内，价格和预计残值之间的差额应计在账目中。

10.2.3　FRED 30

财务报告征求意见稿 30（FRED 30）是由会计准则理事会在 2002 年 6 月发布的，这与英国预期采纳 IAS 32 和 IAS 39，作为总体上不晚于 2005 年与国际会计准则衔接的一部分有关。FRED 30 建议当前不在英国应用 IAS 39 的有关终止确认的部分，目的是在 2005 年之前推出一个共同标准来取代 FRS 5 和 IAS 39 中有关终止确认的部分。

10.2.4　IAS

2003 年 7 月 17 日，英国贸易工业部（DTI）宣布，所有英国公司将有权选择从 2005 年 1 月起在单独的账户及其合并报表的账户中继续使用国际会计准则，而不是英国标准。这一选择凌驾于欧盟关于国际会计准则的规定的要求，欧盟的这一规定要求上市公司从 2005 年 1 月起在其合并报表账户中运用国际会计准则。

10.3 国际会计准则

由于国际会计准则委员会（IASC）的努力，世界各地的会计标准享有比法律或税务规章更大程度的协调性，IASC 的标准已被许多国家和跨国公司采用。IASC 于 1973 年在英国成立，以筹备可以在国际层面上采用的国际会计准则（IAS），IASC 于 1975 年发布了其第一份准则。

IASC 在 1999 年进行了重组，形成了国际会计准则理事会（IASB），IASB 在 2001 年 4 月 1 日 取 代 IASC。 从 2001 年 4 月 1 日 起，IASB 发布的新的报告标准被指定为国际财务报告准则（IFRS）。IASB 没有强制权威性，然而，与巴塞尔委员会很像，随着全世界更多的国家将其标准与国际准则相统一，IASB 的见解很可能变得甚至更加重要，具体表现如下。

- ◆ 许多国家（如中国（B 股）、法国、德国、意大利、荷兰、瑞士、泰国和英国）允许上市公司的财务报表按照国际会计准则编制，同时更多的国家或地区允许外国上市公司采用 IAS（如澳大利亚、中国香港、新加坡、土耳其和美国（如果符合美国一般公认会计准则（US GAAP））。

- ◆ 有些国家或地区在国内公司中统一采用 IAS 标准，或者协调它们的标准以符合 IAS（如中国香港，自 1993 年起，香港会计师公会已在逐步地将标准与 IAS（而不是英国 GAAP）相统一）。

- ◆ 2002 年 6 月 7 日，欧洲议会和欧洲理事会通过了关于 IAS 的规定。该规定的第四条要求，那些被允许在欧盟的受监管的市场上交易的所有欧盟公司，自始于 2005 年 1 月 1 日的财政年度或者之后，必须在其合并报表账目中运用 IAS 和 IFRS。欧盟成员国也可以选择将该规定应用于非合并报表账户以及非上市公司的账目，并且，对于那些只有债券证券上市的公司，可以将该规定的应用推迟到始于 2007 年 1

月1日的财政年度或之后。

◆ 2002年10月29日，在美国的FASB和IASB宣布，它们将努力在2005年1月1日之前实现美国标准与IAS之间的融合，采用IASB的以原则为基础的方法，而不是FASB的以规则为基础的方法。

统一的一套全球会计准则的吸引力是显而易见的，其将使得：

◆ 跨国公司得以缓解在多个司法管辖区的报告要求；
◆ 公司更快和更容易地在不同的全球交易所上市（鼓励竞争和资本在全球流动）；
◆ 投资者直接对比世界各地公司的财务报表。

IASC在1989年4月发布了IAS 27（始于1990年1月1日的财政年度或之后生效），在1998年发布了有关终止确认的IAS 39（始于2001年1月1日的财政年度或之后生效）。IASC在1998年6月发布了（始于1999年7月1日的财政年度或之后生效）SIC-12（对IAS 27的解释，由常设解释委员会发布）（IAS 1中的条款规定，IAS下的财务报表既符合准则，也符合SIC的解释）。

2003年6月19日，IASB发布了IFRS 1，对于使用IAS和国际财务报告准则的过渡要求给出了具体规定。这其中最初包括要求，出于比较目的，所提交的一系列账目应包括前一年度的一系列账目，这本来会要求那些转变为IAS和国际财务报告准则的欧盟公司从始于2004年1月1日的第一个会计期间或之后开始运用IAS和国际财务报告准则计算它们的账目，以便提供这样的对比，但是这一要求在2003年7月23日被废除。

10.3.1　IAS 39

IAS 39规定，在一笔证券化交易中出于会计目的使一家公司的资产被视为在表外，该公司必须失去或交出对该资产的控制权。在受让方要求抵押或交换该资产的权利，并且转让方不保留对资产的有效控制（通过在某一时点收回该资产的权利和义务，或者以与在回购时的公允市场价值不同的价格收回资产的权利）的情况下，这是能够实现的。

如果是这样的情形，该资产被授予"终止确认"，并被从发起人的资产负债表转移到 SPV，由此导致出售的组成部分按公允价值替代，并根据资产的账目价值对出售价格进行公允价值调整。如果受让方保留该资产几乎所有的风险和收益，则不提供终止确认。根据 IAS 27 和 SIC-12 的规定，可能有将该 SPV 与发起人合并报表的要求。如果控制权还没有被移交，该交易将被作为担保借款记账。

IAS 39 也涉及衍生品和对冲的会计处理。

10.3.2　IAS 27

IAS 27 要求对一家公司所控制的所有子公司和实体进行合并报表（并且编制合并财务报表将包括这些子公司和实体），即使在一家公司持有一实体很少的权益或者不持有其权益时，该实体仍可能被视为被该公司控制。

10.3.3　SIC-12

SIC-12 是适用于 IAS 27 的解释，包含关于一个实体何时被控制以及因此何时被要求合并报表的指引。实现"控制"要求：

（1）能够指导或主导该 SPV 的决策（或者建立一个"自动驾驶"的机制，以便该实体能以预先确定的方式行事）；

（2）拥有从该 SPV 的活动中获得收益的目标。

SIC-12 给出了可以将一个 SPV 看作被一个发起人控制的情境。

◆ 该 SPV 的活动是代表该发起人进行的，以至于该发起人可以获得来自该 SPV 的运用的收益。

◆ 该发起人拥有决策权，将获得来自该 SPV 的收益的大部分，或者运用"自动驾驶"的机制来获得。

◆ 该发起人对该 SPV 的大多数收益拥有权利，并可能因此暴露于该 SPV 的风险之下。

◆ 实质上发起人保留了该 SPV 的大部分所有权风险,以便获得来自该
SPV 的活动的收益。

10.3.4　修订后的 IAS-39

SIC-12 可能意味着,在需要资金的情况下,交易更可能是在资产负债
表表内进行。在需要资本的情况下,可能运用合成型证券化而不是现金交
易,以避免在 SPV 中产生收益,或者也可以与一个市场对手方进行该交易。
这也可能导致那些专门为资产的发起和证券化而建立的实体越来越多地使用
特定的集团架构。

欧洲证券化论坛(European Securitisation Forum)于 2001 年 10 月对
IASB 表达了关于 SIC-12 和 IAS 27 及 IAS 39 标准对证券化行业的影响的关
切。自那时以来,有关的努力聚焦于在证券化中发行的债务的有限追索权性
质所带来的可能性,诸如将该债务从发起人或任何 SPV 发行者的资产负债
表中移除,不论发行者本身是否在表外。事实上,所发行的债务将在会计上
被视为将该证券化资产的利息给予投资者,这已经导致在 2002 年 6 月发布
了针对 IAS 39 的修正案草案。

2002 年 6 月 20 日,IASB 发布了对 IAS 39 的修订版的征求意见稿,修
改了处理终止确认的规定,该征求意见的截止日期为 2002 年 10 月 14 日。
IASB 在 2003 年就该征求意见稿举行了公开圆桌讨论,在 2003 年 12 月发
布了一份新的文件。

新的征求意见稿强调了"继续参与"已经被转让的资产或者资产的一部
分的概念。在出现继续参与的情况下,将不允许终止确认。在继续参与的例
子中,转让方:

◆ 有能力或义务重新获得对被转让的资产的控制权;
◆ 提供基于被转让的资产的表现的补偿,例如,通过抵押的方式。

新的征求意见稿删除了转让方提出的转让该资产的几乎所有风险和收益
以便考虑对该资产任何部分的终止确认的要求,也删除了受让方提出的获得
该资产的抵押或交换的权利的要求。新的修正案还规定了基于证券化交易的

有限追索权性质的"过手安排"原则。如果一个实体转让其对一笔金融资产的合同权利并继续从被转让的资产中收取现金，该转让符合终止确认的资格，条件是转让方在其他方面没有继续参与，并且：

- 该交易是基于所收取金额的有限追索权的；
- 不允许转让方出售或抵押被转让的资产或者在其他方面为了利益而使用该资产；
- 转让方必须寄送所收款项，无重大延误，并且转让方无权为了其自身的利益而对这些金额进行再投资。

事实上，所发行的债务将在会计上被视为将该证券化资产的利息给予债券投资者，从而从证券化 SPV 的资产负债表中移除该资产，并使得考虑是否将证券化 SPV 与发起人合并报表变得不那么重要。

但是，这种架构潜在地需要发起人和 SPV 都满足对"过手安排"的要求，若缺乏这些，资产可能仍然在一个层级或另一个层级的资产负债表中，尤其是该 SPV 是根据 IAS 27 和 S1C-12 合并报表的情况下。

10.4　欧盟的影响

如前所述，欧盟已经通过从 2005 年起实施 IAS 来影响会计标准。然而，欧盟也已经在通过监督主权国家的会计操作遵守有关公共部门借款的马斯特里赫特标准，使得人们更为直接地感受到了欧盟的存在。

2002 年 7 月 3 日，欧盟统计局发布了关于欧盟国家开展证券化的会计指引。该指引规定了以下原则。

（1）未来资金流交易将被视为政府借款。

（2）有国家担保的交易将被视为政府借款。

（3）在交易规定了进一步的递延购买价格或者 SPV 向国家的进一步付款，并且初始付款收入比被转让资产的市场价格低 15% 以上的情形下，该交易将被视为一笔借款，因为它是不充分的风险转移。

（4）如果该交易是在上述 15% 的范围内，初始收入将被作为出售价格出售，任何递延购买价格只有在其出现时才被考虑。

　　该指引适用于所有的政府交易，包括那些此前完成的交易。2000～2001 年希腊已推出了 4 笔交易——Hellenic（2000 年）、Ariadne（2000 年）、Atlas（2001 年）和 Aeolas（2001 年），所有这些都是依靠国家担保元素的未来资金流交易。同样地，2001 年奥地利下奥州的蓝色多瑙河交易有国家担保。意大利已基于未来资金流基础对彩票应收款证券化（在 2001 年的 SCCPP 交易），并对 23 亿欧元的房地产进行了证券化（2001 年的 SCIP 交易），这显著低于该房地产 51 亿欧元的价值。这两项交易实现的资产转让规模显著低于被转让资产的账目价值（虽然可以说是更接近资产的市场价值）。

　　欧盟统计局宣布其正在考察国家证券化的会计问题后，导致市场人士相信欧洲的公共 ABS 部门的未来规模很可能出现下降，进而使得希腊宣布暂停国家证券化。

　　然而，意大利继续其证券化制订计划，但已经对计划进行了修改以确保达到欧盟统计局的标准，使得那些联系更为紧密的交易符合在公司和银行部门的资产负债表表外进行会计处理的市场标准。

第 11 章

资　本

世界各地金融机构的监管资本都是由当地的中央银行确定的。自 1988 年 7 月的《巴塞尔协议》以来，在大多数国家里这是基于巴塞尔委员会的准则。这些准则试图为银行设定一个公平的竞争环境，持有一定的最低水平的资本以应对其资产发生损失的风险。这源于担忧银行本质上是高杠杆的机构以及一家银行的倒闭可能会由于金融市场互联的性质而给其他银行带来危机。资本水平和周期性规定旨在覆盖银行的贷款资产的预期之中和意料之外的损失，以便如果银行贷款违约，受损的只有资本提供者（即权益投资者），而不是存款者或其他债权人。

11.1　银行账户

《巴塞尔协议》认为设定资本最低要达到银行贷款资产金额的 8%，每笔贷款资产需要确定"风险权重"以反映相关借款者的相对风险。要做到这一点，将贷款金额乘以一个 0 ～ 1 的因子——设定在 0 ～ 100% 的数字（对于经合组织政府借款者或有现金担保的风险敞口，设定为 0；对于由经合组织的银行或被监管的投资公司担保的风险敞口，设定为 20%；对于公司借款者，设定为 100% 等），以便对于贷款风险权重为 0 的资产不要求持有资本，对于贷款风险权重为 100% 的资产则要求全额的 8% 的资本。

11.2　交易账户

目前，已经陆续出台了进一步的标准，这反映了在银行及其他投资机构的交易账户中出现的市场风险（例如，银行的交易资产股票、债券等价值下降，产生损失的风险），因此，目前的规则区分了银行的"银行账户"（对其持有资本以应对被评估的信用风险）和银行的"交易账户"（对其持有资本以应对被评估的市场风险）。对诸如证券公司等机构的评估方法类似于对银行交易账户的评估，交易账户通常与所持有的"有交易意图"的项目有关，这些项目被逐日盯市。一般情况下，交易账户制度对债券、股票中的每个头寸，通过一个"总"风险额（反映了诸如利率变化等总体的市场波动导致损失的风险）和一个额外的"特定"风险额（反映了来自该特定头寸损失的风险，例如由于相关的发行者的境遇衰落），计提一定程度的资本（"风险权重资产的 8%"）。例如，对于债务证券，所计提的是：

◆ 一个"总"风险额（可以通过具有类似的利率和期限的证券的相匹配的头寸来对冲风险的方式抵消）；

◆ 一个"特定"风险额，等于经合组织政府风险敞口的 0，加上诸如由经合组织银行或被监管的投资公司发行的证券或者具有投资级信用评级的证券等"合格债券项目"风险敞口的 0.25% ~ 1.6%，以及其他证券的风险敞口（只能通过出售由同样的发行者发行的类似的债券对冲风险的方法来抵消这些风险敞口）的 8%。

交易账户中的复杂项目（如衍生产品）通常被分解成多头和空头头寸的组成部分，以反映集合多头头寸（即银行购买和持有的资产）和空头头寸（即银行卖空的资产，产生"负"持有）的交易账户方法。由于交易账户资本要求是基于市场波动而可能遭受的潜在损失，无论是资产购买和资本出售短期都可能产生损失，因此需要针对其持有资本。

任何特定银行关于将哪些项目纳入该银行交易账户的一般政策必须得到监管机构的同意，因为进入交易账户的项目通常会获得有利的资本处理。

11.3　新《巴塞尔协议》

随着更为先进的银行系统的出现以及更富有经验地争取运用自己的先进模型来评估针对其风险敞口的能力，目前正在对《巴塞尔资本准则》进行修正。1999 年 6 月 3 日，巴塞尔委员会公布了修改 1988 年制度的咨询文件，在随后几年中又发布了进一步的文件。有关文件提出了一个以银行的内部信用评级体系为核心的新体系，被称为内部评级法（Internal Ratings - Based Approach）。

然而，鉴于这一问题的复杂性，对有关提议的实施已被多次推迟，尤其是资产支持证券行业的专业人士反对给予资产支持证券相对于公司证券更高的风险权重。

11.4　巴塞尔资本套利

11.4.1　资本收益率

资本收益率是机构从事证券化的一个重要动机。

◆ 金融机构发起人通过将资产转移至它们被监管的资产负债表之外，确保它们获得适当免除要求其针对风险权重资产持有资本的监管要求。

◆ 金融机构投资者对资产支持证券的价差定价，以反映讨论中的证券基于相关的监管资本处理被要求针对这些资产支持证券持有的资本。

◆ 非金融机构发起人遵循资产负债表表外会计规则（在英国是在 FRS 5 之下），使该机构将有关资产从其会计资产负债表中移除并因此可能脱离限制其进一步增加权益杠杆能力的金融契约的范围。

11.4.2　范例

一些例子可以展示通过证券化实现的资本减少。每个示例假定以下几点。

（1）证券化的总成本与发起人在其自身的资产负债表上与该资产融资的总成本相匹配（在实践中，一家有信誉的银行的证券化的总成本可能多多少少高于其资产负债表表内的资金成本）。

（2）资本收益率之前是15%，并且可以为证券化释放的资本找到一个更有生产性的用途。

（3）证券的低级类别由发起人保留。

11.4.2.1　例子1：银行将住宅按揭贷款池证券化

证券化之前

池子 = 8 亿美元

资本 = 池子 × 50%（住宅按揭贷款风险权重）× 8%（资本充足率比率）

　　　= 3 200 万美元资本

证券化之后

　　　高级 ABS 类别的规模 = 8 亿美元 × 98.1%（低于 BBB 评级，标准普尔基准 1.9% 的信用增级）= 7.85 亿美元

银行持有的低级 ABS 类别的规模 = 8 亿美元 − 7.85 亿美元

　　　　　　　　= 1 500 万美元

资本 = 直接扣抵低级类别 = 1 500 万美元

所释放的资本是 1 700（= 3 200 − 1 500）万美元，将把资本收益率提高到 32%（= 15% × 32/15）。

11.4.2.2　例子2：银行将公司贷款池证券化

证券化之前

池子 = 50 亿美元

资本 = 池子 × 100%（风险权重 − 假设所有的贷款给公司）

　　　　×8%（资本充足率比率）＝4亿美元资本

证券化之后

高级 ABS 类别的规模＝50亿美元 ×98%（假设投资级评级）

　　　　　　　　＝49亿美元

低级 ABS 类别的规模＝50亿美元 － 49亿美元＝1亿美元

资本＝直接扣抵低级类别＝1亿美元资本

所释放的资本是3（＝4－1）亿美元将把资本收益率提高到60%（＝15%×400/100）。

11.4.2.3　例子3：公司将客户的销售贷款池证券化

证券化之前

　　　总资产＝10亿美元（将其中的3.5亿美元证券化）

　　　净值＝4亿美元

　杠杆比率＝[(1 000 － 400)/400]×100%＝150% 的杠杆率

　　　收益＝6 000万美元

资本收益率＝15%(=60/400×100%)

证券化之后

高级 ABS 类别的规模＝3亿美元（假设水平）

低级 ABS 类别的规模＝5 000万美元

　　　总资产＝7亿美元（其中5 000万美元是低级类别）

　　　净值＝4亿美元

　杠杆比率＝[(700 － 400)/400]×100%＝75% 的杠杆率

　　　收益＝6 000万美元

资本收益率＝15%(=60/400×100%)

　　在上面最后一个例子中，资本收益率保持不变，因为资本收益没有重新部署到该公司的其他地方，而是用来降低杠杆比率。此后可以通过承担另一笔3亿美元的债务来将杠杆比率的水平再度提升到150%。

11.4.3　银行账户套利

　　1988年的巴塞尔准则确定了要求银行在其银行账户中持有的最低水平

资本的一个简单计算方法，将其设定在其风险权重资产的 8%，但有如下的资本要求折减和风险权重。

11.4.3.1　一般的资产负债表表内资产

在新《巴塞尔协议》生效之前的体制下的折减资本要求如下。

- ◆ **0（0 的风险权重）** 现金或对经合组织中央政府 / 央行的求偿权。
- ◆ **0/0.8%/1.6%/4%（0/10%/20%/50% 的风险权重）** 对经合组织公共部门实体的求偿权。
- ◆ **1.6%（20% 的风险权重）** 对经合组织银行或由类似体制监管的经合组织证券公司的求偿权。
- ◆ **4%（50% 的风险权重）** 住宅按揭贷款（房主自住或出租的）。
- ◆ **8%（50% 的风险权重）** 其他。
- ◆ **100%（1 250% 的风险权重；1 对 1 扣除）** 由原始权益人和再次出售人提供的第一损失增级以及由原始权益人提供的第二损失增级。

要注意的关键一点是，德国抵押债券 / 担保债券在奥地利、丹麦、法国、德国、卢森堡和西班牙享受 10% 的风险权重，在大多数其他国家享受 20% 的风险权重。

11.4.3.2　一般的资产负债表表外资产（非衍生品）

对非衍生品的资产负债表表外资产（包括保证、未履行的承诺以及流动性便利）的报告，是用项目的名义本金额乘以一个 0 ～ 100% 的"信用转换系数"，然后再乘以对手方风险权重和 8% 的因子（从属参与被报告为在基础借款者的风险权重和参与银行的风险权重两者中的较高者之上的风险敞口），具体如下。

- ◆ **1 对 1 扣除** 这指的是不符合资质要求（例如，关于运用借款基数计算），因此在没有其他的第一损失增级的情形下被作为信用增级处理的流动性便利（在流动性便利由发起人提供并且没有达到要求的情况下，资产仍将保留在资产负债表中）。这也包括由原始权益人、再次出售人或再打包者提供的任何表外第一损失增级以及由原始权益人提供的表外第二损失增级。

- ◆ **100%**　那些是"直接信贷替代品"的资产负债表表外项目（所提供的保证应当被作为在所保证的当事方的全额本金上的风险敞口报告，或者对于信用衍生品，作为在参考实体的全额本金上的风险敞口报告）。
- ◆ **50%**　一个初始期限超过 1 年的未履行的承诺。
- ◆ **20%**　自偿性的贸易融资项目。
- ◆ **0**　一个初始期限为 1 年或 1 年以内的未履行的承诺。期限为 1 年或 1 年以内的额度承诺被认为的开始时间是公司提出进入承诺的 30 天之后（或者，在公司对辛迪加额度提出承诺的情况下，是 60 天之后）。任何延长这样额度的确定的要约只能在额度到期前的最后 30 天内（或者对于辛迪加额度，最后 60 天内）提出，否则新额度与旧额度将被作为一个额度处理，该额度的期限是两个额度的总计期限。

这种简化的方法使得能够相对容易地计算银行资本要求，但是也导致了一些重大的套利机会。例如，在亚洲金融危机开始之后的 1998 年 1 月，韩国已经被穆迪下调评级至 Ba1 级，被标准普尔下调至 B+ 级，韩国的发行价差已经显著扩大。但是，作为经合组织中的一个主权国家，韩国在贷款请求权上被看作风险权重为 0 的实体。相比之下，具有 AAA 评级的顶级的跨国公司信用有 100% 的风险权重。

显然，在这样的情形下，监管资本要求与债权人正在承担的真实的违约风险不匹配。尽管无论如何如果机构被审慎地管理，它将提供对风险敞口的足够的应对，但是这还是在市场上形成了竞争扭曲。随着新《巴塞尔协议》的来临，银行账户风险权重必将改变，以便反映在评估针对不同的风险要持有的资本时的外部（或内部）信用评级。这些对评级较高的债务有利，但对评级较低的债务则较为不利。

11.4.4 管道和再打包计划

资产负债表表外商业票据管道和再打包计划早已被看作有用的市场套利机制。对于商业管道，套利有两个来源。一个是收益率曲线套利，产生于发行短期商业票据来为收购长期金融资产融资。另一个是由于管道的不受监管的性质而产生资本套利——管道本身没有义务根据银行资本规则持有资本，并且不会并入建立该管道的银行的监管资本资产负债表，条件是该管道符合国内金融监管机构设置的分离标准。对于再打包工具（通常为其资产进行配对融资），通常只有来自分离的资本套利是相关的。

管道仍将邀请为其承担的交易提供信贷支持和流动性支持。然而，这些成本通常足够低，仍然可以实现套利，条件是与资本目的有关的支持可以被适当地处理。在英国，FSA 指引列明了对信贷支持和流动性支持的要求。

信用增级被分成"第一损失"增级和"第二损失"增级，第一损失增级将被直接从资本中扣除，在银行的参与程度被充分解释给投资者时，第二损失增级（第二损失增级受益于一个"显著"的第一损失层提供的保护覆盖了一些层的历史损失，并且只有在第一损失增级被耗尽后才能动用第二损失增级）通常将被考量。在整个计划范围内的增级很可能构成第二损失增级，因为在针对个体交易的任何第一损失增级通过该管道后在整个计划范围内的增级将被动用。

如果 SPV 的资产质量恶化，将降低流动性便利的借款基数，那些包含这样的借款基数规定的流动性额度通常将被权衡——如果这种流动性额度是由再次出售人提供的（在这种情况下再次出售人的参与程度被充分地解释给投资者）。

11.4.4.1 例子

假设一个 A1/P1 评级的管道收购评级为 AA 并具有美元伦敦银行同业拆借利率 +75 个基点的息票的资产支持证券。该管道本身可以以低于 Libor 的利率水平发行短期商业票据，并且，当把交易商和计划成本加上后，资金总成本与 Libor 持平。

可能需要整个计划范围内的信用增级——假设这为资产金额的 5%，并按通常状况加权，将要求资产金额的（100%×5%×8%）的资本，即资产金额 40 个基点的资本。为了对该资本生成 15% 的收益，应当为 PWE 成本预留 6 个基点。应当不需要为该交易本身提供信用增级，因为 AA 的长期信用评级应当能够支撑 A1/P1 的短期评级。

因此，该管道应当能够赚取资产金额的 69 个基点，从中它需要支付流动性成本。如果流动性额度的收费为资本的 4%［100%×50%（超过 1 年的未动用额度的信用转换系数）×8%］，那么将全部的 69 个基点支付给流动性银行，将为该流动性银行实现 17.25% 的资本收益率，并使得该管道实现零利润 / 损失。

然而，使用 364 天的流动性额度将所需要持有的资本降至 0，意味着给该流动性银行的任何回报实际上生成了一个无限的资本收益率。因此，该管道应能够以低于 69 个基点的成本与流动性银行签约，从而为自身保持套利利润。该利润尽管在现金方面足够真实，但不是零风险。在该架构中内嵌着如下的风险。

◆ 市场商业票据利率的波动（在 1998 年俄罗斯债务违约时，商业票据的利率跳升了超过 30 个基点）。
◆ 资本收益率不足（尽管对于 364 天流动性额度的监管资本要求是 0，流动性额度并非零风险。如果风险没有反映在资本回报率等式中，该机构内部的风险 / 回报图景是倾斜的）。

11.4.4.2　新《巴塞尔协议》

显然在这种情形下，巴塞尔体系的零资本可能导致为风险错误定价的动机。巴塞尔委员会显然清晰地感知到了这一点，因此委员会在其建议中已经宣布其有意要求银行基于 1/5 的信用转换系数针对 364 天的流动性额度持有资本，除非这些信用额度能被无条件取消。这应当导致对基础的 100% 风险权重资产的 1.6% 的资本折减（100%×20% 的信用转换系数 ×8%）。

在以上给出的例子中，对流动性银行支付全部的 69 个基点，现在将为该银行生产仅仅略高于 43% 的资本收益率（按照基础资产 100% 的风险权重计算）或者略高于 215% 的资本收益率（运用新提出的巴塞尔准则有关 AA

评级的资产支持证券的规定，运用基础资产 20% 的风险权重）。

假设要求 25% 的收益率，流动性银行将要求 40 个基点（按 100% 加权计算）或 8 个基点（按 20% 的权重计算）的承诺费，将余下的息差留给管道。

11.4.5　交易账户

交易账户体系是在 20 世纪 90 年代推出的，旨在反映那些持续地交易它们的投资组合（与银行账户的 "买进并持有" 的心态不同）的金融机构（既包括证券公司，又包括那些从事自营交易的银行）承担的不同性质的风险。

由于交易投资组合被假定是流动的以及机构被假定运行止损政策并限制交易能力的事实，有关的指引旨在反映持有保证金以应对在短期内出现显著的价格波动的可能性，而不是长期信用风险。因此，对交易账户资本的一般风险要求（与由于利率或经济增长看法造成整体市场波动的内含市场风险有关）和特定风险要求（与由于持有风险敞口的个体发行者的信用风险或运营风险造成市场波动的风险有关）通常比对银行账户中持有同样工具的同等水平的要求更为繁重。

这里的套利围绕着展示一个工具有足够的流动性以便在交易账目中持有，以及要持有的监管资本应当因此反映交易账户规模，而不是银行账户规模。例如，在英国的规则下，在银行账户中持有的一笔 AA 评级的 3 个月支付期 LIBOR 加上息差的 5 年期规模为 100 的贷款产生的资本要求为：

$$100 \times 8\% = 8$$

同样的一笔在交易账目中持有的债券形式的贷款，根据英国有关固定收益工具的利率制度规则，将引起支出，根据英国的规则，未匹配的头寸被以本金金额的 0 ～ 12.5% 以 100% 的因子加权来评估一般（或头寸相关的）市场风险，以反映该证券的剩余期限（对浮动利率证券的加权参考到距离下一次利率决定日的时间，而不是剩余期限——3 个月的波段产生 0.2% 的收费），并且也根据总头寸的如下范围的折减来评估特定的（或与对手方相关的）风险。

- ◆ 0　（由经合组织中央政府 / 央行发行或担保的证券）。
- ◆ 0.25%　对于剩余期限在 6 个月或以内的 "符合条件的债务项目"（如

经合组织银行发行或担保的证券，具有 50% 的风险权重的证券和投资级评级证券）。

◆ **1%**　对于剩余期限在 6～24 个月的"符合条件的债务项目"。

◆ **1.25%**　对于剩余期限在 24 个月以上的"符合条件的债务项目"。

◆ **8%**（对于其他证券）。

这将带来的资本支出是：

$$总风险：100 \times 100\% \times 0.2\% = 0.2$$

$$特定风险：100 \times 1.6\% = 1.6$$

$$总支出 = 1.8$$

同样，新《巴塞尔协议》将改变这种状况。它将为银行账户带来一个新的与信用有关的资本制度，在该制度下 AA 评级的公司风险将被以外部评级为基础、以 20% 的风险权重计算资本，产生的资本要求为：

$$100 \times 20\% \times 8\% = 1.6$$

换句话说，小于同样的交易账户收费。

将一个项目归类为交易账户还是银行账户具体取决于地方制度。在 1988 年《巴塞尔协议》下，银行的交易账户包括那些为了短期再出售目的而持有的金融工具的自营持有或委托经纪头寸，以及所持有的为了对冲这样的风险敞口的金融工具。

新《巴塞尔协议》修订了这条关于交易账户由其所持有的有交易意图或者为了对冲交易账户中其他成分而持有的金融工具和大宗商品头寸的定义。如果持有头寸是为了短期再出售或有意从实际或预期的短期价格波动中受益或者锁定套利利润，那么该头寸将被视为有交易意图的持有。有案可查的交易策略和政策，诸如常规的盯市和交易台管理，可以证明其交易意图。银行将面临关于其将项目在银行账户和交易账户之间分配的密切监督，将流动性有限的资产归类为交易账户资产得到了尤其严密的审视。

11.4.6　新《巴塞尔协议》下的套利

新《巴塞尔协议》将具有改变当前折减和权重的效果，也消除了针对能降低风险权重的担保品范围的限制。新协议呈现的套利是如下的事实：所要求的针对 AAA 级和 AA 级公司债券及 AAA 级和 AA 级资产支持债券应持有的资本将下降。因为这将对金融机构投资者可以从这些证券中获得的资本收益率造成直接影响，预计这些证券的利差将收窄。相比之下，所要求的针对 B 级公司债券及 BB 和 B 级资产支持债券应持有的资本将增加，预计将导致对这些债券的利差的扩大。

11.4.7 保本架构

这是来自零售市场的发展，其中架构了高风险和低风险投资的混合物，以提供潜在的显著上升空间，而下跌空间有限。

收益被部分投资于政府证券或其他低风险证券，部分投资于高风险资产，如认股权证、衍生工具或高风险的贷款资产。所发行的证券既能受益于信用条款（来自政府担保品），也能受益于资本条款（来自高风险的第一损失部门的保护，否则的话从资本中直接扣减）。

例子

例如，一个 100 的基准住宅按揭贷款池有 7.2% 的部分评级低于 AAA，该池子的平均期限为 4.5 年。

- 发行债券，本金额为 125；
- 发行收入中的 100 被用于收购按揭贷款；
- 另外的 25 用于获取复合年化收益率为 5.8% 的 5 年期零息英国金边债券。

对该按揭贷款的本金偿还，达到 AAA 级的确定性将是 92.8。按 5.8% 的收益率，在第 5 年该金边债券的偿还收入将是 32.22，使得 125.02 的本金收入达到 AAA 评级水平。在资本条款上，该债券可以按两档发行。

- 92.8 的高级档，将吸引的资本要求为 92.8×50% 的风险加权 ×8% = 3.71；

◆ 32.2 的低级档，该档的资本支出应当是 32.2×10% 的风险权重 ×8% = 0.26（需要确保该金边债券对该低级档的利息缺乏支持不会损害资本处理）。

总资本要求为 3.97。

相反，如果第一损失部分的 7.2 已经发行（假设没有低于评级为 AAA 级的档），资本会是：

◆ 高级档部分为 3.71；
◆ 低级档部分为 4（直接扣减，上限扣减额为该池子的资本金额 7.2，上限为 100×50% 的风险权重 ×8%=4）。

总资本要求为 7.71。

该架构确实具有经济成本，原因是金边债券相对于债券息票的负利差（并且实际上类似于支付一笔溢价以保证低级档部分），但是可能仍然能够提高资本收益率。

11.4.8　对保证的运用

被保证的风险敞口通常承担保证人的风险权重。这一基础已经被用在以下几个方面。

◆ 直截了当的银行抵押，这将起到将针对公司风险敞口的 100% 的风险加权资本要求降至银行的风险加权（如果是一家经合组织银行，为 20%）的作用。
◆ 通过在美国的吉利美和房利美以及在中国香港的香港按揭证券公司等政府发起的结构对按揭贷款支持证券进行打包以便将风险权重降至 20%（或者，在吉利美的情况下为 0）。
◆ 由经合组织银行发行卖出期权（这也将导致针对公司风险敞口的 100% 的风险加权资本要求降至银行的相应要求）。在 20 世纪 90 年代后期，在日本卖出期权也被用于轧平交易。在这些交易中，运用了日本银行与外国银行之间的卖出期权，在其中外国银行同意日本银行以面值向其出售某些贷款资产，这使得这家日本银行能够以20%的风险权重报告该资产，以反映这些资产已经获得经合组织银行的承诺（并且这样做本身已经将会落入在世界上其他地方所运用的卖出期权概念的范围）。然而，在这些情形下，交易被返还到该外国银行同意向 SPV 公司提供一个向前的卖出期权，由该日本银行向该 SPV 提供的承诺便利作为担保（在未动用的 364 天零加权的基础上）。这导致该日本银行获得 20% 的资本风险权重，该外国银行获得 20% 的资本风险权重（但是该日本银行对贷款资产承担主要的风险，外国银行在该日本银行上有主要风险，如果该日本银行资不抵债，那么该外国银行仅仅是在次要的基础上对该贷款资产承担风险）。

◆ 对信用衍生品的资本处理，反映了以短期的信用违约互换形式出现的信用衍生品的最为常见的用途，这类似于保证。

11.4.9　对于抵押品 / 回购的运用

运用政府债券，或德国抵押债券 / 担保债券形式的抵押（例如，那些承认德国抵押债券有 10% 的风险权重的德国的银行运用），是支持风险敞口的一个常见方法，以确保可以降低在该风险敞口上的信用风险，并且可以获得资本好处。

◆ **银行账户**　为应对在该银行账户中的风险敞口而持有的担保品，可被用于降低该担保品的风险敞口的风险权重，只允许在该担保品所覆盖的那部分风险敞口上降低风险权重。在担保品所覆盖的风险敞口的规模之上，不在资本方面确认"第一损失"担保品所增加的信用好处。

◆ **交易账户**　可以以对银行账户资产相同的方式，针对交易账户中的对手方风险持有担保品来降低对手方风险。为了交易账户目的，只允许在该担保品所覆盖的那部分风险敞口上采纳担保品风险权重。在担保品所覆盖的风险敞口的规模之上，不在资本方面确认"第一损失"担保品所增加的信用好处。要求担保品逐日盯市，并减去缓冲，以便把未来的市场波动考虑在内。

回购协议是资本高效融资的一个特例。现金放款者 / 证券借款者可以将回购协议报告为有担保的贷款,并给予其与该担保品相称的风险权重。

对于担保品运用的限制主要是:

◆ 确保所运用的担保品类型是一种能够为资本目的所承认的类型;
◆ 确保对担保品的采用是以一种有效的和在相关的司法管辖区被承认的方式,以确保在担保品提供者资不抵债的情况下担保品不会被没收。

11.4.9.1　区分担保品和结构化的核查

在《巴塞尔协议》规则下将能够使得资本风险加权(以及相关的资本折减和风险加权)降低的担保品如下所示:

◆ **0(0 的风险权重)**　现金担保资产或者由经合组织中央政府 / 央行的证券担保的资产或由经合组织中央政府 / 央行保证的资产;
◆ **1.6%(20% 的风险权重)**　由类似的制度监管的经合组织银行或经合组织证券公司保证的资产。

可以看出,运用按揭贷款支持证券或其他低风险权重资产作为担保品,将不会实现风险权重的降低。然而,应当指出的是,一些资产支持证券的架构(按揭贷款支持证券本身是最显而易见的例子),允许它们负担低于 100% 的风险权重,条件是接受 SPV 发行者被破产隔离(以及对 SPV 的风险敞口应当因此被漠视和核查),并且该资产支持证券的正确的加权应当与基础结构组成部分的最糟糕的风险相匹配(例如,基础资产的风险或互换对手方的风险)。

11.4.9.2　新《巴塞尔协议》

新《巴塞尔协议》设想扩展能被用作担保品的类型,以便投资级公司票据或银行票据能够将被担保的风险权重降至担保品的权重（根据新规则，担保品本身将承载较低的风险权重）。

11.4.9.3　对在清算系统中持有或者被托管的证券担保品利益的有效性

◆ 首先，不完全清楚通过一个清算系统持有一种证券的所有者拥有什么样的利益使其可以交出证券；

◆ 其次，对该利益的完善可能是复杂和昂贵的；

◆ 最后，该清算系统或者其他的介入方之一的资不抵债可能损害该所有者的权利，并因此损害该所有者给予担保的被担保当事方的权利。

清算系统通常在可替代的池账户的基础上运作，全球任何实体证券的所有权由受托人代表清算系统持有，所有同一种性质的证券混合在一个单一的池子中。该池子的一部分清算系统参与者的权益被记录在电子账户条目中。证券的最终所有者通过清算系统参与者（清算系统参与者将作为最终所有者权益的托管人，在这里最终所有者本身并不是清算系统参与者）持有其在有关证券上的权益，最终所有者的权益可能通过将相关的证券转移到一个被隔离的账户在清算系统的层级记录。然而，在实践中很少这样做，因为这会增加托管人的成本和管理负担，导致进一步的账户支出。因此，最终所有者的权益通常不在清算系统的层级记录中，而只是在托管人的层级记录中，并且清算系统的条款往往明确表明清算系统将仅仅承认清算系统参与者的权利，除非参与者开设了一个隔离的账户，而且对该账户的持有显然有利于某一当事方。

由于最终所有者对有关的证券（这些证券作为清算系统的代表留在清算系统存储处）没有任何的法定所有权，在清算所在层面也没有任何的权益，因此最终所有者将拥有下列权利中的一种。

◆ 针对托管人的安排对该托管人已经根据最终所有者的指令而收到的该证券重新交付的纯粹合同权利；

◆ 将可替代的证券池账户的所有权权益（在托管人或清算系统的层面）

作为在分权共有下的按比例分享；

◆ 在池中的特定证券中的直接所有权权益。

第一个选项是不令人满意的解决方案，因为其中存在最终所有者的权利因为托管人的资不抵债而受损的可能性，如果最终所有者不能证明自己在有关的证券中有某种类型的所有权权益的话。

然而，第二个选项在可替代的担保品池子中的所有权权益，在英国法律下早就是一个复杂的问题。所出现的问题与考虑在证券化中的一个未分开的权益架构所出现的问题一样，即最终所有者在该可替代的池账户中的份额不是通过参考应收账款的一个特定分割部分分配的，并且在保管人没有发布有利于最终所有者的信托声明的情况下，最终所有者可能不能获得在有关证券中的任何所有权权益。

在 Re London Wine Company (Shippers) Ltd（1975 年）一案中，人们认为，不论是通过公平分配的方式还是通过组建信托的方式，出售来自一个商品池的未确定的商品，并不会起到将对该商品的任何权益转移给买方的作用，原因是缺乏对该商品的拨付或识别以传递所有权权益（与确定无疑的事相比较）。通过对比的方式，此案进一步认为，卖家"可以通过适当的词语，宣布自己是'整个商品池子的'特定一部分的受托人，从而在他自己与所指定的受益人之间建立一个公平的分权共有，以便在'该商品池'的一个不分割份额的受益人中出现一项所有权权益"。这在（一方面）出售来自一个池子的若干未分配的项目与（另一方面）在明确宣告信托的情况下出售一个池子的未分配和不可分割的百分比之间做出了区分。大多数试图通过不可分割权益机制来融资的英国法律证券化架构，防范了对在应收账款的整个权益的真实出售中没有转移所有权权益的风险，该应收账款被出售给一个信托（由对整个池子明确宣告信托构成），由此发起者和投资者有权获得与它们各自的份额相匹配的信托权益。例如，在信用卡证券化中，常见的做法是将信托资产分为发起人份额和投资者份额，两者地位均等，通过运用一个浮动分配的百分比确定。

更为近期，在 Re Goldcorp Exchange Ltd [1994] 2 All ER 806 一案中，枢密院认可了 London Wine 的观点，枢密院认为，"强加一种救济性拟制信托或者返还性的所有权权益"以支持购买所储存的金块的未分配份额"不是正确的"。然而，在 Hunter v. Moss [1994] 3 All ER 215 CA 一案中，上诉法院认为，一个人可以"宣布自己是'一家特定的公司'的'特定数量'股份的受托人……并且这样做是有效的，能够给予该信托受益人有益的所有权权益"。London Wine 是突出的，因为它处理的是动产财产的传递，而不是宣告信托。

学者们曾经争论 Hunter v. Moss 的正确性，但是 Re Harvard Securities Ltd[1997] 2 BCLC 369 一案的判决效仿了 Hunter v. Moss 一案的判决，裁定对股票中的未分配利益的衡平法下的转让在把所有权权益传递给买方上是有效的。London Wine 是突出的，因为它与动产而非股票有关。

11.4.9.4　担保权益的形式

为了覆盖所有可能性，为在清算系统的可替代账户中持有的证券创立担保权益的大部分努力声称，担保品提供者对于其针对托管人的任何权利授予担保（以便附加任何的重新发货权利），担保是根据托管协议而来的（以便附加由托管协议所证明的在该证券上的任何公平权益），并且是在该证券本身并给予该证券本身（如果可以看到担保品提供者在某个层面具有直接针对该证券的任何权益的话）。

假如观察一些地方法律考量（例如，在欧洲结算系统所在的比利时，不承认以浮动抵押的性质创立的担保权益——应当会运用一种抵押形式），会发现提供这些是相对简单的。但是，它没有解决进一步的问题，即如何最佳地完善该担保权益，以便在担保品提供者资不抵债的情况下，考虑到清盘的环境，被担保方的利益将被相关的法院承认。此事可能会被提交在基础证券的担保品提供者、托管人、清算系统、受托管理人或者发行者所处的司法管辖区中的一家法院，在实践中对这个问题的处理通常是通过完善位于强制执行被认为最有可能或者至关重要的司法管辖区的利益。这通常可以归结为该担保文件本身所在司法管辖区、托管协议的适用法律的司法管辖区以及相关的清算系统的司法管辖区。

最后，应该考虑链条中的当事方之一变成资不抵债的风险，以及资不抵债损害该证券的权利的问题。主要的清算系统，诸如欧洲结算系统和明讯银行，拥有合同条款和立法防范在它们资不抵债或者它们的受托管理人资不抵债时证券被牵涉其中的可能性。将有关证券与托管人破产隔离将取决于对托管协议的分析，在其中查找暗示对该证券的持有是为了最终所有者而受托持有的条款（或者是以别的方式实现对最终所有者有利的隔离），并依赖于诸如 Hunter v. Moss 等案件的原理。

11.4.9.5　近期的进展

在美国，已经根据《统一商法典》（Uniform Commercial Code）第 8 章做出了规定，简化对通过清算系统或托管人持有的证券所有权和担保权益的分类和完善，在这些情况下所有者的权利反映在账目记录中。根据相关规定，所有者的所有权权益被归类为一束权利（被称为"证券权益"），包括针对托管人的权利以及（根据 s.8-503（b））在托管人持有的池子（所有者的账户是其中的一部分）中的一个按比例的所有权权益。根据 s.8-503（a），这些证券不构成托管人破产财产的一部分。根据 s.8-503（a），托管人有义务给予应有的注意以从证券的基础发行者手中获得偿付。根据第 9 章的 s.9-103(d)，决定针对所有者证券权益的担保权益的完善所需要采取步骤的相关法律是托管人所在司法管辖区的法律。

在中国香港特别行政区，Hunter v. Moss 一案的信条已经得到了进一步的发展，这方面的第一个实例是 1998 年 12 月经纪公司 CA Pacific Securities Ltd 案子的裁定。法院认定，CA Pacific 在一个可替代的 CCASS 账户中持有的客户证券与 CA Pacific 自己的证券合成一个池子，被作为代理人的 CA Pacific 为其作为委托人的客户收购，因此客户确实对这些证券拥有所有权权益，尽管 CCASS 账户具有可替代性质。这一裁定是基于对客户协议条款的解释的。此外，客户对该账户中的某些证券具有特定的权益（而不是作为分权共有人对该账户的一个不可分割的部分有权益），因为客户协议明确设想了单独的客户权益，而不是在一个与其他客户共有的变动池子中的权益。将特定的证券拨给特定的客户被认为是不必要的，原因是证券本身的性质与有形产品不同，证券是可替代的，因此隔离没有作用。恰恰是如何通过一个池子追踪一项特定权益的问题被留下来没有解决。

在欧盟，《结算终局性指令》（指令 98/26）规定，在登记的证券被作为担保品提供，以"保障与一个系统（诸如欧洲结算系统和明讯银行）有关的可能发生的权利和义务"的情况下，管理对证券作为担保品的规定的法律将是进行证券登记的司法管辖区的法律。

这被《金融担保品指令》（2002 年 6 月 6 日的指令 2002/47）所扩展，该指令要求成员国在 2003 年 12 月 27 日之前通过国家立法制定法律。该指令适用于两个实体之间对证券或现金的抵押品安排，其中至少一个实体是一个金融机构，另一个实体不是自然人。关于记账式证券，该指令列出了法律冲突规定，其中规定，对于任何担保权益的完善以及使得担保权益对于第三方有效所需要的对任何其他步骤的完成，应当根据账户持有地的司法管辖区的要求实施，对担保权益的实施的任何步骤也应当如此。

具有全球意义的进一步发展，是《2002 年关于间接持有证券的海牙公约》（Hague Convention on Indirectly Held Securities 2002）中运用"相关中间人所在地原则"（PRIMA）来确定涉及通过中介持有证券的交易的使用法律。该规章的运用由账户持有者及其中介选择，受到如下附带条款的制约，即该中介必须在相关的司法管辖区拥有办公地点。上述公约在 2002 年 12 月达成一致，被提交由 62 个成员组成的海牙会议批准。

11.5　在《巴塞尔协议》下的资产负债表表外处理

巴塞尔委员会在 1992 年 9 月公布了标题为"资产转移和证券化"的指引。该指引列出了发起人银行在什么时候可以出于资本目的把资产视为转移到资产负债表表外。

发起人应当被视为已将资产转移给一个不相关的实体，以至于发起人没有义务回购该资产，并且对发起人没有追索权，或者发起人也没有明显的道德义务对该资产的违约承担责任（例如，如果发起人对 SPV 有所有权或管理控制权，SPV 运用发起人的名义，或者发起人对 SPV 合并报表，将是这样的情形）。

对于周转的池子，需要有适当的方法确保对摊销过程的控制，并确保对风险的适当分配。

可能允许对 SPV 提供一次性的信用增级，尽管这将被直接从资本中扣除，其他的信用增级可能阻止资产负债表表外转移。信用增级被加权作为对整个池子规模的直接信用被替代（如果信用增级是由一个无关联的第三方银行提供的），或者直接从资本中扣除。

可能不能为了信用增级的目的动用流动性便利。

11.5.1　对政策的修订：新《巴塞尔协议》文件

有关的政策是根据 1999 年的《巴塞尔征求意见稿第一稿》（CP1）、2001年的《巴塞尔征求意见稿第二稿》（CP2）和 2001 年 10 月有关证券化的一篇工作文件，以及根据 2002 年 10 月 1 日的《定量影响研究 3》（QIS3）和 2002 年 10 月 28 日的《有关证券化的第二篇工作文件》修订的。

2001 年 10 月的文件提出了与为证券化架构开发内部评级法有关的要考虑的新领域，尤其是资产支持证券的换算因素以及对于循环证券化和流动性便利的适当出路。随后在 2003 年 4 月 29 日发布了《巴塞尔征求意见稿第三稿》（CP3）。

这些文件规定了标准法和内部评级法，并列出了如下的规定草案。

11.5.1.1　转移方法

为了使发起人将证券化的资产排除在其资本计算之外，应当符合如下的要求。

- 应当已经将重大的信用风险转移给第三方。
- 转让方不保持有效或间接的控制（例如，通过一项在某一时点上收回资产的权利或义务）。
- 资产应当被转移到转让方及其债权人或破产清算人的控制范围以外（这似乎仍然允许包含从属参与，作为一种转移的方法，因为这被特别引用作为一个例子）。
- 所发行的证券不是转让方的债务。

- 受让方是一个 SPE，并且该 SPE 受益权的持有人有权不受限制地抵押或交换这些权益。
- 任何的清盘回购权应当由银行自行决定，不应当超过总体发行规模的 10%，并且不得被用于提供信贷支持。
- 该交易不应该要求发起人改善池子的质量，或提供信用增级，或者向投资者提供增大了的收益，以应对信用质量下降。

就发起人提供对交易的隐性支持而言，根据 CP3，将要求发起人针对该交易中的所有风险敞口持有资本，并且发起人必须公开宣布其已经提供了支持以及这样做可能造成的资本影响。

11.5.1.2   合成型证券化

在 CP2 中，委员会声称，它可能要求将最优先的部分转移，除非这些部分有高质量、夹层部分已经被转移，并且发起人没有能力购回或者保留除了最优先部分之外的任何部分。或者，它可能要求向市场的风险转移控制在最低水平，或者获得针对被留存的最优先部分提供保护。

CP2 以及随后的 CP3，在标准法中的"核查法"专门评估了最优先部分的风险，以及内部评级法下推断评级的风险。CP2 和 CP3 也规定了要求发起人在合成型证券化中将证券化的资产排除在其资本计算之外（除了对信用衍生品的一般要求），具体如下。

- 不应该有任何规定实质性地限制信用风险的转移（如显著的实质性阈值等）。
- 该交易不应该要求发起人改善池子的质量，或提供信用增级或保留第一损失头寸，或提供用于增强信用保障的成本，或向投资者提供增大了的收益，以应对信用质量下降。
- 参见有关相关司法管辖区的可执行性的法律意见书。
- 任何的清盘回购权应当由银行自行决定，不应当超过总体发行规模的 10%，并且不得被用于提供信贷支持。

以合成的形式进行的风险转移所实现的资本降低的程度将取决于支持该

信用保护的担保品（根据 CP3 规定的担保品新体系），如果有的话，包括信用保护出售者的对手方风险权重。

　　如果在基础的信用风险与在合成型证券化下带来的保护条款之间存在期限错配，将要求发起人持有资本以反映该期限错配。如果存在错配，那么，如果该合成型证券化距离到期不到 1 年，将不会承认任何的保护价值。如果该合成型证券化距离到期为 1 年或者更长时间，那么所出售的收益将被降低，降低的规模是在基础风险剩余期内用该档的金额乘以合成型证券化的剩余期（采用风险权重的期限，相当于将未被保护的金额和被保护的金额用期限来平均）。

11.5.1.3　披露

　　为了获得资产负债表表外处理的资格，也要求公开披露有关被证券化组合的定量数据、发起人承担的角色以及所提供的与该组合有关的任何信用或流动性便利。

11.5.1.4　未来利差收入

　　那些被资本化为资产的未来利差收入（FMI）必须从一级资本中扣除。

11.5.1.5　信用增级和流动性便利

　　资产负债表表内项目将用于衡量风险权重。对于资产负债表表外项目，诸如在流动性便利下的承诺，将进行评估以确定流动性便利是否合格。要合格需符合如下条件。

- ◆ 该流动性便利必须清楚地确定在什么情况下可以动用流动性，且不得被用于信用增级，或弥补亏损，或提供永久资金。
- ◆ 对该流动性便利的动用不应当服从投资者，且该流动性便利的费用不应当是从属的。
- ◆ 在该交易的信用增级耗尽后不能动用该流动性便利。
- ◆ 该流动性便利应当包含阻止动用该流动性便利用于过期未付或违约的资产。

◆ 该流动性便利应当包含一条规定，即如果池子平均质量降至低于投资
级，可以动用的金额将下降。

在标准法中，合格的流动性便利可能被作为正常的业务承诺对待（对于
1 年期或更短，CCF 为 20%；对于超过 1 年期，CCF 为 50%）。如果仅在一
般的市场混乱的情况下（而不是与基础资产的流动性短缺有关）提供该流动
性便利，则提议 CCF 为 0。对于合格服务商的预付现金提供 0 的 CCF，合
格服务商的预付现金排在其他债权之前，具体由各国自由裁定。其他的资产
负债表表外项目被给予 100% 的 CCF。

在内部评级法中，可能仅在一般的市场混乱的情况下被动用的流动性便
利有 20% 的 CCF，其他的资产负债表表外风险有 100% 的 CCF。

11.6　巴塞尔资本处理和新《巴塞尔协议》

巴塞尔银行监管委员会（Basel Committee on Banking Supervision）在
1988 年 7 月通过的《巴塞尔协议》，确定一家机构的自有资本与其风险加权
的资产的比率的绝对最低值为 8%（个别的监管机构可能设立更高的水平，
或者可能为个别机构设立更高的水平）。考虑到这些加权降低了资本本金，
银行资本作为资产的实际本金额的百分比往往低于 8%。《巴塞尔协议》没有
法律效力，但是被视为最佳做法，所有拥有国际银行的国家几乎都已经实施
了《巴塞尔协议》。

在《巴塞尔协议》发布后，巴塞尔委员会就修改和增补该协议达成协议，
主要是从 1998 年 1 月起把对市场风险的评估包括在内，以及允许运用批准
的银行内部 VAR 类型模型来确定市场风险资本要求。

1998 年 10 月 27 日，巴塞尔委员会同意将永续优先证券的发行作为一
级资本（不能超过一级资本总额的 15%），永续优先证券的利息可在税前扣
除。该债券只有在发行后最少 5 年后才能被赎回（并且只有在监管机构事
先批准的情况下），而且必须处在低于存款者和债券人的地位。允许息票
递增。

1999 年 6 月 3 日，巴塞尔委员会发布了有关修正 1988 年制度的征求意

见稿（CP1），这预示着一段旷日持久的进展过程的开始。

◆ **2000 年 1 月 18 日**：委员会发布了有关银行的内部信用评级体系的进一步的征求意见稿。

◆ **2001 年 1 月 16 日**：委员会发布了有关提议的新的征求意见稿（CP2），征求意见的截止期限是 2001 年 5 月 31 日，征求意见稿包括创立基于内部评级的方法。这些提议旨在于 2001 年年底前敲定，在 2004 年实施。

◆ **2001 年 6 月**：在各方对提议广泛发表意见之后，委员会决定在 2002 年年初发布进一步的提议，以便在 2002 年结束前敲定，在 2005 年实施。人们表达了对为中小企业融资的资本成本以及运营风险支出（据讨论，20% 的流动资本已经被视为这笔支出的适当水平）的特别关切。

◆ **2001 年 9 月**：在 ISDA 和其他当事方发表意见之后，巴塞尔委员会宣布，将考虑把有关担保品的"W"因子支出、担保和信用衍生品从有关最低资本要求的第一"支柱"转移到有关监督检查的第二"支柱"之下的适当举措的考虑。

◆ **2001 年年末**：发布了有关单独专题的文件（包括 2001 年 9 月的有关运营成本的文件以及 2001 年 10 月的有关证券化工作的文件）。

◆ **2001 年 1 月 5 日**：新闻稿列出了对 2001 年 1 月的 CP2 中列出的一些风险加权详情的潜在修正。

◆ **2001 年 12 月**：委员会宣布将对进一步提议的发布推迟至 2002 年。

◆ **2002 年 7 月 10 日**：一份新的新闻稿给出了修订后的实施时间表，将推出一份新的定量调查以及对中小企业贷款的新处理的详情。

◆ **2002 年 10 月 1 日**：发布了《定量影响研究 3》（QIS3），给出了有关公司和零售资本计算、运用担保品降低资本要求以及有关证券化的加权的更多详情。

◆ **2002 年 10 月 28 日**：巴塞尔委员会发布了《有关证券化的第二篇工作文件》。

◆ **2003 年 4 月 29 日**：发布新的《征求意见稿》（CP3），征求意见的截止期限为 2003 年 7 月 31 日。

◆ **2003 年 10 月 11 日**：巴塞尔委员会发布了新闻稿，将最终协议的公布从 2003 年 11 月推迟至 2004 年 6 月，并宣布进一步的征求意见项目，征求意见的截止期限是 2003 年年末，征求意见包括考虑为预期中的信用损失做出的规定以及替代下文概述的监管公式法。打算在 2006 年之前实施。

有关的建议包括了资本监管的三大"支柱"：

◆ 最低资本要求；
◆ 监督检查；
◆ 市场约束（例如，披露要求）。

要求银行持有等于其银行账目中的风险加权资产的 8% 的银行账目资本，并持有等于其交易账目中的每笔资本要求的总额的交易账目资本（与交易账目中的某些有关，该 8% 的比率可能被用于计算对手方风险）。

在 CP3 下，在 2006 年年底实施新协议之后的头两年中，运用内部评级法的银行将受到基于（如果根据老协议计算的话）银行应该持有的资本的最低资本下限的约束，定为在 2007 年为根据老协议计算应该持有的资本的 90%，在 2008 年则为 80%。

银行实体被要求基于单独的基础或并表的基础持有资本，通常的预期是子公司将被并表。CP3 收紧了这个基础，把是银行集团的母公司的控股公司包括在内，并要求在金融子公司（包括证券公司和未受监管的实体）构成银行的一部分的情况下对金融子公司并表。

11.6.1　银行账户 vs. 交易账户

一家银行的交易账户，由对为了短期转售目的而持有的金融工具以及为了对冲这样的风险敞口而持有的金融工具的自营持有或者在这些金融工具中的经纪头寸构成。银行在银行账户与交易账户之间的项目分配将受到严密的监督。

CP3 修订了这一定义，使得交易账户包括了银行在金融工具和大宗商品上的头寸，持有这些头寸或者是有交易意图，或者是为了对冲交易账户中的其他成分。如果持有头寸的意图是为了短期转售或有意从实际或预期的短期价格波动中受益或者锁定对冲利润，那么头寸将被视为有交易意图的持有。交易意图的证据可能是备有证明文件的交易策略和政策，诸如常规的盯市和交易台管理。对于小于一定规模的银行，不要求遵守交易账户资本处理。银行在银行账户与交易账户之间的项目的分配将受到严密的监督，将尤其严密地监督将流动性有限的资产归类为交易账户资产的行为。

11.6.2　净额结算

关于场外市场的衍生品和远期等资产负债表表外项目允许净额结算，要服从净额结算协议的规定，已经获得了涉及净额协议的法律意见书，法律意见书中不包含"走开"条款（该规定限制了非违约当事方由于违约当事方终止衍生品而做出任何的终止付款的义务）。

CP3 允许在贷款和存款方面实施资产负债表表内净额结算。

如果净额结算头寸在到期日上不匹配，那么如果头寸距离到期日不到 1年，则不确认净额结算价值；如果头寸距离到期日为 1 年或更长时间，则净额结算规模将被降低，具体做法是用净额结算规模乘以较短期的风险敞口再除以较长期的风险敞口（采用风险权重的期限，相当于将净额结算的金额和未净额结算的金额用期限来平均）。

11.6.3　在银行账户中的担保或保证

所持有的针对银行账户中的风险敞口的担保品可被用于降低对该担保品的风险敞口的风险权重，只允许在被担保品所覆盖的那部分风险敞口上进行降低。被允许的担保品和相关的折减 / 风险权重如下。

- ◆ **0%（0% 的风险权重）**　现金担保的资产或由经合组织中央政府 / 央行证券担保的资产或者由经合组织中央政府 / 央行保证的资产。
- ◆ **1.6%（20% 的风险权重）**　由经合组织的银行或由类似的体制监管的经合组织证券公司保证的资产。

CP3 显著修订了对担保的处理，并列出了运用担保的两种方法（简单法和综合法）。关于担保和保证，CP2 规定了对被覆盖的风险敞口的 15% 的"W"因子，对被覆盖的风险敞口的加权仿佛其没有被担保或保证（在任何未被覆盖的风险敞口之外）。巴塞尔委员会在 2001 年 9 月宣布，将考虑把"W"因子从有关最低资本要求的第一"支柱"转移到有关监督检查的第二"支柱"之下的对适当举措的考虑。QIS3 对于这一框架做出了进一步的修改（包括移除该"W"因子）。

根据 CP3，在

◆ 银行账户（标准法），可以运用简单法或者综合法；
◆ 银行账户（内部评级法），只可以运用综合法；
◆ 交易账户，只可以运用综合法。

视情况而定，必须接受法律意见书，确认相关担保品的担保权益的有效性，或者保证人的有效性。

（1）**简单法**　担保品必须至少每 6 个月按市值计价一次。被担保品的盯市价值所担保的风险敞口将被给予该担保品的风险权重（服从 20% 的最低风险权重，除非担保品是现金或者服从每日盯市和其他要求）。未担保的风险敞口被给予对手方的风险权重。CP3 允许以现金、黄金、债券证券（是评级为 BB- 或更高的主权和公共部门证券，评级为 BBB- 或更高的公司、银行或证券公司证券，评级为至少 A3/P3 的证券或者具有内在的投资级评级的某些上市银行高级债券）、主要指数权益和某些共同基金单元的形式出现的担保品。

（2）**综合法**　因风险敞口金额的波动对风险敞口进行折减，因价值的波动和汇率波动（如果存在货币错配）对担保品进行折减。两个折减数字的差异被作为未担保金额处理，并对对手方进行风险加权（被担保部分没有引起支出）。CP3 允许担保品与在简单法下采取同样的形式，加入了不在主要指数中的上市权益。折减可能要么是标准的《巴塞尔协议》波动折减，要么由银行决定。标准的《巴塞尔协议》波动折减从 0（现金）到 25% 不等（不是主要指数的一部分权益），假设逐日盯市和追加保证金以及 10 天的持有期。

折减为 0 可能被应用于与一个逐日盯市的核心市场参与者回购政府证券有关的担保品。

在基础内部评级法中，可以把被允许的金融资产担保品考虑在内以降低违约损失率。在对担保品的价值运用了折减（对于基础风险敞口的波动、担保品的波动以及汇率波动）之后，对于金融担保品，被覆盖的部分违约损失率可以被降至最低 0。

应收账款担保品也被用于降低违约损失率，幅度最高可达 35%（在担保品的价值超过风险敞口的 125% 的情况下）。房地产（商业或住宅）担保品将用于降低违约损失率，幅度最高可达 35%（在担保品价值超过风险敞口的 140% 的情况下）。其他担保品将用于降低违约损失率，幅度最高可达 40%（在担保品价值超过风险敞口的 140% 的情况下）。

在标准法中被保证的风险敞口被用于给予保证人的风险权重，或者在内部评级法中被担保的风险敞口被用于降低违约概率和违约损失率。符合条件的保证人，在标准法下，是主权国家、公共部门实体、银行和证券公司以及评级为 A- 或更高的公司，在内部评级法下，也包括评级较低的公司。

在标准法下必须将实质性门槛从资本中直接扣除。

在标准法下，在参考债务是以一种不同的货币计价时，将通过折减来降低所确认的保护的水平（以反映汇率风险）。

在标准法和内部评级法下，如果信用保护的期限比被保护的资产短，那么如果信用保护距离到期不到 1 年，则不确认保护价值。如果信用保护距离到期为 1 年或更长，则将降低被保护的规模，具体的做法是用被保护的规模乘以保护的剩余期限除以风险保护的剩余期限（采用风险权重的期限，相当于将未被保护的金额和被保护的金额用期限来平均）。

11.6.4　在交易账户中的担保和保证

运用上文列出的综合评级法，可以针对交易账户中的对手方风险持有担保品，以降低风险支出。

11.6.5　衍生品和信用衍生品

除了任何的交易账户市场风险评估，场外市场衍生品面临对手方风险折减，具体做法是计算衍生品的盯市价值加上一个名义本金（总计为"信贷等值金额"）0～15% 的"追加"价值（通过参考合同的剩余期限以及合同类型（利率合同，0～1.5%；汇率合同，0～7.5%；权益合同，6%～10%；贵金属合同，7%～8%；大宗商品合同，10%～15%）确定，然后用总额乘以对手方风险权重。

对手方风险权重在 0～50%。由此得出数字然后用 8% 的因子加权。这导致场外市场衍生品的对手方风险折减支出（这是在任何的交易账户市场风险评估之外出现的）为盯市价值和附加的 0～4%。

CP3 取消了 50% 的对手方风险的加权上限，给出的对手方风险折减支出为盯市价值和附加的 0～8%。

CP3 规定了 5%～10% 的信用衍生品"附加"支出。

11.6.6　外汇

银行被要求对其净外汇头寸及其净黄金头寸持有 8% 的资本（具有最低的外汇活动、未平仓净头寸不超过资本的 2% 的银行可能被地方监管机构豁免这一支出）。

11.6.7　大宗商品

银行被要求对其净大宗商品头寸持有 15% 的资本，再加上对其总大宗商品头寸持有 3% 的资本。

11.6.8　模型

允许在评估与银行的外汇或大宗商品头寸，以及与银行的交易账户的利率、权益和衍生品风险有关的资本要求时运用被批准的 VAR 类型模型。

11.7　针对银行账户风险敞口的资本

针对银行账户风险敞口目的的风险包括一级资本（权益和公开准备金减去商誉以及对从事金融服务活动的非并表实体的投资，减去由其他银行发行

的资本（如果地方监管机构根据最初的规则这样决定，例如在英国），并且
无论如何是根据 CP3 决定的）和二级资本（未披露准备金、重估储备、一般
（非特定的）损失准备金）以及最低期限为 5 年的次级债务。对二级资本的纳
入最高只能达到超过一级资本的规模，二级资本次级债务最高只能达到一级
资本水平的 50%。银行账目中的资产的风险权重如下。

11.7.1　一般的资产负债表表内资产

在新《巴塞尔协议》生效之前的体制下的折减对资本要求如下。

- **0（0 的风险权重）**　现金或对经合组织中央政府 / 央行的求偿权。
- **0/0.8%/1.60%/4%（0/10%/20%/50% 的风险权重）**　对经合组织公
  共部门实体的求偿权。
- **1.6%（20% 的风险权重）**　对经合组织银行或由类似的体制监管的经
  合组织证券公司的求偿权。
- **4%（50% 的风险权重）**　住宅按揭贷款（房主自住的或出租的）。
- **8%（50% 的风险权重）**　其他。
- **100%（1 250% 的风险权重；1 对 1 扣除）**　由原始权益人和再次
  出售人提供的第一损失增级，以及由原始权益人提供的第二损失
  增级。

在 CP3 下的新体制将具有将这些折减和权重改变为两种选项中的一种
的效果，由银行选择。

11.7.2　标准（基于外部评级的）法

运用外部评级选项的折减资本要求如下。

- **0（0 的风险权重）**　现金或净额或对 AAA 到 AA- 评级的主权国家的
  求偿权或由 AAA 到 AA- 评级的主权国家保证或担保的现金担保资
  产或求偿权。
- **1.6%（20% 的风险权重）**　对 AAA 到 AA- 评级的银行（或被类似

的体制监管的证券公司）或公司实体或公共部门实体的求偿权，或由
AAA 到 AA- 评级的银行（或被类似的体制监管的证券公司）或公司
实体或公共部门实体保证或担保的，或者是对 A+ 到 A- 评级的主权
国家的求偿权。

- **2.8%（35% 的风险权重）** 住宅按揭贷款。

- **4%（50% 的风险权重）** 对 A+ 到 A- 评级的银行（或被类似的体制
  监管的证券公司）或公共部门实体或公司或资产支持证券的求偿权，
  或由 A+ 到 A- 评级的银行（或被类似的体制监管的证券公司）或
  公共部门实体或公司或资产支持证券的求偿权，或者是对 BBB+ 到
  BBB- 评级的主权国家的求偿权，以及（由各国自行决定）由商用房
  产担保的发展良好的和长期经营的按揭贷款放款，并且，这些按揭贷
  款在贷款与市场价值比为 50% 或者贷款与按揭价值比为 60% 两者中
  较低的程度上尚未过期未付，这些按揭贷款在任何一年中承载的损失
  不高于贷款价值比为 0.3%，总体损失不高于贷款价值比为 0.5%。此
  外，由各国自行决定那些过期未付超过 90 天的有至少 50% 的准备金
  的住宅按揭贷款。

- **6%（75% 的风险权重）** 住宅按揭贷款以外的具有零售性质的求偿权，
  包括作为零售组合被管理的中小企业贷款组合。

- **8%（100% 的风险权重）** 对 BBB+ 到 BBB- 评级的银行（或被类似
  的体制监管的证券公司）或公共部门实体的求偿权、BBB 到 BB- 评
  级的公司债务、BBB+ 到 BBB- 评级的资产支持证券、BB+ 到 B- 评
  级的主权债务，或者没有信用评级的银行（或被类似的体制监管的证
  券公司）债务或公司债务或主权债务的求偿权，或者由以上债务保证
  或担保的，或者由商业按揭贷款保证或担保的（除了在上述的 50%
  的权重中所指出的那些）以及那些过期未付超过 90 天的有至少 20%
  的准备金的贷款，还有那些过期未付超过 90 天的有不到 50% 的准备
  金的住房按揭贷款。

- **12%（150% 的风险权重）** 对评级低于 B 的银行（或被类似的体制
  监管的证券公司）或公共部门实体或主权国家的求偿权，或者由评级
  低于 B 的银行（或被类似的体制监管的证券公司）或公共部门实体或

主权国家保证或担保的，或者由评级低于 BB- 的公司保证或担保的过期未付超过 90 天的无担保求偿权（扣除专项准备金）以及那些过期未付超过 90 天的有不到 20% 的准备金的贷款。

◆ **28%（350% 的风险权重）** 对评级为 BB+ 至 BB- 的资产支持证券的求偿权，或者由评级为 BB+ 至 BB- 的资产支持证券保证或担保的。

◆ **100%（1 250% 的风险权重；1 对 1 扣除）** 对评级为 B+ 或更低的资产支持证券的求偿权，或者由评级为 B+ 或更低的资产支持证券保证或担保的（除了在老规则下其他的信用增级项目）。

短期银行求偿权（不超过 3 个月期）会向上移动一个类别。监管机构有一项选择权，可将在该国注册的银行的风险权重定为比该国的主权评级的风险权重低一个类别。

未评级的风险敞口作为最为高级的证券化风险敞口，对关于未评级的风险敞口、与资产支持商业票据计划有关的投资级品质的第二损失头寸以及符合条件的流动性便利，提出了核查法。

◆ 对于最为高级的证券化风险敞口，该风险敞口的风险权重被定为基础的信用风险敞口的平均风险权重。

◆ 对于与资产支持商业票据计划有关的投资级品质的第二损失头寸或更好的头寸，适用 100% 的风险权重。

◆ 对于符合条件的流动性便利，该流动性便利的风险权重被定为基础的信用风险敞口的最高风险权重。

CP3 规定，对于短期评级的流动性便利，可以以具体的发行为基础运用短期评级，具体如下。

◆ **1.6%（20% 的风险权重）** 对 A1+ 到 A1 评级的银行、公司或资产支持证券的求偿权。

◆ **4%（50% 的风险权重）** 对 A2 评级的银行、公司或资产支持证券的求偿权。

◆ **8%（100% 的风险权重）** 对 A3 评级的银行、公司或资产支持证券的求偿权。

◆ **12%（150% 的风险权重）** 对评级低于 A3 的银行或公司的求偿权。

◆ **100%（1 250% 的风险权重；1 对 1 扣除）** 对评级低于 A3 评级或未评级的资产支持证券的求偿权。

为了运用一个对特定细分市场的外部评级，该文件设想，在相关的细分市场这样的评级方法应当已经建立了至少 1 年（最好是至少 3 年）。

CP3 也包含了一项自愿不参与、允许监管机构有国家层面上的自行决定权，可允许银行对所有公司应用 100% 的风险权重，不论外部评级如何。

11.7.3　内部评级法

在这种方法中，根据 CP3，要求银行将其风险敞口分为五类：公司、主权、银行、零售和权益（不包括交易账户中的权益）。

银行可以在最初针对这些类别中的单独一类采纳内部评级法（IRB），但是将被预期对所有其他类别也采纳内部评级法，尽管 CP3 认可在实施上可能有滞后或者随着时间的推移分步骤地推出。

更为简单的"初级法"最初适用于公司、主权和银行风险敞口，并要求银行估计风险敞口的违约概率（PD）。在"高级法"下，银行也必须估计期限（M），也可能估计违约损失率（LGD）和违约风险敞口（EAD）。初级法和高级法对于零售风险敞口没有区别。

11.7.3.1　公司、主权和银行

除了主流的公司放款，在公司类别有五个子类的专门的放款（其中包含了对于依赖特定的资产进行偿付，以及几乎没有或者完全没有其他物质资产实体的放款形式），如下：

◆ 项目融资；
◆ 物品融资（例如，资产融资）；

- 商品融资（例如，存货、应收账款）；
- 产生收入的房地产（例如，办公楼、多户住宅、酒店等）；
- 高度波动的房地产（例如，建筑或其他情境，在其中融资是由销售收入偿付的，或者房地产产生的预期现金流是不确定的）。

银行首先为其每一个内部评级登记计算一个 1 年期的违约概率。

对于专门的放款，在银行达不到估计违约概率的要求时，银行就被要求将该风险敞口归入五种监管类别中的一种（期限不到 2.5 年 / 等于或高于 2.5 年的期限的分类和权重：强劲的 50%/75%、良好的 75%/100%、令人满意的 150%/150%、疲弱的 350%/350%、违约 625%/625%）。这些分类大体上对应 BBB- 或更高的评级、BB+/BB、BB-/B+、B/C-、违约。如果银行不符合这些要求，它可能运用初级法或高级法。

对于高度波动的房地产风险敞口，银行必须运用五种监管分类中的一种（期限不到 2.5 年 / 等于或高于 2.5 年的期限的分类和权重：强劲的 75%/100%、良好的 100%/125%、令人满意的 175%/175%、疲弱的 350%/350%、违约 625%/625%）。如果银行符合对违约概率的估计，由各国自由裁定，银行可以运用初级法或高级法，对于高波动房地产专门有一个另外的风险加权函数。

在 QIS 下根据高级法假设所有风险敞口的期限（M）为 2.5 年。根据高级法，银行被要求计算有效期限。

在 CP3 下，根据初级法，违约损失率（LGD）是如下的标准百分比（用一个数字表达，等于如下的百分比）：

- **45%**（对于对公司、银行或主权的高级求偿权）；
- **75%**（对于对公司、银行或主权的次级求偿权）。

在高级法下，要求银行计算违约损失率。

对于中小企业贷款（借款者的年销售额低于 5 000 万欧元的贷款），CP3 规定了较低的风险权重，并按比例降低资本要求（从营业额低于 5 000 万欧元的企业，到营业额不超过 500 万欧元的企业）。如果中小企业贷款组合是被作为一个零售组合管理并且没有超过 100 万欧元的贷款，那么可以运用零售风险权重曲线替代。

从这些成分输入中计算资本要求（K），一个资产应得的风险权重等于计算出的资本要求的 12.5 倍。

$$K = \text{LGD} \times N[(1-R)^{-0.5} \times G(\text{PD}) + (R/(1-R))^{0.5} \times G(0.999)]$$
$$\times (1 - 1.5 \times b(\text{PD}))^{-1} \times (1 + (M - 2.5) \times b(\text{PD}))$$

这里 $b = (0.084\,51 - 0.058\,98 \times \log(\text{PD}))^2$

$$R = 0.12 \times (1 - \exp(-50 \times \text{PD}))/(1 - \exp(-50)) + 0.24$$
$$\times [1 - (1 - \exp(-50 \times \text{PD}))/(1 - \exp(-50))]$$

11.7.3.2　零售类别

零售被分为住宅地产、符合条件的周转（对于具有较高的利差或未来利差收入——对损失比率的 10 万欧元或以下的个人周转的、无担保的和不受约束的风险敞口）以及其他零售。要被归类为零售，风险敞口必须要么是针对个人的，要么是针对自住业主的住宅按揭贷款（也包括对只包含数套单元的建筑的购房出租），要么是被作为零售风险敞口管理的风险敞口不超过 100 万欧元的中小企业贷款。风险敞口也应该形成一个大池子并以池子为基础进行管理。零售类别被根据产品类型或者其他特征分成没有过度集中度的旨在由同质资产构成的不同部分，每个类别应当大到足以允许对违约和损失的统计测量被运用到整个部分。

为了计算资本，银行运用内部估计（而不是内部评级等级）为每个部分整体上计算违约概率和违约损失率，假定过期未付超过 90 天（及/或出现破产或其他的信用事件）是违约的参考水平。

从这些成分输入中计算资本要求（K），一个资产应得的风险权重等于计算出的所需资本的 12.5 倍。

◆ 住宅：

$$K = \text{LGD} \times N[(1-R)^{-0.5} \times G(\text{PD}) + (R/(1-R))^{0.5} \times G(0.999)]$$

这里 $R = 0.15$

◆ 符合条件的周转：

$$K = \text{LGD} \times N[(1 - R)^{-0.5} \times G(\text{PD}) + (R/(1 - R))^{0.5} \times G(0.999)]$$
$$- 0.75\text{PD} \times \text{LGD}$$

这里

$$R = 0.02 \times (1 - \exp(-50 \times \text{PD}))/(1 - \exp(-50)) + 0.11$$
$$\times [1 - (1 - \exp(-50 \times \text{PD}))/(1 - \exp(-50))]$$

◆ 其他零售

$$K = \text{LGD} \times N[(1 - R)^{-0.5} \times G(\text{PD}) + (R/(1 - R))^{0.5} \times G(0.999)]$$

这里

$$R = 0.02 \times (1 - \exp(-35 \times \text{PD}))/(1 - \exp(-35)) + 0.17$$
$$\times [1 - (1 - \exp(-35 \times \text{PD}))/(1 - \exp(-35))]$$

11.7.3.3 权益类别

对权益的风险权重的确认要么是运用基于市场的方法（或者是简单的风险加权，对于上市权益给予 300% 的风险加权，对于其他权益给予 400% 的风险加权，或者是运用 VaR 方法），要么是基于违约概率 / 违约损失率（运用 90% 的违约损失率）的方法。

11.7.3.4 证券化

为了计算证券化的资本，内部评级法被细分为评级基础法（RBA）和监管公式法（SF），所提议的资本处理在原始权益人（直接或间接地发起证券化中包括的风险敞口的实体）以及商业票据管道或类似计划的再次出售人、服务商和投资者（在证券化中承担风险的任何其他机构）之间有所不同。监管公式法主要为原始权益人所运用，评级基础法为投资者所运用。

那些对一个基础资产类别采用内部评级法的银行必须也对此类资产的任何证券化运用内部评级法。

运用内部评级法的原始权益人被要求计算 K_{IRB}，即如果被证券化的资产在资产负债表上持有会带来的资本要求——该数据用小数形式表示（例如，15% 将被表达为 0.15）。它包括信用增级水平（L）、档的厚度（T）、池中的贷款数目（N）以及加权平均违约损失率（LGD）。

在内部评级法下 K_{IRB} 被用作对原始权益人的最高资本要求的上限。在监管公式法下 K_{IRB} 也被用于确定更为高级头寸的资本要求的水平。

- 在监管公式法下所有发行档的总资本要求被定在 $(1 + Beta) \times K_{IRB}$，这里 Beta 是一个溢价（最初讨论定在 20% 的水平，但是在新提议下这是风险敏感的，对于非粒状的池子将比粒状的池子高）。
- 对于超过 K_{IRB} 的头寸（对此将从资本直接扣减），这是基于一个从全面扣减水平下降的曲线函数计算资本。
- 结果是所有档的总资本要求等于 K_{IRB} 加上 Beta 作为 K_{IRB} 的一个百分比。

在一个档的资本要求被计算为

$$S[L + T] - S[L]$$

式中，L = 信用增级水平；

　　　T = 档的厚度。

如果 L 小于或等于 K_{IRB}，则支出等于 L。

如果 L 大于 K_{IRB}，那么：

$$S[L] = K_{IRB} + K[L] - K[K_{IRB}] + (d - K_{IRB}/w)[1 - e^{w(K_{IRB} - L)/K_{IRB}}]$$

作为限制评估粒度负担的"安全港"，如果池中的单独最大风险敞口为 3%，那么可以在 K_{IRB} 资本计算中假设违约损失率为 50%。

11.7.3.5　原始权益人

在内部评级法下，原始权益人被要求计算证券化的 K_{IRB}。

- 原始权益人所保留的从零到 K_{IRB} 之间的头寸将直接从资本中扣减。
- 超过 K_{IRB} 的头寸在可获得的情况下应当运用基于外部或推定评级的评级基础法，在无法获得外部或推定评级的情况下，应当运用监管公式法基于曲线函数计算资本。
- 横跨 K_{IRB} 的头寸应当被分为两个部分并被适当处理。

有资金的现金储备基金可以被作为在一项风险之下的信用增级考虑。原始权益人银行的最高总资本要求将是资本的 K_{IRB} 水平。

11.7.3.6 投资者

在 2001 年 10 月的文件中提出，在内部评级法下，投资者被要求持有的资本运用公司资产内部评级法下的风险权重评估的违约损失率为 50%。然后将这乘以一个比例因子，该比例起到提高资本要求的作用。在评级基础法下，在 QIS3 中比例因子法被一套新的风险权重所替代。

可以邀请投资者运用评级基础法来计算外部或推定评级的资本要求。如果无法获得外部或推定评级，应当将风险敞口从资本中扣减，除非监管批准运用监管公式法。

评级基础法将头寸分类为：

◆ 高级头寸（清偿优先性大于或等于 0.1+25/ 池子中的资产数目），受到高粒度的池子（100 个或以上的风险敞口）的支持；

◆ 基础；

◆ 非粒状的池子。

这产生了如下的风险权重（首先陈述折减资本要求）。

◆ 0.6%/1.0%/1.6%（7%/12%/20% 风险权重） 对于 Aaa 评级（分别对应高级和粒状的 / 基础 / 非粒状的）。

◆ 0.8%/1.2%/2.0%（10%/15%/25% 风险权重） 对于 Aa 评级（分别对应高级和粒状的 / 基础 / 非粒状的）。

◆ 1.6%/1.6%/2.8%（20%/20%/35% 风险权重） 对于 A 评级（分别对应高级和粒状的 / 基础 / 非粒状的）。

◆ 4%（50% 风险权重） 对于 Baa1 评级。

◆ 6%（75% 风险权重） 对于 Baa2 评级。

◆ 8%（100% 风险权重） 对于 Baa3 评级。

◆ 20%（250% 风险权重） 对于 Ba1 评级。

◆ 34%（425% 风险权重） 对于 Ba2 评级。

- ◆ 52%（560% 风险权重） 对于 Ba3 评级。
- ◆ 100%（1 250% 风险权重） 对于 Ba3 以下的评级和未评级的。

短期

- ◆ 0.6%/1.0%/1.6%（7%/12%/20% 风险权重） 对于 A1 评级（分别对应高级和粒状的 / 基础 / 非粒状的）。
- ◆ 1.6%/1.6%/2.8%（20%/20%/35% 风险权重） 对于 A2 评级（分别对应高级和粒状的 / 基础 / 非粒状的）。
- ◆ 6%（75% 风险权重） 对于 A3 评级。
- ◆ 100%（1 250% 风险权重） 对于 A3 以下的评级和未评级的。

11.7.4　对于资产负债表资本折减的影响

在表 11-1 中可以看到新《巴塞尔协议》外部评级法（ERB）和内部评级法（IRB）资本计算的结果，该表运用了 CP3 中的样本内部评级法计算。从中可以看到，不论外部评级法还是内部评级法，相比即使是诸如在项目融资上的专门的放款风险敞口等其他资产，新《巴塞尔协议》对于资产支持证券档极其严苛。图 11-1 也展示了这些资本折减。

表 11-1　新《巴塞尔协议》下的资本

基于外部评级的 ABS	基于外部评级的公司
基于内部评级的 ABS 基础	基于内部评级的公司 / 银行 / 主权
基于内部评级的中小企业（非零售）	基于内部评级的特别筛选的公司（2.5 年）
基于内部评级的零售类抵押贷款，25% 的 LGD	基于内部评级的其他类贷款，85% 的 LGD
基于内部评级的循环贷款，45% 的 LGD	

资料来源：巴塞尔委员会 2003 年 4 月的咨询文件。

11.7.5　一般的资产负债表表外资产（除了衍生品）

对衍生品以外的资产负债表表外资产（包括保证、未履行的承诺以及流动性便利）的报告，是用项目的名义本金额乘以一个在 0 ～ 100% 的 "信用转换系数"，然后再乘以对手方风险权重和 8% 的因子（从属被报告为在基础借款者的风险权重和参与银行的风险权重两者中的较高者之上的风险敞口），具体如下。

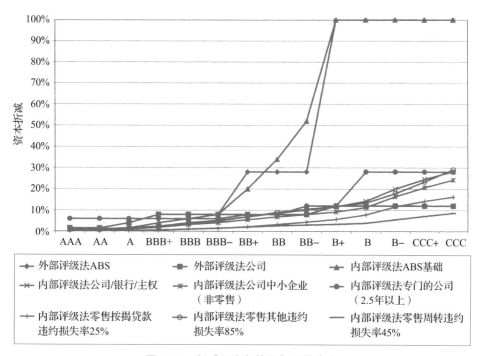

图 11-1　新《巴塞尔协议》下的资本

资料来源：巴塞尔委员会 2003 年 4 月的咨询文件。

- ◆ **1 对 1 扣除**　这指的是不符合资质要求（例如，关于运用借款基数计算）并因此在没有其他第一损失增级的情形下被作为信用增级处理的流动性便利（在流动性便利由发起人提供并且没有达到要求的情况下，资产仍将保留在资产负债表中），也包括由原始权益人、再次出售人或再打包者提供的任何表外第一损失增级以及由原始权益人提供的表外第二损失增级。
- ◆ **100%**　那些是"直接信贷替代品"的资产负债表表外项目（所提供的保证应当被作为在所保证的当事方的全额本金上的风险敞口报告）。
- ◆ **50%**　一个初始期限超过 1 年的未履行的承诺。
- ◆ **20%**　自偿性的贸易融资项目。
- ◆ **0**　一个初始期限不超过 1 年的未履行的承诺。

CP3下的新制度将这改变为如下（标准法）。

- **100%**　那些是"直接信贷替代品"的资产负债表表外项目（所提供的保证应当被作为在所保证的当事方的全额本金上的风险敞口报告）和不符合条件的流动性便利，以及与证券化有关的其他资产负债表表外项目。
- **50%**　一个初始期限超过1年的未履行的承诺或符合条件的流动性便利。
- **20%**　一个初始期限不超过1年的未履行的承诺或符合条件的流动性便利以及自偿性的贸易融资项目。
- **0**　一个可以被无条件地取消的初始期限不超过1年的未履行的承诺，以及可能只有在一般的市场扰乱的情况下才能被动用的符合条件的流动性便利。

在内部评级法中，资产负债表表外项目的信用转换系数与在标准法下相同，除了并非在任何时候都可以被无条件地取消的已承诺的未动用的便利将被给予75%的风险转换系数，无论期限如何（在基础法下），或者在预期违约风险敞口（EAD）水平下转换（根据高级法）。关于资产负债表表外证券化风险敞口，那些可能只有在一般的市场扰乱的情况下才能被动用的符合条件的流动性便利有20%的信用转换系数。其他的资产负债表表外证券化风险敞口有100%的信用转换系数。

对于周转池的证券化，委员会首先在CP2中提出一个额外支出（以名义金额10%的"信用转换系数"的形式），以反映提前清偿使得证券重回资产负债表的风险。

CP3用对资产负债表表外风险敞口的信用转换系数的按比例调整发展了这些，其中有提前清偿特色，主要是基于交易中的超额利差的规模。对于对未承诺的零售信用额度的有控制的提前清偿，信用转换系数始于对于超额利差不低于450个基点为0，降至对于超额利差低于112.5个基点为40%。非零售信用额度和承诺额度有90%的CCF。对于对未承诺的零售信用额度的无控制的提前清偿，信用转换系数始于对于超额利差不低于450个基点为

0，降至对于超额利差低于 112.5 个基点为 100%。非零售信用额度和承诺额度有 100% 的 CCF。

11.7.6　回购/股票贷款

逆回购和股票借贷被现金放款者/证券借款者作为有担保的贷款报告，并被给予与担保品相适合的风险权重（对于某些回购，担保品加权可以降至 0，诸如有逐日盯市的对政府证券的回购）。

11.7.7　信用衍生品

信用违约互换和总收益互换就与之相关的风险敞口的规模而言被作为保证对待。信用息差产品不给买家提供任何的资本益处。

CP2 要求对被覆盖的风险敞口的权重给予 15% 的 "W" 因子，仿佛没有获得保护（除了任何未覆盖的风险敞口）。类似地，巴塞尔委员会于 2001 年 9 月宣布，将考虑把与 "W" 因子有关的支出从有关最低资本要求的第一 "支柱" 转移到有关监督检查的第二 "支柱" 之下。QIS3 去除了 "W" 因子。

CP3 为信用衍生品列出了一般要求。

- 信用衍生品必须是明确地参考特定的风险敞口的直接求偿权，并且必须是不可撤销的，除非购买保护的买家不付款。
- 不允许卖出保护的卖家由于被保护的资产的信用质量恶化而单方面地取消信用覆盖或者提高信用覆盖的成本。
- 信用衍生品必须至少包括与未能偿付、破产以及涉及减免或推迟偿付有关的 "信用事件" 触发因素。
- 参照义务必须与被保护的资产相同，或者必须由同样的发行者发行，并且排位低于被保护的资产或者两者权利平等，并可能适用交叉违约。

在标准法下，符合条件的信用保护的提供者是主权国家、公共部门实体、银行和证券公司以及评级不低于 A 级的公司债券（在内部评级法下也包括评级较低的公司债券)。

在标准法下,应当将实质性阈值从资本中直接扣减。

在标准法下,在参照义务是由不同的货币计价时,所承认的保护规模将通过折减被降低(以反映汇率风险)。

如果信用衍生品的期限比被保护的资产短,那么,如果该信用衍生品距离到期不到 1 年,则不确认保护价值。如果该信用衍生品距离到期不少于 1 年,那么信用保护的金额将被降低,做法是用信用保护的金额乘以保护剩余期限除以风险敞口剩余期限(两者的上限均为 5 年)(采用风险权重的期限,相当于将未被保护的金额和被保护的金额用期限来平均)。

CP3 对于篮子交易制定了相关规定。

- ◆ "首先违约"篮子架构给予了买方应对该篮子中的任何一个资产违约的保护。
- ◆ 在出售"首先违约"信用衍生品篮子时,如果该架构是外部评级的,对其要求的资本要求按照有同样评级的证券化档处理;如果没有被评级,则该架构为保护卖家产生的资本要求等于该篮子中每种资产的相应资本要求的加总(上限为从风险敞口的资本中直接扣减)。
- ◆ 在"第二违约"篮子架构中,买家可能只能把保护看作对已经获得"首先违约"保护或者在其中的一种资产已经违约的情况下的资本宽减。
- ◆ 在出售"第二违约"信用衍生品篮子时,如果该架构是外部评级的,对其要求的资本要求按照有同样评级的证券化档处理;如果没有被评级,则该架构为保护卖家产生的资本要求等于该篮子中的每种资产的相应资本要求的加总,不包括该篮子中最糟糕的那笔资产。

11.7.8 操作风险

CP2 提出为操作风险确定额外的银行账户资本要求,视银行的业务性质而定。CP2 提出 20% 的最低监管资本,2001 年 9 月的文件提出降至 12%。

CP3 列出了计算操作风险费的 3 种方法:基本指标法、标准法和高级计量法。在基本指标法下的公式是过去 3 年每年总收入平均水平的 15%。

　　委员会已经放弃了其最初的立场，其最初认为对有广泛利率风险的"异常值"的利率风险给予额外的资本要求，但是委员会强调，监管机构应当留意在200 个基点的利率冲击之后一级资本和二级资本下降幅度超过 20% 的银行。

11.8　应对交易账户风险敞口的资本

　　应对交易账户风险敞口的资本，与银行账户一样，包括一级资本和二级资本，但是此外银行可以运用三级资本（距离到期最低 2 年的次级债）以应对一个机构的某些交易账户风险敞口（针对交易账户设定的二级资本和三级资本不能超过针对交易账户设定的一级资本的 250%）。要求将某些成分从资本中直接扣减（给予 1 250% 的等价风险权重），特别是涉及在证券化架构中向 SPV提供信用增级，其中银行是该交易的原始权益人。对于交易账户资产的折减如下。

11.8.1　债务

　　固定收益工具被评估在同样的期限区间匹配的多头头寸和空头头寸的一般（或与头寸相关的）市场风险，为所抵消金额的 0 ～ 12.5%，没有重复计算（以反映证券的剩余期限——对浮动利率证券的风险加权的确定参考到下一次利息决定日的时间，而不是剩余期限，并因此往往落在 1 个月区间的概率为 0，1 ～ 3 个月为 0.2% 或者 3 ～ 6 个月为 0.4%），这将面临两个层级的抵消：首先，在 3 种时间长度（短期、中期和长期）中的每一种之中，其次，在这些不同的时间长度之间。未匹配的头寸被评估为本金额的 0 ～ 12.5%，以 100% 的因子加权。这导致了对总风险敞口的范围从 0 至 12.5% 的总折减（未匹配的），对匹配头寸的折减较少。

　　债务证券特定的（或与对手方相关的）折减作为总头寸的百分比如下。

◆ 0，同一发行人的同一笔发行，其中多头和空头头寸抵消，或者是由中央政府 / 央行发行的证券，或由中央政府 / 央行证券担保的；

◆ 对于剩余期限在 6 个月或以内的"合格债务项目"为 0.25%；

- 对于剩余期限在 6～24 个月的"合格债务项目"为 1%；
- 对于剩余期限超过 24 个月的"合格债务项目"为 1.6%；
- 对于其他证券为 8%。

合格债务项目大致包括公共部门证券和投资级证券，而且，由地方监管机构决定，也可是银行或由类似体制监管的证券公司发行的证券。

11.8.2　权益

对于权益的总折减为净头寸的 8%。对于权益的特定的风险权重为总头寸的 8%，或者对于那些具有流动性的和作为一个分散化的权益投资组合的一部分的权益为 4%。

11.8.3　信用衍生品

CP3 规定可以通过运用总收益互换来获得完整的特定风险抵消。只有达到 80% 幅度的部分抵消是从信用违约互换或者信用关联票据中获得的，为了从这些抵消中获益，参照资产必须与基础资产完全匹配，并且期限和货币也必须匹配。

如果参照资产是由作为基础风险敞口的同样的发行人发行的，并且排位低于被保护的资产或者两者权利平等，或者存在货币或期限错配，那么将接受两种特定风险（信用衍生品和基础资产）中较高的。实质性阈值或固定支出金额将限制保护值。

11.8.4　衍生品

正如上文所说，交易所交易的衍生品和场外衍生品一般被分解成单个的风险成分（利率、权益风险等），这些风险成分包括在市场风险要求的相关评估中。期权和权证的多头头寸通常被评估为折减，折减规模等于在基础资产上的头寸的支出与该工具的市场价值额两者中的较低者。期权和权证的空头头寸通常被评估为折减，折减规模等于在基础资产上的头寸，但是该期权是价外期权的金额被从评估中扣除。为了对冲基础资产而持有的头寸在评估中被全部或部分扣除。

第 12 章

全球证券化市场

12.1 阿根廷

阿根廷大多数到期交易都是国内交易。2001 年 5 月，使用 CNV 信托结构，阿根廷完成了对不良资产（担保以及无担保企业贷款的混合形式）的第一次证券化处理。2002 年 1 月，美元计价资产负债向阿根廷比索强制转换导致比索贬值后，出于对资金转移性的考虑，标准普尔对阿根廷的一系列交易进行了降级处理。

12.1.1 资产隔离和真实出售

1995 年 1 月 9 日，阿根廷出台了 24441 号法律——《住房建筑融资法》（也被称为《信托法》）。此法规定，出现欺诈情况时转让不能平仓保存，在此前提下，允许资产向信托转换，并由受托人管理。

12.1.2 在岸 SPV

《信托法》规定，信托受托人可以根据信托资产发行债券或者信托证券，并可代表这些证券持有人作为信托收益者存在。

12.1.3 证券法

《信托法》规定，向公众发售证券事先必须经过 Comision Nacional de Valores

（CNV，阿根廷证监会）的认证批准。

12.1.4　税收处理

预扣税　受托人依据《信托法》发行的债券，若经由 CNV 批准后向公众发行的债券进行利息支付，不需要支付预扣税款，若未经 CNV 批准则需要支付预扣税款。信托证券可能不需要支付预扣税款。

利得税　信托可以因债券（具有股权型特征的债券可能是个例外）利息付款要求减税，但是不能因为信托证券的分销要求减税。

VAT　根据《信托法》，免除依法转让行为的责任以及相应的转让增值税。

12.1.5　其他事项

2002 年 1 月 6 日，《紧急事件法 25561》生效。该法与 2002 年 2 月 3 日发布的 214 号法令强制要求，阿根廷法律规定下以美元计价的资产负债法转向以阿根廷比索计价的资产负债法。在此之前，比索是以 1∶1 的价格与美元捆绑在一起的。该法废除了固定汇率，把银行存款转向以比索来计价，1 美元可转化为 1.4 比索，而其他贷款或者债务（包括 ABS）以 1 美元转化 1 比索的汇率进行转换。2002 年，比索大幅度贬值。

12.2　澳大利亚

事实证明，澳大利亚是证券化发展的"肥沃土壤"，尤其是其抵押贷款交易和资产商业票据管道公司数量极大。从 1999 年起，除去传统的澳大利亚投资基地，澳大利亚证券发行者已经打入欧洲和美国市场。最近，合成证券化交易已经崭露头角。2001 年发行的债券中有将近 90% 都包含 RMBS，而后，2002 年，这个数字下降到 84%。在澳大利亚，许多抵押贷款由于保险池提供保险，因此评级变为了 AAA 级或 AA 级，例如住房贷款保险或者 CGU，这导致了拥有高评级的次级抵押贷款产生了很多交易。澳大利亚是普通司法管辖区，从历史根源来讲，本质上以英国法律为基础。澳大利亚奉行联邦制，有六个州以及两个领地区。

12.2.1　资产隔离和真实出售

转换无须发布通知就可以进行。

12.2.2　抵销

债务人付费给发起人，可以获得良好的清偿，直到债务人收到转让通知后，才需要直接付费给特殊目的公司。在转让通知给到债务人之前，特殊目的公司会以发起人的名义，受到各种债务坏账的影响。转让之后发起人与债务人之间的关系会使得特殊目的公司，受到维护债务人利益的更多股权（例如，抵销）的影响。

12.2.3　在岸 SPV

澳大利亚经常用在岸特殊目的公司来避免代扣应收账款集合。

12.2.4　外资持股比例

澳大利亚不允许外籍人士在不通知联邦政府的前提下持有澳大利亚公司15%（超过这个比例，财务主管有权解除股权持有）以上的股权。澳大利亚银行的外资持股比例不能超过选举权的 15%。上市公司股权持有率超过 5%后，每增加 1% 的股权持有率都必须告知证券交易所。

12.2.5　证券法

2001 年的《金融服务改革法案》对澳大利亚《证券法》进行了调整，已于 2002 年 3 月 11 日生效。

12.2.6　税收处理

印花税 / 注册税等　澳大利亚于 1996 年对印花税制度进行审查。

澳大利亚也许会对转换分配征收重大印花税，为了避免印花税票集结成册，很多交易以"即期付款"作为交易基础。在新南威尔士州、维多利亚州、昆士兰州以及塔斯马尼亚州，某些与抵押贷款项目相关的转换免征印花税。

某些州的印花税制度还不是很明确，例如，如果发起人破产或者转换需要进一步完善，印花税是否能够交付的问题仍不明确，这也导致一些等级评定机构要求对一些发起人并没有进行投资等级评定的抵押贷款交易进行印花税储备。

预扣税　支付给境外实体的应收款利息应按预扣税规定征税 10%。托收代理人（如发起人）须到税务机关缴纳税款。澳大利亚此项税收不可做任何减免。

根据《所得税评估法》，可以免除澳大利亚当地特殊目的公司（或者受益人是信托当事人，而不是受托人为其他当事人打理的非慈善性质信托）支付依据"公开报价"发行的债券利息的预扣税款。有多种方式可以检测公开报价，但是，通常来说，这包括发行给职业投资者的债券、在股票交易所上市的债券以及全球发行的债券。如果特殊目的公司已经知晓，或者有充分的理由怀疑，这些债券有可能或者已经被特殊目的公司的"合伙人"所持有的话，则不能免除此项预扣税。"公开报价"测试取代了之前的"广泛分布"测试。

1999 年之前，只有发行给国外投资者、利息支付发生在国外的债券，才有权免除此项税款。1999 年新的立法规定，对于 1999 年 6 月 2 日之后发行的新债券，免除此项规定（但是在此之前已经发行的债券则不能免除）。

利得税　澳大利亚采取"收入来源"法对纳税实体进行征税，例如，来源于澳大利亚国内的收入（包括《税收法案 s.25（2）》规定的澳大利亚房产担保资金）可能会使得离岸特殊目的公司支付澳大利亚利得税。如果特殊目的公司位于税收协定管辖区，那么来自澳大利亚本国的收入在对其征税之前，需要挂靠到澳大利亚境内常设机构上。购买澳大利亚资产并不会产生澳大利亚常设机构，但是，只要不是独立的代理人管理这些资产，就有可能产生常设机构。

为了避免对应收账款征收过度的预扣税，有必要保证特殊目的公司设立在澳大利亚境内，因此也就有必要通过确认收入中的所有费用是否全部扣除来确保税收中性。

位于澳大利亚境内的特殊目的公司受低股本规则（资本弱化规则）约束，已经成为权益资本，这些债券最终由债券发起人购买或者担保。澳大利亚于

1999 年 9 月发布的基于营业税的拉尔夫报告，提议改革低股本规则。2001年 2 月 21 日公布了新规则草案，并于 2001 年 10 月 1 日施行，适用于 2001年 7 月 1 日（这是新规则预定生效的日期）及其之后发行的债券。2001 年 7月 1 日之前发行的债券仍然受旧规则的影响，直到 2004 年 7 月 1 日为止。新规则限制了债务比率超过 3∶1（计量的是澳大利亚负债–资产比率）的企业的利息可抵扣性，同时也限制了权益资本不足风险加权资产 4% 的银行。证券化主体如若举债幅度不大可以获得特殊免税权。

增值税 自 2000 年 7 月 1 日起，澳大利亚征收商品服务税（GST）。

12.2.7 会计处理

澳大利亚会计准则理事会紧急问题小组于 1999 年 7 月发布了一个关于综合账目的《会计准则 1024》摘要，这就潜在地要求对于那些经济利益大多流向发起人的 SPV，在发起人的资产负债表上进行 SPV 整合。除此之外，澳大利亚普遍遵循国际会计标准，与之相关的方法使用的频率也越来越高。

12.2.8 资本处理

1998 年 7 月 1 日，澳大利亚成立澳大利亚金融监管局（APRA），从澳大利亚储备银行（RBA）手中接管了银行机构的监管职能，执行 1995 年 10月澳大利亚储备银行关于"基金管理和证券化"的保诚声明 C2（PSC2）。对于银行机构从资产负债表上转移资产以及银行实体像流动性提供者、信用增强剂等一样参与证券化的过程制定了指导方针。

澳大利亚金融监管局制定的新的审慎标准（APS120）于 2000 年 10 月 1日生效。这代替了 PSC2，不仅适用于授权的存款吸收机构，也适用于银行机构。APS120 要求必须要明确地区分发起人与特殊目的公司，发起人也许并没有持有特殊目的公司的所有者权益，可能只有有限数目的人员位列特殊目的公司董事会。在发行材料中必须向投资者做出明确声明，即除去发起人向特殊目的公司提供的专门设施外，发起人并不向特殊目的公司提供额外的支持。如果没有遵守规定，那么发起人必须持有交易中所发行的所有证券的资金。资产风险与收益必须完全转移到特殊目的公司（尽管在满足更多条件的前提下，处理超额利差的权利可能会被保留）。可以将第一损失信用增级直接从资本中减除（上限是交易发行所有证券的持有资本），同时把第二损失信用增级简单地当作正常的直接信贷替代项目。

2000 年 4 月，澳大利亚金融监管局发布信用衍生品资本处理的指导意见。此指导意见涵盖银行账户处理和买卖账簿处理，运用滑动尺度法来处理偿还期失调。

2001 年 6 月，澳大利亚金融监管局引入新《巴塞尔协议》，其保留条款是关于一些机构内部的资本费用计算的适合性问题。

12.2.9 数据保护 / 保密

要求金融服务提供者保证顾客信息的保密性。

12.2.10 消费者保护

1996 年的《消费者信贷法》用以调节消费合同。

12.3 奥地利

奥地利立法规定可以发行抵押债券。奥地利市场于 2001 年后期开放，第一批公开评级交易是为下奥地利州进行的 Porsche Bank 的 FACT-2001 汽车贷款交易和 25 亿欧元的蓝色多瑙河贷款融资协议（补贴住房贷款证券化）。

12.3.1 资产隔离和真实出售

资产担保证券 奥地利立法允许发行抵押证券。抵押证券可能以一系列抵押贷款为担保或者由一系列公共部门贷款资产（奥地利政府或者公共机关贷款以及欧洲经济区 / 瑞士政府贷款）来担保。合格的抵押贷款的最大贷款价值占总数的 60%。抵押贷款有 10% 的资本风险权重，符合央行一级合格标准。

12.3.2 税收处理

印花税 / 注册税等 应收款项转让要征收 0.8% 的印花税。转让抵押贷款的重新注册应征收 1.2% 的注册税。

12.4　比利时

比利时证券化市场开始于 1996 年，自第一批交易后，比利时主要发行抵押贷款，迅速发展。1999 年，贷款人寻求以更低的利率更新贷款，带来了极高的提前还款率，进而减慢了抵押贷款交易。

比利时实行民事法律制度。

12.4.1　资产隔离和真实出售

在比利时，应收款项采取不要求通知债务人，直接绑定第三方的分配方式（此举是 1994 年 7 月通过民法 1690 号条款修正案之后施行的），但是受让人不是 SIC 或者 FPC 的抵押贷款转让必须进行注册。消费者贷款只能转向受监管实体或者一个 SIC/FPC。

未来应收账款　未来应收账款不能有效转让。

重新定性　人们认为延期购买价格元素与出售表征相容。

延期偿付 / 自动中止　延期偿付程序可以确保贷款安全。

12.4.2　抵销

债务人在收到转让通知之前，都可以通过支付给发起人（贷款利息），获取良好的清偿能力，而当其收到债务转让通知后，则有义务直接支付给 SPV（贷款利息）。在债务人接到转让通知前，SPV 可代表发起人处理各种相关事务，并且 SPV 受制于（债务人）任何进一步的股本增加，这要借助发起人和债务人的关系，并在完成债务转让之后。

12.4.3　在岸 SPV

根据 1993 年 11 月通过（1997 年 7 月生效）的法律规定，可以以公司的形式设立一些工具（SIC）（也称为 VBS），或者以基金的形式（FPC）（也称为 FBS）存在。

联邦动力委员会需要有一家至少拥有 125 000 欧元股本的管理公司（不

同于发起人）。SIC/FPC 都需要有一家信贷机构作为独立的监管督查公司（除非它们遵循 1997 年 7 月的修正案，单独参与不公开出售证券）。SIC 持有的最低资本必须不低于 30 000 欧元。SIC/FPC 也可以用来作为项目载体进行多次交易，还可以参与与交易有关的套期保值和贷款活动。

比利时有一种类似 FBI 形式的房地产投资信托公司。

12.4.4 外资持股比例

任何一个外国人，如果持有比利时公司的所有权超过 10%，必须告知该公司。获得上市公司 5% 的所有权及之后再获得的 5% 股权必须告知证券交易所。

12.4.5 税收处理

印花税 / 注册税等 抵押贷款转换资产价值的 1% 要征收注册税。如果使用 SIC 或者 FPC，就可以免交这项税款。

预扣税 比利时以 15% 的税率征收预扣税。SIC 和 FPC 则无须对利息收入征收预扣税。

支付给离岸投资者的利息也免征预扣税（但是一般来讲对国内投资者并不免除预扣税），境外债券在比利时国民银行的清算系统中以注册形式存在，一般来讲对于 FPC 不能免除预扣税。荷兰的双重课税协定将离岸预扣税降至 0。

从 2003 年 6 月 5 日起，比利时实行一项新的法令，允许上市的比利时控股公司以及提供债券的公司向离岸银行支付利息时免付预扣税。

利得税 离岸特殊目的公司需要使其结构更加合理化，以免被误认为是常设机构。SIC 除了需要就市场外交易（具有异端或无端优势）的利润缴纳税款外，大都无须缴纳公司税。FPC 也无须缴纳公司税。

增值税 应收账款转让不缴纳增值税。尽管提供给 SIC/FPC 的服务免征增值税的情况不少，服务费还是有可能要缴纳增值税的。SIC/FPC 不能追缴已发生的进项税。

12.4.6 资本处理

Commission Bancaire et Financiere（CBF）要求转让如果是为了实现表外

处理，就不能给发起人施加道德压力使其支持交易的发生。承诺将 SIC/FPC 的资产转向票据持有者，并且满足其他要求后，票据就会拥有与基础资产相同的资本风险权重。

12.4.7　监管批准

公共交易需要提前获得 CBF 对交易以及招股书的核准，一定要进行评级处理（1997 年 7 月修正案生效之前，这些限制也同样适用于不公开出售证券）。

如果离岸特殊目的公司要在比利时发行证券，需获得 CBF 的核准。

12.4.8　其他事项

根据比利时法律，直接转让所有权（而不是证券利息）的抵押品利益的有效性，于 1996 年 10 月在比利时高级法院审理 Sart-Tilman 案件时遭遇怀疑。然而，1999 年 9 月 9 日，比利时政府颁布的法律改革生效，允许金融机构直接转让在银行登记证券或者以现金形式存在的抵押品以及关于抵押品返还的规定都是有效的。

12.5　玻利维亚

1999 年秋天开始，玻利维亚开始建立二级抵押贷款公司。

12.5.1　资产隔离和真实出售

1998 年 3 月 31 日颁布的《证券法 1834》允许证券公司发行证券。

12.5.2　监管批准

与抵押贷款交易相关的规程于 1999 年中期被提交给 CNV，并获得通过。

12.6　巴西

在拉丁美洲，巴西拥有最大的证券市场，交易涉及出口应收款项、其他未来交易流入以及政治风险保险（PRI）交易（这将依附于公司信用而存在的可兑换性和可转换性隐藏起来）。

12.6.1　资产隔离和真实出售

根据巴西的《民法》，为使应收账款转让有效进行必须发布通知。如果所有债务人均同意依据合同进行转让，那么则视此转让许可有效。

未来应收账款　未来应收账款可依据《民法》进行转让。

实体合并　应该对特殊目的公司进行分类管理和控制，防范实体合并的风险。

延期偿付 / 自动中止　延期偿付程序类似于《美国破产法》第 11 章的相关规定。

12.6.2　在岸 SPV

2001 年的 2097 号决议允许建立开放或封闭式投资基金（FIDC），可以用此来购买应收款项或者对应收款项进行证券化处理。

12.6.3　税收处理

印花税 / 注册税等　转让应征收注册税。

利得税　FIDC 可以免缴多种税款。

12.6.4　数据保护 / 保密

银行应严格遵守《银行保密法》。

12.6.5　监管批准

巴西国家货币委员会 2000 年 1 月通过的 2696 号决议为证券化提供了管理认证机构，取代了 1998 年 5 月发布的 2493 号决议（2493 号协议取代了 1993 年的 2026 号决议）。2696 号决议允许资产转让给持有" companhia securitizadora de creditos financeiros"称号，并且注册有证券监管机构 Comissao de Valores Mobiliarios（CVM）的特殊目的公司。

12.6.6　其他事项

信托基金一般使用信托结构，因而不被大众熟知。

12.7　加拿大

加拿大国内证券市场庞大且发展程度较高，一直以来，加拿大的重点都是发行资产担保商业票据，而不是发行债券。海外支付仍需要缴纳预扣税，这阻碍了离岸业务的发展，但预计海外支付缴纳预扣税将会对以后重新商定加拿大 – 美国双重税收条约、免除预扣税起到促进作用，美国投资者基础正在对加拿大交易市场进行开放。2002 年的发行量比 2001 年上涨 2%。

加拿大属普通法法系，历史根源是英国法律（魁北克的法律为民法法系）。

12.7.1　资产隔离和真实出售

加拿大的大多数省份采取类似于美国的 UCC 登记制度，奉行注册制度和登记制度。依据《民事法典》规定，魁北克实行中央注册制度。

重新定性　要判断一项交易是真实销售还是担保贷款，法庭要就交易文件进行诠释，以此来确定双方目的，诸如发起人是否有资格重新购买应收账款或者发起人是否担负补偿特殊目的公司应收款项的损失等因素，也要考虑在内。

12.7.2　在岸 SPV

由于征收资本税，通常把信托当作发行人而不是公司。

12.7.3　证券法

加拿大实行改革，使得发行人无须征得 10 个省级监管机构的许可（加拿大过去奉行这种做法，阻碍了公共发行证券市场的发展），只要求从渥太华公共发行机构获取证券发行许可即可。

12.7.4　税收处理

预扣税　加拿大对支付给离岸实体的应收款项利息征收预扣税，发行给离岸投资者的证券也要征收预扣税，税率为 25%（一般来说，根据双重课税协定可以降低到 10%）。对于贴现组成部分无须征收预扣税。

如果公司发行的证券自发行起 5 年内，有超过 75% 的主体证券（部分或者全部）无法偿还，对这部分证券可以免征预扣税。某些特定的资产类别也可以免征预扣税，例如转嫁 MBS 发行。

2002 年的讨论允许免除 2003 年美国和加拿大之间利息支付应缴纳的预扣税（税率为 10%）。

增值税　加拿大征收商品服务税（GST）。

其他税收事项　1989 年，加拿大对联邦公司以及州级的资产负债表资本（权益和长期债务）按年度征收资本税（该税不对信托资本生效）。2003 年，经提议，5 年内取消联邦公司该项税款（州级税务保持不变）。

12.7.5　会计处理

为了获得表外处理，加拿大针对表外处理的会计标准 EIC9 和 EIC5，一直以来都在一个"合理"且可以测量的限度内，大约为 10%，限制了对发起人的求偿权。

为了使加拿大标准与 1998 年发布的 FAS125 号相一致，加拿大特许会计师协会会计准则委员会（CICA）于 1999 年和 2000 年讨论了针对这些会计指导意见的修订意见。继而，美国于 2000 年 9 月发布 FAS140 号，取代了 FAS125 号。加拿大特许会计师协会于 2001 年采纳了会计指导意见 12 号文件，用其处理应收账款的转让问题，这在很大程度上与 FAS140 号文件相一致。

12.7.6　资本处理

表外资本处理中所有权转让带有极大的风险和收益。1994 年，金融机构监督办公室（OSFI）发布指导意见，对表外资本处理进行规范化处理。1997 年 10 月公布了信用衍生品指导意见。

加拿大的流动性融资，并不是作为全部或者部分信用增强进行设计的，因此可以将其取消并且不需要按违约资产对其开票。最近的《巴塞尔协议》规定不能自动取消 364 天业务新增的 20% 的信贷换算因子，因而流动性融资不受对流动性业务征收的资本要求限制。

12.8　智利

12.8.1　资产隔离和真实出售

在智利，转换通知必须给到债务人，才能使转让发起人的破产资产应收账款有效。

12.8.2 在岸 SPV

1994 年的 18045 号法律（由 19301 号法律修订）允许设立抵押贷款特殊目的公司。1999 年通过了 19623 号法律，将上述规定扩展到其他资产种类。

12.8.3 税收处理

预扣税 智利按照 35% 的税率征收预扣税。

12.8.4 监管批准

交易过程中发行的证券必须到证券监管机构（SVS）进行注册。

12.9 中国大陆

中国信达资产管理股份有限公司注册资本为 100 亿元人民币。1999 年后期，该公司拍卖了它的第一批资产（票面价值约合人民币 6 000 万元），销售价格为其票面价值的 12%。信达资产管理公司也进行债务权益转换，持有其他企业股权，目的在于对自身资产实行证券化处理。

1999 年，中国的"四大银行"——中国银行、中国工商银行、中国建设银行以及中国农业银行分别建立资产管理公司。2000 年，14 000 亿人民币（折合 1 690 亿美元）的不良贷款转向四大银行的资产管理公司。2001 年开始，第一批指向境外投资者的贷款拍卖路演开始（从华融资产管理公司开始），这一次提供了 160 亿人民币（约合 19 亿美元）。2001 年 6 月，国际金融公司声称要出资给成功竞标到资产的公司。

2001 年 11 月，中国政府发布新的准则允许外国资本持有四大资产管理公司股权，以此来缓解不良贷款的标售。2001 年 11 月和 12 月，摩根士丹利投资公司和高盛集团先后购买了大批不良贷款。2003 年，中国政府允许摩根士丹利与银行直接接洽购买不良贷款，不用再通过拍卖方式从资产管理公司手中购买不良贷款，这加速了清除不良贷款的进程。

2000 年 4 月 1 日，中国人民银行批准了中国建设银行发行住房抵押贷款以及建设抵押贷款的计划。

12.9.1 资产隔离和真实出售

1999 年 3 月 22 日，中国出台新的《中华人民共和国合同法》(简称《合同法》)，此法于 1999 年 10 月 1 日生效。在新法出台之前，应收账款销售只有在获得债务人同意之后才是有效的。新法生效之后，债务同意并不是必要条件，转让通知给到债务人之后，转让才是有效的。这样的转让方式也同样适用于附属权益的转让。

有一些应收账款项文档禁止发起人按照合同规定进行转换或者转让，或者这些文档规定为了保证转换或者转让的有效性必须取得相关债务人的同意，假如实际上并没有取得债务人的同意，那么这样的一些条款会妨碍转换或者转让的有效进行。

破产解除　发起人破产前 6 个月进行的交易可以在欺诈、贬值或者缺乏最新安全授权的基础上予以解除。

12.9.2 抵销

特殊目的公司应通过发起人与债务人之间的关系支持债务人的抵销权。

12.9.3 证券法

在中华人民共和国境内如果要向公众发行证券，那么必须取得中国证券监督管理委员会（CSRC）的批准。H 股、N 股或者 S 股（中国商业市场中于中国香港、美国纽约或者新加坡证券市场上市的股票）必须受中国证券监督管理委员会监管。证券若要在中华人民共和国境内上市，必须满足《中华人民共和国证券法》(简称《证券法》) 规定的详细的上市要求。

12.9.4 外资持股比例

外国投资者只能对"B"股进行投资；"A"股只对国内居民开放。[⊖]从 2001 年 2 月开始，国内居民也可以持有"B"股。持有上市公司超过 5% 的

⊖ 目前 A 股也在逐渐对外资开放。——编者注

股票就要向中国证券监督管理委员会以及相关的证券交易所报告。

12.9.5　税收处理

印花税 / 注册税等　印花税可能按照从价计征的税率方法对应收账款转让征收。

预扣税　离岸应付利息应按 5% 的税率计征预扣税。

增值税　应收账款转让不缴纳增值税。

12.9.6　资本处理

中国人民银行（PBOC）是中央银行，也是各个商业银行的监管机构。

12.9.7　监管批准

在中华人民共和国境内，如果要完成证券交易，那么必须获得很多负责不同融资交易的政府机构的同意或者核准。

12.9.8　其他事项

中华人民共和国不承认信托基金，但是正在考虑起草相关法律。

人民币资本账户存在外汇交易限制。亚洲金融危机之后，国家外汇管理局加紧了对人民币流动账户交易的监控。

新的《合同法》规定，允许涉及外方的合同同时受外方法律的限制（但是在中华人民共和国境内涉及房地产的合同必须受中国法律约束），但是，这样的《合同法》是否适用于国有企业还不是很明确。单纯涉及中国企业的合同一旦存在违反政府政策的情况，就可宣布无效。

12.10　哥伦比亚

资产隔离和真实出售

1995 年，哥伦比亚政府 400 号决议文件允许房地产市场进行证券化，也允许基金机构和信托机构的证券和应收账款进行证券化处理。1999 年，

546 号法律允许住房抵押贷款证券化。1999 年，510 号金融改革法案允许证券化的特殊目的公司转让申请破产隔离。

12.11　捷克共和国

捷克共和国已经开始进行证券发行的发展工作。捷克律法集成民法法典法律系统。1990 年，捷克共和国开展了大范围的私有化进程，采取了多种多样的市场改革措施。

12.11.1　资产隔离和真实出售

应收账款抵押与应收账款转让同时发生。应收账款要求发起人必须获得相关债务人的同意才能根据合同进行有效的转换或者转让，相关条款的设定防止了不经债务人同意就进行有效转换或者转让的情况发生。

破产解除　企业破产之前 3 年间进行的交易如果存有损害债权人利益的意图，同时与破产公司进行交易的一方有实际信息或者有建设性意见的信息表明，破产实体是有意要损害债权人利益的，那么根据《破产法案》s.16，这些交易是可以解除的。破产之前 6 个月内订立的交易，如果是低谷价值或者对破产企业负有责任，那么根据《破产法案》s.15 可以予以解除。

12.11.2　抵销

转换通知给到债务人时，通过付款给发起人，债务人可以获得良好的清偿。这个时候，债务人有责任直接付款给特殊目的公司。特殊目的公司会受发起人的抵销条件的限制（而且，只有通知给到债务人时，特殊目的公司才会从发起人向债务人转换，到债务人收到通知之前的累计收益方面受进一步的抵销条件的约束）。

12.11.3　证券法

捷克公司发行证券必须取得证券委员会的同意。

12.11.4　税收处理

印花税 / 注册税等　转换一般不缴纳印花税。

预扣税　捷克共和国对于支付给离岸实体公司的利息征收预扣税。捷克共和国与爱尔兰之间存在双重课税协定，可以允许预扣税降到 0。

增值税　应收账款销售一般不缴纳增值税，对服务费可计征 22% 的增值税。

12.11.5　资本处理

捷克国家银行监管资本充足率与 BIS 规则下的各种标准的实行略有不同。

12.11.6　数据保护 / 保密

银行必须保证客户信息及借贷关系在没有客户同意的前提下绝对保密（不论客户是不是个人）。《数据保护法》规定，如要泄露与个人有关的信息，必须事先取得客户同意。

12.11.7　监管批准

不应要求离岸特殊目的公司在捷克共和国注册。

12.11.8　其他事项

捷克公司赋予律师的权利在公司破产时可予以撤销。信托认定不发生在捷克共和国，同时附属条款在捷克共和国内也不予承认。公司破产时，有抵押债权人只有在索赔时排名优先的权利（剩余部分从属于特定优先债权人，例如破产费用、税收以及社保支出），并且要将对执行过程的控制权转移给破产受托人。

12.12　丹麦

根据可以追溯到 19 世纪的条款规定，丹麦允许发行资产担保证券。

12.12.1　资产隔离和真实出售

在丹麦，应收账款转让时必须通知债务人。

破产解除　如果与破产企业交易的一方在订立交易协议时事先知晓或者应该已经知晓破产企业的破产状态，或者该公司因为此次交易破产，或者此项交易是不合理的，那么破产时发生的交易都可以解除（不受时间限制）。破产前 12 个月进行的价值低估交易，破产时可以解除。

重新定性　如果转让者资产遭受极大风险，或者受让人没有获得承诺或者交换资产，或者转让是在一定条件下发生的，那么这样的转让被认作担保贷款而不是真实销售。

资产担保证券　19 世纪，丹麦开始发行 realkreditobligationer（一种抵押证券），并于 1850 年通过了《抵押银行法案》。目前还没有事关公共机构债务的管理制度。

12.12.2　外资持股比例

在丹麦，不管是上市公司还是未上市公司，若外资持有超过 5% 的股权及之后继续吸纳的股权达到 5% 必须要通知证券交易所（对于上市公司来讲）以及公司。

12.12.3　税收处理

印花税 / 注册税等　应收账款转让无须缴纳印花税。房地产转让仅需 0.6% 的注册费。抵押贷款注册费为 1.5%。

增值税　服务费要缴纳增值税。特殊目的公司收回进项税。

12.12.4　会计处理

遵循 IAS（国际会计准则）的各项标准。

12.12.5　监管批准

不应要求并入欧盟或者欧洲经济区的离岸特殊目的公司注册为信用机构。要求丹麦特殊目的公司，或者没有并入欧盟或者欧洲经济区的特殊目的公司在发行证券方面进行注册。

12.12.6 其他事项

根据丹麦法律，没有不固定抵押这个概念。丹麦不承认证券信托的存在。

12.13 埃及

2002 年 9 月，埃及第一次资产担保交易收盘，其中包括埃及银行的 2.5
亿美元的信用卡交易。埃及奉行来源于法国法律的民法体制。

税收处理

印花税 / 注册税等 转换需要缴纳 0.6% 的印花税，但是如果文件编制
是在埃及境外发生的，就可以免缴此税。

预扣税 埃及对埃及境内收入征收 32% 的预扣税。

12.14 芬兰

芬兰到期证券是由芬兰住房公积金发行的 Fennica 系列证券，第一批于
1995 年收盘。芬兰的《抵押贷款银行法案》于 2000 年 1 月 1 日生效，第一
笔抵押贷款债券由 Suomen Asuntoluottopankki（隶属于利永联集团）于 2000
年 4 月发行。该法案于 2001 年 1 月 1 日得到修正。

2002 年 11 月 2 日，芬兰为 Tornator 森林开发公司发起了"Tornator 金
融交易"，即斯道拉恩索森林资产的资产分派。这项交易极具重要性而且很
具创新性，因为它依赖整体的商业技巧来将 30 年间的森林管理中出现的现
金流进行证券化处理，同时也是英国之外的第一次主流整体商业交易。

12.14.1 资产隔离和真实出售

根据芬兰法律，应收账款转让通知给到债务人之后，才会使得发起人破
产时转让有效。然而，通知如果对于债务人来说非常明显，那么只要以不太
正式的方式给出一个账户声明就可以了。必须建立通知收据，但是，如果债
务人支付给转让通知中特定的新账户，那么就相当于有了通知收到证明。

某些应收账款是在本票持票人的发行基础上设立的，只要简单地把本票交付给受让人，就可以进行转让。为了从发起人的破产房产中移除应收账款，必须转让票据所有权。

未来应收账款   转让未来应收账款的能力是不清晰的。

破产解除   如果应收账款转让使得一方优于另外一方，那么此转让可以解除。申请破产之前 5 年的转让如果损害债权人的利益，可以予以解除。

重新定性   真实销售分析是基于对资产相关风险和权益的转让的，也基于发起人不具备回购权利与义务。

延期偿付 / 自动中止   芬兰有其改组程序，不受有抵押债权人的限制。

资产担保证券   1999 年 12 月 23 日，芬兰通过了《抵押银行法案》，并于 2000 年 1 月 1 日生效。法案允许设立抵押银行，这是芬兰金融监管局监督的限制活动机构，在资产隔离的基础上，将资产登记在册，金融监管当局可以发行由抵押贷款或者公共部门贷款资产背书的证券。

对于发行机构的破产合伙经营，该债券享有优先债权。合格的合伙经营的最大贷款价值比例是 60%。2001 年 1 月 1 日，芬兰对该法案进行了修订，为投资者提供了更有利的帮助，同时允许使用衍生品。

12.14.2　抵销

债务人一旦收到了给特殊目的公司的转换通知，就有责任向特殊目的公司进行支付。特殊目的公司要履行债务人对发起人的债权（尽管对于由本票证明的应收账款来说，这样的债权会以票面明示条款约束为上限）。

12.14.3　外资持股比例

持有敏感领域，例如国防或者公共卫生事业领域大型公司 1/3 的股权须经贸易及工业部认可。持有上市公司的股票超过 10%、20%、33%、50% 或者 66% 时，要通知金融服务监管局。持有或者处理芬兰在欧洲经济区上市的公司 5%、10%、15%、20%、25%、33.3%、50% 或者 66.6% 左右的股票必须通知公司和金融服务监管局。

12.14.4　证券法

在芬兰，要向公众发行证券必须满足招股要求。

12.14.5　税收处理

印花税 / 注册税等　转让应收账款无须缴纳印花税。

预扣税　根据 1993 年芬兰中央税务局发布的规定，支付给离岸企业实体的应收账款利息可以不缴纳预扣税。

利得税　芬兰境内的离岸特殊目的公司，对与芬兰常设机构相关的收入要缴纳公司税。

12.14.6　会计处理

芬兰的表外处理业务没有特殊的标准，一般来说，遵循国际会计准则的相关标准。

12.14.7　资本处理

芬兰金融服务监管局于 1996 年 1 月 16 日发布证券化指导意见，要求：

- ◆ 特殊目的公司必须是独立的；
- ◆ 转让必须通知债务人；
- ◆ 发起人不能进行资产回购；
- ◆ 信用机构的证券化要通知金融服务监管局；
- ◆ 银行发起人提供的次级债务和储备应该从银行资本中直接减除。

金融服务监管局于 2000 年 12 月 5 日公开发表信用衍生品的资本处理指导意见。

12.14.8　数据保护 / 保密

根据《s.58 储蓄银行法案》的要求，除非客户允许泄露信息，或者法律要求泄露相关信息，否则银行必须满足客户的保密性要求。然而，1996 年金融服务监管局的指导意见规定，为了证券化进程，允许泄露隐性债务人的信息（包括姓名和地址）。

12.14.9　监管批准

购买芬兰资产的离岸特殊目的公司，除非它要在芬兰向大众发行证券，否则不受芬兰信用机构的管制要求。

12.14.10　其他事项

依据芬兰法律，不存在信托这个概念。

12.15　法国

20 世纪 90 年代早期，法国市场出现了第一批证券交易，其后法国市场迅速发展成为欧洲最大的市场之一，1997 年和 1998 年法国占欧洲市场的份额比例分别为 27% 和 17%。1998 年在法国巴黎银行（Paribas）与法商佳信银行客户贷款业务结束，这是法国第一次使用 FCC 的流转式交易。然而，自 1999 年以来，法国公共债券市场增长较少，而商业票据市场以及私人市场则出现较大增长。除此之外，1999 年 6 月 25 日通过的 99-32 号法律文件允许建立 SCF，其旨在发行不动产担保债券（抵押债券的一种），此后抵押担保债券的数量有了较大的增加。1999 年 10 月，法国抵押贷款基金依据新法首次发行，到 2002 年，法国市场在欧洲市场中只占据了 5% 的份额。

《金融安全法》（2003 年 8 月发布的 2003-706 号法律）对联邦安全通信委员会立法进行了修正，其目的主要有以下几点。

（1）允许联邦安全通信委员会直接持有资产，而不是持有执行过程中出现的应收账款。

（2）允许联邦安全通信委员会发行债券和单元。

（3）允许联邦安全通信委员会制定金融衍生品。

（4）保护卖方和服务者收集的现金，并在卖方或者服务者自身破产时，将资金转移给联邦安全通信委员会。

（5）对联邦安全通信委员会发生的各项交易进行资产隔离。

这些新的变化可以协助法国建立联邦安全通信委员会交易并建立起破产隔离，同时使法国有能力进行合成证券化。

法国奉行民法法律体系。

12.15.1 立法史

1988 年之前，依据法国法律进行的应收账款销售同时需要满足《法国民法典》的有偿要求。这种销售唯一的替代品是依据 Loi Dailly（只有当应收账款在商业债务人手中已经到期，而且买方是一家信用机构时才可以执行）的简化程序，或者买方对于发起人的代位求偿权（此时，应收账款的票面价值已经低于购买价值）。为了解除使用这些程序的困难性，在法国建立证券市场，法国通过了一系列法律规定。

◆ 1988 年 12 月 23 日通过 88-1201 号法律（1989 年 3 月 9 日，89-158 号法令规定其生效，其后，收入《金融法典》的 L.214-5 和 L.214-43 的第 49 条），允许法国设立在岸特殊目的公司作为联邦安全通信委员会。此项法律涵盖了多种限制条款，规定不允许联邦安全通信委员会从企业处购买应收账款（此举导致了两步走转让技巧，首先根据 Loi Dailly 转让给一家信用机构，然后转让给联邦安全通信委员会），同时不允许其购买超过一个资产池的资产或者期限不足两年的资产。转让给联邦安全通信委员会的交易必须以票据的形式通知债务人（法律并没有明确规定不给出通知的后果）。设立联邦安全通信委员会需要提前获得法国证券事务监察委员会（COB）的批准，任何债券发行必须经过信用评级。FCC 的发行必须用以下三种特定方式之一提升信用等级：次级债务（归发起人、隶属机构或者信用机构所有）、过度担保品或者一种保证（由发起人、隶属机构或者信用机构所提供）。应由发起人传达通知，不能转移给其他企业实体。FCC 发行的单元最低面额是 10 000 法郎。

◆ 1993 年 1 月 4 日，法国通过了 93-6 号法律（1993 年 3 月 27 日按照 93-587 号法令实施），移除了用特定方式或者对两年期以上资产进行信用增级的要求，允许 FCC 发行融资（这有助于设立融资前的业务

方式和替换形式，但不允许发行国库券）后购买额外资产。1993 年
法律还将发行单元的最低面额减少至 5 000 法郎，允许转让通知传达
至非信用机构或者法国信托投资局。同时规定，只有 FCC 发行公共
证券时，才需要获得法国联邦安全通信委员会的核准。

◆ 1996 年 7 月 2 日通过了 96-597 号法律（1997 年 10 月 6 日按 97-919
号法令实施），允许 FCC 购买不良应收账款以及逾期应收账款，同时
允许证券发行或者资产购买除了以法郎标价，还可以以欧洲货币来标
价。法令还规定，允许 FCC 发行额外融资债券，购买不同于之前购
买资产种类的资产。

◆ 1998 年 7 月 2 日通过的 98-546 号法律，允许 FCC 购买未来应收账
款、企业发起人的应收账款，并免除了以书面形式通知债务人转让的
要求。

◆ 1998 年 11 月 6 日通过的 98-1015 号法令允许 FCC 可以为了满足流
动性要求借贷，为了进行信用增级从发起人或者信用机构借贷。FCC
可以与其他信贷机构或者发起人集团成员进行外汇、互换或者其他衍
生品交易（前提是交易目的在于保证 FCC 的地位）。最低发行面值从
5 000 法郎降低到了 1 000 法郎（引入欧元以后，即为 150 欧元）。允
许 10% 的结清行为发生。

◆ 1999 年 6 月 25 日的法律允许 FCC 处理过期未付的贷款（例如，为公
司税务和增值税事项考虑，将损失和减税退款具体化），同时允许在
单一的 FCC 内，可以将多种资产组合进行资产隔离。

12.15.2　资产隔离和真实出售

根据法国法律规定，应收账款的销售会因《法国民法典》的义务要求呈
现出特定的困难。根据一般原则，为使转让有效转移应收账款的专有利益，
必须给予债务人转让通知。

然而，仅仅给到转让通知还是不够的；通知的转让必须以法官或者传达
人员为媒介。从发起人的商业角度来分析，这样的方式并不吸引人，但是在
收集应收账款涉及多个债务人时，可以包含大量的债务。

发起人若希望将票据债务人手中到期的应收账款证券化，可以选择另一种转让方式 Loi Dailly，这是一项允许无须通知债务人、无须交付应收账款摘要簿（详单），就可以进行转让的简化方法。但是，采取这种方式必须保证购买方是信用机构。

1988 年以前，其他种类的转让方法一直局限在债权转移的使用上，特殊目的公司支付给发起人，使得发起人允许特殊目的公司接替其对债务人的各种权利。

这种方法存在结构性缺陷，也就是它只允许特殊目的公司享受其支付所带来的权利，而且只能享受现有权利（无法享有未来权益）。因而，为了获得对债务人的所有权利，特殊目的公司要支付发起人应收账款的所有票面价值，这就使得延期购买价格结构很难被利用。需要一些可以将资金从发起人转让给购买者的业务方式，例如，转让抵押品或者某项费用。

1988 年，通过了一项允许法国设立名为 "Fonds Commun de Creances" 的在岸特殊目的载体或者 FCC 的法律。允许 FCC 从信用机构、保险公司、法国信托投资局或者企业购买应收账款。

该法允许 FCC 购买超过一个资产池的资产，允许其无须注册抵押贷款转让就可以购买抵押贷款，允许其业务涉及国库券，允许其购买不同种类的资产，允许其发行证券或者购买非法郎计价的资产。

FCC 为了流动性借款，为了信用增级可以从发起人或者信贷机构借款。FCC 可以与信贷机构或者发起人集团成员进行外汇交易，如外汇互换或者其他衍生品交易（前提是这些交易是对于 FCC 的头寸的风险进行对冲）。此法从 2000 年 6 月 25 日开始实行。

FCC 可处理过期未付的贷款，同时，在单一 FCC 内多种资产也是可行的。

2003 年 8 月，法国通过新的《金融安全法》，修正了 FCC 立法，允许 FCC 直接拥有资产，而不是通过执行过程中产生的应收账款获得资产，允许 FCC 发行债券和单元，允许其设计信用衍生品（这将有助于 FCC 进行合成证券化）。这些变化也加强了 FCC 破产隔离方面的法律条款。

将要转让的应收账款业务报表传递给管理公司，就可以将资产转移给 FCC（就像上文中的 Loi Dailly 转让一样）。FCC 不能持有实物资产和合成债权。

应收账款文档条款规定，禁止发起人转换或者转让合同规定的权利，规定发起人必须获得相关债务人的同意后，合同规定的权利转换或者转让才可以发生，同时规定除非受让人接受了禁令条款，否则不允许绑定受让人。

《商法典》442-6 Ⅱ c 条款规定，自 2001 年 5 月 14 日，商业合同中转换被禁止（除去对消费者或者银行有利的部分），或者要求出具转换同意证明的条款无效，以此来防止对受让人或者其他第三方以及合同双方权利的转换或者转让。

未来应收账款　自 1998 年开始，法国允许转向 FCC 的未来应收账款转让。

在 Loi Dailly 条件下也可以进行未来应收账款的转让。然而，2000 年 4 月 26 日，法国最高法院的一项决议规定，依据 Loi Dailly 进行转让，与发起人相关的破产程序开始后到期的未来应收账款仍然属于发起人破产资产，进而有可能影响到 Loi Dailly 条件下或者 FCC 规定中的未来应收账款的价值。

然而，2002 年 11 月 22 日，法国最高法院又一决议似乎与之相反。人们期望新的《金融安全法》可以维护未来应收账款转让，但是与之相关的条款在前期辩论中就已经被废除。

破产解除　1985 年 1 月 25 日，85-98 号法律文件在第 107 条（适用于破产程序开始前 18 个月订立的低估价值的交易）以及第 108 条（适用于买方已经知晓卖方破产，并于破产程序开始前 18 个月设立的交易）中，提出了破产解除条款。

新的《金融安全法》修正了 FCC 立法，目的是要保护卖方或者服务者收集的现金以及持有从卖方或者服务者待转到 FCC 的交易，同时对 FCC 进行的不同交易进行资产隔离。

延期偿付 / 自动中止　Reglement Amiable 程序中，债务人发起，程序进行中法庭可能会强制中止（这样的中止可以帮助债务人和债权人找到自愿的解决方案）。

如果债务人或者债权人要求开始破产程序（司法重整或者司法清算），长达 20 个月的"观察期"会自动开始，在这段时间内，法庭自动中止。破产后安全性策略的实施者是法庭而不是债权人。

资产担保证券　根据 1999 年 6 月 25 日 99-532 号法律（替代了 1852 年的法案）条款规定，可以发行不动产担保证券，或者 OF（基于德国抵押证券的一种法式资产抵押证券），允许设立 SCF，目的就是获取某些合格抵押资产或者公共部门资产以及发行 OF。

SCF 破产不会自动使得 OF 加速。OF 受益于 98 号条款的法定保护，该条款对有利于 OF 持有人的合格资产（以及其他外汇互换或者对冲交易的合约方）进行资产隔离，相较于其他债权人（通常包括优先债权人，例如，债务部门及员工）优先进行。

OF 由 SCF 所有的资产支持，与其他债权人相比，OF 持有者对 SCF 发行的支持其他 OF 的资产享有优先权（实际操作中，单一 SCF 不太可能融合抵押资产和公共部门资产，但是会设立两个独立的 SCF）。严格意义上来讲，SCF 并不是特殊目的的公司。

OF 需要借助业务系统和员工才能实现正常运转，并由银行委员作为信用机构管制，应按照要求满足管制资本要求。因此，它们无法破产隔离。

资产必须由其自身或者信用机构管理。其他合格资产的转让必须以正常方式进行，第 105 条规定转让给 SCF 的合格资产要满足收益权转移的处理方案，这样的处理方案也适用于 FCC（例如，递交详细账簿可以实现转让）。

第 101 条取消了转让给 SCF 的一些破产解除条款。OF 的抵押池包含住房贷款、商业贷款或者其他符合条件的房地产资产、公共部门贷款或者证券，由抵押贷款或者公共部门资产担保其 90% 以上价值的资产担保证券以及其他流动性工具。

法律对要获得的资产有质量要求（贷款价值不能超过 60%，如果有额外抵押，不能超过 80%）。法律规定，OF 由抵押资产池的合格资产担保。OF 持有 10% 的管制资本权重。

12.15.3　抵销

通过替代方式进行的、或者依据 Loi Dailly 进行的、或者转让给 FCC 的债务转让行为中，在转换通知给到债务人之前，债务人可以通过支付让发起人获得良好的清偿，这时债务人有责任直接付款给特殊目的公司。转换或者以替代方式进行的转让发生时，抵销权只有积累到一定程度，债务人才有权获得转让通知，此时，债务人可以保持抵销权。

12.15.4　在岸 SPV

FCC 无法人资格，但是构成共同"所有人"，它们由应收账款的受托人（受托人必须是在法国境内设立的信用机构，一般来说是发起人）和管理公司（可以代表 FCC 提起控告、监测管理 FCC 并且可以代表投资者）共同建立。它们不受破产程序约束，无须缴纳公司税和增值税，可以向投资者发行最低面值为 150 欧元的单元。

通知传达必须是由发起人、信用机构或者法国信托投资局执行的。

如果设立 FCC 是为了进行公开发行，必须提前获得法国证券事务监察委员会（COB）的核准，任何发行必须进行信用评级。

12.15.5　外资持股比例

在某些敏感领域，例如国防、公共卫生事业等，公司控股权益（持有上市公司超过 20% 的股权）需要获得财政部的同意。持有上市公司超过 5%、10%、20%、33%、50% 或者 66% 的股权必须通知相关公司和证券交易管制机构。

12.15.6　证券法

法国证券交易所上市发行的证券要满足招股书要求，否则不能在法国发行。1989 年 12 月 29 日通过的 89-938 号法令第 10 号条款规定，非经合组织成员的企业在法国发行或者配售证券，必须获得法国财政部批准。

合作意向书（1994 年 8 月 4 日通过的 94-665 号法律）要求，发行要提供相关法语文件。2000 年 12 月 20 日，Conseil dtat 决议规定，这项法令适用于经过 COB 批准的招股书，因此招股书需要以法语进行撰写。之前 COB 的相关规定，允许发行证券时使用其他语言撰写招股书，只要提供法语概要即可。2001 年 11 月 20 日，法国政府通过一项法律，规定撰写招股书时正常情况下要使用法语，但是 COB 也提供了几种例外的情况，例外的情况下只要概要部分以法语撰写即可。2002 年 4 月 6 日，COB 发布了 2002-03 号规定，自 2002 年 4 月 8 日起，允许发行人以其他语言起草金融招股书，同时规定招股书概要要以法语撰写。

12.15.7　税收处理

印花税/注册税等　应收账款转让应缴纳名义印花税。转让股权缴纳 4.8% 的转让税，转让不动产缴纳税率为 4.89%。抵押登记要缴纳注册税（税率为 0.615%），解除抵押也需缴纳注册税（税率为 0.1%）。

预扣税　法国对利息或者重新定性为利息的支付征收预扣税，税率为 15%。法国与欧洲某些国家之间制定的双重税收条约允许将预扣税降低为 0。支付给 FCC 的数额如要支付给法国公司，或者支付给离岸投资者（受非住宅认证影响），则无须缴纳预扣税。

利得税　如果允许原始权益人以 SPV 的名义签订合同，那么我们可以把原始权益人认作 SPV 的常设机构。FCC 无须缴纳公司税。

杠杆收购后，若收单机构持有 95% 以上的目标，则可以运用税务合并手段协助债务还本付息。聚合受让方对目标所得的债务还本付息带来税收节减，可以将这种税收节减作为税后应付利润按照受让方水平进行登记。

增值税　FCC 支付给应收账款服务者的费用无须缴纳增值税。

其他税收事项　前期对租期为 12 ～ 20 年的契约批准实行一次性征税处理，其税率为 0.615%（也就是年租金乘以租赁年数）。

持有不动产者，每年要根据当地政府规定的相关资产应缴税部分缴纳不动产税。

12.15.8　会计处理

1998 年 4 月 6 日，Comite de la Regle-mentation Comptable（CRC）依法（该

法律于 1998 年 12 月实行）从 Comite de la Reglementation Bancaire et Financiere（CRBF）处接管了规范法国银行账务处理的权力。1993 年 12 月发布的 CRBF 规范 93-6 允许对卖给 FCC 的资产进行表外处理，但是要在账目票据中出具相关交易的描述。

12.15.9　资本处理

资本直接减少会影响原始权益人带来的信用增级，前提是资产数量可以保证证券化资产仍旧可以出现在资产负债表中。

1998 年 4 月，法国银行监管委员会发表了关于信用衍生品资本处理的一份文件。如果衍生品以出售为目的，依循旺市制造者的报价按每日市值计价，并且机构擅长开发信用衍生品市场以及精确估值模型，那么可以把信用衍生品视作交易账户工具。

银行账户　银行账户中，投资信用衍生品的交易，就信用衍生品涉及的风险敞口，可以将其当作抵押物处理，将其信贷作为现金抵押。以下是对信用衍生品的基本要求。

- 公司债券必须与受保护资产相同，或者至少出自同一个发行人（如果只是由同一个发行人发行，那么外汇协调时，信用保护等级会降低 10%，反之，信用保护等级下降 20%）。
- 公司债券等级必须不高于受保护资产。
- 还有不到 1 年时间到期的公司债券无保护价值。
- 如果信用衍生品期限短于受保护资产，且还有不到 1 年到期，那么无保护价值。对还有 1 年或者 1 年以上时间到期的信用衍生品，要对其征收费用，以此来抵消超过 1 年期的未放款承诺的余值风险（通常来说在 50% 的情况下，余值风险成为未放款承诺，那么经合组织成员发行的、受 3 年期信用违约交换保护的 5 年期头寸会占本金金额的 70%，其中 20% 是受保护期限内的，50% 是剩余期限内的）。
- 一篮子信用违约交换结构赋予买方抵御资产违约的风险，在这种一篮子计划中买方的风险权重最低。

◆ 一篮子信用违约交换信用衍生品结构销售能对违约风险保护卖方产生资本支出，数值与篮子中每项资产各自的资本支出合计等同。

◆ 违约风险保护买方应公开转让信用风险，保证违约风险卖方发生损失时无法向违约风险买方行使追索权。

交易账户　信用连接机构的风险敞口可以视作长期多 / 空头的特定风险头寸。以下是对信用衍生品的基本要求。

◆ 公司债券必须与受保护资产一致。

◆ 信用衍生品与受保护资产的期限必须相同（如果信用衍生品的期限较之受保护资产短，那么受保护资产的特定风险与信用衍生品的特定风险都需要标示清楚）。

◆ 一篮子信用违约交换结构允许买方对其中风险权重最差的资产记录其空头头寸。

◆ 销售一篮子信用违约交换结构可以为违约风险保护卖方在每一种资产中创造多头头寸。

◆ 违约风险保护买方应该公开转让信用风险，保证违约风险卖方发生损失时无法向违约风险买方行使追索权。

除了市场风险评估，非融资性信用衍生品，例如总收益互换以及信用违约产品（但不是信用联结票据之类的融资性信用衍生品）还要接受交易对手风险的折扣。这一折扣是通过将衍生品的逐日结算值加上"附加"来计算的。"附加"比例是对违约风险保护卖方的利率附加（对于投资等级的卖方）和权益附加（非投资等级的卖方）。"附加"对于违约风险保护买方是权益附加（投资等级）和商品附加（非投资等级）。相关的附加应用于名义本金，总数再乘以交易对手风险权重，风险权重为 8%。

2002 年 4 月 26 日，法国银行监管委员会发布了适用于法国银行在 ABS 投资上的风险资本权重。将继续按照标的资产对优先份额进行加权处理（抵押贷款是 50%，其他的为 100%），但是级别评定低于 BBB+ 或者 Baa1 的将直接从资本中扣除。一直以来，高级 MBS 是否可以享受 50% 的权重处理或者要归入 100% 一栏并不是很清楚，同时，是否将 BBB 级证券直接从资本中扣除，或者只有 BB 级及以上的证券才将其直接从资本中减除的相关规定都不明确。

12.15.10　消费者保护

1978 年 1 月 10 日发布的 78-92 号法律保护低于某一阈值的消费信贷交易中的消费者权益。

12.15.11　监管批准

1984 年 1 月 24 日发布的 84-46 号法律规定，如果从非信用机构购买未到期应收账款的机构不是 FCC 类型的 SPV（或者其他购买者），同时其在法国有一家常设机构，那么要求该机构在法国注册为信用机构，但假如该机构与原始权益人是在同一企业集团内，那么无须注册。此外，法国银行只能向银行或者 FCC 出售应收账款，向其他购买者出售应收账款需要事先获得法国银行监管委员会的同意。如果应收账款不是过期未付，并且同时满足其他几项条件，那么出售给离岸证券化 SPV 无须获得银行监管委员会的同意。

由于这些限制条件的存在，以及应收账款转让过程中出现的转让或者债权转移方式的限制，未采取简单的 FCC 机构模式的交易一般来说采取两步走结构。这会导致第一次转让以债权转移的方式转给一家海外集团实体（这种方式只有在原始权益人不是银行机构的时候才可以使用）或者转给 FCC 或银行机构（不论原始权益人是不是银行机构）。同时，第二次转让转给终极 SPV 组织，这样就可以在无须获取银行监管机构同意时保有转让优势。

12.15.12　其他事项

法国不存在不固定抵押。

法国《消费法》第 313 条关于高利贷的条款规定，对常规贷款收取利息时，利率偶尔超出中央银行给出的官方基准利率 1/3 的行为被视为犯罪行为。此条款是否适用于次级债务或者高收益债券的资本市场工具还不确定，但是 2003 年 1 月，法国经济部发表了一项声明，称高利贷相关法律并不适用于法国公司发行的债券。2003 年 8 月 5 日，法国发布的《经济活动法》对这一点做出了进一步强调，认为《消费法》中的高利贷相关条款并不适用于"批给参与工商业活动、手工业活动、农业活动的合法经济实体"的贷款。

在法国，有抵押债权人排名位于受雇用者，强制执行程序费用、税收、社保支付以及公司进入破产程序后预收账款的债权人之后。

根据金融辅助条款，收购目标公司批准保证人或者其他抵押品支持购买目标公司股权的行为是不被允许的。对目标资产的现金收益贷款不能上行处理，也不能批准上行抵押品或者保证人。

目标并购后出售或者处理资产以及将现金返回给股权持有者会导致资本减少，相关项目的税务合并也会导致一定数量的现金上行。

12.16　德国

抵押债券（可以由抵押银行或者州立银行发行）市场的建立，对该产品的管制减慢了德国证券化市场发展的步伐。

1999 年 12 月，德国政府宣布，德国公司出售股权获得的资本收益无须缴纳税收（税率可达 50%），如果没有此项规定，那么自 2001 年 1 月 1 日起，就要开始缴纳税收。该提议引入时，又将日期推后到 2002 年 1 月 1 日。

2000 年 12 月，德国复兴信贷银行（KfW）与德国开发银行发起了包装以及证券化处理 SME 贷款的"希望"项目，其后，2001 年，又启动了针对住房贷款包装及证券化处理的"提供"项目。这两个项目使用的都是结构性信用衍生品，两者皆获成功，其后德国市场上很多机构都采用了这种做法。

2001 年 7 月 17 日，德国政府同意欧盟关于废除政府对于州立银行对到 2005 年 7 月到期的债务提供担保的做法（欧盟认为，由于具备政府的支持，州立银行享有极低的借款利率，这妨碍了金融市场的竞争）。

已经存在的债务将由政府担保至 2015 年 12 月。2001 年 11 月 6 日，德国银行、德累斯顿银行和德国商业银行共同发布声明，合并其抵押贷款子公司——分别是欧洲抵押银行、德意志抵押银行和 Rheinyp，成立欧洲抵押银行股份公司。

2002 年 1 月 1 日，德国一项新的并购法案生效实施，若获得 75% 的股权持有者支持，德国公司可针对恶意收购实施"毒丸"抵御措施。

2003 年 1 月 29 日，德国主要银行称要进行贸易税收改革，并于 2003 年 4 月 23 日发布声明，称要主动加快德国真实销售证券化发展的进程。

与其他提供资金的 ABS 发行相比，德国银行发行抵押债券（个人抵押贷款可以达到 60%）或者其他债务享有低成本资金使用权，这促进了德国银行使用结构信用衍生品的历史趋势的产生。

除此之外，德国使用结构信用衍生品将抵押贷款分为比率高达 60% 的第一留置权（对监管资本而言是 50% 的权重，可通过发行抵押债券进行融资）和比率超过 60% 的第二留置权（权重占 100%），同时可通过对第二留置权进行证券化处理，释放更多资本。

德国复兴银行的"希望"和"提供"项目开发利用结构信用衍生品（德国复兴银行属于无风险加权实体机构，其他银行从德国复兴银行处购买投资组合抵押贷款或者贷款的信贷保护，然后把风险转移到外部市场），对资本处理大有益处，这使得德国停止用 CLO、CMB 以及 RMB 进行合成衍生品交易。

真实销售的结构性产品，产生了交易税收费用的可能性，进一步抑制了真实销售的发行。德国资产负债表及德国银行信用排名压力日增，融资成本上升，融资 ABS 的发行更为引人注意。

这一新的举措得到了德国银行、德累斯顿银行、德国商业银行、联合抵押银行、德国中央合作银行以及德国复兴银行 6 家机构的支持。2003 年 7 月 9 日，其他 7 家机构——德国花旗银行、巴伐利亚银行、德卡银行、欧洲抵押银行、德国北方银行、黑森州银行以及西德意志银行贡献 1 000 万欧元的资本，促进进行公司债券证券化处理的合资企业的成立。

2002 年 5 月 1 日，德国银行业监管机构、德国保险监管机构以及德国证券市场监管机构并入金融服务监管机构。

12.16.1 资产隔离和真实出售

应收账款转入无须通知转让债务人。应收账款文件中的条款禁止原始权益人转让合同规定的各项权益，要求原始权益人转让合同规定的各项权益时必须获得相关债务人的同意。除德国《民法典》中 354a 条款规定的相关内容外，如果实际未取得债务人同意，转让无效。

1994 年 7 月 30 日出台的法律，禁止转让行为发生。但是如果应收账款项目是商务交易时产生的，同时公司或者公共机构实体到期，那么可依法转让。

未来应收账款 未来应收账款可以买卖，但没有明确规定的一般应收账款无法避免原始权益人破产的影响。

破产解除 1999 年 1 月 1 日，德国新《破产法》生效，巩固并替代了之前的立法规范，第 131 条款规定，破产程序开始前一个月发生的交易活动不可解除破产。破产前 10 年发生的交易，如果是故意损害其他债权人利益的，可予以解除。

重新定性 资产转移违约没有针对原始权益人的追索权，原始权益人对转移资产未保有信用风险，无须归还转移资产购买价，这样的情况下转让即可视作真实销售。否则，将被视作担保贷款。如果将所谓的真实销售重新定性为担保贷款，那么原始权益人负有解释贸易税收的责任。

延期偿付 / 自动中止 债权人或债务人向法庭提起申请，如果法庭决议开启延期偿付程序，那么会强制中止其正常活动。法庭将指派一名破产管理人，此外，决定开始破产程序的 3 个月内，要召开第一次债权人会议，会上也会选出另外一名破产管理人。

应债权人会议要求，此管理人要在合理期限内提出一项破产计划，确定清偿债务人资产和继续经营公司两种方案哪一种最为合适。破产计划必须获得债权人（包括无抵押债权人）多数（数量和价值上的多数）同意。

资产担保证券 德国抵押银行可以依据《抵押银行法案》；州立银行可以依据《公共部门抵押贷款法案》发行抵押贷款（担保证券的一种，包括单式抵押证券和复式抵押证券）。

抵押贷款具体可以分为符合条件的抵押贷款或者有公共部门资产支持的抵押贷款。这两类共同资金（抵押贷款和公共部门资产）又被分成不同的产品（registers 或者 Deckungsstock），两者分属于与发行机构相连的不同的破产程序（但是共同资金仍在发行机构的资产负债表上）。因此，为维护抵押债券持有者的权益，发行人破产时，支撑抵押债券的共同资金要单独清算，抵押债券持有者对其享有优先权。同时，如果共同资产资金不足，那么抵押债权人对发行者的其他资产享有剩余权。

共同资金可以循环往复，一种资产的替换或者每种不同共同资金都可以支持多种抵押债券的发行。尽管可采用记名形式偿还方式发行，但抵押债券发行一般采用无记名形式，发行巨型抵押债券时例外。

尽管抵押债券可以采取浮动汇率或者零息方式发行，但大多数抵押债券实行的还是固定汇率制度。合格公共部门资产包括德国政府、公共机关或者州立银行贷款、证券以及欧洲经济区贷款证券。欧洲有些国家当地相关部门不承认破产时抵押债券持有者的优先权益，在这些国家，欧洲经济区公共部门贷款抵押资产上限为共同资金的 10%。

2002 年 7 月 1 日开始，美国、加拿大、日本、瑞典、捷克、匈牙利、波兰以及斯洛伐克的公共部门认可了共同资金（在不承认抵押债券持有者优先权益的地方，上限为 10%）。银行监管部门委托托管人监督管理共同资金的替换。

抵押银行发行的抵押债券较之州立银行发行的抵押债券规定限制更为严苛，包括其中抵押资产的比率最高为 60%。抵押银行发行的抵押债券的最大发行量不能超过发行银行资本的 60 倍。

1999 年的《巴塞尔协议》，规定德国抵押银行对其抵押债券保持 10% 的风险权重，而对高级 ABS 需要保持 20% 的风险权重。自 1999 年 1 月起，在欧洲中央银行，如果其上市价以及面值皆以欧元表示，那么抵押债券可以用作一级回购抵押品（政府机构证券之前就可以用作一级回购抵押品）。

1995 年 5 月首次发行巨型抵押债券，目的是提供更大的交易流动性，通过规范化过程提高透明度。要求其在德国证券交易所上市，并以不记名方式作为"子弹证券"发行（卖向美国市场的该债券可以以记名方式发行），其最低发行规模为 5 亿欧元。

自 2001 年 4 月 10 日起，德国银行监管机构要求德国抵押银行计算利率变化上下 100 个基点时带来的风险敞口净现值变量，借以计算利率变化对抵押共同资金的影响。

12.16.2　抵销

付款给原始权益人可以使债务人获得良好清偿，转让通知给到债务人之后，债务人有责任直接支付给 SPV。SPV 受制于任何以原始权益人名义进行的不合格交易，转让之后，债务人与原始权益人之间关系的变化会产生一些有益于债务人的相关权益。转让通知给到债务人之前，SPV 不会受到这些权益的影响。

12.16.3　在岸 SPV

德国经济实体有责任缴纳贸易税，这使得德国 SPV 至今还没有什么吸引力。

12.16.4　外资持股比例

若外资持有德国上市公司超过 5%、10%、25%、50% 或者 75% 的股权时，必须通知联邦证券交易监督管理局。

12.16.5　税收处理

印花税 / 注册税等　应收账款转让无须缴纳印花税。

预扣税　除银行支付利息外，其他利息支付无须缴纳预扣税。租金支付可产生预扣税。以德国境内不动产为抵押的贷款要缴纳预扣税。

利得税　德国境内的离岸 SPV，如在德国有固定交易地点或者独立代理人，需要缴纳公司税。这样的情况有可能导致 SPV 雇用德国服务商为其进行资金管理服务。如果服务商有其他大宗资产或者交易，即可被视作"独立的"代理商，然而，如果服务商没有其他大型交易，要将其视作"依赖性的"代理商，可以使 SPV 缴纳德国税务（尽管允许 SPV 减除相应的非纳税所得）。

在德国，私人住宅持有超过两年的买卖可以免缴资本利得税。

增值税　设立在欧洲联盟的 SPV，要就其服务费缴纳增值税，欧盟之外的则无须缴纳增值税。SPV 不能恢复进项税额。

其他税收事项　德国公司需要缴纳贸易税，非德国公司，但是在德国境内有固定办公地点的，或者在德国有独立代理人的公司（只从事房屋租赁的公司无须缴纳贸易税）也需缴纳贸易税。

收入较少的花费需要缴纳税收，但是只有 50% 的长期债务（为付款期限为 1 年期以上的固定资产融资的债务，而不是为流动资产融资的债务，但两者之间的区别很难监测，因为只有在流动资产变现时，才需用现金支付）利息可从需缴纳贸易税的收入中扣除，但是信用机构可以减除 100% 这样的利息费用。

因此，缴纳贸易税的应纳税所得应该等同于正常净应纳税所得额加上长期利息费用的 50%。贸易税税率在 12% ~ 18%（德国不同地域的收入所得应缴税率不同）。

不论是在原始权益人层面（真实销售转让若重新定性为原始权益人资产负债表上的，为了使德国税务机构相信转让是真实销售，而非受担保贷款，需保留对原始权益人较低的追索权）还是 SPV 层面（如果 SPV 设立在德国，或者有一个固定办公地点或者一家独立代理机构），贸易税与证券化息息相关。

对于非德国 SPV 来说，独立代理商很有可能成为 SPV 在德国境内雇用服务商处理德国资产的机构。如果服务商有大量其他资产以及交易运作需要处理，就无法将服务商视作"独立"的代理商，若服务商没有其他重大交易运作需要处理，可以将其视为"独立"的代理商，使 SPV 缴纳贸易税（对 SPV 的征税可以达到其全部利息费用的 6% ~ 9%，假若 SPV 正常净可纳税所得额为 0，那么对长期债务 50% 以上的债务服务费征税，税率可以达到 12% ~ 18%）。

2001 年 1 月 31 日，标准普尔发布警示，有流言称，德国一些州要压制 SPV 使用，称德国税务当局会于 3 月份发布 Generally Applicable Letter（目的是运用证券化手段处理德国服务商应缴纳公司税和贸易税的资产）。因为 SPV 拥有的资产不存在被服务的部分，所以在合成交易中，不太可能存在独立的海外 SPV 代理商，因此，不太可能产生贸易税事项。

2003 年 1 月 29 日，德国财政部发布了 2002 年 7 月 11 日通过的新规则，规定购买银行应收账款的 SPV 同银行一样得益于相同的税制管理规定，两者都允许减除 100% 的利息费用。然而，公司原始权益人的交易中使用的 SPV 却不能按照此项规定操作。此项改变应该鼓励银行使用真实销售证券化，以期实现现金证券化的融资收益变现，同时实现到目前为止所有合成交易中获得的各项资本宽减规定收益。

12.16.6　税收处理

2002 年 10 月 1 日，会计研究所发表证券化处理指导意见。为了使交易处理发生在资产负债表外，SPV 必须获得承诺或者交换资产的权利，原始权益人无权或者没有责任重新购买资产（清收式赎回除外），同时原始权益人不承担任何事关资产的风险权益（集团实体会对 SPV 提供附属贷款，但是允许一定市场份额的折价购买行为发生）。

12.16.7　资本处理

1997 年 5 月 20 日，德国银行监管机构发表资本处理指导意见，具体规定如下。

- ◆ 事先通知德国银行监管机构以及德国央行后，银行机构可以销售资产。
- ◆ 原始权益人留有的证券投资组合若存在恶化可能，则需审计师发布声明（不允许资产"挑拣履行"行为的发生）。
- ◆ 银行对原始权益人无追索权。
- ◆ 原始权益人无重新购买任何应收账款的责任，除非应收账款售出时违反了保证。
- ◆ 不允许资本替换。
- ◆ 假若以市值重新购买资产，允许存在 10% 的结清权。
- ◆ 原始权益人产生的次级贷款应予以披露，并将其直接从资本中减除。
- ◆ 超额担保、折扣购买价、无优先权票据发行以及储备账户都允许进行信用增级。

◆ 在初级市场上，原始权益人不应是票据的承兑人或者购买者，除非所有票据都已卖出，否则不能进行表外处理。

◆ 原始权益人与 SPV 之间不应相互关联，原始权益人与 SPV 的名字不应雷同或者相似。

◆ 招股书应该标明，原始权益人对票据不承担责任。

◆ 投资组合数据可以转让，或者在不违背保密要求的前提下加密后由监管银行保存。

1998 年 9 月，德国银行监管机构发布了流动资产证券化要求，扩大了上述指导意见的涵盖内容。

1999 年 6 月 16 日，德国银行监管机构发布关于信用衍生品处理的 10/88 号通知单。如果标的资产是证券，则将 TRORS 和 CDS 视作贸易订购证券，若标的资产是贷款，则将 TRORS 和 CDS 视作订购银行。

银行账户 信用衍生工具是关于它们的相关风险敞口的担保，受保护的买方也会从受到信用衍生工具资助的现金担保中获利。信用衍生工具的相关要求如下。

◆ 公司债券与受保护资产必须一致，至少要由同一个发行人发行。

◆ 公司债券排位需与受保护资产相同，或者居于其后。

◆ 信用衍生品与受保护资产的期满日必须相同（如果信用资产期限较短，其不产生保护价值，但是也没有额外风险敞口）。

◆ 违约风险保护买方应先将信用风险转让出去（不转让就会违背公司债券的相关条款），这样违约风险保护卖方若有损失，则无权向违约风险保护买方行使追索权。

◆ 信用衍生品必须详细介绍事关公司债券的"信贷事件"触发器。

交易账户 公司债券中的总回报互换可以被当作多头/空头头寸处理（带有一定特定风险及一般风险），在基准证券中被当作空头/多头头寸处理，支付利率相同。公司债券中，将信用违约互换当作多头/空头头寸处理（只带有特定风险）。在带有一般风险的基准证券中，可以把溢价支付当作名义头寸。票据中与信用相关的可以当作多头/空头头寸处理（带有发行者的特定风险以及一般风险），在公司债券中也可以当作多头/空头头寸处理（只带有特定风险）。对信用衍生品的一般要求如下。

◆ 公司债券与被保护资产必须由相同的发行者发行。

◆ 清偿时，公司债券与被保护资产的清偿位次必须一致。

◆ 信用衍生品与被保护资产的期限必须一致（如果信用资产期限较短，那么公司债券以及信用衍生品的特定风险将会被记录在案）。

◆ 违约风险保护买方应先将信用风险转让出去（不转让就会违背公司债券的相关条款），这样违约风险保护卖方若有损失，则无权向违约风险保护买方行使追索权。

◆ 用衍生品必须详细介绍事关公司债券的"信贷事件"触发器。

除了市场风险评估，计算衍生品的逐日结算值以及利息率附加值（相对于投资等级）或者权益附加值（相对于非投资等级）会使总回报互换以及信用违约互换等非融资信用衍生品（信用相关票据类融资信用衍生品不受影响）受对手风险折扣影响，这对风险违约保护买方和卖方来说都是一致的。相关附加比率适用于名义本金，同时累计值以 8% 的权重与对手风险权重直接相乘。

2000 年 2 月，德国银行机构要求德国银行监管机构减轻对仅存在于银行账户的贷款资产衍生品的处理，要求对偿还期失调的处理措施进一步精确。2001 年 3 月，德国银行监管机构确认称，德国投资者对西班牙抵押银行发行的抵押担保债券可以附以 10% 的风险权重。

2002 年 1 月 28 日，德国银行监管机构给出暗示，受利息刺激参与支持次级证券的交易不允许进行表外处理。2002 年 4 月 19 日，德国银行监管机构发布了一张清单，列出了获取合成证券化监管救济需要提前获得德国银行监管机构允许的机构清单，清单同时做出如下规定。

◆ 次级利益参与应该只关心相关债券群组的风险报酬。只应考虑债券群组，而不插手包含筹资成本的营收、风险报酬或包含了资产的筹资成本收入。债务重组损失应该由违约风险保护卖方承担相关责任。

◆ 只有在合并时不违反合格性 / 补充标准，才可以对资产进行正常替换。

◆ 保护终止只能发生在特定情况下，不包括看涨期权和受保护卖家的看跌期权。

12.16.8 数据保护 / 保密

参见前面提到的"资本处理"。

12.16.9 其他事项

德国公司可以发行无记名和记名两种的股票。长久以来，很多公司发行股票采取的是无记名方式，但是与投资者交流的减缓使得采用记名方式发行股票的次数有所增加。

抵押银行的抵押贷款若不超过 20%，则可以投资于第二按揭。德国没有不固定抵押。

新《破产法》s.166（2）条规定，清算人可以取代有抵押债权人（第一位物权担保债权人除外），执行证券（包括通过证券方式进行的转让行为）。作为执行费用，清算人有权持有高达 9% 的抵押值。不动产的证券执行时要求法院委派一名管理人管理其所有权，同时寻找新的承租人，或者可以选择请求法庭拍卖销售。

新《破产法》废除了《民法典》419 条款内容（419 条款允许，承担全部或者大量抵押利息的借款方资产的有抵押债权人，对借款人债务负有责任）。

德国有抵押债权人排位次于执行程序费用。员工和税收不是优先债权人，排名次于无抵押债权人。

《民法典》613 节要求，持续经营机构的公司转让，受让人接收所有的员工合同。

可以核准使用收益权权利，使受益人有权获取资产所得（但是受益人无权获得资产的资本价值）。权利不可转让。

不允许 AG（股份公司）批准抵押品或者担保品覆盖母公司的相关责任。

对于 GmbH（有限责任公司），假若未超过 GmbH 储备金，那么允许抵押品或者担保品覆盖母公司相关责任。《GmbH 法案》s.30 禁止注册资本提供金融援助。

2002 年 5 月 3 日，发行监管机构正式发布指导意见，允许发行人在特定投资级产品（RMBS、CMBS、CDO、合成品以及特定 ABS，但是没有租赁或者未来证券化）方面投资不超过其专业资产的 7.5%。同之前一样，保险公司的自由资产可以用来投资股权级。尽管德国保险公司在资产抵押市场投资活跃，但是之前监管机构对于将资产抵押证券作为投资投入市场是否合适并没有任何相关的规定说明。

12.17　希腊

2000 年德国公共部门证券化发展成效显著，典型的有希腊证券化交易中 CDLF（国有抵押贷款银行）股息收入的政府证券化以及阿里阿德涅的交易中国家彩票收入的政府证券化。为了促进此类交易，希腊 2000 年通过了监管公共部门证券化的一项新法（后期有所修正）。2003 年 6 月发布一项法律，规范非公共部门的证券化行为，缓解非政府原始权益人的证券化市场发展的紧张状况。

12.17.1　资产隔离和真实出售

希腊《民法典》规定，证券转让必须进行通知。2801/2000 法律（2843/2000 对其进行修正）允许希腊政府转让流动应收账款以及未来应收账款，使得应收账款不受政府、受让人以及其他第三方机构破产的影响（受让人为有抵押债权人时除外）。

2003 年 6 月通过的 3156/2003 号法律的第 10 条规定，允许银行、保险公司以及其他上市公司将一系列应收账款和资产（包括未来应收账款和不动产资产）转让给证券化 SPV。转让必须注册，但无须通知债务人。可以使用希腊或者非希腊 SPV（但是在进行不动产资产转让时必须使用希腊 SPV）。

未来应收账款　2003 年法律允许转让未来应收账款。

破产解除　优先交易可以破产解除，但是根据 2003 年法律规定的交易不能进行破产解除。

12.17.2　税收处理

印花税 / 注册税等　除希腊信用机构间的交易，其他转让交易需缴纳 2.4% 的印花税。依据 2003 年法律进行买卖的应收账款免缴印花税。

预扣税　支付给海外实体的应收账款费用需要缴纳预扣税。

利得税　2003 年法律规定的希腊 SPV 无须在希腊缴纳公司税。

12.17.3　数据保护 / 保密

2003 年法律规定废除应收账款转让方面的银行保密性以及数据保护法的相关要求（要求需要获得债务人以及数据保护局的同意）。相关法律还规定，证券化过程中，允许公开转让 SPV、服务商以及票据持有人的应收账款信息。

12.17.4　其他事项

依据希腊法，不允许设立信托。

12.18　中国香港特别行政区

1996 年和 1997 年两年间，中国香港市场迅速发展（1995 年发展趋于平缓），抵押贷款交易以及单一产权融资交易发展迅猛。亚洲市场由于金融危机的影响，发展速度减慢，但是中国香港在 1998 年以及 1999 年发行量不断增长——大多是商业抵押支持证券交易。

1998 年 7 月 28 日，香港金融管理局放松了 1994 年银行产权风险敞口不得超过其贷款账户的 40% 的规定。1998 年 8 月，政府介入，通过购买外汇储备股票支持证券市场的发展，此外，9 月末，政府建立外汇基金投资有限公司，将其作为一个单独的经济实体来管理已获股票。这些一部分遵循恒生指数的股票被处理为单位信托基金，被称为盈富基金，此基金于 1999 年启动并被大量认购。

2000 年，市场发行量大幅下降，到目前为止一直处于减少状态，原因有几个：由于港币采取盯住美元政策，中国香港市场受经济衰退影响巨大；亚洲金融危机后中国香港与其他亚洲经济体一起防止货币贬值，导致了通货紧缩经济环境的出现。低迷的股票市场以及房价大跌导致消费者信贷以及消费者支出大幅下降，降低了银行发放资本进行再投资的积极性，也减少了新的贷款发放能够带来的利润。

房地产开发商发现银行市场缩小，较之 ABS 市场更为灵活。从 1998 年起，期望对抵押贷款组合进行证券化的银行，不再直接进行证券化处理，而是将抵押贷款卖给中国香港按揭证券公司，充分利用中国香港按揭证券公司，保证抵押支持证券的风险权重为 20%。

2003 年 3 月，香港特区政府发布了计划，称到 2008 年，要处理或者证券化处理价值高达 1 120 亿港币的资产。

2000 年 3 月 6 日，根据 1999 年 3 月发布、1999 年 9 月批准的政府议案，香港股票交易所、香港期货交易所以及香港清算公司合并为香港交易所。

1999 年 8 月，政府第一次将外汇基金债券（EFN）（香港的货币储备由外汇基金管理）卖给散户投资者，目的是为其他发行人开发新的散户债券投资者市场。

2000 年 12 月 1 日起，雇用者与被雇用者都要求进行强制性公积金出资。一定比例的强制性公积金要进行以港币为面值的投资，从而扩大了香港对资本市场工具的需求。

中国香港特别行政区奉行普通法系统，以英国律法为基础。

1984 年，英国与中国发表联合声明，允许香港自 1997 年 7 月 1 日依据"一国两制"原则回归中国后，继续保持资本主义制度不变。1990 年 4 月 4 日，中国政府颁布《中华人民共和国香港特别行政区基本法》（简称《基本法》），依据其第 8 条款，香港回归中国后除去违反《基本法》的法律规定，其他现行法律保持不变。《基本法》对政治体制、司法制度、经济（包括私有财产权、纳税权以及港币的继续存在与自由转换事项）、教育、宗教信仰、劳动和外部事务做出了基本规定。《基本法》规定，香港资本主义制度可以继续实行 50 年以上。

1997 年颁布的 110 号法律制定《香港统一条例》，同第 8 条款一样，此条例允许香港继续执行现行资本主义制度。《基本法》只能由中华人民共和国全国人民代表大会修正。

1999 年 12 月，香港发布关于信用衍生品的资本处理的相关指导意见。

自 2000 年 12 月 1 日起，雇用者需缴纳强制性公积金（按每位员工薪资的 5% 缴纳，最高每月不超过 20 000 港币），月收入超过 4 000 港币（按照相应数额缴纳）的雇员也要缴纳公积金。

2001 年 2 月，为了鼓励对银团贷款相关的利率风险及信用风险进行管理，香港金融管理局发布了银团贷款指导意见草案，并将其纳入银行监管手册。

2003 年 3 月宣布，由于预算赤字增大，香港将增加对公司税（16% 上升到 17.5%）和人头税（15% 上升到 16%）的征税比率。

2003 年 4 月 1 日，《证券及期权条例》生效。

12.18.1   香港按揭证券有限公司

香港按揭证券有限公司（HKMC）于 1997 年 3 月建立，建立时资本为 10 亿港币，最低资本 / 资产比率为 55，这是一家政府所有的公司，受托购买个人住房按揭贷款以及发行抵押支持证券。早期条例规定，只允许香港按揭证券有限公司购买利率不低于银行贷款最低利率的贷款（1998 年以及 1999 年，过剩流动性以及强大的抵押贷款价格竞争，使得大多数贷款利率与最低银行贷款利率相同，也有相当一部分低于最低银行贷款利率），2000 年，香港放宽了对这一方面的限制，因此，2000 年第 1 季度与之前相比，香港按揭证券有限公司的购买量明显增大。

为了降低利率增长（捍卫依附于美元的港币的必要措施）给总体经济带来的影响，香港按揭证券有限公司试图诱导银行创造固定汇率抵押产品。为此，1998 年 3 月，香港按揭证券有限公司与恒生银行、大通银行合作，发起了一项小规模试验计划，致力于获得 2.5 亿港币的固定汇率抵押贷款，以满足一定的购买要求。1998 年，该计划扩展，新加入 6 家银行。

香港按揭证券有限公司同时发起一项抵押贷款发行活动，允许其核准的原始权益人的出借比率高达 90%（超过了授权机构贷款的正常比率 70%）。

对于比率处于 70%～90% 的，香港按揭证券有限公司提供了 20% 的保证费。

香港按揭证券有限公司经香港金融管理局同意，设立了 100 亿港币的周转信用额度，并于 1998 年 1 月及 6 月，分别启动了 200 亿港币的票据发行计划（1999 年 10 月于香港证券交易所挂牌）以及 200 亿港币的债券发行计划，并从当地银行购买了抵押贷款组合来建立按揭贷款组合项目。

香港按揭证券有限公司也对其抵押贷款组合进行了证券化，第一次证券化是 1999 年 10 月对道亨银行一笔资金的处理。原始权益人将抵押贷款转给香港按揭证券有限公司，后者将抵押贷款继续销售给独立 SPV。SPV 发行直通票据给始发银行，票据由香港按揭证券有限公司担保。香港按揭证券有限公司就此项担保服务要求缴纳担保费，并从抵押贷款集合中扣除。票据风险权重为 20%，降低了风险权重为 50% 的住房抵押贷款原始权益人的资本要求。这是因为授权机构必须保证 25% 的流动比例，要将票据当作流动资产处理。始发银行继续行使其作为抵押贷款服务商的职责。

2002 年 1 月，香港按揭证券有限公司启动第二轮抵押贷款证券化项目，建立了发行人公司。作为在开曼设立的发行多种产品的 SPV，这家公司可以以多种货币形式发行隔离的抵押贷款资产池。2002 年 3 月，第一次发行相关项目。

2001 年 2 月，受到市场水准提前赎回利率的支持，香港按揭证券有限公司依票面价格，从香港房屋署处购得了 170 亿港币的补贴贷款组合，香港按揭证券有限公司购买利率可变抵押借款的标准如下。

◆ 最高原始贷款规模为 500 万港币。

◆ 原始贷款比率不超过 70%。

◆ 原始贷款服务占收入比率（DTI）不超过 50%（特定高收入借款人不超过 60%）。

◆ 1999 年 10 月，降低了收购 6 月期浮动汇率抵押贷款的要求。

◆ 原保险单期限最高为 30 年。

◆ 最低还剩 3 年到期。

◆ 财产的原始使用期限之和不能超过 40 年。

香港按揭证券有限公司购买固定利率抵押借款的标准如下。

◆ 最高贷款规模为 400 万港币。

◆ 原始贷款比率不超过 70%。

◆ 原始贷款服务占收入比率（DTI）不超过 50%（特定高收入借款人不超过 60%）。

◆ 原保险单期限最高为 25 年。

◆ 最低还剩 10 年到期。

◆ 财产的原始使用期限之和不能超过 40 年。

香港按揭证券有限公司的按揭发行计划标准如下。

◆ 最高原始贷款规模为 500 万港币（固定利率贷款最高为 400 万港币）。

◆ 原始贷款比率不超过 90%。

◆ 原始贷款服务占收入比率不超过 50%。

◆ 高达 85% 的抵押贷款最高期限为 30 年（比率达 90% 的为 25 年）。

◆ 最低还剩 10 年到期。

◆ 财产的原始使用期限之和不能超过 40 年。

12.18.2　资产隔离和真实出售

根据法律冲突原则，类似合同规定的应收账款权益的无形资产是否可以转让，由产生应收账款的基础契约管制法例决定。合同双方对基础资产合同受依据的法律的选择将会受到支持，这一与国家联系最紧密的法律，将会在默认情况下适用。

根据《s.9 法律修正案改革条例》（与英国 1925 年施行的财产法 s.136 非常相似），衡平法下的转让，无须通知债务人即可进行应收账款转让。衡平法上的权益转让无须书面材料，但是与土地相关的权益转让需要具备书面材料（《物业转易及财产条例》s.5（1）规定）。可以进行未来应收账款转让，转让给受让人的未来应收账款自形成时起自动生效。应收账款生效前，若原始权益人进入破产程序，则转让不受影响。

如果抵押贷款转让在相关地政局注册，受让人对原始注册证享有优先权。因为不注册带来的风险主要来源于原始权益人欺诈，所以评级机构对抵押贷款转让的注册要求并不严格。

现有抵押贷款加按的处理，根据《物业转易及财产条例》可以优先于次位质权人：①如果次位质权人同意；②加按后抵押贷款不会超过第一次抵押贷款规定的最大担保值；③第一次抵押全为有利于授权金融机构的现金抵押。

应收账款文档条款中如果禁止原始权益人转让其合同，或者需要原始权益人只有获得相关债务人同意之后才有权转让合同，那么文档条款措辞虽不同，但是除非获得债务人实际同意，否则转让无效，有益于 SPV 的合同权利信托声明也无法生效。

不可分割权益业主权益要获得相关拨款和认可的商品才能获准进行销售，没有这样的拨款认可，原始权益人试图对应收账款的不可分割权益进行真实销售处理时，仅仅会被视为对原始权益人的一种合同权利。

应收账款的所有利益通过真实销售进行转让时，可以防范业主权益不被转让的风险，此时，应收账款的销售对象是信托（由整个资金池的明确申报构成），原始权益人和投资者都有权享有股权相应的信托权益。

然而，1998 年 12 月，CA 太平洋证券有限公司的案例作为第一个案例，在其决策过程中，法庭裁决中央结算系统可替代账户，CA 太平洋证券有限公司经纪行持有的客户证券与其自身持有的证券，均为 CA 太平洋证券有限公司购得，作为客户代理商。因此，尽管中央结算系统具有可替代性，但是客户对于证券确实享有业主权益。

这是建立在客户共同认可客户协议条款基础之上的。此外，客户协议清晰地界定了客户利益不是与其他客户共享的权益，而是独立分割的客户权益。因此，对于账户中某些特定的证券，客户也享有特定权益，而不是作为普通租户享有账户不可分割部分的权益。

由于证券本身的特性，证券与有形商品不同，证券可以使得分离证券失去实际意义，因此将特定证券划拨给特定客户是没有必要的。而如何在整个资金资源中追踪一项特定的利益项目仍然没有确切的答案。

破产解除　《物业转易及财产条例》s.59 条例明确规定，不允许进行低于市值的交易。《物业转易及财产条例》特别指出，"在香港境内，可以在善意没有欺诈的基础上购买任何产权利益，低于市值时即可驳回"。但是，s.60 却规定，在缺乏与收益价值相等的回报时，对于有意欺诈债权人利益的交易，允许予以解除。《公司条例》s.264B 对过高信用交易做出了相关规定，s.266B 涉及不公平偏好问题，而 s.268 对清算人放弃其负有义务的资产方面的处理做出了相关规定。

实体合并　一般而言，在香港没有实体合并的相关规定，但有几种特殊情况，例如香港法庭忽略了公司性质，试图使得其成员都为公司债务承担责任等，但这种情况十分罕见，通常只有在有证据证明公司实行骗术或者有证据证明公司进行不合法、不合理交易时才会出现上述特殊情况。忽视公司性质的一些特定情况具体如下。

◆ 超过 6 个月时间，公司仅有一名成员。在这种情况下，该成员要对公司的债务承担责任。依据《企业转让条例》（《债权人保护》）规定，公司交易（或者部分非善意、未付对价的交易）受让人要承担公司债务的相关责任。注册了 1 年及 1 年期以上的转让（这类浮动抵押不足 1 年的交易，使受让人面临剩余风险影响）除外。

延期偿付／自动中止　在香港，类似于延期偿付／自动中止的条款本质上是有限制的。1996 年 10 月，法律改革委员会（LRC）在一篇《企业救助》的报告中提出暂停程序分割建议书。1999 年 7 月，法律改革委员会在报告中进一步修正此议案，并于 2001 年 5 月将《公司法案》（企业救助）提上立法委员会讨论议程，但是至今仍未正式颁布实施，其目的是为了引入名为"临时监督"的执行程序，允许公司可以暂停还款 30 天，与债权人商议制订还款计划。如果计划通过，那么暂停还款期限最长可以延至 6 个月，债务人向法庭递交清盘申请之日起，债务人对任何未决诉讼程序享有自由裁量权。

12.18.3　抵销

转让通知给到债务人之前，债务人都可以从支付给原始权益人的款项中获得良好的清偿。转让通知收到后，债务人要直接支付给 SPV。SPV 受制于任何以原始权益人名义进行的不合格交易，转让之后，债务人与原始权益人之间关系的变化会产生一些有益于债务人的相关权益，转让通知给到债务人之前，SPV 也会受到这些权益的影响（例如，抵销）。

12.18.4　外资持股比例

特殊行业，例如银行业、保险业以及广播行业对外资所有权有一定限制。《证券及期货条例》s.406 规定，持有上市公司股票（包括股票贷款时作为股票借用的股权以及其他股票衍生品）超过 5%，以及其后继续收购超过一定比例（不论是增加还是减少都需要通告，但是持有比例低于 5% 后，无须继续通告）时，必须要告知证券交易所以及上市公司。该条例代替了之前的《证券条例》，《证券条例》s.315 规定，持有率超过 10%，才需要通告证券交易所以及上市公司。

12.18.5　证券法

根据《公司条例》，在香港向公众发行任何招股书都需要满足一定要求，除私下发行以及发行给专业人士的证券外，其他证券的公开发行必须在公司注册机构进行注册。

2002 年 3 月 13 日，香港发布《证券及期货条例》，并于 2003 年 4 月 1 日开始实行。2000 年 4 月 7 日，第一次在咨询文件中提出《证券及期货条例》，但由于其本身的复杂性以及涉及范围较广，对此进行了长久的讨论。

《证券及期货条例》巩固整合了香港监管条例，对公开发行证券提出了相关管理规定，涉及：

- 证券交易；
- 期货合约交易；
- 杠杆式外汇买卖贸易；

◆ 证券建议；

◆ 期货合约建议；

◆ 公司融资建议；

◆ 提供自动化交易服务；

◆ 证券保证金融资；

◆ 资产管理。

2003 年 7 月 30 日，证券及期货委员会发布法典，提议建立 REIT（可以销售给散户投资者的股票）。REIT 必须在香港证券交易所上市，只能投资于香港房地产市场。REIT 可以持有 SPV 控股公司的不动产。这样的 REIT 中，至少 90% 的净收入都要用于分配。REIT 也可以借入相当于自身总资产 35% 的资产。

12.18.6　税收处理

印花税/注册税等　抵押贷款转让注册要缴纳名义注册费。此外，土地利息转让，依据不同产权的支付情况（100 港币到 100 万港币各不相同，100 万～200 万港币、200 万～300 万港币、300 万～400 万港币、400 万～600 万港币、超过 600 万港币，对应的税率分别为 0.75%、1.5%、2.25%、3%、3.75%），按滑动利率缴纳印花税（包括抵押贷款转让）。邮票收藏家一致同意，邮票不能抵押转让。换种说法，邮票只能以股票转让的方式记账，这样可以以港币偿还，而不属于借贷资本。股票转让的收费比率是 0.2%，港币不记名债券是 0.3%。进行股票转让，需在买卖合同上为交易标注，买卖双方各付收费的一半。

预扣税　在香港，利息支付无须缴纳预扣税。

利得税　在香港进行贸易活动、职业位于香港或者在香港设立公司都要就"在香港境内获得的"利益缴纳税款（《内陆税务条例》s.14（1））。在这样的规定下，海外 SPV 要在香港缴纳税款。《内陆税务条例》s.20A 规定，海外经济实体"不论是否直接获得收益，也不管代理商是否以它们的名义获得收益都需缴纳利得税"。若经济实体依据《证券条例》注册成为投资顾问或者经销商，就不能将其视为代理商，而应当视为独立的经济体，同时就其正常形态的交易收取市场费用。

若债务人是业务债务人，原始权益人要尽量保证，证券收盘后，债务人支付在应收账款上的利息享有利得税减免，这样证券就不会对其产生负面影响（担保贷款交易中，担保贷款利息与原始权益人也有关系）。《内陆税务条例》利息免除方面的主要条款允许以下情况下进行减免：①金融机构贷款或者贷款给金融机构（s.16（2）(a) 和 (d)）；②由非金融机构贷款，并且借款人手中的利息要按照香港税务法缴纳税款（s.16（2）(c)）；或者③"真实交易活动"中发行的证券，经委员批准，可以在中国香港境内进行销售或者在中国香港外一个更大的金融中心进行销售的，需要支付利息（s.16（2）(f)）。

对于香港的债务人或者原始权益人而言，支付给海外 SPV 的利息申报税务减除的最简便方法是依据《内陆税务条例》s.16（2）(c) 进行，因为根据此项条例，在香港 SPV 确实要就利息缴纳税款。为了证实 SPV 确实在香港进行贸易交易，并且确认此交易要缴纳相关税款，依据《公司条例》，SPV 必须进行注册，并且在香港设立交易地点。

为了保证 SPV 的税收中性，之前处理 SPV 应缴税款时，根据《内陆税务条例》s.16（2）(f)，规定 SPV 发行上市证券，同时要保证 SPV 可以扣除相关税款。

根据 s.61，评估税收时不考虑避税交易（避税交易是指人为或者编造的用来减除税款的交易），s.61A 也对此做出了相关规定（s.61A 认为，避税交易是指此种交易的唯一或者主要目的是为了申请税收优惠）。

香港不对资本收益征税。

增值税　香港不征收增值税。

其他税收事项　1998 年 4 月 1 日，香港实行税款见面条例，允许个人支付给个人占有或者拥有的房地产的按揭利息所得（相关贷款用于购买房地产，同时借款方是金融机构、信用组织、放款人、香港房屋协会、个人雇主或者税务局局长批准同意的组织或者联合会），减除高达 100 000 港币的税款。

12.18.7　会计处理

2000 年 8 月 15 日，香港会计师公会（HKSA）就会计相关准则发布了

《征求意见稿》，其目的是规范"合并财务报表以及下属公司投资会计账目处理"。2001 年 2 月 9 日，此规范以《会计实务准则》(SSAP) 的形式发表，其对于 2001 年 1 月 1 日之后的会计分期有规范作用。此准则发布的目的是使香港会计准则与国际会计标准（IAS）接轨，它要求一些暂时不在资产负债表中体现的 SPV 做合并处理，归入企业的合并财务报表。

此准则要求企业要根据实际控制的原则来定义子公司，而不再采用《公司条例》s.2（4）规定的定义方法（例如，对于子公司而言，企业对 SPV 有决策权，同时可以享有 SPV 的大多数收益）。然而，香港的股份有限公司在账务处理中，若与新的规范有所冲突，必须按照《公司条例》的定义方法来处理（这可能导致香港以及非香港的股份有限公司的财务报表无法进行直接的比对）。

12.18.8　资本处理

1995 年 3 月，香港金融管理局发布相关指导意见（1997 年 8 月进行了修正），内容与 1998 年之前的英格兰银行指导意见非常相近。指导意见并没有明确规定转让的方法，允许以下情况发生。

- 提供的文件中必须包含明确的报表，表明原始权益人无须赔付投资人遭受的损失，并且提供法律顾问出具的转让人无须对投资者损失负责的书面证明。
- 原始权益人不能持有受让人的任何股权，不能控制受让人的董事会（哪怕他们只有一位董事），同时必须保证受让人与原始权益人不能有任何利益关联。
- 对抵押贷款进行转让时，必须出具书面证明给印花税收集者，供其裁决所用。
- 转让不能与基础资产的价格相违背。
- 转让人没有权利，也没有义务对资产进行回购处理（例外的情况为：（a）销售时就转让人可以控制的相关问题，违反既定保证事项（资产未来表现不允许进行保证）；（b）证券化资产投资组合低于最大值的 10%，但是资产仍然完全表现时，要依据原始权益人的认购期权处理；（c）资产完全表现，同时对其回购的目的是为了进一步的发展）。

◆ 允许对 SPV 提供一次性费用回收次级债务，但是出于资本充足目的，这些都可以从资产中直接减除，可以将其视为资本性质的"直接信贷替代"。然而，如果要对发行人发行的证券的全部价值提供直接信贷替代，那么这样的减除最高不能超过机构允许的所持资本数额。提供交易信用增强的第三方也需要将增强值从资本中减除，最高上限同上述一致（如果香港金融管理局不考虑次级债券是一种对 SPV 的信用增强工具，那么对次级债券简单地处理为 100% 权重）。

◆ 未经香港金融管理局同意，作为非造市者的原始权益人不应该对证券进行包销，持有量也不应超过 5%。原始权益人持有的任何次级债券都可以直接从资本中减除。

◆ 原始权益人不可承担 SPV 的正常费用支出，也不可为 SPV 融资。

◆ 互惠信贷订立时应遵循市场利率。

订立这些指导意见的意图是，保证在汇款行已经将资产进行转让后，若发生资产不良情况，不可对汇款行行使追索权。

高级抵押支持证券如果满足以下条件，则有资格享有 50% 的风险权重。

◆ 抵押贷款借款人必须是个人。

◆ 抵押贷款比率不超过 90%。

◆ 抵押贷款由住宅房产的第一法定押记保证，房产必须由借款人或者房产承租人使用。

◆ 抵押贷款转让给 SPV 时，可以执行。

◆ SPV 必须独立于卖房，其活动受交易限制。

◆ SPV 不得持有风险权重超过 50% 的资产。

◆ SPV 需进行一定法律咨询，确认交易允许投资人或者受托人直接针对 SPV 发起法律程序，同时交易可以担保 SPV 资产对投资者或者受托人有益，交易所含条款需保证投资人或者受托人可以法定享有按揭抵押贷款，违约时可以直接对证券进行兑换。

- ◆ 投资人收益不可超过其承担抵押损失的相关比例。

按市值购买的次级债券风险权重为 100%。如果香港金融管理局认定购买为信用增强，要将其直接从资本中减除。

1999 年 12 月，香港金融管理局就银行账户中信用衍生品的资本处理发布相关指导意见，要求机构要具备一定风险控制系统，关于如何使用信用衍生品应咨询法律顾问。在银行账户中，根据信用衍生品是否提供资金支持，就其相关的风险敞口数额将其分为现金抵押信用衍生品和非现金抵押信用衍生品。该指导意见不涉及信用利差产品。二进制支出的信用衍生品，依二进制支出程度，视为抵押物。对信用衍生品的基本要求如下。

- ◆ 参照义务必须与受保护资产一致，或者起码要由同一个发行人发行。
- ◆ 参照义务等级不得超过受保护资产。
- ◆ 违约风险保护买方若已经将信用风险转让（没有转让就会违反参照义务的相关条款），那么违约风险保护卖方不得就相关损失对违约风险保护买方行使追索权。
- ◆ 信用衍生品至少要包括与参照义务相关的"信用事件"触发器。

指导意见规定，机构必须就贸易账户信用衍生品的处理、信用衍生品到期时间不符、受保护资产币种搭配错误以及一篮子贸易相关事项咨询香港金融管理局。

12.18.9　数据保护 / 保密

银行有义务对消费者信息保密。消费者信息只有在几种有限的情况下才可以公开，例如，经过消费者的同意后可以公开消费者信息。《个人信息（隐私）条例》规定，收集或者使用个人消费者相关信息，并且，任何人根据这些信息确定具体客户个人，都有义务对客户信息保密。该条例规定，所收集信息只能用于收集时的唯一目的，同时保证所收集信息不得转让出香港（消费者个人同意时例外），应将信息储存在有相关隐私要求的地方。

2003 年 6 月，香港金融管理局就信用参照机构共享消费者信用消息的标准发布相关指导意见，其目的是保证消费者信息的保密性。

12.18.10　消费者保护

香港《管制免责条款条例》规定，对标准形式合同中的免责条款强制进行合理性测试。

12.18.11　监管批准

授权机构（例如经香港金融管理局授权的机构）应在证券化之前与香港金融管理局接洽。依据《银行条例》条款规定，香港金融管理局授权给三类接受存款实体。第一类是存款公司（DTC）（其最低实收资本为 2 500 万港币），存款公司只能吸收最低额度为 100 000 港币、最低期限为 3 个月的存款；第二类是有限制牌照银行（RLB）（最低实收资本为 1 亿港币），只能吸收最低额度为 500 000 港币的存款；第三类是持牌银行（2001 年 12 月条例修正后，从 2002 年最低实收资本额 1.5 亿港币上升为 3 亿港币）。资本比率从最低的 8% 上升到最高的 16%（对于 DTC 和 RLB 来讲）或者 12%（对于持牌银行而言）。授权机构要符合最低 25% 的流动比率，不可通过住房抵押贷款取得超过 70% 的 LTV。

其他管制条例包括《放债人条例》（主要管制交易过程涉及放债的双方）以及《公司条例》（处理的是香港公司发行招股书的信息披露要求以及海外公司在香港发行招股书的相关事项）。

《证券及期货条例》s.406 规定，对香港的很多其他管制条例进行整合替代，例如，《杠杆式外汇买卖条例》（涉及自营或代客外汇买卖交易双方的注册问题）、《商品交易条例》（涉及商品经销商和商品贸易顾问的注册问题）、《证券条例》（对证券交易经销商（即证券交易双方）的注册问题提出一定要求，对投资顾问（即为证券交易相关人士提供建议的人）的注册也提出相关要求以及需遵循《投资者保护条例》（此条例禁止邀请大众或者向大众发布广告劝说其订立涉及证券购买或者处理的合约）。《证券及期货条例》允许以一种注册方式代替现有的纷繁的注册机制。

2002 年 7 月 5 日，香港金融管理局就新《证券及期货条例》涉及证券交易银行的要点，发布了相关指导意见。尤其需要注意的是，相关意见使得香港金融管理局与证券及期货委员会（SFC）相互之间就机构监管问题进行互动，同时要求有证券交易的银行（以前此类银行被归类为获豁免交易商）要满足 SFC 的监管要求。

12.18.12   其他事项

尽管依据《公司条例》s.275，香港存在虚假的贸易条款，但是香港并不存在不合法贸易条款。债权人在公司注册办公所在地发出正式服务需求后 3 周内，若无法偿还 5 000 港币及以上的债务，会导致其丧失偿债能力。根据《破产条例》s.35 以及《公司条例》s.264（与英国 4.90 法则类似），将强制公司破产以抵销债务。

优先债权人包括所有清盘之前到期的 12 月期税款（LRC1999 年报告提议免除政府的优先债权人地位）。一般认为，土地证券相关的受委任者或者相关销售（土地法定证券只有在契据抵押成为法定式抵押后才具有法律效力）是法定式抵押或者契据形式的衡平法抵押，除此之外，皆不存在法定权利。

《产权转移及财产条例》对事关法定式抵押或者土地转让的契约做出了相关规定。中央结算系统（CCASS）的股权证券，可以通过费用或抵押贷款方式处理，若要对其进行规范化处理，则要将证券转让到承押登记人名下（可以提交通知单给 CCASS，这可以作为一种保护措施）。

英国签账卡决议与现金账户的安全问题相关，但香港依据《法律修正案和改革（合并）条例》s.15A 的相关规定，依法撤销了这项决议。香港不允许授权机构征收超过资产 5% 的费用。

12.19   匈牙利

到目前为止，匈牙利的证券化活动都十分有限。

12.19.1   资产隔离和真实出售

破产解除   低估价值的交易或者欺骗债权人的交易，如果订立时间在破产之前 1 年以内，那么可以予以解除。

12.19.2　抵销

转让通知给到债务人之前，债务人都可以从支付给原始权益人的款项中获得良好的清偿。转让通知收到后，债务人要直接支付给 SPV。SPV 受制于任何以原始权益人名义进行的不合格交易，转让之后，债务人与原始权益人之间关系的变化会产生一些有益于债务人的相关权益，转让通知给到债务人之前，SPV 会受到这些权益影响。

12.19.3　证券法

2002 年之前，除金融机构外，公司发行证券的上限为其自身的资本数量。2002 年 1 月 1 日，《资本市场法案》生效，规定若公司运行超过一个税务年，同时其发行的证券获得了知名评级机构的等级评定，那么公司发行的债务证券可以超过其资本数量。运行年限不足一个税务年的公司，若发行证券以特定资产作为抵押或者证券取得了知名证券评级机构的等级评定，也可以发行超过其资本数量的债务证券。

12.19.4　税收处理

利得税　匈牙利 SPV 要遵循公司税规定。投资基金不受公司税影响。

增值税　应收账款销售不缴纳增值税。

12.19.5　数据保护 / 保密

银行有义务保证客户信息的私密性。

12.19.6　监管批准

匈牙利 SPV 设立的目的如果是为了循环购买应收账款，那么依据金融监管局规定，SPV 必须注册为应收账款代理公司。

12.19.7　其他事项

匈牙利承认浮动担保的合法性。

12.20　印度

1991 年，印度花旗银行对汽车贷款领域进行证券化处理，这是印度史上第一次证券化市场操作。从那时起，交易涉及了汽车卡车贷款或者期货流动交易的小型证券化处理，证券化大多发生在印度国内。

印度国家住房银行曾试图推进 MBS 发行，2000 年后期，印度第一次发行了 MBS 证券。

印度储备银行（RBI）于 1999 年 6 月设立了一个工作组，并于 1999 年 12 月发布了一份报告，称将在众多领域参照以下意见。

- 允许证券化过程中资产进行转让。
- 印度所有州证券化印花税将采用更加理智的税率，为 0.1%。
- 降低注册相关费用。
- 依据《证券合同监管行为》，将 ABS 纳入监管体系。
- 允许共同基金投资 MBS。
- 保证 SPV 的税收中性。
- 对于 ABS 和 MBS 票据，设定风险权重。
- 对于 ABS 和 MBS 票据，设定上市要求。
- 设立证券化资产表外处理的会计处理规则。
- 明确提供相关文件的公开要求。
- 对于银行和融资公司的真实销售拟定相关谨慎性指导意见。

RBI 要求政府修正《1934 年印度储备银行法案》以及《1949 年银行管理法案》。

2000 年 4 月，印度财政部试图对位于毛里求斯的外国机构在印度的投资施加税率为 30% 的资本利得税（毛里求斯称，依据《印度 - 毛里求斯双重纳税协定》，应该免除此项税款），但是由于遭到反对，印度财政部被迫放弃此项提案。毛里求斯税务机关认定常驻毛里求斯的相关机构可以继续申请免除此项税款。

12.20.1　资产隔离和真实出售

在印度，无担保应收账款的销售应遵循《1882 年财产转让法案》，该法案要求转让必须以书面形式进行。不要求通知债务人，但是抵押贷款转让应该进行注册。

未来应收账款　只有现有的应收账款才可以转让。

12.20.2　在岸 SPV

2002 年 11 月，印度通过了《2002 年金融资产证券化和重建以及执行安全利益法案》，其目的是加强有抵押担保债权人的执行权利，同时抑制印度 NPL 上涨的趋势。该法案允许建立证券化以及资产重建公司（SARC）。SARC 可以通过发行票据或者信用债券从金融机构以及基金本身获取金融资产。SARC 必须在印度储备银行处注册登记，受资本充足率要求的限制。

12.20.3　外资持股比例

外资持有股权不得超过 24%，单一经济实体持股比例不得超过 10%。

12.20.4　税收处理

印花税/注册税等　应收账款转让按从价费率缴纳印花税，交易中发行的信托认证或者证券也要缴纳印花税。为了保证印花税立法完善，要解读交易以及交易中发行证券的正确分类，这是一个很复杂的过程，但是可以避免结构化过程带来的一些费用。马哈拉施特拉邦、卡纳塔克邦和泰米尔纳德邦、古吉拉特邦、孟加拉邦分别于 1994 年、1997 年、1998 年、1999 年将费率降低到 0.1%，印度 26 个邦缴费力度都很大，但是邦与邦之间又各不相同。

预扣税　利息收入要按照 20% 的税率缴纳预扣税，但是核准的外部商业借款无须缴纳预扣税。

其他税收事项　从"符合条件的抵押贷款机构"借入贷款的抵押贷款借款人有权享有税款减免。SPV 是否可以成为符合条件的抵押贷款借款人仍有待厘清。

12.20.5　会计处理

在印度，对于证券化，并没有特定的会计处理标准，但是工作组相关文件提出，要遵循财务报告准则 5，要将撤销承认和相关报告考虑在内。

12.20.6　资本处理

RBI 工作组 1999 年 12 月的报告包含有关银行以及融资公司真实出售方面的相关谨慎指导意见。如果可以满足以下条件，则可将交易视作干净出售，同时为了资本考虑，可以将其从原始权益人的资产负债表中扣除（如果没有满足条件，交易可视为融资活动，同时保留在资产负债表上）。

- 转让人和受让人之间的交易价格必须接近市场公平定价。
- 破产状态的原始权益人转让接受人或者债权人，不可干涉资产处理。
- 转让人对资产不得保持有效控制权。
- 与资产相关的所有风险和利益都已转让（除了以下提供的资产外）。
- 转让人必须依据其法律顾问和审计师的意见，提供书面意见，表明对资产的投资人不再负有任何责任。
- 受让人对转让人没有追索权（下文提供的案例除外）。
- 除既定事实外，转让人不得给予相关担保（即不得对资产的未来表现给予相关担保）。
- 转让人不得违背基本资产的相关条款。
- 除非转让时违背相关担保事项，否则转让人无责任回购资产。
- 转让人不得在所发行证券中制造买卖兴旺的假象。
- 转让人可以购买受让人发行的高级证券，最高不得超过发行量的 5%。
- 转让人只能按照市场价值与受让人订立互惠信贷交易。
- 受让人要受资产重新议价条款的限制。
- 只有在收到资产后，转让人才有义务对资产集合支付相关款项。
- 转让人不能享受受让人利益的大部分。
- 转让人只能有一位董事位列董事会。

受让人名称不得与转让人有任何相似。信用增强条件必须满足以下几点。

◆ 必须以书面形式存档。

◆ 不可以有超出信用增强相关条款的进一步追索权。

◆ 相关条款必须公允。

◆ 数量及时限必须有明确规定。

如果这些条件无法满足，那么资本必须与发行的全部证券的价值相对应。如果这些条件都满足了，为了资本充足考虑，信用增强可以直接从资本中减除。

流动性融资必须满足以下条件。

◆ 流动性融资不得包含经常费用。

◆ 流动性融资不得以信用增强为目的。

◆ 流动性融资必须以书面形式存档。

◆ 流动性融资不得有超出条款本身的进一步追索权。

◆ 流动性融资的数额和时限必须有明确规定。

◆ 如果资产质量低于特定水平，必须允许融资资产扣除。

◆ 资金应该给予受让人，而不是投资人。

◆ 融资偿还不可从属于投资人。

如果这些条件无法满足，融资会被当作信用增强。转让人提供的服务必须满足以下条件。

◆ 必须以书面形式存档。

◆ 不得有超出合约条款更进一步的追索权。

◆ 必须公正公平，符合市场条件。

该指导意见还涉及循环结构调增以及设备和消费品的融资。根据新《巴塞尔协议》，ABS 票据的风险权重设定依据的是信用评级。

12.20.7　监管批准

印度 SPV 受 RBI 的管制限制。

12.20.8　其他事项

所发行证券视为非企业存款人的存款，相关规定限制了这种发行证券收益的预期使用权。

抵押贷款强制执行程序冗长复杂。

《证券化法案》允许有抵押债权人可以不经法庭批准，直接获取并管理担保资产，同时可以行使相关公司的管理权。

12.21　印度尼西亚

1996 年 8 月，印度尼西业汽车贷款行业发生第一次印度尼西亚证券化，1997 年其他汽车以及信用卡发行方面的证券化浪潮发展迅猛。但是，亚洲金融危机阻碍了市场（尤其是逾期抵押贷款业务市场）的发展。

1998 年 5 月 2 日，印度尼西亚总统苏哈托辞职。1998 年 6 月 4 日，印度尼西亚宣布启动一项债务重组计划，因此建立了印度尼西亚债务重组机构（INDRA），目的是保护贸易融资，保护印度尼西亚非银行企业的外汇汇率。1999 年 3 月，印度尼西亚政府宣布关闭并清算了 38 家监管资本较低的银行机构。2000 年 4 月，巴黎俱乐部同意了一项债务重组计划（重组条款投入实施后，按照标准普尔指数，将印度尼西亚主权外币评级降低到"选择性违约"）。

1998 年，印度尼西亚设立了印度尼西亚银行重组机构（简称"IBRA"），目的是管理印度尼西亚金融机构重组相关事项。1998 年 1 月 26 日和 28 日，政府发布相关政令，针对印度尼西亚银行的某些特定债务，向存款人和债权人提供政府担保。1998 年 3 月 6 日，印度尼西亚银行和 IBRA 发布联合声明，保证此项政府担保的有序实施，要求相关的企业 / 机构若想从中受益，必须在 60 天内在 IBRA 处注册。一旦注册，政府担保涉及的范围包括 2000 年 1 月 31 日或者之前到期的大多数债务，但是不包括市场外债务或者没有满足审慎贷款行为条件的债务、贷款资本债务以及附属贷款。1999 年 6 月，印度尼西亚法令赋予 IBRA 额外的特殊权利，使其可以对不良债权人强制行使追索权，也就使得 IBRA 在一些交易中，可以起诉其直接重组的机构，并且使 IBRA 享有优先债权人的相关权益。

2002 年，IBRA 在资产处理中活动频繁。

2001 年早期，印度尼西亚政府将天然气出口支持的 10 亿美元的未来流量从印度尼西亚转向新加坡。然而，IMF 和世界银行很快就这一交易提出异议，理由是这项交易可能导致偿还 IMF 和世界银行的债务需要进行资产抵押。

印度尼西亚实行民法法系，历史渊源上以荷兰法律为基础。

1997 年 12 月，印度尼西亚政府通过了新的 ABS 管制条例，1998 年 4 月 22 日，通过了新的《破产法案》，此法案于 1998 年 8 月 20 日生效。

12.21.1　资产隔离和真实出售

虽然原始权益人破产会损害其发出通知完善转让的能力，但是应收账款可以无须通知而直接转让给债权人。因此，有必要将原始权益人金融契约并入相关文件，若是违背这一原则，原始权益人金融状况将出现下滑，SPV 可以直接通知债务人。同时，对于债务人所有的设备或者资产的转让，有必要获取债务人同意。

允许应收账款转让给印度尼西亚以外的经济实体。

抵押贷款转让必须注册进行。

发给债务人的通知，必须经法庭法官同意，或者获得债务人的书面认可，才可生效。对账单的一般形式的通知无效。

应收账款文档中的条款禁止原始权益人转让其合同规定的权利，同时规定，原始权益人必须获得相关债务人的同意才可以转让其合同规定的相关权益，因此也就使得未实际获得债务人同意的任何转让都是无效的。

未来应收账款　未来应收账款转让（现有合同的未来支付款项除外）或者应收账款不可分割利益的转让都是无效的。

破产解除　印度尼西亚的优先解除条款是开放式的，公司已知悉的交易，假若损害债权人的利息，可以随后解除，不受时间限制。如果交易发生的时间为公司破产前 40 天以内，交易低估了相关价值或者缺乏相关考虑，那么视为公司已经知悉交易会损害债权人利益。这会带来相关结构问题，例如推迟购买价格机制——此机制作用下，SPV 支付的价格低于市场价值。

延期偿付 / 自动中止　印度尼西亚存在延期偿付程序。

12.21.2　抵销

法庭转让通知给到债务人或者债务人没有完全认可转让之前，债务人享有抵销权利。

12.21.3　在岸 SPV

1997 年 12 月 26 日，依据集体投资合同，印度尼西亚股市监管机构发布相关条例，条例由投资管理人（最低买回合同资本为 250 亿，负责提供招股说明书，同时代表票据持有人）和监管机构（相当于受托公司，享有应收账款的合法所有权，受投资管理人支配）共同签署，事关资产担保下应收账款证券发行活动。投资合同必须经过公证操作。允许发行不同种类的证券（即高级和次级两类）。相关条例并不涉及印度尼西亚证券发行或者资产池的预期课税方式，也没有监管证券持有人利息的法定特性。

12.21.4　外资持股比例

特定行业的印度尼西亚公司对外资持股权限制的依据为"否决单"。1999 年 6 月，印度尼西亚通过相关立法，假若外资信誉良好，允许其持有印度尼西亚上市银行股权的最高上限为 99%。同一家公司内，不同于印度尼西亚本国持有股权交易，外商持有的上市公司股权交易由独立董事会处理。若持有上市公司股权超过 5%，其后任何股权变更都必须通知证券交易所以及相关公司。

12.21.5　证券法

印度尼西亚发行人的发行活动，必须遵循股市监管机构相关条例，要求公司至少成立 3 年，同时发行证券时，必须有最低不短于两年的收益期。

使用投资池时（遵循的是 1997 年 12 月 26 日发布的股市监管机构条例），必须发行招股书，招股书需要包含所有相关的材料事实。

12.21.6　税收处理

印花税 / 注册税等　抵押贷款转让需缴纳 1% 的公证费。

预扣税　印度尼西亚对国内利息征收预扣税（税率为 15%），同时印度尼西亚公司给予其他居民的折让或溢价交易也要缴纳预扣税（收款人为金融机构的除外）。此外，印度尼西亚居民支付给海外收款人的利息需要缴纳海外预扣税（税率为 20%）。因此，不论是海外交易还是国内交易（下文指债务人是公司，原始权益人是银行，同时 SPV 不是银行机构的交易），都可以要求预扣税结构化。欧洲普遍的结构化方式是使用双重课税条约，但是在印度尼西亚这种方式适用范围不广，因为在印度尼西亚没有将税收减少为 0 的条约。但是印度尼西亚与荷兰和新加坡的课税条约可以将税率降为 10%。

之前交易中出现的预扣税结构化使用的是利息购买机制。在这样的结构中，享有离岸 SPV 购买的利息的权利可以定期销售给印度尼西亚银行的海外支行，作为回报，（与各组都相关）海外支行按照定期购买价格支付相关费用，继而向印度尼西亚银行支付应收账款集合。在税务处理方面，将海外支行当作印度尼西亚经济实体处理，并且，因其实质上是独立的经济实体，如果债务人是企业，要尽量避免国内代扣的可能性。集合以利息类应收账款购买价格的形式传递时，与离岸预扣税征收费用一致，因为这个时候它们并不是"利息"，而是资本资产的购买价格。

另外一种结构是转让给在岸 SPV，SPV 通过日元贷款筹集资金，保证支付给离岸 SPV，应缴纳预扣税的利息降低到最小值。看起来，若日元贷款与货币互换结合在一起，印度尼西亚借款人会收到不同的货币种类，提供资金的经济实体实际上与互换交易商一致，可以对互换交易中借款人支付的票息征收预扣税。

利得税　离岸 SPV 若在印度尼西亚有常设机构，那么要遵循印度尼西亚税法的相关规定。

增值税　1996 年 292 号法令规定，对"代收服务"征收增值税。然而，这项规定并没有将应收账款销售考虑在内。服务类应缴纳增值税的税率为 10%。若服务活动完全发生在印度尼西亚境外，则无须缴纳增值税。

12.21.7　会计处理

印度尼西亚遵循美国会计标准。原始权益人提供的信用增强以及享有的追索权程度决定了表外处理的方式。

12.21.8　数据保护 / 保密

根据印度尼西亚《银行法修正案》（1998 年发布的 10 号法律），之前强调，银行必须严格执行保证客户信息保密性的义务，现在这一制度被一项较为宽松的规定所代替，认为银行的义务是保证存款人相关信息的保密性即可（新法出台之前，只能在少数情况下可以公开客户信息，例如，获得了客户同意的情况下，同时，客户之前同意披露信息的有效性问题仍有待商讨）。

12.21.9　消费者保护

1999 年 3 月印度尼西亚通过了《消费者保护法》（1999 年 8 号法律），此法于 2000 年 4 月 20 日生效。此法针对提供给消费者的物品和服务提出了最低标准，对消费者合同中的免责条款的使用提出了相关规定。

12.21.10　监管批准

印度尼西亚政府"PKLN 团队"对印度尼西亚本国公司采取的离岸借款活动进行了严格的限制。国有企业或者承接政府项目的公司，在开展海外借款活动时，必须提前获得 PKLN 的批准。其他公司无须获取 PKLN 同意，只要向 PKLN 汇报其海外借款活动即可。如果原始权益人完成了证券化表外业务的会计处理，那么无须满足 PKLN 的相关要求，但是对于类似担保贷款的相关交易处理，必须获得 PKLN 的同意。

在印度尼西亚，只要 SPV 不涉及创业活动，印度尼西亚不要求海外 SPV 注册为金融公司。印度尼西亚 SPV 受相关管制条件限制。

印度尼西亚《公司法》要求，如果要处理原始权益人全部或者大部分资产，必须获得 75% 的股东的同意（实际上，至少获得 50% 以上股东的支持）。监管机构也要求上市公司的"物质"交易要获得股东的同意，对于物质材料来讲，大概要获得 5% 股东的同意。

12.21.11　其他事项

正常来讲，破产时代理人权利即终止，同时可以在任何时间撤销。如果通过证券形式给予代理人相关权利，这种权利有可能不可撤销，但仍旧是不确定的。警察分局的明示规定应融入代理人权利中。

为了对用于支付的远期支票进行证券化，必须对每张支票进行背书。由于这项操作的困难性，可能会采取转让方式，而不是享有支票收益的权利。

印度尼西亚法庭不执行外国法庭裁决。

印度尼西亚银行在印度尼西亚境内的分支机构不得向海外经济实体贷款。

印度尼西亚不承认信托业务，几种有限情况除外，例如 obligasi concept，这是原始权益人发行的一种票据，对基本应收账款联合享有有限的追索权，可以利用应收账款证券信托的形式。

印度尼西亚不保证非抵押债券债权人一方的证券收益。因此，有担保受托方存在，同时其不是票据受托方的结构中，或者没有票据受托方的结构中（因此在这样的机构中不存在按照契约支付的债券债权人），"平行债务"结构的存在就很有必要。然而，与整个债务订立契约的是证券受托人以及债券持有者，解除契约一方，某种程度上来说也就解除了契约另外一方。这样，只有证券受托人可以享受证券利息，债券持有人实际上是未担保的，但是根据证券信托契约的相关规定，债券持有人可以控告证券受托人。1999 年 9 月，印度尼西亚通过了《Fiducia 法律》（1999 年 42 号法律），承认 iducia 作为流动资产证券利息的一种形式存在，流动资产不需要进行资产所有权交付。

12.22　爱尔兰

除去对资产的直接证券化，爱尔兰业已成为设立 SPV 处理起源于其他司法辖区的资产相关交易的中心。这是因为爱尔兰证券化 SPV 的优惠性税制（尤其是对于在爱尔兰国际金融服务中心（IFSC）（位于都柏林港区）有业务活动的公司，条件更为优惠），事实上，爱尔兰受益于欧盟的护照指令性的管理认证方式，其双重课税协定不同于其他体制下的避税司法管辖（尤其是，爱尔兰与韩国之间订立协定，允许将跨国界利息支付预扣税降到零）。业务活动位于 IFSC 的公司，以及在 IFSC 指派一名管理人的公司可享受优惠税务法规，引入这项规定有助于都柏林港区的发展和重建。

1999 年爱尔兰的《金融法案》中引入一项新的税收制度，目的在于调节爱尔兰 IFSC 以外的证券化 SPV。这项新的制度给予了非 IFSC 公司一些优于 IFSC 公司的证券化优势，因为在这项税制下，非 IFSC 公司无须获得爱尔兰财政部的认证。1999 年《金融法案》表明，爱尔兰直接的证券化发行，其发展是建立在 MBS 发行增加以及税制优惠范围扩大的基础之上的。

2001 年 12 月，爱尔兰引入资产担保债券的相关立法条令，其后，2003 年 3 月，爱尔兰发行了第一批资产担保债券——戴普发（Depfa）抵押债券，银行的发行额达 40 亿欧元。

经由爱尔兰财政部 IFSC 认证成立的公司可以享受一系列优惠条件，例如，支付给海外实体的利息可以免缴预扣税，税收方面可以作为贸易公司享受税收减免优惠，同时与非 IFSC 公司相比，IFSC 公司利得税税率较低。公司若想申请税务减免，必须获得财政部认证以及 IFSC 管理人的任命。

由于有利的 IFSC 税收制度，欧盟的税收产生扭曲，这引起了批评。作为对这一批评的反应，政府对非贸易收入采用了一项新的企业税收制度，并且逐年降低贸易收入的企业所得税税率。这是为了协调 10% 的 IFSC 税率和 32% 的非 IFSC 税率。从 2000 年 1 月 1 日开始，新制度将对非贸易收入征收 25% 的税，并最终在 2003 年年初对贸易收入征税 12.5%。成立于 1999 年 12 月 1 日前的 IFSC 公司，在 2003 年年初前仍然可以享受 10% 的税务减免，但之后将改为 12.5% 的新税率。成立于 1999 年 12 月 1 日后的 IFSC 公司将直接改为 12.5% 的税率。

随着税率的协调和对非 IFSC 公司的一系列税务减免，IFSC 管理法现在已经很少使用，大部分新的爱尔兰 SPV 公司组建为非 IFSC 公司。

新的 ABS 公司上市规则在 2000 年由爱尔兰证券交易所发行。

12.22.1 资产隔离和真实出售

在法律条款产生冲突的情况下，应收账款效益的可转让或不可转让，由形成应收账款的基础合同所接受的管辖法律决定。根据该国法律，当事人对基础合同准据法的选择，在相关合同默认的情况下，将得到支持。

应收账款可以通过公平分配，而不需要向债务人通知转让。应收账款文件中，禁止转让或交易本合同下发起人的权利，或要求发起人必须得到相关债务人的同意，以在本合同下转让或交易债务人的权利。除非获得债务人的同意，否则任何转让或交易都将无效。

延期偿付 / 自动中止　爱尔兰以检察官的形式，产生延期进程，以防止强制安全执法。检察官的任命消息会被封锁，在正式任命之前，接收人至少已经工作 3 天了。该进程将根据 1999 年的公司修正法（2 号）进行修正，以减少"相关公司"（如 SPV）陷入发起人任命的风险。

资产担保证券　爱尔兰颁布了涵盖证券的新法，同时在 2001 年发布了《抵押贷款和政府信用机构、有价证券法案》。该法案在 2001 年 12 月 8 日正式生效。该立法仿照德国国有市场建立，分别有受合格抵押资金池支持的信用抵押机构发行的信用债券和受合格公共资产资金池支持的公共信用机构发行的国有债券。该资金池本质上是循环的，可替换资产占资金池的比例上升到 20%，而且每个资金池可以支持发行多个担保债券。公有和抵押资产可以来自一些实体，如爱尔兰、欧洲经济区、G7 或瑞士。但是，不超过 15% 的担保池可能由来自非欧洲经济区的资产组成。抵押银行发行的担保债权最多可以分别为民间和商业抵押资产提供 60% ～ 75% 的 LTV（最多可以分别有额外的 20% 或 5% 的 LTV 来自资金池外），但首先的抵押物是住宅或商业地产。商业抵押限制在资金池的 10% 以内。担保债权的最大可能发行上限约等于银行资本的 50 倍。

12.22.2　会计处理

印花税 / 注册税等　在爱尔兰，印花税按应收账款交易的 1% 征收，抵押交易是免税的。规定可能会被执行，但对爱尔兰以外的机构，也许会延迟触发未来应收账款交易的印花税，直到该规定生效，在爱尔兰对债务人进行强制执行（如果有必要）。作为替代，交易可能采取"接受付款"模式，转让所需的书面文件，只要有一份提供书即可，支付时 SPV 将提供书递交给原始权益人，在此过程中，无须提供印花税类转让书面文档。

预扣税　一项引自欧洲的债券免税规则，允许一家爱尔兰 SPV 发行有价证券以免除税收义务。另外，在 IFSC 注册的 SPV 可以免除海外支付利息的代扣所得税。1999 年的财政法案也免除了在其他欧洲国家发展的爱尔兰公司正常业务范围内的付息。

利得税　1997 年《税务合并法案》（TCA）（包括 1991 年 s.31 和后来的财政法案）规定，为 IFSC 和非 IFSC 公司提供有益的税务减免措施。

IFSC 被视为贸易公司。符合以下特点的非 IFSC 被视为非贸易公司（按 25% 征税），并在有益的贸易公司基础上（包括对某些坏账的减税），给予计算税收减免时的优惠。包含 s.110TCA 的 2003 年财政法案改革扩大了该项范围（自 2003 年 4 月 4 日起生效），具体如下。

◆ 公司位于爱尔兰。

◆ 进行合格资产（金融资产）的商业管理。

◆ 公司获得或持有资产，或者插手本身就是合格资产的合同（2003 年财政法案之前，它已经从原贷款人或发起人那里获得这种资产）。

◆ 它不从事辅助交易以外的商业活动。

◆ 持有的原有预付资产不少于 1 000 万欧元（在 2003 年财政法案之前，它必须持有至少 1 269 万欧元的合格资产（使用欧元为支付货币之前，为 1 000 万美元），至少 3 个月后开始首次收购）。

◆ 假如次级债务不超过资金池的 25%，利润条付款可以扣除（2000 年财政法案前，次级债务利润支付，是将 SPV 从有可能重新分类为股权配置的现金流量中直接扣除，这有可能导致使用信贷互换或者付费方式）。

◆ 爱尔兰税务机关可能要求，在爱尔兰建立的 SPV，至少上缴相当于其资产价值 1% 的应税利润。

12.22.3　会计处理

在爱尔兰，通用的是英国会计标准 FRS 5，还有就是爱尔兰特许会计师协会的会计标准。

12.22.4　资本处理

1992 年，爱尔兰中央银行公布的类似于英国银行的指导方针，旨在确保发起人在支持 SPV 时，不用承担道德责任。

12.22.5　数据保护 / 保密

2003 年的数据保护法案（修正案）（2003 年 7 月 1 日生效）实施欧盟数据保护指令。

12.22.6　监管批准

爱尔兰公司（或在爱尔兰建立的商业离岸公司）准许的担保权益，需要在公司办公室登记。同时，应证明，离岸 SPV 没有经营投资中介的业务。

12.23　以色列

以色列的第一债券（一项 1.5 亿美元的贸易应收账款项目），在 2001 年 8 月因 Makhteshim Agan Industries 公司关闭。

会计处理

印花税 / 注册税等　抵押交易从 1999 年 6 月起，免征印花税。

增值税　抵押交易从 1999 年年初起，免征增值税。

12.24　意大利

1999 年 5 月 29 日，意大利一项新的证券法生效，为证券的发行扫清了流转税、通知要求、债务发行限制和最低股本要求等曾经的阻碍因素，并为新法生效两年内，发行不良资产的损失，提供了一种有益的征税方式。从那时开始，意大利的证券发行呈现显著增长，从原先的重视不良抵押贷款资产交易（许多意大利银行 20 世纪 90 年代房地产价格崩溃后面临的问题），发展到利用税收减免从随后发展的抵押贷款、消费贷款和其他方式中获利。

2000 年 8 月，意大利对于 INPS 社会保险支付交易调查的潜在担忧得到了令人满意的答复，只是漏报问题而不是资金短缺。这促使标准普尔在 2000 年 10 月确认了对该交易的评级。

2001 年，意大利证券发行大量增加，意大利变成了欧洲市场上现金交易（相对于混合型的）第二大国，占比达到了 21%。

2001 年 9 月的一项法案，在 11 月正式生效，该法案允许某些交易的未来应收账款证券化，并给予税收优惠。意大利银行家协会在 2001 年起草了一项提案，要求合法建立一个担保债券市场。经过意大利银行及其分支机构的请求，立法机关在 2003 年正式接受了该提案。

意大利采用民事法律制度。

与其他数个大陆法系相比，意大利证券化的发展受到其民法条约的限制。该法要求，债务人所欠的应收账款交易，应通知债务人本人。民法第

2 160 条下的交易，是为了有效免除原破产财产的应收账款。在意大利全国性报纸上使用交易公告，已经成为一种可选择性的方式。

1992 年 2 月的《52 号法律》（通常被称为"52 号法律"）提供了一种可选择的交易方式。它允许与符合该法的公司进行交易（被称为"52 号法律公司"，通常包括银行和代理通融公司），无须通知债务人。前提是交易日期已经确定（比如说，交易经过第三方公证）。对于通知转让，必须要保证转让已经付款（这样的转让行为下，假如应收账款债务人违约，购买者遭受经济损失，那么购买者对卖方不享有追索权）。但是对于尚未付款的转让则不然（购买者对卖方享有追索权）。这样规定的目的是，保证在对转让重新做定性处理时，将其视为受担保贷款，而非真实销售。

1993 年 9 月 1 日的 385 号法的第 58 条（被称为"银行法"），提供了额外的应收账款交易方法。应收账款的共同点，使它们成为证券投资组合的一种，其受让人是意大利或欧洲的银行，或是别的银行的意大利分支。如果应收账款交易发布在 Gazzetta Ufficiale 上，在 58 条下的交易将包括第三方和应收账款的债务人。该发布也是对债务人的一种通知。

新的《证券法》（1999 年 4 月 30 日的 130 号法律，自 1999 年 5 月 29 日生效）延伸了 58 条的交易方法，从应收账款均质池扩展到符合新法建立的 SPV。130 号法律特别允许，130 号法律公司的资产分离，以支持票据持有人和债权人以及他们与不良债券和其他公司债权人排斥相关的到期债务。新法还涉及资产相互转账、贷款和子参与结构（虽然目前还不清楚到底哪些新法律的规定适用于这种情况）。为了确保均匀性，对投资组合的选择标准需要制定协议转让，以专门确定这些资产的转移，而不是确定发起人的剩余资产。一项循环的资产交易中（例如，贸易应收账款转让协议），可能会因为这些标准导致识别问题，因此每次的资产交易，都需要在 Gazzetta Ufficiale 上发布。

2003 年 10 月 24 日，意大利最高法庭做出裁决，2009 年 4 月 9 日，不受意大利银行监管的、微型破产租赁公司的清算人，有权取消 Traslativo 租赁合同并出售租赁资产，尽管租户并没有违约。这在意大利的租赁证券投资者中引发了担忧，而在 2003 年 11 月 5 日，意大利财政部刚宣布了修订

2004 年《预算法》的计划，免除清算人取消 Traslativo 租赁的权力。

新《公司法》从 2004 年 1 月 1 日开始，允许资产组从剩余的法人实体中分离，使其能够发行反对资产池的票据。这些硬性规定可能会为意大利的整个商业结构提供基础。由于 Amministrazione Controllata 诉讼的存在和对创造流动费用的限制，这些其实是很难实现的。

随着土地登记处的登记，可能需要一种更有效的抵押流转方式，但同时可能会因为抵押物被从抵押债务中分离出来交易及在意大利以外认证而推迟。到时这种交易只能在土地登记处登记，甚至是强制执行。在 58 条下（或在新《证券法》内）的交易，不需要交易登记。

应收账款文件中，禁止转让或交易本合同下发起人的权利，或要求发起人必须得到相关债务人的同意，以在本合同下转让或交易债务人的权利。除非获得债务人的同意，否则任何转让或交易都将无效。

未来应收账款　意大利《民法》只允许未来应收账款在被充分证实和立足于现存合同框架的情况下交易。即使这样，当发起人破产时，清算人可以宣布尚未到账的未来应收账款（包括安全利益）无效。

52 号法律扩大了该权利，使其允许两年内的未来应收账款交易。虽然尚未有合同框架，但可以轻易地证实债务人，则该交易转移到 52 号法律公司。

新《债权法》明确地涵盖了未来应收账款，虽然目前还不清楚是否会覆盖非合同现金流量。很可能，追求合同框架的未来应收账款，将不需要每次登记就可以交易。

2001 年 9 月 25 日的 350 号法令（2001 年 11 月通过，为了 Lotto 交易和随后的 SCIP 房地产交易的利益，两者都于 2001 年 12 月施行）允许在意大利财政部的规定下，进行未来应收账款的交易，并接受公共部门的实体指导。该法令还提供 SPV 要求的免税，可以通过运用注册银行或金融机构的服务，提供某些税务减免。

破产解除　由破产实体交易的一方已知或推断得知，破产实体在交易开始时已经破产或与破产前一年进行的交易（假若参与方与破产实体联系不紧密，或者不是真实的情况下，时间限制为两年）相关的情况下，破产解除交易可以解除破产。

破产前两年内开始的低价交易可能会被解除，除非破产实体交易的一方可以证明，它们没有已知或者推断得出，破产实体在交易开始时已经破产。

重新定性　交易将可能被视为真正的销售，只要没有追索发起人以外的其他违反担保，这就不太可能被重新定性。

实质合并　在意大利没有实质合并的管理，除非一家公司只有一个股东，这种情况下，该股东对该公司的债务承担责任。

暂停/自动中止　公司可能会进入 Amministrazione Controllata，强制产生一个延付期。该公司接下来会向法庭提出申诉，证明它有绝对把握，使自己恢复实力。这个延付期长达 1 年，可连续，最长期限为两年。

12.24.1　抵销

根据 58 条或 130 号法律，一场合适的交易应当防止进一步抵销权的产生，然而以前积累的抵销权将继续存在，除非相关主体同意放弃从债务人处获得的这种权利。

12.24.2　在岸 SPV

根据意大利 52 号法律，一个公司的有效建立，它必须有至少 10 亿意大利里拉（约 516 457 欧元）的已发行股本，并在意大利注册 Ufficio Italiano Cambi，然后才能开展保险业务。

新《证券法》规定，意大利 SPV 的建立，要确保其能承担一项或多项证券交易，并且必须有至少 2 亿里拉（103 292 欧元）的股本资金，而且至少支付了其中的 6 000 万里拉（30 988 欧元）（必须在股份交易前完全付清），就像 Societa Per Azioni 那样的股份公司或联合股份公司一样。SPV 也可以以 2 000 万里拉（10 330 欧元）的股份资本注册，成为一个 Societa A Responsibilita Iimitata 那样的普通公司或普通有限责任公司。虽然还不是完全清楚到底是什么使《证券法》凌驾于意大利的总法之上，使得只有某些特定的股份公司可以发行债券。SPV 注册成为一家金融机构，所需时间长达 60 天。它必须使用注册银行或金融机构的服务。

12.25 日本

日本自 1994 年 MITI 法①纳入了对证券化积极友好的条款以后，融资租赁的应收账款、消费贷款曾是日本市场的主要标的。然而，1996 年 11 月，日本金融市场刮起了取消监管的大风潮以及由此引发的 1997 年 3 月 31 日的《金融解放法案征求意见稿》（涉及资产证券化以及基金管理与外汇交易）的公之于众导致了证券化市场 CDO 领域的显著发展。

在此期间，日本金融机构的资产负债表型 CDO 的发行工作在 1998 年 3 月 31 日财政年度终了日之前已加快步伐。来自美国分支机构的信贷资产的证券化产品是非常受欢迎的，此举旨在缓解对资产转让的担保物权登记要求，这是因为担保物权登记曾经是非强制的或有事项（由于评级机构惯常的怀疑主义作风，担保物权的使用随着时间的推移逐渐减少）以及之后在 1998 年 4 月的住友集团 Aurora 交易中的信托技术运用。

大量的 CDO 发行是在 1998 ～ 1999 年完成的，但 CDO 发行在 2000 年出现显著紧缩，这是由于政府基金曾被注入银行领域的资产重组。两家困境中的银行被拍卖，分别是美资集团里普伍德（Ripplewood）于 1999 年竞拍购得 LTCB 与日本财团软银集团和欧力士租赁（Orix Leasing）及东京海上控股株式会社（Tokio Marine）于 2000 年收购日本债券信用银行（Nippon Credit Bank）。随后的资本重组过程中，商业银行不再偏好于借助资产证券化来为自身的资产负债表减负，亦不再关注净资产收益率的高低，而转向挂起自身的资产处置方案并注入更多资本用于新增的具备更高资产质量和更优企业信用的借款项目。

然而，与 CDO 市场逐渐萎靡形成鲜明对比的是，借助于占据全日本居民住房抵押贷款市场 38% 份额的政府住房贷款公司（Government Housing Loan Corporation，GHLC），按揭抵押贷款市场自 2000 年开始蓬勃发展。GHLC 在 2000 年 1 月宣布拟将价值 500 亿日元的居民不动产抵押贷款的资产组合予以证券化（最终在 2001 年 3 月完成），2000 年还有其他几单惹人注目的 MBS 交易，如：

---

① MITI，日本通商产业省的简称，本文所指 MITI 法实际应称作"特定债权法"，因其颁布主体是通产省，故而原著统称其为"MITI 法"。——译者注

◆ 三菱信托银行 330 亿日元固定利率的过手型产品；

◆ 第一生命保险 2 110 亿日元的证券化业务。

伴随着大量的国内交易，2000 年日本的 CMBS 市场的活跃度也明显放开。

从 2001 年起，日本市场的大多数领域都出现了增长，发行量达到 268 亿美元（较 2000 年发行量增幅 23%）。在日本还出现了很多世界其他地方鲜见类型的基础资产用于证券化，如循环消费贷款（类似于信用卡应收账款）、购物贷款（比如，采购丝绸和服的贷款）以及不良贷款。基于信用卡的证券化在全球鲜见却在日本出现，这是因为日本民众通常全额偿还信用卡且很少产生中间业务收费。

2001 年 2 月，日本政府颁布了更为严苛的计量手段并借此要求商业银行于 2001 年 3 月注销未付不良贷款。受此影响，出现了一些银行合并交易。

◆ MTFG，三菱东京金融集团（Mitsubishi Tokyo Financial Group），由东京三菱银行与三菱信托银行自 2001 年 4 月合并而成。

◆ SMFG，三井住友金融集团株式会社（Sumitomo Mitsui Financial Group），2001 年 4 月由樱花银行和住友银行合并而成。

◆ UFJ，日本联合金融控股集团（United Financial of Japan），2002 年 1 月由三和银行和东海银行及东洋信托合并而成。

◆ 瑞穗金融集团（Mizuho）(合并自第一劝业银行、富士银行和日本兴业银行)，2002 年 4 月整合重组。

◆ 理索纳银行，2003 年 3 月由大和银行和朝日银行合并而成。

2001 年日本市场开始迎接挑战，当时一个 CMBS 售后回租交易在 2001 年 11 月的 Mycal 破产案中被质疑。破产受托人以回租行为不是市场交易行为为由，质疑物业销售的真实性。尽管如此，2002 年日本 MBS 市场乃至整个 CDO 市场都再一次迎来了显著发展，发行量达 400 亿美元（较 2001 年增加了 49%）。

2001 年 12 月，日本新生银行以其表内企业贷款为基础资产的统合信托

贷款担保证券项目发行（该项目总规模 1.44 万亿日元，初始发行规模 1 150
亿日元）；2002 年 9 月 CuBic One 与瑞穗的规模惊人的 1.27 万亿日元（超过
100 亿美元）交易，包含了 20 亿美元的超级信用违约互换合约。

2003 年 5 月 14 日，瑞穗宣布了一个旨在收回其 4.6 万亿日元不良贷款的
计划，该计划设立了一个合资咨询机构。瑞银、摩根士丹利、美林、德意志银
行、赛伯乐各持股 6%，日本发展银行持股 10%，瑞穗持有剩余的 60%。虽然
在给定的额度内，各种解决方案都被提出，但相较于证券化方案和处置方案，
该计划似乎更关注对贷款合约的重构以帮助改善陷入困境的债务人的现金流。

2003 年 5 月 17 日，日本政府宣布了对理索纳的拯救计划，对其注资使
其资本达到 2 万亿日元（合 170 亿美元），彼时理索纳的资本充足率已降至
2%。此轮注资将使理索纳的资本充足率提升至 10%。

12.25.1　立法史

早在 1992 年，日本与证券化相关的关键法律与规定曾经非常严格并在
一定程度上阻碍了证券化市场的发展，具体如下。

- 1896 年民法 467 条（简称"467 条"）；
- 旨在规范存款与利息承兑的法律（1945 年第 195 号法）（简称《出资
  法》）$^{\ominus}$；
- 《证券交易法》（1948 年第 25 号法）；
- 《律师法》（1949 年第 205 号法）；
- 外汇及对外贸易控制法（1949 年第 228 号法）（简称《外汇法》）；
- 《利率限制法》（1954 年第 100 号法）（简称 IRRL）；
- 涉及资金拆借业务的法律（1983 年第 32 号法）（简称《资金借贷法》）；
- 1992 年 4 月 30 日大藏省关于银行信贷资产转让的公告（简称"1992
  MOF Notice"）。

自 1992 年以来，日本相关市场的监管环境由严格监管氛围转为自由化
氛围，这一变化推动了证券化的发展，比如：

　　$\ominus$　日文直译是"出资法"，并非与注册资本有关，而是涉及集资、借贷等。——译者注

◆ 自 1993 年 4 月 1 日起生效的旨在改革证券交易相关法律的修正案（1992 年第 87 号法），史称"1993 增补"；

◆ 涉及特定债权等的商业规范法律（1992 年第 77 号法），自 1993 年 6 月 1 日起生效，简称"MITI 法"；

◆ 大藏省于 1994 年 9 月 16 日发布的关于资产支持证券海外发行相关认定的公告，简称"1994 增补"；

◆ 准许以特定债权为基础资产的债券或商业票据进入日本资本市场的修正案，自 1996 年 4 月 1 日生效。

得益于这些放松监管的措施，尤其是"MITI 法"（颁布主体：日本通商产业省，其职责系监管租赁公司和金融公司）中关于购入应收账款转让方法的简化，日本证券化市场在 1993 ~ 1994 年开始开放。而大藏省（职责系监管商业银行）关于证券监管条例的放宽扫清了其他障碍。

12.25.2　证券法

在 1993 年增补法案之前，仅有有限的金融工具可在《证券交易法》中被称为"证券"（使之更易被交易）。1993 年增补法案将商业票据、住房贷款信托受益权、非日本法律主体发行的以贷款资产池作为支持的信托受益权纳入其中。在 1994 年增补法案中，大藏省同意离岸 SPV 发行的债券若以"MITI 法"认定的分割债权为基础资产，则该债券可指定为证券交易法中的"外国公司企业债券"，即为标准的"证券"。此类债券的发行与转售对象限定为日本境外主体或受大藏省监管的日本境内机构投资者。1994年 10 月的 J-Cars 交易案被视作禁令解除后的首单交易，其交易结构是将分割债权重新打包。根据 1996 年 4 月 1 日的修正案，以特定债权作为支持的债券和商业票据的发行，获得许可进入日本资本市场，交易类型因而扩大。

不断深化的支持性立法曾推动了发行工作的开展，比如：

◆ 1997 年 6 月 1 日对大藏省 1992 年公告的放宽；

◆ 1998 年 4 月 1 日生效的《外汇与对外贸易法》(简称《贸易法》)；

- 1998 年 9 月 1 日生效的关于证券化资产特殊目的公司（Special Purpose Company）的法律（简称《特别目的事业体法》）；
- 1998 年 10 月 1 日生效的试图优化《日本民法典》涉及应收账款转让规则而出台的例外性法律文件（1998 年第 104 号法)(简称《公示法》）；
- 1999 年 4 月生效的与债务管理催收业相关的特别措施的法律（1998 年第 126 号法)(简称《贷款服务法》）；
- 1999 年 4 月生效的涉及资金拆借业务（1983 年第 32 号法）的金融公司发行债券的法律（简称《债券法》）；
- 2000 年 6 月 1 日生效的用以修正资金拆借业务及其他相关业务的法律（1999 年第 155 号法)(简称《1999 年修正案》）；
- 2002 年 4 月 1 日颁布的《中间法人法》。

上述立法的发展清除了先前交易的一些障碍，具体如下。

商业银行贷款的转让　根据大藏省 1992 年的公告，在其方针的指引下，商业银行贷款在国内市场的转让要求得到了债务人的同意并且仅可以转让给金融机构或有经验的机构投资者而非 SPV。然而，作为 1997 年 3 月 31 日改革的一部分，根据 1997 年 6 月 1 日大藏省早先的修正案，这些指引方针被放宽。SPV 现已被许可受让商业银行贷款。

向非日籍主体转让　1998 年 4 月 1 日前，非日籍主体受让应收账款应当得到大藏省基于《外汇法》出具的批复。《外汇法》旨在监管离岸 SPV 在日分支机构作为应收账款受让方的业务（根据该法的立法意图，分支机构被认定为日籍主体）。在日分支机构通常向其海外总部取得以日元计价支付的内部贷款以提供营运资金。这是因为，若非日元贷款，日籍主体向非日籍主体的贷款转让被要求先行向大藏省报告。这个需获得大藏省批复的规定在 1998 年 4 月 1 日贸易法中被简化的转让报备要求所取代，且原先若非日元计价支付则内部贷款需报告大藏省的规定也被取消（尽管出于预提所得税的目的在日设立分支机构的交易结构仍然被广泛运用）。

后来，更多的法律修正案颁布，比如：

- 《特别目的事业体法修正案》；

◆ 对投资信托和投资公司相关的法律修正案创设了 J-REIT 的概念。

此二者于 2000 年 11 月生效。

特殊目的载体《特殊目的事业体法》（SPV Law）允许创设股本不低于 300 万日元的公司制实体以开展应收账款或不动产以及基于应收账款或不动产的信托受益权的证券化业务，可发行资产支持证券、资产支持商业票据以及优先股。然而，该法律也被诟病，因为其要求 SPV 准备详细的提纲纳入 SPV 的设立文件中并要求在金融复兴委员会（FRC）登记该计划，而此项登记需耗时两个月。SPV 不允许处置资产，也不允许在提纲之外借款，且提纲难于更变，这就让交易变更的灵活性大打折扣。不仅如此，该法律不允许创设无投票权的优先股，而这有损于整个交易结构的破产隔离。对《特殊目的事业体法》的修正将股本要求降至 10 万日元并将需要在 FRC 登记获批的要求放宽为向 FRC 报备发行计划（而且，发行计划不再要求被纳入公司章程，交易提纲的修正变得易于执行）。特殊目的载体现今已被允许对外借款和发行不附投票权的优先股。

12.25.3　资产隔离和真实出售

在日本，一笔应收账款的转让必须按照债务人所在地法律执行。根据第 467 条的规定，为使应收账款转让对于第三方有效，转让的通知必须送达底层债务人，或者对应收账款的转让必须获得债务人的同意。通知必须加盖确定时间戳和经过公证，且应由经认证的挂号信寄出。

另外，根据《公示法》，企业可以通过在法务省注册债权转让而不必通知债务人以达到对抗第三人的目的（不过，必要的通知程序方可实现对债务人有效的债权转让并防止债务人可能行使抵销权）。在债权转让注册中，详细的信息是必需的，这其中包括债务人的身份识别编号。

"MITI 法"同时对信用卡公司和金融租赁公司提供了另一种信用卡债权和租赁债权的转让方式并引入了采购债务（或递延采购债务）的概念（如汽车贷款、购物贷款等采购特定商品的贷款品种，有别于普通的循环消费信贷或信用卡应收账款，即特定债权）。此类型转让仅要求在国内日报上刊登公告，列示转让的具体日期、受让人情况、该笔特定债权转让的概况。在

"MTIT 法"框架下的交易，应遵循以下几种方式：①转让方式：特定债权的受让方依据"MITI 法"创设 SPV，特定债权被出售给该 SPV，发行人获得一个基础债权索求权来为特定债权定价，特定债权随后被分成若干分割债权并由发行人作为分割债权分销商售卖给投资者；②信托方式：特定债权被转让给一个信托，受托人（信托银行的牌照由大藏省核发）代表发起人（获得销售收益的一方）将分割债权推介营销给投资者；③合伙方式：投资人以以下形式合力协作：（a）匿名组合受商法典约束的有限合伙实体；（b）任意组合受民法典约束的无限合伙实体，伴有普通合伙人（承担无限责任）或执行事务合伙人，该实体自发行人处购买特定债权。到目前为止，大多数的公开交易采用信托方式，而通道式的交易结构则倾向于转让方式。

在"MITI 法"框架下和在《公示法》框架下的债权转让各有千秋。"MITI 法"可针对债务人完善该笔转让并阻止其未来的抵销权，但需要日本结构化金融研究所（Structured Finance Institute of Japan，SFIJ）逾 60 天的批复。《公示法》意味着每次该笔交易中纳入新转让债权时不必再承担昂贵的报纸广告费用（例如，滚动发行⊖）且允许交易被更快结束的商业企划也不必再事先获得批准，然而，要求执行更高的信息披露标准。因而，在"MITI 法"下具备合格的资产和原始权益人的交易可能寻求两种制度的结合（这种结合对于"MITI 法"体系内外的资产混合体转让更为合适）。

历史上，日本按揭贷款产品有三种形式。第一种形式，抵押贷款证券依据 1931 年第 15 号法创设，作为土地注册处以发行人的名义基于居民抵押贷款和商业抵押贷款等资产池而发行的可转让证券。此类证券经背书和交付后可转让，但并不构成《证券交易法》（1948 年第 25 号法）意义下的证券。进一步地，此类抵押贷款证券并非优先追索，而是若遇违约可完全追索发行人。大藏省 1974 年的公告引入了第二种方式，即居民抵押贷款证券。此类金融工具由发起人以按揭贷款组成的同质资产池做支持而发行，但其亦非优先追索，若遇违约可完全追索发行人。第三种形式是居民抵押贷款信托，其于 1973 年被首次应用，并且更类似于完全证券化。原始权益人通过信托银行将居民住房抵押贷款置于信托之中，而后发行信托受益权凭证给投资者，此类交易结构受益权凭证为优先追索。

⊖ 即国内常说的"循环购买"。——译者注

住房抵押贷款只可以转让给商业银行或金融机构。

在应收款项交易文本中的原始权益人禁止转让的约定或是转让必须征得债务人同意的约定可能会限制转让的有效性。

对债权转让的禁止性约定在日本合同中比较常见。

未来应收账款　未来应收账款仅在未来 12 个月可被转让时才被考虑，但也有最高法院判例确定了一般状态下未来应收账款也可被转让，只要其能够被区分标识。

破产解除　当原始权益人知道债权的转让会对其他债权人构成侵害时，在原始权益人破产前的嫌疑期进行的债券转让或许可能无法执行。同时，如果转让发生在破产前 1 个月之内，则除非受让人能够证明其对该转让对原始权益人的其他债权人构成侵害不知情，否则可能也无法执行。

重新定性　在日本法律体系中，交易的性质取决于交易各方的意图、资产重大风险是否转移到 SPV、原始权益人取得基础债权是否因此产生债务、结合历史来看该笔交易是否公允、该笔转让的各项法律措施的完善程度以及原始权益人对该笔交易所采用的会计处理方式。

实质合并　对于无实质业务或业务不合乎相关法律目的的公司，实质合并原则被使用。

延期偿付 / 自动中止　在日本存在延期偿付的传统。

12.25.4　抵销

债务人可待其被通知债权转让之后运用抵销权来对抗，虽然该笔转让在《公示法》下是有效的。然而，在"MITI 法"下，公告通知却能对抗未来任何对抵销权的运用，这是由于通知对债务人和第三方而言均起到了完善的效果。如果债务人发现转让行为未得到授权，那么他将被排除在任何抵销权申报之外，即使这属于他的自然权利。

12.25.5　在岸 SPV

SPV 法（一部关于特定资产通过特殊目的公司（SPC）实现证券化的法律，自 1998 年 9 月 1 日生效）准许创设"特定目的会社"（简称 TMK）这样的公司制实体。此类实体要求 10 万日元的股本金（而株式会社的合资股本金要求为 1 000 万日元）且有一名指定的负责人（sole director）来执行各类基础资产的证券化，包括应收账款、不动产及以二者为标的的信托受益权。该 SPV 可发行 ABS、ABCP 和优先股。SPV 所获得的税收优惠主要是针对不动产方面。SPV 不得上市。SPV 法要求 SPV 准备一套交易提纲并向 FRC报备。SPV 被准许借债。

2000 年 11 月生效的《投资信托法》（该法涉及投资信托和投资公司）的修正案通过准许投资信托或投资公司直接投资不动产（修正案之前，它们被严格限制在投资证券上）引入了 J-REIT 的概念，并扮演不动产持续投资者的角色。J-REIT 可享受税收优惠，但其经营范围被严格限定。J-REIT 必须将其全部业务外包出去，且委派一名投资管理人来管理这些资产。投资管理人被要求回避可能带来利益冲突的交易。这种利益冲突的潜在性以及对投资管理人历史行径缺乏了解是评级机构考虑的关键领域。

2002 年 4 月的《中间法人法》创设了中间法人的概念，即一个不以盈利为目的的实体，为确保 SPV 在交易中的独立性，此类资产持有实体会被用到。

12.25.6　外资持股比例

境外非居民获得日本某些（如公共事业、武器、广播特定行业）的公司股权需要事先向大藏省报告（其他行业则需事后向大藏省报备）。根据《证券交易法》的相关规定，获取上市公司超过 5% 的股份以及随后每变动超过1% 的股份均需在 5 日内报告大藏省。

12.25.7　证券法

《证券交易法》列举了属于"证券"的一系列金融工具，将其纳入大藏省的监管之下（未列举的金融工具则应在向其他投资者直接转售时受到相应限制，此举意在限制其市场活跃度），如日本企业发行的股票和债券、商业票据、住房贷款信托受益权、非日籍法律实体发行的由贷款资产池作为支持的信托受益权、由分割债权支持的离岸 SPV 发行的债券（此类债券既可向日本境外机构又可向日本境内受大藏省监管的机构投资者发行或转售）。在SPV 法下创设的 SPV 发行的金融工具也被归类为证券。

为确保原始权益人持续拥有推进交易运作的权益，由原始权益人保留的底层分割债权的转让应严格遵循交易条款的限制。

对在"MITI 法"框架下的分割债权进行投资需得到核准。若投资者被认定为"特定的投资者（具有 5 亿日元股本金的企业或金融机构）"，则核准的依据是"MITI 法"第 6 条（大约耗时 1 个月）。对于股本金少于 5 亿日元的投资，通商产业省（MITI）和日本结构化金融研究所（SFIJ）应当依据第 3 条的规定进行核准，通常耗时 2 个月，并要求信用增进至少超过交易总额的 10% 或历史违约水平的 5 倍。因此，很多交易都会进一步创设一个 5 亿日元股本金的 SPV（通常采用嵌入可转换优先股的形式）来作为分割债权的投资者。SPV 以分割债权为支持发行离岸债券。这些股本金随后被用作储备账户的资金、交易费用以及交易终了时对次级份额的支付。虽然此类 SPV 多注册于开曼群岛，倘若欲将 SPV 限定在日本境内，则为应对多重交易而创设的 SPV 的使用还应受制于与优先追索权和绝缘防范条款相关的评级审查。日籍企业必须拥有 10 亿日元股本金方可发行债券。

2001 年年初日本东京交易所公布的 J-REIT 公司上市规则要求：

+ 不动产至少占 J-REIT 资产组合的 75%，而剩余的 25% 应为现金及其等价物；
+ 投资组合的绝大部分必须是对可产生现金流的不动产的长期投资；
+ 由独立的不动产估价机构来对不动产的买入和卖出进行估价；
+ 主要交易在会计簿记时即应披露。

12.25.8　税收处理

印花税/注册税等　以转让金额作为印花税的名义税基。在应收账款交易的过程中无其他流转税。在不动产受让时将缴纳数额可观的产权登记和购置税。这些款项在新 SPV 法和 J-REIT 条例中均被减免。

预扣税　应收账款归集过程中的利息部分若支付给离岸企业则应预扣所得税，倘若支付给离岸企业在日分支机构或常设机构则免于预扣（需向属地税务机关提供公司拥有的税务减免证明并送达原始权益人）。在很多交易中通常是向离岸 SPV 在日分支机构转让资产，分支机构的运营资金来自其海外总部的内部贷款（通常内部安排事项不适用于预扣所得税）。出于这些目的，信托通常被设计为过手型，此类型信托受益权的持有人被认定为信托财产的部分所有人。

预提所得税在贷款或债券向离岸投资者派息时加以课征（折价发行或赎回溢价不在其列）。债券预提所得税仅在 SPV 是日籍企业（总部在日本）时予以课征，而就贷款而言，若贷款与 SPV 在日本的业务有关则予以课征（因而，较之以贷款形式借债，通过开曼群岛的 SPV 发行债券愈发不受日本预提所得税的管辖了）。若债券是不可交易或其发行受众很窄则存在被重分类为贷款的风险。

日本与投资者所在国家的税收双边协定在这一个基本点上会带来两种影响。

◆ 折价发行债券虽在日本法律下享受了不予课征预扣所得税的好处，但这却会失去在经合组织模式下双边税收协定的优惠待遇（这类优惠在日美双边协定中予以保留，且对于通过美国通道发行的通道类型的商业票据亦有效）。
◆ 如果债券的发行与发行人在日常设机构有关，那么债券派息的收入来源就被认定为发生在日本，造成的结果是预扣所得税将适用于日本与投资者所在国之间的相应税率。

因此，交易结构中通常应当包括以下主体。

◆ 第一类 SPV，用于受让特定债权（"MITI 法"的分配方法被适用时）或应收账款。
◆ 第二类 SPV，这个 SPV（为符合证券法中关于购买特定债权的审批要求还应具有 5 亿日元的股本金）在日分支机构的营运资金来自其海外总部提供的集团内部融资，在日分支机构通过发行债券受让特定债权。
◆ 第三类 SPV，扮演债券投资者的角色并通过发行票据进入市场（需要在与日本未订立双边税收协定的司法管辖区设立，这样就不必适用日本的相应法规）。

这最后一条使得相反的存在于日本与终端投资者司法管辖区双边协定之中的预扣所得税穿透性原则被替换（最后一条对于向美籍投资者折价发行情形而言是非必要的）。

于 1997 年 12 月 5 日生效的《特别税收措施法》第 6 条允许发行人和支付代理人在向由日籍公司、特定日本政府代理机构、日本政府（仅针对所发行证券不以日元计价的情形）在海外发行的证券派息时免于预扣所得税，但持有人应当：①是一个收益所有人，但基于日本税法不被认定为日籍个人投资者或日籍企业；②被认定为拥有自持账户的日籍金融机构（广义上包含日籍银行、证券公司、保险公司）；③在日本税法下被认定为日籍个人或日籍企业，且通过驻日付息代理机构收取利息收入。

利得税　发起人出售应收账款中的任何资本利得均需应税。在交易中仍然持有权益部分的原始权益人不被允许用不良贷款所产生的损失来抵税。

注册在日本的 SPV 必须在日本境内缴纳公司税。在新的 SPV 法下，日籍 SPV 应当将所挣收益的 90% 以上向股东分配红利并满足其他一些特定条件。SPV 被允许将此类红利分配作为损失，在计算公司税时进行收入抵扣。

J-REIT 同样被允许以红利作为抵扣项用以计算公司税，因为其同样将所挣收入的 90% 以上用作向股东分红（这就产生了 J-REIT 流动性便利的需求）。J-REIT 以美国伞状合伙 REIT(Umbrella Partnership REIT, UPREIT)（其资产可以账面价值入账而不必被课税）的形式构建资产的 J-REIT 将不予纳税豁免。

离岸 SPV 在日分支机构在日本取得的收入（包括来自对日分支机构的债权收益）亦将被课税，对其在日开展业务发生的合理费用准予抵扣，包括支付给原始权益人的手续费。总部账上向投资者支付的利息费用可以被抵扣（发行募得的资金必须清晰、明确地用于向在日分支机构提供集团内部融资）。违约导致的损失仅当保全措施被有效实施时方可抵扣。

受约束的外国公司法律法规将离岸 SPV 的任何利润均归为日本股东所有，不论是否分配。另外，当 SPV 所举债务超过权益 3 倍且 SPV 的债权持有人同时也是其股东时，严格的注册资本约束将禁止 SPV 向离岸投资者支付的利息费用被抵扣（这将适用于穿透性原则，所以为相同的股权投资者（比如，相同的慈善信托受托人）设定的双 SPV 结构将对两个 SPV 提出严格的注册资本要求）。

12.25.9　会计处理

日本对被转让资产的终止确认的会计指引于 2000 年 4 月生效，其要求是一个完备的转让且发起人无回购资产的义务和权利。

日本注册会计师协会公布了在 2000 年 9 月 30 日之后完成的将不动产转让给 SPV 交易所适用的会计准则。若被转让资产不超过 5% 的风险和回报让人保留在原始权益人处，则准则要求原始权益人应当对该笔转让进行表外处理。准则的此种规定被视作推动了房地产夹层融资市场的发展，该类业务旨在降低权益层厚度至不超过 5%。由此，不同的会计规则被运用在房地产与非房地产交易中。

12.25.10　资本处理

通过指定转让或融资性从属参与的形式可将资产移出表外，但非融资性从属参与将不被认定为转让。1995 年 6 月的大藏省公告为从属参与的表外资产认定设定了 3 个要求。从属参与必须：①对贷款清晰表示并设定与贷款条款一致的从属参与；②原始权益人与贷款项下的全部风险与利益脱钩；③对于从属参与的贷款，原始权益人将不具有任何回购的权利与义务。

1997 年 3 月前，根据大藏省的指引，日本国内市场上商业银行贷款转让需得到债务人同意且仅在金融机构、有经验的机构投资者之间进行，不得向 SPV 转让。然而，作为 1997 年 3 月 31 日改革的一部分，这些指引被放松，且大藏省 1997 年 6 月 1 日出台的针对其先前指引的修正案旨在允许 SPV 受让商业银行贷款。

大藏省于 1998 年 12 月放松了关于短期信贷衍生品的指引，日本银行业协会随之于 1999 年 3 月进一步颁布了相应细则，该细则是英国 FSA 协会对应规则的翻版。

12.25.11　数据保护 / 保密

日本商业银行遵守保密的一般性规定。2003 年 5 月 23 日生效的关于个人信息用途的法律，要求为做某项业务而持有的个人信息应当被保密且在未征得当事人同意的情况下不得对第三方泄露。

12.25.12   消费者保护

消费金融公司受《资金借贷法》（1983 年第 32 号法）的约束，该法律要求在出现相应情形时通知借款人其债务被转移（对于循环债权应当包含新增的每一笔的具体时间）。由于此项规定繁重的实质性要求，原始权益人会考虑将消费金融资产予以证券化并采取措施改变其标准格式合同来寻求顾客对债权转让的认可，以此排除相应通知工作的必要性。

12.25.13   监管批准

在" MITI 法"下 SPV 购买特定债权需要获得通商产业省依据" MITI 法"颁布的许可证并将接受通商产业省的长期监督。此类交易结构中，发行人被要求持有分割债权分销商的许可。一项着手安排债权归集与投资者再支付细节的计划被要求由原始权益人和 SPV 共同制订并向日本结构金融研究所和通商产业省提交，两所机构将在 60 天内予以审查并提出整改意见。向非日籍居民转让债权应当向大藏省报告。

《出资法》（旨在规范存款与利息承兑的法律（1945 年第 195 号法））第 2 条规定，非银行金融机构（包括融资租赁公司和信用卡金融公司）可以通过向广大投资者发行债券或商业票据为其借贷业务提供资金来源。对于相当多的交易，人们产生了争论，该条款不应该影响到证券化，因为 SPV（而非原始权益人）才是发行主体。但与原始权益人有关的发行所募集的资金却不能产生新增贷款，它受限于为了资本投资而进行证券化发行的潜在用途。这些限制在 1999 年 4 月生效的《债券法》（1999 年第 32 号法与金融公司为资金借贷业务而发行债券相关）中得以放宽，例如，金融公司可以通过此类交易的募得资金去发放新的贷款，将自身在 FRC 注册为"特定的金融机构"（specified financial institution）并适用《债券法》中详细的信息披露要求。

12.25.14   其他事项

在日本法律中，浮动利率是不被认可的，但如果被担保资产是特定的，那么波动资产池的质押是可能被认可的。银行账户的固定利率是很难获得的。担保权益仅对债权人有效，也就是说，对受托人征收是不可能的，除非适用担保债券的《担保债券信托法》(1905 年第 52 号法) 的相关条款。

依据贷款性质的不同，日本对高利贷设置了贷款利率上限，分别是 15%（100 万日元及以上)、18%（10 万～ 100 万日元) 以及 20%（少于 10 万日元)（以及对违约贷款处以 30%～ 40% 的罚金，后依据 1999 年修正案自 2000 年 6 月 1 日起降至 21.9%～ 29.2%)。任何超限的利息收取都是不具有强制执行效力的，除非在《借贷法》约束下，消费金融公司符合《资金借贷法》一定的通知与程序性要求 (既指在贷款发放时，又指在逐次还款时) 且借款人自愿支付超出阈值的利息。贷款人满足上述要求的能力其实存在很多问题，评级机构在违约情形下对超过限额的利息收取也是不给予信用评级肯定的。依据《出资法》，任何接受《资金借贷法》约束的消费金融公司对贷款利率设置高于 40.004%（依据 1999 年修正案，自 2000 年 6 月 1 日降至 29.2%)的利率均属刑事犯罪。

原始权益人被要求在 "MITI 法" 框架下的任何交易中均充当资产服务机构的角色——保护个体债务人，无正当理由不得解任。此外，《律师法》(1949 年第 205 号法) 一般要求只有债权人自身或律师才能够被指定在债务违约时去催收和执行债务 (发行时可指定原始权益人在售出债券且不再作为贷款人之后被聘任为资产服务机构、备选资产服务机构、不良贷款的特别资产服务机构)。《贷款服务法》(于 1999 年 4 月生效的关于债务管理催收业的特别措施的一部法律 (1998 年第 126 号法)) 准许股本金超过 5 亿日元的机构及其董事会的律师申请许可执照以从事为第三方债权而非消费金融债权提供资产服务的工作。

原始权益人将其大量资产对外出让需取得董事会批准。

在日本，不动产的数目与监管条例名目繁多，银行介入不动产市场受限并不是什么新鲜事儿。

日本居民按揭贷款通常需要担保公司提供担保，后者在按揭贷款交易中就借款债务向贷款人出具一份保函。这样造成的结果是，抵押贷款实际上有保证但无抵押。相关分析的结果表明，倘若按揭贷款贷款人主张履行对某个违约借款人的保函而恰在此时保证人破产，按揭贷款贷款人届时应当有能力向担保公司执行经过担保的按揭贷款。例如，2000 年日本第一生命保险公司的 MBS 交易就以信托持有按揭贷款的形式行使了担保人的担保权利。

依据日本的《土地租赁法》，当经济条件恶化或不动产、租赁物价值贬损时，承租人有权要求业主减免租金。若业主不同意减免，承租人有权寻求法律途径。自 2000 年 3 月起，承租人的这项权利被免除。

12.26　韩国

韩国的 CDO 市场于 1997 年年末成立，在亚洲金融危机后韩国国家货币评级被下调至投机级，多个交易被迫推迟。韩国资产管理公司（KAMCO）（政府实体，主要负责管理韩国金融机构的不良资产）从金融部门收购大量不良资产以出售或证券化。1998 年年末，公司获得资产以相当于面值 13% 的价格拍卖，以相当于面值 50% 的价格出售。KAMCO 在 1999 年和 2000 年发行了多个不良证券化贷款。通常情况下，KAMCO 收购的资产含追索权，可卖回给卖方机构。

韩国按揭证券公司（KOMOCO）依照韩国 MBS 法，成立于 1999 年 10 月。韩国金融机构和国际金融公司以 1 000 亿韩元的资金购买抵押贷款并打包为 MBS 销售，从而推动了韩国 MBS 市场的发展。韩国首个房贷证券化于 2000 年 3 月完成。

韩国国有的韩国土地公社（KoLand）以国内土地销售收入进行证券化，在 1999 年也较为活跃。

韩国第一银行于 1999 年年底被新桥资本（美国私募股权公司）收购，此后收购了由 HSBC 持有的首尔银行。

1998 年 9 月韩国通过了《ABS 法》，使韩国市场成为亚洲最大的 CDO 市场（日本除外）。虽然跨境发行不断壮大，但在韩国，国内发行市场仍然为主导，其规模为 1999 年，59 亿美元；2000 年，430 亿美元；2001 年，390 亿美元。

2001 年，多个交易在韩国国内发行，其中包括三星（信用卡和汽车贷款的交易）、国民银行（信用卡）和 LG（信用卡），以及第一个非支持的不良贷款交易（将摩根士丹利收购的韩国中兴汽车贷款进行打包），也出现了跨境发行。1999 年韩国信用卡市场的快速增长，消费信贷的市场对象也比以前更为广泛，埋下了未来更高的拖欠率的隐患。

2002 年 4 月，韩国金融监督管理委员会暂停了三星信用卡和 LG 信用卡开设新账户长达两个月，紧接着是 2002 年第 2 季度急剧上升的信用卡注销率，一度达到 13%。

2003 年韩国市场出现了下滑，信用利差扩大，这源于 SK 全球的会计处理问题，它们夸大了盈利数据。2003 年 4 月 3 日，韩国政府宣布注资信用卡公司。穆迪于 2003 年 2 月的一份报告中显示，评级过的信用卡交易中的拖欠及注销率低于市场通常表现，主要源于评级过的交易的季节因素和抵押品要求。

第一个跨境韩国 RMBS 交易诞生于 2002 年 12 月，三星申明通过 Bichumi Global 1 SPV 达成 2.996 亿美元交易。韩国市场主要由两大抵押贷款机构把持，即国民银行和全国住房基金，市场的发展主要取决于它们。

雷曼兄弟宣布于 2002 年 5 月增加韩国投资额，以 2.5 亿美元收购友利金融集团（Woori Financial Group）股权（该机构陷入困境，当初在亚洲金融危机之后由政府设立）和投资 750 万美元于合营企业以出售有利的不良贷款（在其上市前）。

韩国的民事法律制度源自法国和德国的法律原则。1998 年 9 月，韩国国民议会通过了《新 ABS 法》，以简化资产支持证券的发行。1999 年 4 月，韩国通过了《MBS 法》，规定如何设立抵押贷款公司。

12.26.1　资产隔离和真实出售

根据韩国《民法》，应收账款转让有效对抗第三人的前提是必须通知债务人并在固定的期限进行公证。通知可以通过一般通知形式发出，也可以规避通知要求（该应收账款如果是债务人向发起人发行的承兑票据，则承兑票据可自由转让不用通知）。

《ABS 法》中可采取简化流程的发起人包括如下几类。

+ 韩国的金融机构；
+ 特定的政府相关实体（包括 KAMCO、KDB 和 KoLand）；
+ 由金融监督管理委员会（FSC）批准的韩国或海外机构（原本只限于投资级公司，也可以扩展到 BB 级公司）。

该法规定，如果应收账款在 FSC 转让登记，从登记之日起可对抗第三人。

《ABS 法》第 7 条规定，为了确保对债务人的强制执行仍然需要通知债务人，但法律允许在尝试正式通知并失败两次后，可以在两份报纸上刊登广告进行通知。

《ABS 法》第 8 条规定，如果相关应收款项已经转让，在 FSC 转让登记后，抵押贷款将被自动转让。同时规定，KAMCO 和 KoLand 的不良贷款证券化的房地产可自动转让。

韩国抵押贷款通常形式为 kun-mortage（全款按揭，可以覆盖循环债务）。这些抵押贷款难以转让，因为韩国最高法院规定只有规定金额才可被转让。2000 年 1 月的《ABS 法》对此进行了修订。修正案规定，债务人需被通知以下内容：该贷款不会增加预付款且债务人可在 10 天内提出反对将该贷款转移至 SPV，那么 kun-mortgages 可以被转让。

未来应收账款　未来应收账款如果可以通过合理的理由界定，则可以被转让。

破产解除　韩国《民法》第 406 条规定，如果受让人知道该转让会损害转让人（例如，压价贱卖）的权益，转让可以解除。

重新定性　在一般的韩国法律中，将转让认定为抵押贷款的可能性目前还不清晰，可能发生于发起人在次级贷款中保留资产获利的权利或回购资产的权利。发起人发行次级票据或使用递延购买价，都是交易结构中最常用的方法。

《ABS 法》明确了交易中真实销售的特征：①以书面买卖合同进行转让；②买方必须拥有从资产获利的权利和出售资产的权利；③卖方无权要求回购该等资产；④除了限定时间或销售保证，买方必须承担资产的所有风险。然而，考虑到发起人向其提供信用增信，此处"风险"的定义并不清晰。使用次级贷款的能力仍然不明朗，尽管购买次级票据不再被视为一个问题。

延期偿付 / 自动中止　在韩国存在延期偿付式诉讼。

12.26.2　抵销

在通知前，相关债务人可以继续享有抵销权，除非他们已同意转让。

12.26.3 在岸 SPV

《ABS 法》规定设立韩国 SPV，其活动仅限于证券化交易（包括发行债务证券）。SPV 必须将所有活动外包给第三方。

1999 年 4 月通过的《MBS 法》规定，按揭公司设立需得到 FSC 认可，股本为 2 500 万韩元，并规定这些公司与根据 ABS 法律成立的公司享有相同的权益。

由于根据 1962 年《抵押债券信托法案》和其他限制性法规，票据发行的担保物权受到严格限制，大部分交易都采取了双层结构，如第一个韩国 SPV 购买资产，并转售给第二个开曼 SPV。最近的交易也采用了信托结构，例如信用卡交易，将资产转让至韩国信托，韩国信托再向韩国 SPV 和发起人发行信托权益（韩国 SPV 再通过开曼 SPV 募资）。

12.26.4 外资持股比例

自 1997 年的亚洲金融危机后，1997 年 12 月起，韩国公司的外资持股上限上升至 55%（单一国外投资者的持有上限是 50%）。1998 年 5 月 25 日大部分行业的公司外资持股上限增加至 100%（不包括政治敏感的部门）。收购上市公司股权超过 5% 的以及后续的每一次变化都必须通知 FSC 和证券交易所。

12.26.5 证券法

韩国《商法》禁止韩国企业的发债比例（负债/股东权益比率）超过 4∶1 的上限。《ABS 法》规定韩国 SPV 不受该比例约束。短期证券（1 年以内）需要得到韩国财政部的批准。

12.26.6 税收处理

印花税/登记税等 转让一般不缴纳印花税，在韩国内不执行的文本通常不缴纳税。转让公证费用需按名义费用缴纳。收购房地产缴纳登记税，2003 年 12 月 31 日之前根据《ABS 法》存在一个豁免规定。

预扣税 韩国向源于韩国的收入征收预扣税，除非收款人是根据《ABS 法》设立的韩国 SPV。离岸的利息预扣税税率为 25%，除非根据相关税务条例有所降低。爱尔兰与韩国之间有避免双重征税的协定，据此该预扣税可降至 0。根据《ABS 法》，韩国 SPV 向离岸投资者支付的利息不征收预扣税。

利得税 离岸 SPV 不征收韩国所得税，除非它在韩国有常设机构，包括在韩国的代理，但不包括发起人任命的用于回收应收款的服务机构。根据《ABS 法》，韩国 SPV 需要缴纳所得税，如果 SPV 已经支付了 90% 以上的可分配利润，可申请用股息抵扣所得税。《ABS 法》规定，2000 年 12 月 31 日之前，SPV 收购房地产并出售的资本利得税可获得减免。

增值税 《ABS 法》规定 SPV 免征增值税。

12.26.7　资本处理

依据《MBS 法》成立的公司须遵守最低的资本要求。2002 年，抵押贷款的风险权重由 50% 增加至 60%，如果：

（1）抵押贷款逾期 30 天；

（2）1 年内逾期天数总数超过 30；

（3）借款人的债务 / 年收入比例超过 250%。

如果贷款同时满足第 3 个条件和前两个条件中的一个，其风险权重将增至 70%。

12.26.8　数据保护 / 保密

在韩国，银行有责任确保客户信息保密，除非客户已同意披露。《ABS 法》允许 SPV 和发起人向有关各方披露业绩数据。

12.26.9　监管批准

向离岸实体转让应收账款需得到韩国财政部的批准。根据《外汇交易法》，非居民借款人的贷款需向财政部汇报。非居民借款人的贷款在 1 年内全部或部分赎回时，需得到财政部的批准。

《ABS 法》规定发行计划需在 FSC 登记和批准，该计划需包括应收账款明细、发行证券的明细和相关交易的主要文件。

12.26.10　其他事项

抵押债券信托法案只允许债券以特定的资产类型进行担保（所以国内

大部分交易都以无抵押方式发行），因此不确定韩国的非请求条款是否会执行。证券化需根据《ABS 法》设立服务机构（与潜在发起人相同），换句话说是指，韩国金融机构、政府相关实体或 FSC 批准的韩国或海外机构。

12.27　卢森堡

卢森堡于 1997 年推出了建立抵押贷款银行的规定。

12.27.1　资产隔离和真实出售

担保债券　1997 年 11 月 21 日的新法律规定，设立抵押贷款债券发行银行必须在卢森堡有固定办公地址。银行的主要活动限制为发行抵押贷款池支持的债券或经过隔离后的公共部门贷款资产支持的债券。2000 年 1 月完成了第一笔发行。

该资产池可以包括整个经合组织、欧盟或欧洲经济区的资产。对于抵押贷款债券，投资组合中不能包括 LTV 超过 60% 的抵押贷款（商业或住宅物业）。抵押贷款债券的监管资本权重为 10%。

12.27.2　税收处理

预扣税　卢森堡不收取利息的预扣税。

12.27.3　其他事项

2001 年 8 月 1 日的法律确认了在所有权彻底转让方式下抵押物的利息有效性，前提是转让交易中至少有一方为金融专业机构并且与卢森堡有一定的联系（例如，卢森堡账户的抵押品）。

12.28　马来西亚

1999 年 10 月第一笔以马来西亚林吉特（马来西亚货币）计价的准证券化交易完成之后，马来西亚成为世界重要的证券市场。

马来西亚按揭证券公司 Cagamas Berhad 在资本市场上发行产品进行融资，其发行的证券产品与抵押贷款、房屋贷款等公司资产不直接相关。2003年1月，Cagamas 公司开始获得非房屋类的其他应收款项。

1998年马来西亚政府全资设立 Danaharta 国家有限公司（Danaharta National Berhad），用以从金融机构购买不良资产，并对银行进行注资和资产重组。截至 2001 年年初，Danaharta 国家有限公司已处置价值 55 亿马来西亚林吉特的不良贷款。在成立之初，Danaharta 国家有限公司投入 5 000 万马来西亚林吉特的种子基金，以期产生 250 亿马来西亚林吉特的流动资金。1998年10月，Danaharta 国家有限公司完成第一次证券发行。

为推进马来西亚金融体系自由化和全球化的进程，马来西亚政府曾宣布一项计划——将 58 家银行合并成 6 家支柱型银行。该项计划在 1999 年 10月取消之后，银行可以自行进行合并重组。2000 年 4 月马来西亚证券委员会宣布了类似的计划，到 2000 年年底将现有的 63 家券商合并成 15 家集团，以满足资本充足率的要求。

2001年马来西亚市场发行量大幅增长，主要是第一硅业公司（1st Silicon）在当年 6 月完成亚洲第一单全业务证券化的发行，以及 Prisma 资本在当年 7 月承销发行阿拉伯 - 马来西亚商业银行（Arab-Malaysian Merchant Bank）价值 2.55 亿马来西亚林吉特的担保债券凭证（CBO）。

2002年7月，马来西亚市场中出现了伊斯兰金融产品，联邦土地专员通过发行马来西亚全球伊斯兰债券以实现土地的售后回租。同年 11 月，Affin 银行承销发行了规模为 10 亿马来西亚林吉特的非常规担保贷款凭证（CLO），发行主体为 Aegis One 车辆公司，SPV 直接向最终借款人放贷。第一单抵押贷款资产支持证券（ABS）出现于 2003 年 2 月，是由 Bumiputra 商业金融公司发行的。

马来西亚的司法系统，基本沿用了前英殖民政府的系统，即英国的普通法系。马来西亚政府在 1998 年 9 月 1 日大范围实施货币管制以限制投机活动对马来西亚货币体系和经济的影响，包括将马来西亚林吉特与美元的汇率固定在 3.8，并要求境外的马来西亚林吉特在 1 个月内必须流回国内（即默认在国外的马来西亚林吉特为无效货币，不再是法定货币）。马来西亚中央银行对相关外汇活动实行监管，例如，规定出售马来西亚股票所得的获利不得汇至境外。1999 年 2 月 4 日起，马来西亚允许权益类资产的获利汇到境外，但必须为此支付额外的出口税，后来，这一税费在 2001 年 5 月被废除。

马来西亚中央银行（BNM）在 1999 年发布了证券化准则。证券委员会于 2001 年 4 月 11 日颁布了证券化操作细则，对交易审核的关键内容做了详细说明。2003 年 4 月 1 日公布了新的操作细则。

12.28.1　资产隔离和真实出售

在马来西亚，应收账款可通过衡平法的让与条款进行转让，无须通知债务人。但如果应收账款合同中有禁止原始权益人转让的条款，或者要求原始权益人必须获得相关债务人的许可才能转让的条款，则除了获得债务人的许可之外，其余转让都是无效的。

未来应收账款　未来应收账款的转让在破产时无效，以避免出现尚未发生的应收账款。

破产解除　《破产法》（1967 年）第 53 条规定，破产前 6 个月之内需支付的款项被认为是优先的，也可能是无效的。

12.28.2　抵销

债务人可通过处置货物以偿还原始权益人的债务，直到债务人拿到需直接支付给 SPV 的通知书。SPV 仅属于原始权益人名义下的不合格品，直到通知书送达债务人之后。SPV 可以归属于原始权益人和债务人按照转让合同所发起的权益（例如，抵销）。

12.28.3　外资持股比例

外资持有投票权超过 30% 或者单一机构持股超过 15% 需要事先获得外国投资委员会（Foreign Investment Committee）的批准。收购超过 2% 的上市公司股份以及后续变动都必须告知交易所和公司。

12.28.4　证券法

马来西亚证券委员会在 2001 年 4 月 11 日颁布的《证券化准则》（修订于 2003 年 4 月 1 日）规定任何人都可以发行 ABS。该准则要求发行人向证券委员会提交申请报告，严格遵守准则要求的承诺书、初步评级报告、真实出售的法律意见以及估值报告（如果证券化的资产是房地产）。证券委员会将在收齐全部文件后的 28 天内给予批复。

该准则对交易结构和完整性提出一系列要求，具体包括：

◆ 真实出售；
◆ SPV 的破产隔离；
◆ 信息备忘录的内容和披露规则；
◆ 托管机构。

此外，要求 SPV 必须在马来西亚缴税。

12.28.5 税收处理

印花税 / 登记税等 按交易规模计算，印花税最高按交易规模的 4% 进行收取。按交易价格算，印花税按股价的 0.3% 进行收取。如果合同是在境外执行和保管，转让应收账款需要缴纳的印花税可以推延，直到相关债务人将合同带回到马来西亚执行（在一些必要情况下）。此外，在基于承兑付款方式的交易中，签署的唯一文件就是报价。SPV 付款给原始权益人，则代表接受了报价。这类交易过程没有产生任何印花税。

为鼓励发行，马来西亚于 2000 年取消了转让证券化资产的印花税。

预扣税 境外支付的利息需要缴纳 15% 的预扣税。

12.28.6 会计处理

马来西亚遵循英国或美国的会计准则。

12.28.7 资本处理

1999 年马来西亚中央银行颁布了证券化的详细指引，类似于英国金融服务管理局（FSA）颁布的指引。提供的资产必须真实出售，从原始权益人的资产负债表剥离出来，与原始权益人的信用风险进行隔离，以防止通过参股的方式对资产和负债进行转移。

SPV 必须是独立和破产隔离的。允许原始权益人对全部非营运资产保留回购选择权，既可以选择继续借款，又可以选择清盘回购。允许增加资产，只要不会对资产池的信用质量或原始权益人剩余资产产生重大影响。指引假定原始权益人提供"第一损失"或"第二损失"的信用增级或者流动性工具。

12.28.8　数据保护 / 保密

银行有责任确保客户信息保密。但在特殊情况下，马来西亚中央银行可披露部分信息。1999 年颁布的指引也明确了信息保密的规定。

12.28.9　监管批准

马来西亚的金融机构发起的证券化必须通过马来西亚中央银行审批。所有在马来西亚发行的 ABS 都必须通过证券委员会审批。

12.28.10　其他事项

马来西亚的金融资产可构造为不计息的伊斯兰贷款。

12.29　墨西哥

墨西哥第一单 MBS 由 Hipotecaria Su Casita 在 2001 年 8 月发行。

12.29.1　证券法

《证券市场法》(2001 年 6 月) 是墨西哥证券发行的依据。

12.29.2　会计处理

墨西哥采用美国的会计准则。

12.30　荷兰

荷兰的证券发行规模与其经济发展高度相关。随着其经济的蓬勃发展，荷兰已成为欧洲重要的证券市场，其中包括大型抵押贷款交易（如荷兰银行在1999年9月发行25亿欧元的欧洲抵押贷款证券三期）。荷兰也是非荷兰交易中SPV重要的管辖区，因为荷兰无须缴纳预扣税，而且荷兰与其他国家（尤其是欧盟国家）有广泛的双重征税条约。

荷兰采用大陆法体系。

12.30.1　资产隔离和真实出售

在1992年之前，荷兰法律并未要求在应收账款转让时通知债务人。1992年颁布的荷兰《新民法典》规定，需要通知交易的债务人以增加交易的效力。根据1997年5月的法庭裁决，应收账款的跨国交易可以由交易者选择采用哪一国的法律，依据该国的法律决定是否需要通知债务人。2004年实施的法案改变了1992年《民法修正案》中的规定，要求获得转让登记契税。在通知债务人之前，契税一直有效，即在被通知之前，债务人可以一直支付给转让方。

在荷兰，使用双层结构可以规避1992年《民法典》的限制条例。第一层交易为原始权益人设立破产隔离的子公司作为SPV，并通知债务人此举为集团内部转让，以尽量减少通知产生的商业影响。之后再转让给另一个孤立的SPV，则无须再通知债务人。

许多荷兰应收账款交易采用有条件的出售方式，也可以规避1992年《民法典》的限制条例，例如规定转让无须通知债务人。为避免SPV和债券持有人在原始权益人破产后出现无法追回应收账款的风险，可设计金融和信用评级的触发机制——在原始权益人出现财务困境时，相关机制被触发，开始通知债务人。作为更进一步的保护措施，销售协议中可约定如果出现交易无效的情况，原始权益人需要支付相应的罚金，罚金与应收账款及其利息额基本相当，并且罚金由原始权益人提供担保或者以应收账款作为质押。即使事前未通知债务人，破产后该担保措施仍然有效，且将通知债务人。

根据2007年7月颁布的规定，荷兰非银企业借款人必须确保其债务一直由专业市场参与者持有。从2003年2月12日起，任何企业进行信用评级或者发行有评级的债券，其目的都是成为专业市场参与者，尤其是一些

SPV。2002 年颁布的法案同时也适用于荷兰 SPV 发行的票据。

应收账款合同中如果有禁止原始权益人转让的条款，或者原始权益人必须获得相关债务人的许可才能转让的条款，则只有获得债务人的许可文件，转让才有效。

实质合并　只有不少于两个的破产企业非常紧密地交织在一起，债权人无法拆分时，才允许进行实质性合并。

延期偿付 / 自动中止　荷兰存在暂停诉讼程序的机制，可阻止无担保债权的强制执行，但不能阻止有担保债权的强制执行。暂停诉讼程序的时限为不超过两个月。

12.30.2　在岸 SPV

在荷兰，可通过 Stichting 这种破产隔离的方式来设立 SPV。Stichting 是荷兰一种类似于英国法律慈善信托的模式。荷兰信托公司可以设立 Stichting，并以此作为 SPV。

荷兰公司可采用私人公司的形式（Besloten Vennootschap，简称 BV，一种私人有限公司，最低注册资本为 4 万荷兰盾），或者有限责任公司的形式（Naamloze Vennootschap，简称 NV，更具有公共性，最低注册资本为 100 万荷兰盾）。

荷兰有一种以 REIT 的形式作为房地产固定资本的投资公司 SICAFI。

12.30.3　外资持股比例

在荷兰，若持有上市公司股权超过 5%、10%、25%、50%、66% 以及之后出现的股权变动，都必须通知财政部和上市公司。

12.30.4　证券法

在荷兰出售证券需要遵守相关法规。

12.30.5　税收处理

印花税 / 登记税等　荷兰不征收应收账款转让的印花税。

预扣税　荷兰对利息不征收预扣税。股息必须缴纳 25% 的预扣税。

利得税　如果离岸 SPV 被认为是荷兰的常设机构，则在荷兰负有纳税义务。荷兰税务局可事先裁定将一定比例的可征税利润归为在岸 SPV。纵观历史记录，税务局规定在岸 SPV 每年可征税利润占其资产价值的比例不低于 12.5%，在一些情况下高达 25%。若税率为 35%，则测算出的实际成本约为 4.5% ~ 9%。2001 年 3 月 30 日通过新法令，规定 SPV 必须在荷兰拥有"充足的物质"，即要求：

◆ 至少有一半的董事居住在荷兰；

◆ 在荷兰做出管理决定；

◆ 银行账户和存款是在荷兰；

◆ SPV 必须拥有经营其业务所需的权益（因为有些名义上的 SPV，其负债是无法追索到常规的企业资产的）。

根据新法令，SPV 必须做出公平交易。

在 2000 年 10 月 23 日，一项反避税的提案递交至 2001 年《税收改革法》。该提案规定如果贷款符合以下几个特征，该贷款将被视为股权而非债务，而且允许应付利息不被扣除：

（1）偿付依赖于利润；

（2）贷款的期限超过 30 年，或者是永久性贷款；

（3）次级贷款。

上述贷款将征收股息预扣税。

该提案形成于 2000 年 1 月 12 日。该提案适用于所有夹层和资产证券化初始阶段的交易。如果有可能损害 SPV 发行人的破产隔离机制或投资者发生现金流断裂的情况，可取回预扣税。由于金融机构施加了巨大的压力，2000 年 11 月 9 日该项提案被取消。荷兰财政部对替代提案进行了详细审查。

2001 年 1 月 1 日通过新提案，将贷款视为一种"混合贷款"，并且在以下几种情况下，允许支付的利息不扣除。

（1）偿付完全或者部分依赖于利润，而且贷款期限超过 10 年；

（2）次级贷款，而且期限超过 50 年或者是永久性贷款。

如果未支付的利息被资本化，则不适用于上述规定。

增值税 在荷兰应收账款转让不征收增值税，然而，在提供货物或服务时，需要缴纳增值税。

12.30.6 会计处理

荷兰没有颁布相应的会计准则，但是如果交易涉及资产的风险及收益的转移，并且原始权益人没有回购资产的义务，可按出售处理。

12.30.7 资本处理

荷兰中央银行于 1997 年 9 月 25 日颁布《证券化指引》。如果交易为真实出售，需要明确指出交易风险，并将原始权益人的追索限制到可接受的范围，则交易可按资产负债表表外处理。

针对信用衍生品的准则在 1997 年 1 月 31 日颁布，在 2002 年 1 月 1 日更新。该准则适用于组合违约互换中信用风险的转移。如果信用衍生品是为了获取短期利益，那么信用衍生品将被视为交易登记工具。如果银行账户暴露出一些风险，那么信用衍生品将被视为银行账户的担保。信用衍生品需满足以下要求：

- 信用衍生品必须包括无法偿还的信用事件，例如，破产或重组；
- 信用衍生品不应该有重大的阈值，任何阈值应小于息票支付并且小于名义值的 3%。

12.30.8 数据保护 / 保密

在荷兰，有关于数据保密的规定，可能会阻碍信息披露。

12.30.9 消费者保护

消费者受到荷兰民法典和荷兰 1992 年《消费者信贷法》的保护。

12.30.10 监管批准

在 2002 年 7 月 1 日之前，荷兰 SPV 需要作为信贷机构去注册，除非发行的证券仅提供给专业投资者并且期限超过两年（在前两年有预付款选择权的 SPV 被排除在外）。荷兰财政部在 1997 年 7 月 18 日放宽了两年的限制。

在 2001 年 9 月 11 日恐怖袭击事件发生后，荷兰财政部于 2001 年 12 月 18 日颁布新法案，并于 2002 年 1 月 29 日生效。该法案要求 SPV 发行人在发行未在欧盟或美国交易所上市的不记名证券时，需要作为信贷机构进行注册。该法案也要求 SPV 发行人在交易结束的 4 周之前将交易双方的详细信息和交易所得款的用途提供给中央银行。

2002 年 7 月 1 日废除了 2001 年 12 月的法案，将之前豁免注册的方式替换为专业审核团同意豁免发行。

12.30.11　其他事项

荷兰不认可浮动抵押、信托的概念。

根据荷兰法律，担保权益不会分配给担保债务的非债权人。因此，有担保受托方的情况下，通常需要"平行债务"的结构，即担保受托方和债券持有人都签订债券契约，其中一个契约先被执行到一定程度之后，另一个契约再被执行。此时，担保权益就被分配给担保受托方，而债券持有人是无担保的，但根据担保信用契约的条款可起诉受托人。

荷兰有严苛的财政援助规定，防止公司就收购其股份提供援助。

12.31　新西兰

新西兰市场发展较慢，目前新西兰的发行量显著低于澳大利亚。

由于历史沿用英国法律，新西兰采用普通法体系。

12.31.1　资产隔离和真实出售

在新西兰，无须通知债务人，应收账款即可进行转让。虽然《动产转让法案》规定除非被豁免或者已注册，否则创建转让工具是无效的。要约和承诺函可用来避免创建这类工具。应收账款合同可制定禁止转让的条款，或者必须要求获得相关债务人的同意才能转让的条款。

重新定性　2002 年之前，转让需要采用真实出售的结构形式。2002 年生效的《个人财产证券法》不再对转让进行形式上的约束，而是采用实质性约束，并明确规定账面债务的转让需要采用担保权益的形式。因此，转让需要预先将融资报告进行登记，以符合担保权益的要求。该项法案并不适用于土地及其权益的转让。

12.31.2 抵销

债务人可以通过向原始权益人付款的方式来免除债务。转让通知书递交给债务人之后，债务人只可以直接支付给 SPV。SPV 会因原始权益人的任何问题而受到限制，同时原始权益人和债务人的关系也会跟着出现变化，SPV 将受限于债务人发起的任何权益主体。

12.31.3 外资持股比例

外资持股比例超过 25% 的企业若有价值超过 1 000 万新西兰元的交易或土地转让，需要事先获得海外投资委员会的批准。外资若购买上市公司 5% 以上的股份必须通知证券交易所和上市公司。

12.31.4 税收处理

印花税 / 登记税等 目前除了商业物业转让，其余转让不征收印花税。

12.31.5 会计处理

2002 年 12 月 31 日颁布的财务报告准则第 37 条规定，实体合并 SPV 时，有权选择能从 SPV 明显获益的会计政策。这类似于国际会计准则第 27 条和国际会计准则委员会解释公告第 12 号，对 SPV 的会计处理机制并不采用自动机制，如果合并实体可从 SPV 的设立中获得明显收益，那么要求进行合并。

12.31.6 消费者保护

消费合同为消费者提供相关保障。

12.31.7 监管批准

新西兰储备银行在 1996 年颁布了 BS 2，列明了金融机构进行资产负债表转移以及银行机构作为流动性支持或信用增级时需遵循的规定。

12.32　挪威

目前挪威证券化规模较小，除了 2000 年 Thorn Nordic 发行了维京消费者应收账款（Viking Consumer Receivable）。

12.32.1　资产隔离和真实出售

在挪威，转让应收账款无须通知债务人，但其他形式的应收账款处理通常需要通知债务人。

破产解除　破产 3 个月内，低于价值的交易可能会被解除。此外，破产 10 年内的债权诈骗交易可能会被解除。

12.32.2　外资持股比例

当外资收购上市公司股份超过 10%、25%、50% 或 75% 时，必须通知证券交易所。

12.32.3　税收处理

印花税 / 登记税等　转让应收账款不征收印花税。房产转让需征收 2.5% 的印花税。

增值税　增值税是作为服务费来收取的。SPV 不太可能恢复抵扣进项税额。

12.32.4　会计处理

在挪威，证券化执行国际会计准则。

12.32.5　资本处理

挪威银行基本按照《巴塞尔协议》的规定进行资本处理。

12.32.6　数据保护 / 保密

挪威有《数据保护法》，紧跟《欧盟数据保护指南》的规定。

12.32.7　监管批准

在挪威,境外 SPV 不需要被授权为信贷机构就能购买挪威应收账款,尽管信贷机构不得向 SPV 出售贷款组合。挪威 SPV 必须取得牌照。

根据挪威于 2002 年 12 月 13 日颁布的新规定,信贷机构事先报备给监管机构,就可将贷款组合转让给挪威 SPV,只要 SPV 被设置为独立的(指原始权益人没有所有权,并不代表董事会),并且原始权益人拥有不超过 5% 的 SPV 股权。在这种情况下,挪威 SPV 无须取得牌照。

12.33　巴基斯坦

巴基斯坦的资产证券化始于 1997 年巴基斯坦电信发行 2.5 亿美元的电信应收账款。巴基斯坦资产证券化的相关规则由美国证券交易委员会于 1999 年 11 月 13 日最终确定,但没有能够克服当地证券化产品发展过程中所遇到的困难。

12.34　巴拿马

资产隔离和真实出售

在巴拿马,应收账款的转让应遵守《民法典》中的相关规定。

未来应收账款　在巴拿马,在销售时确定的未来应收账款可被转让。

12.35　巴拉圭

资产隔离和真实出售

在巴拉圭,1997 年颁布的第 1036 号法规适用于证券公司收购金融资产。

12.36　秘鲁

12.36.1　资产隔离和真实出售

在秘鲁,1996 年颁布的第 861 号法令适用于资产转让。

12.36.2　会计处理

秘鲁的资产证券化采用美国的会计准则。

12.37　菲律宾

菲律宾在 1998 年 11 月宣布成立一家资产管理公司，初始资金为 10 亿比索，并于 1999 年年初开始运营。菲律宾中央银行于 1998 年 12 月颁布《证券化指引》。

菲律宾于 2003 年 1 月 10 日立法设立 SPV 作为资产管理公司（AMCs），用以收购不良贷款。

12.37.1　资产隔离和真实出售

在菲律宾，无须通知交易的债务人，就可以转让应收账款，但需要公证来有效防止第三方侵害利益。菲律宾的法律允许将应收账款转让给非菲律宾受让人。

重新定性　在菲律宾，如果原始权益人能够保留回购应收账款的权利，应收账款的出售可以重新定性为抵押贷款，或者法院根据参与者的真实意图将应收账款的出售视为抵押贷款。

延期偿付 / 自动中止　菲律宾存在暂停的程序。

12.37.2　抵销

在菲律宾，债务人可以通过向原始权益人付款的方式来免除债务。转让通知书递交给债务人之后，债务人只可以直接支付给 SPV。SPV 会因原始权益人的任何问题而受到限制，同时原始权益人和债务人的关系也会跟着出现变化，SPV 将受限于债务人发起的任何权益主体。只要是合理的，银行对账单等普通形式的通知就有效。

12.37.3　外资持股比例

对于传媒、零售、广告和资源相关的产业，外资的持股比例将受到限制。若外资收购上市公司 5% 以上的股份及之后的变动，都必须披露。

12.37.4　证券法

美国证券交易委员会（简称"SEC"）于 1991 年 3 月公布的《资产支持证券法规》要求，在菲律宾向公众发售的资产支持证券必须在 SEC 注册或者获得豁免。注册相关条例规定 SPV 必须为信托，而且任何时刻只能持有一个资产池。募集说明书必须按照 SEC 的要求，将发行金额的 1% 作为注册费缴纳给 SEC。发行之后，需要向 SEC 定期发送报告。

12.37.5　税收处理

印花税 / 登记税等　在菲律宾，相关资产转让时需要缴纳印花税和公证费（可议），也需要向 SEC 缴纳注册费 / 豁免费用。

预扣税　菲律宾离岸收入需要支付 20% 的预扣税。如果采用菲律宾 SPV，外国投资者需要缴纳利息的预扣税。

利得税　菲律宾不征收离岸 SPV 的利得税，除非该 SPV 在菲律宾开展商业活动。

增值税　转让应收账款不征收增值税。

12.37.6　会计处理

在菲律宾，以下资产可计入资产负债表：①公司放弃拥有控制权的资产或者有效控制的资产（例如，通过回购义务或者资产违约的回购权）；②受让方必须获得抵押或交换资产的权利；③资产必须转移到清盘人或债权人之外的地方。

12.37.7　资本处理

菲律宾中央银行于 1998 年 12 月 8 日公布的 185 号文，对银行的真实出售进行监管。除剩余本金外，原始权益人不能留存资产证券化的利息，而且不能有回购资产的义务（但允许替代或补充资产），在转让时可违反声明或者保证。原始权益人可拥有清盘回购权，保留按市值计算不超过 10% 的资产。资产必须移至资产负债表。前期费用可以从资本中扣减，但不能是经常性支出。

12.37.8　数据保护 / 保密

在菲律宾，宪法保护个人隐私权，以防止个人信息的泄露。此外，银行未经客户同意不得泄露客户信息。

12.37.9　消费者保护

在菲律宾，没有《消费者保护法》。

12.37.10　监管批准

在菲律宾，证券化需要得到中央银行的批准。

12.37.11　其他事项

菲律宾不承认浮动抵押。菲律宾可能会认可其他国家法律体系下设立的信托结构，但是受托人在菲律宾执行时可能会遇到困难。菲律宾认可国外的判决。

12.38　波兰

1999 年波兰出现第一单 CDO 交易。

12.38.1　数据保护 / 保密

波兰的《银行保密法》规定，未经客户的同意，不得泄露客户信息。

12.38.2　其他事项

波兰在 2000 年 7 月通过一项法律，要求 2000 年 5 月 8 日之后波兰企业必须在波兰签订合同，以此作为证据。

12.39　葡萄牙

由于严格的监管和税收障碍，直到 1998 年夏天葡萄牙才放开资产证券化业务。1999 年葡萄牙市场快速发展，得益于汽车贷款和消费金融用复杂结构规避预扣税和印花税，从而绕开监管限制。

在 2001 年 8 月之前，抵押登记等多项规定阻碍了抵押贷款市场的发展。2001 年 8 月颁布了一项新法令减免了众多规定，于是在 2001 年 12 月葡萄牙出现第一单按揭交易——麦哲伦抵押贷款第 1 期，发行金额超过 30 亿欧元。

1999 年 11 月 5 日，葡萄牙颁布的《资产证券化法规》（453/99 号法令）放宽了对通知的限制。2001 年 8 月 4 日部长理事会颁布的法令（219/01 号法令）放宽了对预扣税、抵押贷款印花税、登记费的限制。2002 年 2 月 21 日通过的新法令（82/2002 号法令）对 ABS 各项规定进行修订。

12.39.1 资产隔离和真实出售

葡萄牙民法典第 577 条规定应收账款的普通转让无须通知债务人。ABS 新法规第 6 条规定，基于法律关系向 SPV 转让的应收账款，在通知债务人之后即为有效。然而，信贷机构发起的转让无须通知债务人，即时生效。

在 ABS 新法规颁布之前，抵押贷款的转让必须通过公共契约的方式，例如公证或登记等方式。根据 ABS 新法规第 7 条，将抵押贷款转让至 SPV 只需是书面形式，不需要进行公证。

破产解除 在葡萄牙，除 SPV 外，原始权益人的债务将优先转让，且原始权益人破产前两年内的转让可被免除。损害原始权益人资产的交易可能被暂停。

12.39.2 抵销

在葡萄牙，根据 ABS 新法规，信贷机构向 SPV 发起的转让是即时生效的，可立即停止任何抵销权利。

12.39.3 在岸 SPV

在葡萄牙，根据 ABS 新法规，可按照以下几种形式设立 SPV。

- 证券化公司（sociedades de titularizacao de créditos，STC）。公司最低注册资本为 25 万欧元（在 82/2002 号法令之前为 250 万欧元）。STC 被限于只能开展与证券交易相关的活动，并且不能上市。非葡萄牙信贷机构可持有 25% 以上的 STC 投票权股份。

◆ 证券基金管理公司（fundos de titularizacao de créditos，FTC）。基金必须由独立的基金经理管理，并指定托管银行。FTC 的最低注册资本为 25 万欧元（在 82/2002 号法令之前为 75 万欧元）。

FTC 和 STC 的自有资金必须达到净资产的一定比例。净资产在 750 万欧元之下，该比例为 0.5%（在 82/2002 号法令之前，该比例为净资产的 1%）；净资产在 750 万欧元以上，该比例为 0.1%。FTC 和 STC 必须注册于葡萄牙。

由于成本较低，FTC 基金方式被广泛使用。

12.39.4　税收处理

印花税 / 登记税等　在葡萄牙，印花税按照转让给离岸公司的资产的利息部分的 0.5% 进行从价征收。目前已有构建于应收账款的利息部分转让给公司的境内分支的交易，可保证离岸 SPV 的利息部分在境外的安全。在这种情况下，可推迟支付印花税。

2001 年，葡萄牙的新法令免除了抵押贷款转让的印花税和登记税。

预扣税　在 2001 年之前，在葡萄牙发行离岸和在岸的证券化基金都需要缴纳 20% 的预扣税，支付给离岸投资者利息时需要缴纳 20% 的预扣税，除了由境内信贷机构向境外信贷机构支付利息的情况。2001 年之前，在葡萄牙应收账款的利息部分出售给境内信贷机构的交易可免收预扣税。该交易赋予境外信贷机构有限追索权。信贷机构破产的风险由在破产情况下 SPV 对利息部分的买回条款来覆盖，并储备以覆盖后续的预扣税费用。

2001 年，葡萄牙的法令允许国内债务人支付给葡萄牙 SPV 时可免除预扣税，而且葡萄牙 SPV 支付债券利息给国外投资者时可免除预扣税。

12.39.5　会计处理

葡萄牙的资产证券化基本遵循美国会计准则。

12.39.6　资本处理

10/2001 号法规中关于葡萄牙银行的条例规定，原始权益人持有的次级债务可直接从资本中扣除。

12.39.7　监管批准

葡萄牙公司需要注册为信贷机构，才可以获取应收账款。根据 ABS 新法规，成立证券化公司或基金管理公司需要获得葡萄牙国家证券委员会（Comissao de Mercado de Valores Mobiliarios，CMVM）的批准。此外，成立基金管理公司需要获得葡萄牙银行的批准。

12.39.8　其他事项

葡萄牙不认可信托。

12.40　俄罗斯

1998 年 8 月俄罗斯宣布机构在支付境外债务时具有延期偿付权，包括资产证券化等业务。2002 年 10 月俄罗斯通过了《新破产法》。

税收处理

预扣税　俄罗斯规定，居民向非居民支付利息时需缴纳 20% 的预扣税（2002 年 1 月从原先的 15% 增加至 20%）。根据双重征税协议，俄罗斯与英国、美国、荷兰和德国的交易可免收预扣税。

12.41　苏格兰

在绝大部分交易中，苏格兰的资产通常与英国的资产混合在一起。

资产隔离和真实出售

根据苏格兰法律，应收账款进行有效转让的方式为分配，并将分配通知给债务人。此外，需要以书面形式或支付给特定通知账户等方式，表示已确认收到通知单。

另一种方式是原始权益人先进行未经通知的分配，之后原始权益人的信托发声明支持。这种苏格兰法律信托只赋予 SPV 对受托人按合约索偿，而不是对资产所有权的追偿。SPV 的声明可在大多数情况下保护原始权益人的债权人，并可让原始权益人签署受托权，允许 SPV 自行通知债务人。应收账款合约可签订禁止原始权益人进行转让或分配的条款，或者要求原始权益人必须获得相关债务人的同意才能转让或分配的条款。

12.42　新加坡

新加坡第一笔 CDO 交易出现于 1998 年，之后商业地产的资产证券化快速发展。虽然其中一部分为准资产证券化，但原始权益人的资源涵盖各种类型。星展银行土地部是市场主要发行者，而且根据当地投资者要求，不需要提供具有详细信息的合同，就可出售给新加坡的机构和个人投资者。其结构一般是原始权益人以物业资产等值的现金价格将物业控股公司的股份转让给新孤立公司。一个持续的收入利润来源是原始权益公司支付的物业管理费。孤立公司提供股权质押和房地产抵押来支持债券发行。

新加坡于 1999 年 5 月公布了"大爆炸"改革方案，放开了外国资本对新加坡银行的限制，并向 6 家外资银行提供"全牌照"（QFBs）许可证。1999 年 11 月 26 日新加坡金融管理局进一步放开新加坡元的国际化使用。

第一笔有国际评级的 CDO 交易发生在 2001 年 6 月，是由橄榄石投资为凯德置地发行的 CMBS，评级机构为惠誉。这是一个有趣的交易，将未来项目落成后用以购买房子所定期支付的款项进行证券化。在同一个月，来福士控股宣布拟将来福士城购物中心进行资产证券化。新加坡的第一笔 REIT（房地产投资信托基金）发生于 2001 年 11 月，但因需求不足推迟发行，在 2002 年 6 月由嘉茂商产信托（Capita Mall Trust）再次推出。

2002 ~ 2003 年，新加坡发行更多的证券化产品，尤其是当地资产管理公司进行的 CDO 交易。许多交易混合了美国、欧洲和亚洲的资产，扩展了交易的规模和多样性。近几年大部分交易为新加坡大华银行管理的大型交易，属于美国全球投资等级 CDO 三级。大约 17 亿美元规模的 CDS 资产中包含有美国、欧洲和亚洲的资产。

从 2003 年 1 月 1 日起，新加坡国有住宅发展局不再为个人购买公共房屋提供按揭贷款，贷款转由私营部门提供。2000 年 9 月，新加坡金融管理局（Monetary Authority of Singapore，MAS）发布法规，对所监管的实体开展证券化业务以及信用衍生品的资本处理提供指导（草案分别颁布于 1999 年 1 月和 1999 年 12 月）。

新加坡设立中央公积金（Central Provident Fund，CPF）作为储蓄基金，为新加坡居民提供养老金、医疗保险和住房。中央公积金的款项是从员工工资中强制扣除而来。公积金可用于购买住宅物业，也可以用于支付按揭贷款。当地居民通常用公积金和银行商业贷款的组合来购房。在 2002 年 7 月之前，公积金是住宅物业按揭贷款的第一还款来源，而商业贷款是第二还款来源。

2002 年 7 月，公积金被换为第二还款来源。新规则适用于在 2002 年 9 月 1 日之后签订的抵押贷款和再抵押贷款。最多有 10% 的购房款来自公积金资产，最多有 80% 的购房款来自银行贷款。新措施旨在推动银行成为物业的第一抵押权人。

12.42.1　资产隔离和真实出售

在新加坡，无须通知，只要公平分配即可有效转移应收账款。但合同条款也可规定必须获得债务人同意，才能转让应收账款。

破产解除　在新加坡，过度低于公允价值和偏好的交易在破产时可能被解除。

重新定性　在新加坡，根据参与者的真实意图，可将交易定性为转让或者抵押贷款。真实意图可通过交易的具体细节来判断，尤其是交易的风险和利益是否被转让。

12.42.2　抵销

债务人可通过处置货物以偿还原始权益人的债务，直到债务人拿到通知书。一旦债务人拿到通知书，则债务人需直接支付给 SPV。SPV 仅属于原始权益人名义下的不合格品，直到通知书送达给债务人之后，SPV 才可以归属于原始权益人和债务人按照转让合同所发起的权益。

12.42.3　在岸 SPV

新加坡金融管理局于 2003 年 3 月 28 日发布 S-REIT 新指南。S-REIT

可以借资产的 35%（之前最高是 25%），而且只要债务评级在 A 以上，就可以借超过资产的 35%。此外，要求基金的合同全面披露固有流动性不足和 S-REIT 投资于新加坡之外的物业。

12.42.4　外资持股比例

在新加坡，战略性行业有外资持股比例的限制，例如报业、银行、保险、财务公司、航空公司及防务公司等，外资通常可持有公司股份的 15%～49%。在新加坡，收购上市公司 5% 以上的股份及后续的变动需要通知公司，并必须通知交易所。在 1999 年 5 月颁布的"大爆炸"改革中，新加坡金融管理局取消了对外资持有新加坡银行股份不得超过 40% 的限制。

12.42.5　证券法

在新加坡，通过信托结构进行的发行可能需要遵守《公司法》中第五部分关于招股章程的规定。

12.42.6　税收处理

印花税 / 登记税等　在新加坡，出售房地产需缴纳印花税。

预扣税　新加坡对应收账款的利息支付或境外实体发行的证券征收预扣税。1999 年《财政预算法修订案》规定，由 2003 年 3 月之前新加坡金融机构发行的合格债务证券向离岸支付的利息免收预扣税。新加坡金融机构可向新加坡金融管理局提交债券中介机构的资格申请，该资格意味着由该机构牵头发行的债券可自动被视为合格债务证券。

12.42.7　资本处理

2000 年 9 月新加坡金融管理局颁布证券化指引，适用于新加坡的银行和外资银行在新加坡的分支机构。指引不允许对子公司或参股公司进行资本处理以调节资产负债表，不允许对资金循环池进行操作，不允许对购买设备或货物的应收账款转让提出附加条款。

如果满足下列条件，该交易将被视为干净的销售，并且可以排除在原始权益人的资产负债表之外（如果不符合要求，该交易则被视为融资并留在资产负债表中)。

- ◆ 转让人和受让人之间的交易必须是公平交易。
- ◆ 必须向投资者明确披露投资风险,原始权益人不能为投资者的损失提供保障承诺。
- ◆ 转让人不得拥有受让的股份 (2000 年 12 月 4 日的修订版允许持有一定数量的优先股)。
- ◆ 受让人的名称不得暗示与转让人有任何联系。
- ◆ 受让人必须有独立董事。
- ◆ 转让人不得直接或间接控制受让人。
- ◆ 转让人不能为受让人或投资者的损失或费用提供保障承诺 (被允许的信用增级机构除外),仅允许转让人与受让人按市场利率进行利率互换。
- ◆ 资产的受益权已完成转移。
- ◆ 资产所有的风险和收益已完成转移。
- ◆ 转让不能违反相关资产的条款。
- ◆ 转让人在转让时收取资产的定额对价。
- ◆ 转让人不能回购资产,除非在销售时提供相关承诺并且是基于资产的现有情况 (不是资产的未来表现)。
- ◆ 受让人须遵从任何重新商议资产的条款。
- ◆ 转让人不得对发行的证券进行做市。
- ◆ 转让人必须确认已获得律师和会计师的书面意见。转让人最多可购买 10% 的受让人发行的优先股。

转让人只允许提供以下服务:

- ◆ 协议以书面形式记录;
- ◆ 对协议之外的条款没有追索权;
- ◆ 具有明确的生效时间;
- ◆ 该服务商为投资者的法律责任 (除正常的合同责任之外) 出具书面意见;

- ◆ 该服务商没有义务支付超出资产集合的部分；
- ◆ 服务费根据市场条件收取。

如果不符合上述要求，资产留在资产负债表中。

信用增级措施必须符合以下条件：

- ◆ 必须以书面形式记录；
- ◆ 对增信措施之外的条款没有追索权；
- ◆ 对生效的数量和时间有明确的说明。

如果不符合上述要求，资产则留在资产负债表中。如果满足上述要求，信用增级部分直接从资产中扣除，作为"第一损失"补偿措施的资本充足用途（上限按相关资产的正常风险权重来计算），或作为"第二损失"补偿措施的加权组成部分（作为第一损失补偿措施的补充，在第一损失补偿措施完全消耗之后才生效）。

流动性支持措施必须满足以下条件：

- ◆ 必须以书面形式记录；
- ◆ 对流动性支持之外的条款没有进一步的追索权；
- ◆ 必须明确说明数量和时限；
- ◆ 必须与其他措施分开记录；
- ◆ 资金必须提供给受让方，而不是投资者；
- ◆ 该措施不能被表述成以信用增强、支持亏损或提供永久周转资金为目的；
- ◆ 偿还措施不能听从投资者；
- ◆ 必须有到位的信用增强措施（或者资产必须是非常高的质量，如果资产质量恶化到低于规定的水平，则需要资产有较好的流动性）。

不符合上述要求的措施将被视为信用增级。

在同一个资产池中，任何一个债券投资者对债务人的风险敞口程度是相同的。

如果符合下述条件，投资级的 MBS 分层能给予 50% 的风险权重：

◆ 在按揭抵押的住宅物业；
◆ 抵押贷款转移至 SPV 时按照新加坡金融管理局的规定执行；
◆ SPV 不得持有风险权重超过 50% 的资产；
◆ 投资者不应承受超出比例的按揭贷款损失份额。

非投资级别的 MBS tranches 将正常进行风险加权。如果购买行为被新加坡金融管理局视为信用增级，则会从资本中扣除。

新加坡金融管理局在 1999 年 12 月和 2000 年 9 月颁布条例，对信用衍生品的资本处理做出规定。如果衍生品可以每天进行上市交易，那么信用衍生品被视为交易账户工具。信用利差产品不包括在内。

银行账户　在新加坡，考虑到相关的风险敞口度以及成立时的现金抵押品，信用衍生品可被视为银行账户的担保品。由信用违约风险保护卖方购买的信贷挂钩票据被给予更高的风险权重，而信用违约风险保护买方购买的信贷挂钩票据则与投资级有相同的风险权重（2000 年 11 月 30 日的修订案中规定），或者如果其中一个的风险权重低于投资级别，则对两者的风险权重进行加总。信用衍生工具的一般要求如下。

◆ 参照债务必须与受保护的资产相同，或者至少由同一发行人发行。
◆ 如果只是由同一发行人发行的，参照债务的评级必须低于或等同于受保护的资产，参照债务与受保护的资产必须交叉违约，如果以不同的货币计价，受保护的金额将减至受保护的即期外汇价值。
◆ 若信用衍生工具的期限比受保护的资产更短，则信用衍生工具在 1 年内到期的没有保护价值；如果信用衍生工具在 1 ～ 5 年到期，那么保护价值按浮动制计算。如果信用衍生工具的到期时间超过 5 年，则保护价值被完全确认。
◆ 首先违约型组合结构赋予买方对组合中任何资产发生违约时的保护权利。

◆ 信用违约风险保护卖方销售"首先违约型"信用衍生工具组合所产生的资本支出等同于组合中各项资产相应资本要求的增加值。

◆ 含有比例的组合将对组合中的资产及相应的费用按比例计算。

交易账户 在新加坡，信用衍生工具可以被分解为更小的部分。

◆ 总收益互换被视为参照债务的多／空头寸（具有特定的和一般的风险）和新加坡政府证券支付相同利率的多／空头寸（只具有一般的风险）。

◆ 信用违约互换被视为参照债务的多／空头寸（只具有特定的风险）。支付保费可被视为拥有新加坡政府证券的名义头寸。

◆ 信贷挂钩票据被视为票据的多／空头寸（具有发行人的一般风险和特定风险），也可以作为参照债务的多／空头寸（只具有特定的风险）。

◆ 首先违约型组合允许买方对组合中任一资产持有空头头寸。

◆ 信用违约风险保护卖方销售"首先违约型"信用衍生工具组合，对组合中每一项资产创建多头头寸，上限为资本直接扣除量。

◆ 含有比例的组合只对组合中的每项资产按权重比例创建多头或空头头寸。

◆ 参照债务必须与保护资产具有相同的发行人和票息（以不同币种计价的信用衍生品需要进行外汇换算，统一成机构的报表币种）。

◆ 如果信用衍生工具的期限短于被保护的资产，信用违约风险保护买方为剩余风险购买在特定风险下的参照债务的远期头寸（即在未来收购债券或其他受保护资产的义务）。

除市场风险评估，通过将衍生品的盯市价值、"附加"利率（合格资产）或"附加"股权（非合格资产）、交易对手的风险权重以及国际清算系数进行相乘，可以计算出信用衍生工具的交易对手风险扣减量。

12.42.8 数据保护／保密

在新加坡，银行需要对客户的信息保密。

12.42.9　监管批准

任何一家银行在担任新加坡发行的证券销售方或管理方之前都需要获得新加坡金融管理局的批准。新加坡金融管理局对发起人的发行数量和形式保留限制的权利，并要求发起人设有适当的风险管理系统以应对证券管理。

在 2000 年之前，新加坡金融管理局要求在债券、股票和衍生品市场使用新加坡元。2000～2001 年，该监管条例被逐渐放松（开始于 1999 年 11 月 26 日，新加坡金融管理局宣布可用新加坡元与离岸交易对手进行衍生品交易）。最终于 2002 年 3 月 20 日放松管制，只有如下规定：

◆ 如有理由相信贷款将被用于投机新加坡元，则不得向非居民的金融机构提供超过 500 万新加坡元的贷款；
◆ 新加坡元贷款用于非居民境外资金活动时，必须将新加坡元兑换成其他货币。

12.42.10　其他事项

根据《住宅物业法案》（对新加坡公民、新加坡公司与其他特定公司限制所有权），外国居民购买新加坡的物业将受到限制。

12.43　南非

南非第一单公开发行的证券化是 2000 年 6 月由第一兰特银行信用卡凭证的未来现金流通过应收账款信托结构发行的。第一单南非 MBS 是由南非房屋贷款公司（非银行抵押贷款机构）于 2001 年 11 月发行的 Kwini 1 号，规模为 12.5 亿兰特，随后在 2002 年 11 月发行了 Kwini 2 号。2002 年年底因 Fintech 以设备租赁协议和 Investec 以抵押贷款发行了证券化产品（规模分别为 6.8 亿兰特和 10 亿兰特），南非市场得以显著发展。南非储备银行于 2001 年 12 月出台了证券化法规。

12.43.1　税收处理

印花税/登记税等　在南非，转让抵押贷款将被征收印花税。转让

Kwini 时首次直接采用证券化工具可以减少印花税。

12.43.2 会计处理

在南非，相关证券化业务采用第 5 号英国会计报告准则（FRS 5）和第 125 号财务会计准则（FAS 125）。

12.43.3 资本处理

南非储备银行于 2001 年 12 月颁布了《证券化指南》，遵循了英国旧指南和新《巴塞尔协议》。该指南对机构进行初步分类：

- **发起人**：将一项资产或资产包转移至 SPV 的转让人（当来自一家公司的资产低于 10% 时，该公司可被归类为重新包装方或者保荐人）；
- **远程发起人**：通过 SPV 的贷款人；
- **保荐人**：第三方资产的重新包装方；
- **重新包装方**：政府债券或上市债务的卖方。

该条例同时定义了服务机构、信用增级方、流动性提供方、承销商、投资者和交易对手。

该准则允许资产转让，但需要遵守以下准则。

- 转让不应该违反相关资产的条款。
- 受让人不应对出让人（除了违反承诺）有追索权。
- 受让人须服从任何对资产重新商议的条款。
- 出让人仅在接收时支付超过资产集合的部分。
- 出让人不能持有超过 50% 的股份。
- 出让人不应对转让公司的董事会具有控制权。
- 出让人不能从受让人处回购资产，但能以市场公允价格购买不超过资产池 10% 的资产。

循环池的信用转换系数为 10%。

第一损失的信用增级将从资本中直接扣除（如果银行起主导作用）。第二损失的信用增级将正常加权（投资级 ABS 可被视为第二亏损）。

在南非，可由保荐人或重新包装方提供流动性支持，包括能在 SPV 资产质量恶化时降低支持力度（例如，剩余未使用的信用增级低于显著的流动性承诺），或者如果流动性支持的偿还不来自于投资者。如果不符合上述要求，这些措施将被视为第一损失的信用增级。

发起人可以承销发行债券，在销售完 80% 的债券之前，无须处理资产负债表。投资于 ABS 将按照新《巴塞尔协议》进行风险加权，即 20%（AAA 级至 AA- 级）、50%（A+ 级至 A- 级）、100%（BBB+ 级至 BBB- 级）、150%（BB+ 级至 BB- 级）、直接抵扣（BB- 级以下）。

12.44　西班牙

直到 1998 年，西班牙才大量出现抵押贷款交易和核工业信贷延期偿付的政府证券化（根据特定法案的规定）。1998 年的法案扩展了应收账款的操作范围，同时扩大了结构化交易的范围。

西班牙银行在 1998 年 6 月发布公告称，将有资格从欧洲央行回购抵押贷款支持证券和资产支持证券。从此，抵押贷款交易在西班牙蓬勃发展。这项公告使证券化成为增加金融机构表内资产流动性的一种工具。为了让发行人认购大部分或全部的证券，交易结构被设为低于市场利差，之后只有显著收紧利差，才能够出售证券。在此期间，该债券被用作回购协议的抵押品。目前有些金融机构设立抵押贷款证券化基金以经营机构自身资产池发行的产品。

1999 年 Argentaria 首次在全球发行了电子式抵押贷款债券，西班牙其他银行随后快速跟进。西班牙第一单公开发行的 CLO（没有采用通道）由西班牙对外银行（BBVA）于 2000 年 2 月底推出。

西班牙此类证券的发行量（不包括抵押贷款债券）从 2001 年的 88 亿欧元快速增加到 2002 年的 154 亿欧元，主要是因为基于消费者的 ABS 交易显著增加。目前西班牙市场有抵押贷款交易、CLO 发行（主要是政府担保计划下的中小企业贷款）、抵押贷款债券和基于消费者的 ABS 交易，其中抵押贷款交易占主导地位。

1999 年 5 月西班牙的政府法令宣布，政府将通过 FTPYME 方案为中小企业发行的投资级 ABS 提供担保，上限为每年 18 亿欧元。担保将覆盖 AA级（含）以上 ABS 价值的 80%、A 级 ABS 价值的 50% 和 BBB 级 ABS 价值的 15%。2001 年对此法令进行了修订，将担保限制于 A 级（含）以上的资产，2002 年再次修订将标准提升至 AA 级（含）以上。

12.44.1　资产隔离和真实出售

西班牙法律允许应收账款从原始权益人转让至 SPV 时，无须通知债务人。然而，转让需要以公开文件的形式进行公证，其作用在于公开确认转让日期。如果缺少类似的公证，转让仍可强制执行，但无法对抗清盘人等第三方的效力，例如，清盘人可能会试图争辩说，转让是在原始权益人破产之后才发生的。

对于抵押贷款的转让，西班牙抵押贷款法规要求通知债务人并在土地注册处进行转让的公证和登记。未登记的转让将无法对抗第三人。1981 年 3月 25 日颁布的 2/1981 号法案提供了融资按揭贷款组合的替代方法，即抵押贷款参股（participaciones hipotecarias，PH，由按揭发起人发行的债务工具进行有限追偿权转让的一种形式）。1992 年 7 月 7 日颁布的 19/1992 号法案创建了 PH 的基金框架，并对 1981 年法案进行了修订。

1998 年 5 月 14 日颁布的 926/1998 号法案允许更广范围的应收账款可采用类似的基金结构，但对于像收费公路收入等未来应收账款仍受限制，规定需要由 CNMV（国家证券市场委员会）事先批准。新法令适用于具有 3 年以上审计报表的原始权益人，要求其必须签署书面协议并向 CNMV 报备。原始权益人不得对资产进行担保，但允许超额抵押。

2003 年 6 月 9 日西班牙政府通过公开法案，为公众特许经营收入进行资产证券化以及债券持有者的隔离提供法律依据，便于基础设施项目进行私人融资。

按照规定，可根据合同中应收账款相关条例，禁止原始权益人出让或转让应收账款，或者要求必须获得相关债务人的同意，才能出让或转让应收账款。

资产担保证券　西班牙于 1981 年 3 月 25 日公布的《资产担保债权法》

更新了 1869 年法律中关于银行在投资组合基础上发行抵押贷款债券（CH）的内容，提出基于抵押贷款的特定池子发行抵押贷款参股（PH）。抵押贷款债券是基于银行的全部合格按揭贷款组合。抵押贷款债券持有者对原始权益人破产清算具有优先权利，但付款可能因为担保物没有单独登记注册而被中断，例如，担保物为德国抵押契据这种情况。因此，评级机构并未将抵押贷款债券视为真正的破产隔离，在评级上仅仅高于原始权益人无抵押信贷的评级。抵押贷款债券是资产负债表外的工具。只有第一抵押物才能进入合格投资组合，并且投资组合不能包括按揭成数超过 70%（商业物业）或 80%（住宅物业）的抵押贷款。超额抵押要求合格投资组合的发行量上限为 90%。西班牙央行在 2000 年 4 月将抵押贷款债券的资本风险权重从 20% 降至 10%。

西班牙议会于 2002 年 10 月 22 日通过《新金融法》，并于 2002 年 11 月 25 日生效。该法律引入公共部门提供担保发行有担保债券（CT）的制度，即公共部门符合条件的资产组成资产池作为担保。有担保债券持有者对原始权益人的破产清算具有优先权利，仅次于政府税收和员工工资索赔。评级机构并未将有担保债券视为真实破产隔离。符合条件的资产包括中央政府、当地政府或欧洲经济区范围内公共部门的贷款。超额抵押要求合格投资组合的发行量上限为 70%。西班牙央行将有担保债券的风险权重设为 10%。

12.44.2　抵销

债务人可通过处置货物以偿还原始权益人的债务，直到债务人拿到需直接支付给 SPV 的通知书。SPV 仅属于原始权益人名义下的不合格品，通知书送达给债务人之后，SPV 则可以归属于原始权益人和债务人按照转让合同所发起的权益。

12.44.3　在岸 SPV

西班牙政府 1992 年 7 月 7 日颁布的第 19/1992 号法律允许由抵押贷款参股组成抵押贷款证券化基金（fondos de titulizacion hipotecaria），可通过发行债券进行融资，并可以收集抵押贷款参股的收入，而无须代扣代缴。该基金只能是封闭式结构。

1998 年 5 月 14 日通过的第 926/1998 号法案提供一个类似的基金结构（fondos de titulizacion de activos），其涉及的应收账款范围更广。该基金结构没有独立的法人资格，即可采用封闭式或开放式结构（在后一种情况下，允许基金资产或负债进行调整并允许循环发行），必须向 CNMV 提供资产报告。

这两种基金的设立需要公证、获得 CNMV 的注册并由持有牌照的管理公司（sociedad gestora，股东需要缴足 1.5 亿比塞塔并作为基金的法定代表）进行管理。资产的原始权益人需要继续服务，除非有特别规定。

12.44.4　外资持股比例

在西班牙，如果公司超过 50% 的股份来自一家或几家注册在避税天堂的企业，则需要获得相关部门的批准。此外，国防公司或者媒体公司的持股也可能需要批准。持有上市公司 5% 以上的股份以及后续变动，都需要通知该上市公司、证券交易所和 CNMV。

12.44.5　税收处理

印花税 / 登记税等　在西班牙，应收账款的转让一般不缴纳印花税，转让的公证费为应收账款金额的 0.03%，股票经纪商的沟通费用要比公证人更低。1998 年法令将交易的公证费减半。

预扣税　西班牙公司或银行向境内企业支付利息时需要缴纳国内预扣税（包括收集应收账款的 SPV 的原始权益人），除非对方是银行或者证券化基金。1999 年 1 月豁免了债券的预扣税。

离岸支付利息或以 18% 的折扣销售资产时，需要缴纳离岸预扣税，除非 SPV 注册在欧盟成员国并在西班牙无常设机构（此项对设立在爱尔兰或荷兰的一般 SPV 结构进行豁免）。西班牙法律基金向境外支付利息时，也需要缴纳预扣税，这限制了交易在国际上的分销。如果应用双重税收条例，提出申述后有可能降低税率。

利得税　离岸 SPV 如果在西班牙有真实开展业务的分支机构或者代理机构，或者 SPV 的主要经营地点在西班牙，则仅需在西班牙纳税。住房贷款抵押证券化基金需要缴纳企业利得税。

12.44.6　会计处理

在西班牙，对于相关交易的会计处理没有既定原则，除了银行必须满足第 4/91 条通告。如果 SPV 对原始权益人没有应收账款的追索权，则可以进行资产负债表表外处理。

12.44.7　资本处理

西班牙 1991 年 6 月 14 日颁布的第 4/91 号通告（1992 年 1 月 1 日起生效）规定转让时必须将所有风险、权利和义务一起转让。因此，一般不允许原始权益人支持资产或者回购资产（甚至不能提供担保）。

抵押贷款参股（PH）可以被视为原始权益人为了资本用途进行资产出表的方式。

12.44.8　监管批准

西班牙 SPV 在某些特定情况下可被视为信贷机构。在新的法律规定下，除收费公路收益之外的应收账款转让必须事先得到 CNMV 的批准，交易的招股说明书也需要得到 CNMV 批准。每次将资产销售给资产证券化基金，都需要将这些资产的细节经原始权益人签署后提交给 CNMV（短期循环结构的交易可能很难满足这一要求，例如，应收账款的交易）。

12.44.9　其他事项

西班牙没有信托，但是对于在英国或其他法律体系下成立的信托，只要有关方有合理的理由引用相关法律，都应当被承认。

在公司回购股份的过程中，包括子公司为母公司提供担保在内的任何财务支持或增信手段都是不被允许的。无论是非上市公司还是上市公司，都不允许粉饰业绩。在此基础上，收购者和被收购目标方可合法合并。

2002 年 11 月西班牙颁布了新的《金融法》。其中，在金融衍生品和其他金融产品的交易以及新的国债担保债券的管理体系方面，针对西班牙的法律体系引入了一系列重大改革。特别值得一提的是，新颁布的《金融法》承认了净额结算和以资产收益权转移提供担保的合法性。此外，该法还简化了对担保物权的完备性要求并承认在他国法律框架下产生的担保物权。该法将有望促进在岸合成式结构化金融产品的发展。

12.45   瑞典

瑞典通过圣埃里克交易建立起了早期的担保贷款结构，并且在 2003 年 6 月推出法案，建立了担保债券市场。2001 年 6 月做出修改，允许在未达到 SPV 最低资本要求的情况下成立有限目的的瑞典式 SPV。

12.45.1   资产隔离与真实出售

在瑞典的法律体系中，应收账款等债权的转让应通知债务人，此举旨在确保当发起人（原债权人）破产时债权转让有效。然而，只要债务人能够毫无困难地认知和理解债权的转让，甚至可以采用对账单这种非正式的方式。通知的送达应以债务人的收据（或承认收到）为准，但需要再一次强调的是，若债务人向通知指定账户还款，则将被视为收到通知。

对于融资租赁债权的转让，还必须转移相关租赁设备的权属，否则在原债权人破产清算时就会存在破产清算人将相关设备处置并解除租赁的风险。租赁设备的权属转移必须通知承租方才能有效。

破产解除   对破产申请前 5 年内在下列情况下的交易可以行使撤销权：

（1）交易对手在签订交易时知道或应当知道交易破产方已破产的；

（2）以明显不合理的价格进行交易并导致破产方破产的；

（3）在破产方破产前 6 个月内签订协议且交易价格明显偏低的。

重新定性   为了确保某项交易能够被认定为真实交易，文件中所陈述的双方交易意图必须和交易本身相一致。其他相关事项还包括原债权人是否有权回购应收款，原债权人是否有义务在应收款出售时弥补 SPV 遭受的损失以及 SPV 是否有权处置应收款。

12.45.2   税收处理

印花税 / 注册税等   在瑞典，债权的转让无须缴纳印花税。3% 的印花税只适用于不动产的转让。

预扣税 债权的利息可以支付给在岸或离岸 SPV，而无须考虑代扣所得税的问题。

12.45.3 会计处理

在瑞典，相关交易的会计处理一般遵从 IAS 的相关规定。

12.45.4 资本处理

出于保障资本充足率的考虑，瑞典金融事务监管局在 2001 年发布了相关指引，旨在当银行通过资产证券化或转让贷款方式实现资产出表时为其提供指导。除有限的特定情形（如，超过面值 10% 的清收式赎回）外，该指引允许银行将资产以不附加回购权的方式转移至非相关 SPV。信用增进应直接消耗资本。

12.45.5 数据保护 / 保密

在瑞典，机构想要获取个人信息需要申请许可证。如果相关机构想将信息转移至瑞典之外，有可能会需要得到数据管理机构的许可。

12.45.6 监管批准

在 2001 年 6 月 1 日前，瑞典的 SPV 一直都被当作信贷机构，并执行瑞典金融事务监管局的监管要求（包括 500 万欧元的最低注册资本的要求）。但是从 2001 年 6 月 1 日起，这些条例做出了修改，允许瑞典国内的 SPV 在不经常性地购买应收款等债权且不经常公开发债的情况下仍能继续运作。

鉴于境外 SPV 不在瑞典国内从事金融活动，境外 SPV 不应被视为信贷机构，其经营活动也不视为在瑞典进行的融资活动。

12.45.7 其他事项

信托在瑞典是不被承认的。

12.46 瑞士

在瑞士联邦银行委员会的支持下，瑞士第一例住房抵押贷款证券化

（Tell Mortgage Backed Trust 1998-1）在 1998 年 3 月被瑞士银行公司买断，之后一直到 2001 年 11 月，才出现了第二例住房按揭贷款证券化，被苏黎世银行买断（Swissact 2001-1 Sub-Trust）。

在市场完全开放后，瑞士又完成了一系列应收款交易，比如贸易应收款和租赁应收款等。由艾格尔信托发行的、瑞士第一例商业抵押担保债券，于 2003 年 5 月完成交易。

12.46.1　资产隔离与真实出售

在瑞士，债权的转移通常不以通知债务人为要件。

未来应收账款　如果未来应收款的转移发生在发起人破产之后，那么此次转移的有效性有待商榷。

资产担保证券　法律允许发行 Pfandbriefe，该债券的抵押物可以为瑞士的住房抵押贷款池。但是公共部门不允许发行抵押债券。

12.46.2　抵销

在收到债权转让通知后，债务人有义务向 SPV 直接清偿债务。在此之前，债务人向原债权人的金钱给付可以被认定为对其债务的清偿。债权的转移对于 SPV 而言意味着相关权利的一并概括转移。在转让通知到达债务人前，SPV 都应当承认并接受债务人基于其与原债权人的权利义务关系所主张的任何进一步权益。

12.46.3　在岸 SPV

瑞士的 SPV 可能会受到资本弱化的风险，如财务费用是否能够税前列支、设立时需缴纳资本税。不过这两方面的限制最近在一些行政区都被放宽甚至取消。

12.46.4　外资持股比例

如果境外股东收购的上市公司的股份所占比例达到 5% 以上，则该收购必须向公司或者股交所通告。

12.46.5　证券法

瑞士证券交易所在 1997 年 9 月颁布了资产支持证券在瑞士挂牌交易的相关规定。这些规定放松了对资产支持证券发行人持续经营不低于 3 年和资本限额的要求。发行资产支持证券至少得有一次信用评级。

12.46.6　税收处理

预扣税　瑞士针对在瑞士发行的证券的应付利息实行 35% 的预扣所得税。即使该证券中使用了离岸 SPV，但是只要收益是支付给瑞士的发起人，并且无法证明该证券已经完全脱离瑞士发起人并且应收款已经在真实交易中转移，该税率仍然适用。代扣所得税同样适用于向境外机构支付住房抵押贷款利息的情形。

利得税　离岸 SPV 不需要承担瑞士的税负，除非该 SPV 在瑞士有常设机构。

其他税务事项　由瑞士的机构发行的证券每年须按发行总量缴纳 0.12%的印花税。住房抵押贷款的利息可以享受有限的税收减免优惠。

12.46.7　资本处理

1998 年 3 月 26 日，瑞士联邦银行委员会决定，只要 SPV 独立于发起人，并且发起人没有义务对 SPV 提供超出既定信贷额度的支持，该标的资产就应该从资产负债表中移除，即使发起人确实给该项交易提供了流动性或信用上的支持。信用支持将直接从资本金中扣除。

12.46.8　数据保护／保密

瑞士有非常严格的银行保密法，要求在进行应收款转移时需得到债务人的同意。瑞士的银行常常在客户的文件中利用标准豁免协议来规避相关规定。

12.46.9　其他事项

信托在瑞士不一定会受到认可，所以建议建立有境外受托人的信托，并且将该信托建立在瑞士法律体系之外的适用法律体系之下。

1997 年 10 月 1 日，《勒克斯科勒法案》通过。该法案允许境外投资者持有瑞士的不动产，同时，涉足民用房地产的境外投资（包括投资占了财产价值很大比例的证券利息收入）是受到约束的。这些限制导致了由民用房地产产生的证券利息不能转移至境外的主体以用于支付超过相关房地产价值80%的债务。这些限制照搬了 Swissact 2001-1 交易的结构。该结构将住房按揭贷款转移至一个瑞士 SPV，而没有进一步给境外 SPV 的发起者提供更多的证券。

12.47　中国台湾

在中国台湾地区，2001 年，有关金融机构合并法的相关规定得以通过。该规定允许设立资产管理公司（AMC）。2001 年 1 月，高盛和台湾地区的信托商业银行宣布设立资产管理公司以从银行部门购买不良贷款。同时，台湾地区另外 20 家银行以及德意志银行和欧力士组成了银行集团，宣布成立业务类似的资产管理公司以购买不良贷款。此外，"中华开发工业银行"和摩根士丹利联合成立的资产管理公司在 2001 年 7 月破产。

2001 年 9 月 14 日，台湾地区当局要求 35 家饱受不良贷款困扰的金融机构与 10 家商业银行合并。2002 年 4 月，第一商业银行宣布以账面价值的40% 向 Cerberus 出售价值 130 亿台币的不良贷款，并且它还有意向再另出售 500 亿台币的不良贷款。出售不良贷款带来的损失将在未来 5 年摊销掉。这是为了鼓励不良贷款的处理。

关于不动产的证券化的相关规定在 2003 年获得通过。

台湾地区第一笔资产证券化在 2003 年 2 月发行，这笔证券化对应台湾工业银行 36 亿新台币的贷款抵押证券。

2001 年 3 月，台湾地区出现了提议允许境外人士在台湾拥有土地的提案。

关于金融资产证券化的相关规定（金融资产证券化条例，FAS）于 2001 年 8 月由台湾地区当局的财政部门起草，并于 2002 年 6 月 22 日通过。

12.47.1　资产隔离与真实出售

在中国台湾地区，财务会计准则（FAS）允许信用卡、租赁、汽车贷款、住房按揭贷款、公司债券和其他消费者资产的证券化。起初，FAS 规定发起人必须为金融机构或者得到"财政部"认可的其他机构。2003 年 7 月,"财政部"给出解释说非金融机构也可以适用 FAS。应收账款的转移只需要在面向全台湾地区的日报上发表一项公开声明。

应收账款的转移要向债务人做出通知才能对债务人生效。

如果应收账款文件中的条款规定不允许发起人配置或转移他们在合同中规定的权利,或者要求发起人必须在转移权利前知会相关债务人才能使转移生效,那么配置和转移必须得到债务人的同意才能生效。

12.47.2　在岸 SPV

在台湾地区,FAS 允许通过 SPV 或者特殊目的信托(SPT)进行证券化。起初设立 SPV 要求不低于 100 万新台币的注册资本金,2002 年 10 月,这个要求降到了 10 万元新台币。2003 年 7 月发行的不动产证券化规定允许设立不动产投资信托公司,且该类公司可以免除部分地税。

12.47.3　外资持股比例

在台湾地区,境外股东持股上限为 50%。境外投资者收购的股份达到10% 及后续的收购比例变化必须向证交所通报。

12.47.4　证券法

在台湾地区,公开发行证券需要得到证交所的同意。

12.47.5　税收处理

印花税/注册税等　在台湾地区,按证交所规定,转移股权须缴纳0.3% 的税。FAS 下的转移无须缴纳印花税和注册费用。

预扣税　台湾地区有 20% 的预扣所得税。目前,对于离岸主体持有FAS 下发行的证券,只需按利息的 6% 缴纳预扣所得税。

利得税　在台湾地区,FAS 下设的 SPT 须公开其财政状况。

12.47.6　监管批准

在台湾地区,FAS 只认可通过"财政部"审核的财产分配计划。

12.48　泰国

在 1997 年 7 月泰铢贬值和之后的亚洲金融危机发生前，泰国于 1996 年 8 月起先后出现了 3 起资产证券化的案例。这 3 起案例都是汽车贷款的证券化，而后就像输油管道证券化一样，都在亚洲金融危机爆发之后偃旗息鼓了。泰国政府在 1997 年出台了一系列措施以为按揭贷款和其他应收款的证券化铺平道路并且稳定金融市场，包括在岸 SPV 的相关法律的完善和金融行业的改革。

1997 年，泰国成立金融部门重组局（FRA）以评估金融企业的重组方案。FRA 一上来就使 91 家金融企业中的 58 家歇业了（1997 年 6 月 24 日停了 16 家，8 月 25 日停了 42 家），但是该年 12 月，歇业的 58 家金融企业中有两家恢复运营。FRA 从财政部中指定管理团队运营剩余的 56 家金融企业，并在 1998～1999 年将它们的资产逐一拍卖。其中一大部分都是在 1999 年完成的，包括一揽子商业贷款。但总体套现值仅为账面价值的 19%，甚至未能达到预期的一半。

泰国财政部 1998 年 10 月 22 日设立了由财政部全资控股的资产管理公司（AMC），注册资本为 150 亿泰铢，占总资产的 10%。该资产管理公司和其他私营投资者一同在这些交易中竞价，并且最终该资产管理公司支付的交易均价约为账面价值的 15%，总计超过 300 亿泰铢。

泰国联合银行与 12 家破产的金融机构合并成为泰民银行，由政府所有，其账上的不良贷款由政府另做担保。泰国还成立了一家按揭贷款公司（第二按揭公司）以购买泰国银行的按揭贷款并将其证券化。

2000 年 1 月，泰国国家土地局将财产估价（该估价主要用于确定银行在发放贷款时所设立的条件及确定开发商所缴纳的财产税的金额）下调 25%。此举预期能够增加国内房地产市场的活力，因为业主必须面对 20 世纪 90 年代房地产泡沫破裂之后的价格暴跌。

亚洲金融危机之后，在泰国基本就只有在国内发行销售的交易了。因为想要获得货币协议和能够使得交易评级超过泰国主权债务评级的信用加强措施代价太大。泰国国内流动过剩（这是由于一些银行将资金转移至安全性较高的储蓄上，而且这些银行不愿意在经济尚未从不良贷款和债务重组的阴影中走出来的时候冒险投资资质一般的公司）为这些国内的发行提供了良好的投资者基础。

2002 年 7 月，雷曼兄弟针对 1998 年从 FRA 购买的不良贷款，通过 GT Stars II 发行票据和新的贷款重新融资 71.7 亿泰铢。

2002 年 11 月，泰国第一家 CP 导体制造商，Osprey Series I 有限公司成立。这家公司通过一家由泰国国家住屋署发起的民用住房租赁合同支持的 SPV 发行了价值总计 6.079 亿泰铢的债券。

泰国的法律体系属于大陆法体系。

1998 年泰国消除 FRA 拍卖系统法律和税收障碍经历了如下几步。

- 1998 年 5 月 22 日通过了一个安全技术规程，允许待拍卖资产通过在报纸上打广告的方式进行交易，且被认定为真实交易。这种交易方式无须通知债务人，而且防止了债务人对金融公司发起任何对消措施。

- 安全技术规程还规定 FRA 拍卖的买家可以要求获得标的合同的利率，即使这个利率高于 15%，只要标的合同的利率能通过《高利贷取缔法》。

- 1998 年的五六月份，泰国财政部和土地部门共同行动，允许无须信用担保的地产购买者购买 FRA 交易中心的按揭资产，并可将其注册为按揭资产。

- 1998 年 5 月 26 日，泰国证交所允许在泰国设立基金以购买金融资产。

- 1998 年 8 月 11 日，泰国决定将按揭应收款转移费用从 1% 降至 0.01%，并且取消一些特定的商业税和增值税。

12.49　土耳其

以往土耳其的交易主要集中在非即期资金流动的离岸交易，因为土耳其的主权评级太低，影响了本国的公司和银行的评级，此外，土耳其硬通货的收入主要来自旅游业和海外务工人员的汇款（主要来自德国）。

目前为止，土耳其的多数交易属于低投资级别，偶尔会出现一些经过包装能评到 AAA 级的交易。

在土耳其经济危机爆发前的 1999 ～ 2001 年，土耳其的交易量一直都在增长。

资产隔离和真实出售

在土耳其，应收账款的转让不需要通知债务人就能生效。如果应收账款文件中明确规定禁止应收债权的转移，或者要求发起人必须获得债务人的同意才能转移合同中的相应权利，那么该应收债权的转移必须获得债务人的正式允许才能生效。

破产解除　破产前两年之内签订的按照有失公平的价格成交或者免费成交的交易将被撤销。在破产前 1 年之内签订的，且有额外担保的交易也将被撤销。

12.50　英国

作为欧洲证券市场的领头羊，英国证券市场不仅历史最为悠久，创新程度也最高。这有很多原因，比如灵活有效的法律和税收体制、欧洲金融市场中心位于英国伦敦的区位优势以及对美式的贷款审核发放流程的较早引入。

1986 年，所罗门兄弟在英国创立了按揭贷款公司，这使英国按揭贷款证券市场在 1987 年正式放开，此后直至 1992 年，每年的证券发行量均在 20 亿～ 80 亿欧元。

1992 年发生的房价下跌和按揭贷款投资额的跳水大幅度减少了按揭贷款证券市场的交易活动，但是其他资产证券化的证券发行量很快又大幅增长，大大拓展了英国市场的交易范围，使得英国成为美国之外最为多样化也最成熟的市场。

英国证券市场的发行量从 1999 年的 250 亿欧元增长到 2000 年的 417 亿欧元、2001 年的 513 亿欧元和 2002 年的 540 亿欧元。尽管以往集中的投资者已经被阿比国民银行（Abbey Nationot）、哈里法克斯苏格兰银行（FTBoS）和北岩银行（Northern Rock）发行的按揭统合信托项目（mortgage master trust programme）所取代（最大的一笔交易将价值 50 亿英镑（约 70 亿欧元）的按揭贷款证券化），当时发行的证券多数仍然是住房抵押支持证券。由巴克莱卡（Barctaycard）、美国第一资本金融公司（Capital One）和美信银行（MBNA）设立的信用卡的统合信托也对证券的发行量做出了很大贡献。

英国也发行了大量的商业抵押担保证券，特别是在银行的通道项目。此外，1997 年开始，英国在主要金融领域和全部商业领域的证券化技术的发展，使得证券化被越来越广泛地应用于公司理财和收购融资，甚至在这一领域已经领先于美国。

在 2003 年 4 月 9 日发布的预算当中，时任帝国理工学院（Imperial College）金融学教授的大卫·迈尔斯被委任调查英国长期固定利率按揭产品缺乏发展和需求的本质和原因。这里实际上大家担忧的是英国相对于欧洲大陆的房价波动，因为英国的按揭证券普遍采用浮动利率，所以房价对利率很敏感。在英国建立长期固定利率按揭证券有助于减少房价的波动，并将有助于英国加入欧元区，也有助于欧洲央行掌控利率设置。

英国于 2003 年 9 月在企业法中引入了破产条例。该条例将促进破产法的改革，并鼓励企业通过管理程序或自主安排程序进行重整。除了个别与资本市场发行有关的案例（对多数证券化交易都有例外），该条例对债权人任命接管人的权力进行了限制，并且对接管的使用设置了详细的条例。

英格兰和威尔士的法律都是制定法和判例法基础上的普通法系。

12.50.1　资产隔离和真实出售

在英国法律体系下，如果不同的法律准则出现冲突（依照 1990 年合同法（适用法）第 12 条附属条例 1），无形权益（比如某合同的收益）是否可转让由该合同的准据法决定。

为了确定 1991 年 3 月之后签订的合约的准据法，英国法院将会按照 1990 年通过的《合同法》，对合同义务的可适用法律使用《罗马公约》的相关条例。该条例在第 3 条和第 4 条的附属条例 1 中提及，支持了双方选择适用法律的权利，但是默认使用该国与该项合约最紧密联系的法律。

对于在英国法律下签订的合约一般可以通过指定的方式使权利转移生效，这样既合法又合理。法定转移很少使用，因为根据 1925 年颁布的"财产法"第 136 条规定，法定转移必须满足以下条件：

- 由发起人撰写并签字；
- 对世性（比如：无条件的，或通过按揭而非其他抵押情形）；
- 覆盖全部的债务或权利财产；
- 以书面形式通知借款人或其他债务人；

但在英国，向借款人通知合同转移的要求使得很多人不愿意进行法定转移。因为另一种转移方式——衡平法下的转让，一直被广泛认为能够达到真实交易的目的，所以该方法被普遍使用。衡平法下的转让并不能满足第 136 条规定的全部要求。尽管衡平法下权利财产的公平转移需要遵循 1925 年颁布的"财产法"第 53 条（s.53（1）(c)），但一些特定要求（比如不需要书面的转让）是不需要被满足的，也就是说必须由出让人通过书面形式签署。衡平法下转移可以有效对抗出让人和第三人，但鉴于受让人和债务人之间存在的合同相对性，该转移只能有效对抗债务人。所以，在多数情况下，受让人必须以出让人的名义应对债务人的诉讼（尽管这种做法对受让人不公平，因为他本应该享有该项债权的所有权）。衡平法下的转移必须实现出让人原本所持财产的全部权利义务的转移方才有效。任何由债务人向出让人所提起的抗辩均可对抗受让人，而且债务人可以通过向出让人付款获得债务的减免。如果受让人向债务人发送了通知，那么债务人就应该直接向受让人付款。在债务人收到受让人发送的通知前，受让人都有可能因为出让人和债务人之间的关系而产生的有利于债务人的权益（比如在债务人收到通知前这段时间，债务人可能因出让人对债务人负有债务而主张对消）而遭受损失。

根据 1925 年颁布的"财产法"第 114 条，按揭贷款转移，其担保权自动转移。

合同中的这种权利义务必须以新债代替旧债的方式予以转移，但是这种方法很少使用，因为这样做必须要潜在借款人书面签署才能生效。

英国未对发起人向其属地之外的 SPV 出售应收债权的行为做出限制。

根据 1925 年"财产法"第 94 条，在下列条件下可以要求追加贷款：①相关债权人达成有相关效力的合约；②最初的债权人在追加贷款时对相关担保权益不知情；③原始债权人有义务依照原先的担保所规定的条款来追加贷款（无论该债权人是否知晓相关担保权益）。根据 1925 年颁布的"土地登记法令"，对登记过的土地实施另一套管理体系。原始债权人收到（或应当收到）登记机关发出的通知之前，优先顺位维持不变，除非原始债权人有义务追加贷款并且该义务被明确载于登记簿上。

这取决于具体情况，比如应收账款文件中禁止发起人转移其在合同中的权益或者要求必须取得相关债务人的同意之后发起人才能转移合同中的权益条款。现在通行的做法是针对 SPV 的合同权利建立一个宣示信托，而不是像 1998 年唐·乔恩宣示信托的套路那样操作。在那时，成立一个信托被认为是避开对应收债权转移的限制的有效做法，因为一般来说，限制转移的条款在表面上只针对债权收益权的转移，而不会延伸至针对这些收益设立的信托，除非设立条款的人本来就想将这些条款用于限制信托的成立。

与人身相关的合同（比如，涉及当事人的某项技能的合同）是不可以转移的，但该合同下累计的权益是可以转移的。

未来应收账款　只要能够合理、明确地界定，应收账款是可以转移的。比如"只要应收账款开始存在，那么就能够在转移合同中设置相应条款，或者换句话说，就可以被转移，或者作为被转移的权益之一"（1888 年，罗德·沃森在 Tailby v. Official Receiver 法案中如是陈述道）。只要转移协议签订好，协议生效之后衡平法下的转让即生效，不需要其他任何后续行为。

共有权益　发起人欲实现对应收债权中共有权益的真实销售时，可能会面临这样的风险，那就是被认为仅仅发起一项单纯的合同权利。因为拟受让人对待转移的标的物的所有权的专属性，或者说可宣示性，并不强。针对发起人无法将应收债权上的全部权益通过真实交易进行非排他性转移的风险，或可将这些应收债权转移至一个信托（该信托成立时即明确宣告拥有对应收债权的全部收益），这样发起人和投资者就可以按照各自所拥有的比例来获取收益。但是最近，Re Harvard Securities Ltd[1997] 2 BCLC 369 解决了按比例对非专属权益实现衡平法转移的问题，将专有权利转移给了购买方（以往的案例与之不同，因为以往案例与动产挂钩，而非股权）。

破产解除　英国法律中，破产撤销权条例主要针对被低估或者基于优先受偿权的交易。判定交易被低估的条件是这样的：在公司破产清算开始前两年之内，该公司和任何人达成明显低于正常价格或无偿的交易（除非该交易是善意达成的，并且有利于该公司的持续运营，或者由其他正当理由认定该交易对该公司有利）。基于优先受偿权的交易可由拟破产公司的任何债权人或者担保人在公司破产清算开始前 6 个月之内（若是与该公司相关的个人达成的交易，则应自破产清算前两年起算）发起。在该公司即将破产的情况下，做的或将要进行的任何交易，只要相对于不进行交易会使公司处境得到改善，那么该交易就有效。此外，针对任何使公司资产处于债权人无法触及状态的交易，清算人或者利益受到侵害的债权人都可以要求法院以欺诈债权人为由予以撤销。

重新定性　在认定一项交易为真实交易或者担保贷款（若为担保贷款，那么就可能出现所谓的担保因为未登记而无效或者不符合其他担保权益生效条件的可能性）时，英国法院审查相关交易文件以确定交易双方的真实意向。如果法院认定不是伪造，那么法院就会以此来分析交易双方的意图以及交易的真实特性。如果发起人有权回购应收债权，或者发起人有义务弥补SPV 因出售应收债权而遭受的损失，那么该交易就不能判定为真实交易。但是没有哪一项特性是决定性的，法院会根据交易双方的关系，全面考量交易的性质。

实质合并　在英国，对实质合并并不存在什么教条主义，因为在一些情况下，英国法院会无视公司的"公司面纱"，并且会使公司股东对公司债务负责。不过，这并不常见。通常该举措适用于有证据显示相关公司的成立是出于欺诈、违法或其他不合理的目的。

延期偿付 / 自动中止　在英国，延期偿付或者自动中止的相关规定仅限于行政接管的情况。自行政接管开始之日到行政接管结束的期间，受担保债权人无权强制实现担保权。行政接管自财产管理人指定之日起结束——尽管财产管理人制度受到 2003 年 9 月起生效的"公司法"中关于破产的相关条例的约束。该条例限制了在浮动担保情形下债权人任命财产管理人的权力，但是这项新规定也有很多例外的情况允许债权人任命财产管理人。

最关键的是第 250 项条款。该条款规定一种例外情况：在满足一定条件的时候，一方在约定期间产生了不低于 5 000 万英镑（或者在债务产生时折合英镑不低于 5 000 万的等值外币）的债务，金融工具持有人的受托人/代名人/代理人（或者有第三方的担保或者担保物权，或者运用了期货、期权或者差价合约）都将受到保护。条件如下：

* 该金融工具得到了国际公认的评级机构的评级，被列入英国的官方名单，或者在按照受认可的证券交易规则建立的市场上交易，或者在海外市场上交易（也或者是按照上述机构的要求发起的）；
* 债券或者商业票据（必须在 1 年之内赎回）是针对专业投资者、高资产净值人士或者有经验的投资者发行的。

第 250 项条款还规定了关于公私合营项目、公用事业项目，或者在约定期间有一方负债不低于 5 000 万英镑（或者项目开始时负债折合成英镑不低于 5 000 万的等值外币）的项目公司（持有项目相关财产的公司），或者（直接或通过中介）对部分或者全部项目负有全部或者主要的履行义务的公司，或者有意愿为项目的开展提供融资的公司，或者是上述任何一种公司的母公司（除非该母公司还从事与上述公司无关或者与项目无关的项目），若上述情况中有人给项目提供了资金支持，那么按照合约他就有权介入，承担实施全部或部分项目的全部或主要责任。

该法案第 249 条规定了自来水厂和污水处理厂、受保护的铁路公司、空中交通服务、公私合营项目和建房互助协会等项目的特殊管理体制。

12.50.2 抵销

在英国，收到转移通知之前，债务人可以通过向发起人支付本息来获得最大的实惠。收到转移通知之后，债务人就应当直接向 SPV 付款了。应收债权转移后，SPV 将承担发起人名下所有的权利，并且在债务人收到转移通知前，SPV 可能会因为债务人得益于其和发起人之间的关系（比如在债务人收到通知前这段时间，债务人可能因发起人对债务人负有债务而主张抵销）

而遭受损失。

12.50.3 在岸 SPV

只有公众性公司才能向英国公众发行证券，或者申请发行证券。公众性公司发行的股本必须超过 5 万英镑，并且其中至少有 12 500 英镑已实缴。

12.50.4 外资持股比例

在英国，根据 1985 年"公司法"ss.198-200 的规定，收购上市公司或者一些特定的公众性公司 3% 的股份，以及之后每增持或者减持 1% 的股份都必须正式通知目标公司。在 7 天之内，一名及以上个人收购目标上市公司不低于 10% 的股份，并且所持股份总计超过目标公司的 15% 的行为是不允许的。任何个人想收购目标公司 30% 及以上的股份都必须向目标公司过半数现有股东提出强制要约。

12.50.5 证券法

在英国，向公众（或者部分公众）发行证券都需要公布招股书，除非该公司能免于该义务或者是已上市（上市公司的话则需要按照英国金融服务监管局（Financial Services Authority，FSA）的发行要求公布招股书）。免于公布招股书的情况主要包括针对专业投资者的发行、针对特定范围内的知识渊博的投资者的发行、面值不低于 4 万欧元的发行、采用欧洲证券的发行且（除了规定的方式）未在英国出现相关广告的发行。上述情况免于公布招股书，如果日后该公司向公众发行证券，那么仍然需要公布招股书，除非在面向公众发行之前，标的证券已经上市。

12.50.6 税收处理

印花税 / 注册税等 英国印花税多数都被 2003 年的"金融法"禁止了。2003 年"金融法"第 42 条规定涉及英国土地的土地交易须缴纳土地印花税，第 125 条规定自 2003 年 12 月 1 日起，取消除股票和可交易金融证券以外的印花税。

在此之前，印花税要么征收固定税率，要么按照证券面值所处的等级征收从价税率。最重要的是：

* 任何价值超过 6 万英镑的财产交易，或任何有关证券的交易的转让或转移（包括通过权利转移或宣示信托的方式）；
* 此类交易中只包含有限种类的合约——土地买卖合约，不包括商品和证券的买卖合约（关于本条和上一条，对证券征收其价格的 1% 或 0.5%；若价格在 25 万～50 万英镑，收 3%；超过 50 万英镑收 4%）；
* 租赁或租赁合约（对溢价征收 1%，期限不超过 35 年的租赁，税率不超过 2%；期限超过 100 年的租赁，税率不超过 24%）。

1971 年"金融法"的第 64 条取消了对按揭贷款的成立和转移征收印花税的规定。在资产证券交易中，有下列方式可以避免印花税：

* 相关文件在英国领土之外执行和保存，这样除了（在必要的时候）相关文件需要带回英国以使相关债务人的债务得到强制执行外，都不会触发针对应收账款转移的印花税；
* 采取类似于"货到付款"的交易方式。应收账款转移的唯一一份纸质文件只作为一份邀约，SPV 向发起人付款后交易即成立，这样就不会产生任何会征收印花税的文件了（这种方式无法通过成立信托来实现）；
* 避免印花税的工具；
* 团体内部转移（按照 1930 年"金融法"第 42 条，此类交易免除印花税），发起人向团体内部的一家破产隔离的 SPV 转移应收账款。

根据 2003 年"金融法"第 42 条，涉及英国土地的土地交易，无论是否使用金融工具（也无论是否在英国本土执行），都需要缴纳土地印花税。按照"金融法"第 48 条规定任何与英国土地相关的财产、利益或者权益的获取（还包括不动产所有权的转移、授予或取消租赁）与第 44 条规定的"实质上完成"却没有全部完成的合同或协议（比如，买方已经取得了（包括接受或有权接受租金或其他获利）的全部或几乎全部的土地，或者卖方已经收到了买卖土地所得报酬的绝大部分），土地交易属于应课税利益。证券收益无须缴纳印花税。如果土地交易不属于豁免交易（不会被课税的收益（任何以货币或货币等价物计量的收益）的交易，或者诸如遗嘱托付或离婚官司产生的交易），那么就是应课税交易。

同一项交易的土地印花税税率是一样的，全部收益不超过 6 万英镑，税率为 0，全部收益超过 6 万英镑但是不超过 25 万英镑的税率为 1%，全部收益超过 25 万英镑但是不超过 50 万英镑的税率为 3%，全部收益超过 50 万英镑的税率为 4%。商业交易的土地印花税也是一样的（需结合整体交易方案考量）。交易额不超过 15 万英镑，税率为 0；交易额超过 15 万英镑，但是不超过 50 万英镑，税率为 3%；交易额超过 50 万英镑，税率为 4%。弱势地区住宅物业交易的土地印花税起征点为 15 万英镑，且所有商业交易免印花税。判定弱势地区的标准是当地地方议会分区的人均收入水平。如果住房交易的租赁未来所有支付款项的净现值大于 6 万英镑，或者商业交易大于 15 万英镑，那么税率将按照净现值的 1% 来计算（旧体系下租赁第 1 年按照 2% 的税率计算）。

预扣税 预扣所得税一般都是在纳税人支付税款前从源头上扣除的一种税，之后再向纳税人征收。下面列举英国主要几种与证券化相关的预扣所得税（英国的所得税负债往往跟预扣所得税采用同样的征收方式）。税一般都是到期需偿付的。

根据 S.349（2）(a) 和（b）ICTA，英国对来自国外的收入课税，须按照固定的年利率向公司或合伙企业征收，除非

- 支付了银行贷款（或者起先由银行贷款，后来被转让了），并且这个人在英国"公司法"规定的应纳税范围内享有一笔利息收益；
- 支付了建房互助协会的贷款（但并不包括由建房互助协会发起后转让的情形）；
- 支付了有报价的欧洲债券；
- 在其业务日常经营过程中支付掉的，且此人按照 FSMA 的要求得到授权，并且他的全部或几乎全部的业务是交易金融工具；
- 支付者有足够的理由相信有权享有相应权益的是一家英国本土公司，或者所有的合伙人都是英国公司，或者是一家非英国的公司但是其讨

论支付事宜需要按照英国"公司法"纳税，或者是一家当地的权威机构或健康服务主体或慈善机构或其他可以免去英国税收的公司中的一种；

◆ 此外所指的银行都是经过 FSMA 认证的，或者按照 1992/3218 法定文书的互认条款被认可的在其本土作为信贷机构的银行。

根据 s.349（2）（c）ICTA，英国对来自国外的收入的课税，按照固定的年利率征收。除非这笔税款由银行在其正常的营业过程中支付过相应税款，或者支付了有报价的欧洲债券，或者某人在正常的营业过程中已经支付，且其经过 FSMA 的授权，并且其业务全部或者几乎全部是金融交易。此处所指的银行都是经过 FSMA 认证的，或者按照 1992/3218 法定文书的互认条款被认可的在其本土作为信贷机构的银行。

◆ 根据 s.349（3A）ICTA，建房互助协会发行的证券支付的股利或利息都需要纳税。以下情况除外：这笔税已经根据合格存单缴纳，或者根据在被认可的证券交易所（比如伦敦证券交易所）上市的证券缴纳，或者支付了有报价的欧洲债券，或者支付人有充分的理由相信有权享有相应权益的是一家英国本土的公司，或者所有的合伙人都是英国公司，但是其讨论中的支付事宜需要按照英国的"公司法"纳税，或者一家当地的权威机构或健康服务主体或慈善机构或其他可以免于英国税收的公司中的一种。

◆ 根据 ICTA 的第 21 条和第 59 条，对于英国和非英国来源的税收根据第 21 条的 A 类目录和第 59 条的 D 类目录，相应的自然人（比如受托人）接受或有权接受的税费，或尚未纳入所得税范畴的税种如无担保信托收益（比如按照 1989 年"金融法"的第 151 条规定的财产信托的收益，和 ICTA 第 686 条规定的全权信托收益），需要缴纳税收。以下几种情况例外：①这些收入的获得者需为此缴纳公司税，这样他们就无须缴纳所得税；②相应收入为非英国来源，获取收益的不是英国居民，这种情况下也无须缴纳英国的所得税；③受托人授权支付人直接将收益支付给受益人，并且相应地通知税务局，根据 1970 年

"税务管理法案"，这种情况也无须缴纳所得税。

利得税   对于离岸 SPV 来说，只有在英国的分公司或者在英国的办事处所得的那一部分利润需要缴纳英国的公司税。在平时工作中提供金融服务以获取市场薪酬的经纪人和投资经理不被看作在英国办事处工作。如果某 SPV 位于跟英国签有双重课税协定的地区，那么这个 SPV 只有位于英国的"恒久设施"所取得的利润才需要纳税。

增值税   英国对在英国为了促进企业成长而注册过 VAT 的个人提供的可征税的商品或服务，按照其供给价格的一定比例征收 VAT。缴纳 VAT 的个人可以通过自己生产的、需相同比例纳税的物品来弥补所需要的部分供给物缴纳的进项税。应收账款的买卖不需要缴纳 VAT。VAT 只适用于酬金和劳务费。

12.50.7　会计处理

英国会计准则委员会（Accounting Standards Board）颁布的关于交易基本内容报告的财务报告准则第 5 版（FRS5）于 1994 年 9 月 22 日生效，该准则规定，只有将有关风险及收益全部转移至另一主体，才能使得相关资产在会计上被当作表外资产处理。如果符合上述条件，有关部门对该资产撤销注册后，该资产将从发起人的资产负债表上除去。如果不符合上述条件，但是发起人的最大风险值都已经被弥补掉了，并且 SPV 和投资者确保"无论以何种方式进行，对发起人的其他财产都没有影响"，那么此时就会运用一种混合型会计处理方式——连接式编制（linked preparation）。这种方式将总资产价值和被转移掉的有风险部分联系起来，得到了剩余资产的净敞口。在发起人账目上这些都被记在一个独立科目之下。

连接式编制仅适用于发起人没有义务或无权回购标的资产的情况。任何回购权（比如英国金融服务管理局颁布的指引规定的 10% 的清收式赎回）或回购义务意味着可以被回购的这部分资产不需要从发起人账上的总资产价值中扣除。多数交易中会嵌入的清收式赎回一般都会放在 SPV 这个层面上，而不是发起人的层面上，这是为了避免被取消使用 FRS 5 的连接式编制的资格。连接式编制还适用于发起人提供的所有互换和风险规避手段：①均为市场条款；②不是基于受发起人控制的利率；③仅仅替代在卖出前已有的为了对冲资产组合风险的工具。如果发起人允诺给予对手方发起人所拥有的资产作为补偿，那么就有可能不再适用连接式编制处理方式。

如果受让方是由发起人直接或间接控制的，并且受让人代表着发起人的利益来源，那么受让人本身就可能在连接式编制下作为准子公司被包括进发起人的合并报表里面。

2002 年 6 月，为了以后采用国际会计准则（IAS）32 和 39，并且在 2005 年前逐渐向国际会计准则靠拢，英国会计准则委员会颁布了财务报表披露草案 30（FRED 30）。FRED 30 建议，目前还不能将 IAS 39 中撤销承认的相关规定应用于英国，这是考虑到日后可以建立一个综合体系，能够在 2005 年之前取代 FRS 5 和 IAS 39 的相关规定。

2003 年 7 月 17 日，英国贸易工业部（Department of Trade and Industry，DTI）宣布，从 2005 年 1 月开始，英国所有公司都有权选择在它们的独立报表和合并报表中使用国际会计准则，而不是英国会计准则。这项选择权优于欧盟关于国际会计准则的监管规定的要求。后者规定，公开交易的公司从 2005 年 1 月开始在它们的合并报表中使用国际会计准则。

12.50.8　资本处理

出于资产充足的目的，一些银行会主动将其资产通过证券化和贷款转移的方式转移到表外。考虑到这种情况，英国央行出台了针对银行资本处理的指导方针（BSD/1989/1，后经 BSD/1992/3 修正）。这些指导方针后来扩展了指导范围，涉及循环资产池的证券化。相关内容记录于 BSD/1996/8 和随后在 1997 年 9 月 17 日颁布的一项文件中。1998 年 1 月 19 日，英国央行出台了经过扩充的统一指导方针。这些指导方针取代了前述有关银行资产和循环资产池的方针，同时还增加了有关信用增级、证券化流动性规定、银行建立的再打包结构和管道结构以及反向回购的指导方针。这些规定是作为《银行监管政策指南》（1998 年 6 月 29 日生效）的一部分，由英国金融服务管理局更新和发布的。

1999 年 12 月 31 日，英国金融服务管理局出台了一些新的规定，后来在 2000 年 6 月、2001 年 6 月和 2003 年 2 月进行了 3 次修正和更新。这些规定适用于在英国注册的银行，无论它们是以单个还是以合并为基础来开展业务的。当非英国注册机构担任主要角色而同一集团里的英国银行担任次要角色时，该集团视为以合并基础来开展业务，因此需要运用针对合并基础的规定。当非英国机构和英国机构都担任次要角色时，这些规定不适用。1999年 12 月 31 日前完成的交易不受新规定约束。1999 年 12 月 31 日之后完成的新的资产池结构必须符合新的规定。

新规定在原规定的基础上对内容进行了扩展，增加的条款如下。

- 使用新的方法区分主要角色和次要角色（原规定认为服务者的角色是主要角色，新规定认定其为次要角色）；
- 认定远程发起方法为直接发起方法；
- 再打包的业务范围由原来的打包可交易性证券变更为打包投资级别的证券（结果是打包可交易性但非投资级别证券的银行不再被认定为发起者，并且它们必须直接扣除次要损失的部分，若次要损失部分是投资级别的，则它将不被视为信用增级）；
- 除了抵押协议这种需要具体问题具体分析的情况外，递增结构是不被允许的（原规定草案没有在任何交易形式中禁止递增结构）；
- 允许以市场价值回购不良资产；
- 明确要求发起者必须遵守 FRS5 的规定；
- 信托声明的运用被新增认定为一种转移机制；
- 放弃了不需要显示信用增级提供者名字的规定。

这些规定定义了以下主要参与者的角色。

- **发起者**　某一项资产或某一项资产组合或非投资级别金融工具的转移者，或者是通过特别目的载体（SPV）借出资金的人（远程发起方法）。
- **担保人**　资产的再打包者，该资产（比如，一些从未出现在银行资产负债表中的资产）是直接由某一第三方直接发起（比如，不是由银行"广义的会计群"发起的。会计群的概念是由新草案根据会计目标规定的，但并未由新规定的最终版本规定）并建立成通管结构的。并且，当银行通过自己的资产负债表对第三方机构发行的非投资级别的金融工具再打包时，最多不超过管道资产的10%（在这种情况下，银行被视作该部分的发起人，而不是全部管道资产的发起人）。

◆ **再打包者** 第三方资产负债表上的可投资级别（或者银行能够证明该资产可以达到可投资级别）的金融工具的卖家，也包括银行将非投资级别的资产卖出或担任比例不超过10%的资产发起人（在此情况下，银行被视作该比例资产的发起人，而不是全部资产的发起人）的角色的情况。如果该金融工具的信用质量受到再打包者的信用质量的影响，那么该再打包者将被视作发起人。最后一条规定可能对所有因为抵押或者注资而无法与银行摆脱关系的综合性再打包行为都有影响，除非他们能争取到类似于发起人相关规定下的次级参与待遇。

所以，基于上述原因，资产可以被分为下述几种：

（1）自己发起的资产；

（2）银行资产负债表上的第三方财产；

（3）银行资产负债表上的第三方非投资级别的金融工具；

（4）银行资产负债表上的第三方投资级别的金融工具；

（5）第三方直接持有的资产；

（6）第三方直接持有的非投资级别的金融资产；

（7）第三方直接持有的投资级别的金融资产。

基于上述资产分类，投资可分为3类。

◆ 涉及上述第（1）（2）（3）种类型的资产的交易，银行扮演的是发起人的角色；

◆ 涉及上述第（5）～（7）种类型的资产的交易（或者交易中不超过10%的管道资产类型为第（1）～（3）种），银行扮演担保人的角色；

◆ 涉及上述第（4）种类型资产的交易（或者结构资产中不超过10%为第（3）种类型，或者证券资产中不超过10%为第（1）种类型），银行扮演再打包者的角色。

该指引还定义了下列的次级角色：

◆ 利息偿付者（利息支付者必须保证，报价文件清楚地表明其不会支持交易的损失，也不会被当作发起人。英国金融服务管理局会保持跟利息偿付者一样的敏感度，并且会限制管道资产的赞助者或者再打包者，使其只能为管道或者结构资产中一定比例的资产偿付利息）；

◆ 信用增级提供者；

◆ 流动性提供者；

◆ 承销商 / 交易员；

◆ 过渡性贷款提供者；

◆ 互换交易方。

这些分类直接导致了担任主要角色的一方保证相关资产完全从银行账户上转移，这些资产将不再包括在银行的资产负债表中。当然，在计算所持资产需要的资本金时，相关资产也无须考虑在内。针对任何银行想要承担主要角色的交易，它们都应该在合理期间内提前通知金融服务管理局，这样金融服务管理局就会有足够的时间来考虑这些交易，并予以足够重视。

（1）**转移方法**。该指南的主要方向在于保证转移之后，转让人和标的资产能够不再有任何联系。这就使得卖方与买方以及资产本身在实质上和"道德层面"上都彻底脱离管理。金融服务管理局会根据银行在交易中扮演的不同角色的整体情况来决定银行和交易以及标的资产存在的关联。如果标的资产日后可能还会出现在银行的资产负债表中，那么银行就可能被要求证明自己有足够的在位措施（可能包括额外的披露以及采取更多措施）来应对可能因此出现的流动性以及资本金问题。金融服务管理局还会考虑证券化给剩余的资产负债表结构带来的变化的影响，所以金融服务管理局可能会对可以加以证券化的资产做出限制。

该指引允许通过债权更新、转移、设立信托、使用次级参与的方式来转移资产。使用其他方式转移资产需要提前得到金融服务管理局的允许，并且在法律方面有相关的支持性意见。未履行的资本承诺额一般来说需要通过债权更新的方式转移（如果通过分配或次级参与，那么这些资产将被视作受让人，而不是借款人的敞口）。

单个资产或单个资产的部分转移需要遵循以下原则。

- 资产的转移不得违背资产本身的条款；
- 出让人在标的资产中保留的权益比例较小，日后若有更多的权益需要进行担保，相关事宜需与借方另立合同；
- 出让人没有权利或义务回购标的资产（除非出现以下几种情况：①发起人的买方期权，并且此时证券化部分的资产价值不超过投资组合最大价值的 10%，且相关资产正常运行；②在财产转移的时候发生了在出让人控制之内的保证条款的违背（但是不允许针对借方未来的信用设立保证条款））；
- 出让人明确通知受让人其无回购义务；
- 出让人可能会遇到针对这些财产的重新谈判；
- 出让人只有在收到标的资产之后才有义务付款，如果交易款在收到标的资产前已经支付，而后来又没有收到标的资产，那么出让人有义务退回交易款。

对于打包资产的转移还有额外的规定，如下：

- 出让人有义务出示其法律顾问提供的证明，保证出让人以后不会为投资者的损失负责；
- 审计员只需要保证相关交易满足 FRS 5；
- 发起人必须出示书面证明，确认他们的律师和审计员只会要求满足 FSA 的相关要求；
- 在邀约文件中必须明确声明发起人不会对投资者遭受的损失提供额外的支持；
- 发起银行及其合并集团成员不得持有受让人的普通股，或者优先股，也不得对受让人实施直接或者间接的控制；
- 发起银行及其合并集团成员不得对受让人的董事会成员进行控制（尽

管受让人可能只有一个董事）；

◆ 受让人的名字不得暗示与发起银行及其合并集团成员的联系；

◆ 费用的一次性条款或者SPV次级债都是允许的，但是费用的定期付款是不允许的，费用被当作信用增强；

◆ 发起人必须按照市场利率和SPV签订互换协议；

◆ 发起人不可以向SPV注资。

只有在保证进行证券化的资产池的资产质量不受到显著影响的情况下，才能在资产结构中进行补充或者替代。发起人只有在违反保证和（无论是否在运作）证券化资产组合的价值低于峰值的10%的情况下才能回购资产。再打包者只有在以下情况下才能回购：违反保证；被打包资产处于投资级别，或者是违约的金融工具，或者完全运作，或者是违约的非金融工具。任何回购都必须按照市场价位进行（这也就导致成交价格对于违约资产来说很可能是名义上的）。

（2）**周转池**。对于周转池，金融服务管理局要求发生损失的时候，所有的损失按照投资者和发起人的出资比例进行分配。为了保证这一点，金融服务管理局将周转池结构分成两类，一类是非聚合式的周转池（投资者回报按照其在资产池中所持有的应收账款的表现来计算），另一类是聚合式的周转池（投资者回报按照其所持有的资产占总资产的比例来分配全部收益）。对于非聚合式的周转池，对于投资者权利的结构化（在这种情况下，期末资产池需要重新计入资产平衡表）分期偿还速度必须进行合理的估计。对于聚合式的周转池，金融服务管理局规定，发起人必须能够证明期初的应收账款以及产生的利息的90%在分期偿还期末能够被偿还，或者宣布违约。只有分期偿还期初总资产仅剩余10%的时候，才能使用清收式赎回权。该指导方针还规定了一些可能导致加速偿还投资者利息的特定情况，也就是课税情况和法律地位发生变化，发起人未能履行资产池还本付息的职责，或者发起人及SPV破产。只有在投资者和发起人共同分担全部损失，并且触发机制的设定能够使得发起人认为其能够在名誉不受损的情况下减少出借款项的时候，与资产表现挂钩的触发机制才能够使用。金融服务管理局也要求发起人对保证自己的流动性做出足够的安排，以保证在加速偿还投资者利息的情况下，不会导致发起人融资困难。

（3）**由分期付款购买产生的应收债权**。由于有缺陷的，或者不能使用的商品销售产生复杂的债务和卖方所负有的维护义务，金融服务管理局对由分期付款购买产生的应收债权的转让有额外的限制性规定。应收账款的卖方被要求对产品责任进行补偿，并提供保险，并且买方应该仔细衡量可能存在的由于买方未能继续维持资产而产生的借款人冲销的可能性。

（4）**信用加强**。相关规定如下：

◆ 信用加强的金额和期限必须进行明确的限定；
◆ 不能存在除了信用加强措施条款规定之外的其他任何信用加强手段；
◆ 信用加强措施必须独立记载、存档；
◆ 必须在交易初期就明确规定信用加强事项（信用加强措施一般不能增加，除非加强措施与不适用于前期款项的补充和替代措施挂钩）；
◆ 信用加强措施和工具必须在报价文件中进行披露；
◆ 信用加强的费用不得列于或者延迟至支付优先级中对于从属事项的规定。

如果上述规定未能得到满足，那么信用加强措施将被划分为初步亏损或者再次亏损（再次亏损是针对数量达到历史亏损数倍的大额初步亏损的一项保护措施，并且只有在初步亏损的信用加强措施被用尽的情况下，才可以提取）。

初步亏损计提有以下几种方式：

◆ 出于资本充足的目的直接从资本中扣除，或者（如果发起人在交易之初已经明确选择）记在（由发起人提供的）标的资产正常的风险度量中；
◆ 直接从（保证人或者再打包者提供的）资本中扣除；
◆ 正常权重（由独立第三方提供的）。

再次亏损有以下几种计提方式：

◆ 直接从（发起人提供的）资本中扣除；

◆ 采用正常权重（由独立第三方提供，或者由保证人或者再打包者提供，若选择后者，银行的参与度在要约阶段就会详尽说明，并且声明银行不会对超出信用加强范围的损失提供支持）。

如果交易存在足够的其他信用加强措施，那么投资级别的债券将不会被判定为信用加强措施。

（5）**流动性融通**。关于流动性融通：

◆ 必须在公平的基础上提供；
◆ 必须存在相关条例规定，如果 SPV 中的资产信用状况恶化，那么将降低流动性融通（比如，剩余的未提取的信用加强余额低于未偿付的流动性偿付义务）；
◆ 依据市场；
◆ 信用加强的金额和期限必须进行明确的限定；
◆ 不能存在除了信用加强措施条款规定之外的其他任何信用加强手段；
◆ 买方有权选择其他人来提供流动性；
◆ 信用加强措施必须独立记载、存档；
◆ 信用加强的费用不得列于或者延迟至支付优先级中对于从属事项的规定；
◆ 信用加强措施必须明确提取的前提要求；
◆ 必须对预付款的偿付做出合理的时间规划；
◆ 计提款必须直接支付给 SPV，而不是投资者；
◆ 计提款不得用于购买资产（比如：先期以 SPV 的名义购买资产，并作为日后的远程发起），尽管计提款可以用作投资级别资产的流动性购买；
◆ 计提款不得用于弥补损失；
◆ 对于流动性融通的偿付不能位于投资者之后。

如果上述要求没有得到满足，那么流动性融通将被划分为信用加强措施。如果上述要求得到满足，那么流动性措施：

◆ 意味着如果该资产由发起人提供，则将一直保留在资产负债表中，除非该资产被明确指定用于覆盖非常短期的时间性差异；

◆ 要求子公司的完全合并（保证人和再打包者在交易的要约阶段规定谁的参与度不需要详尽解释，或者没有明确规定银行不对超出信用加强范围的损失提供支持）；

◆ 采用正常权重（在担保人和再打包者提供的情况下，银行的参与度在要约阶段就会详尽说明，并且声明银行不会对超出信用加强范围的损失提供支持）。

（6）**管道大额敞口**。如果管道结构可以被多个法律主体使用，并且担保人能够证明其有合适的体系来管理管道中的资产，那么管道担保人无须因为大额敞口将流动资金额度计入管道结构。

（7）**过渡性融资**。允许使用期限不超过 3 个月的过渡性融资，但是过渡性融资不能用于远程发起。

（8）**证券包销和交易**。发起人可以包销发行的证券，但是其必须在该资产被认定为表位资产之前将 90%（该数据可以被金融服务管理局修改）的证券卖给第三方。发起人交易 SPV 发行的票据，必须得到金融服务管理局的允许，并且不能超过金融服务管理局设定的每期交易金额的限制。发起人不能支持票据的发行，并且只能交易投资级别的证券（非投资级别的证券的交易将被视作信用加强措施）。担保人或者再打包者都必须遵守一般的资产报销的相关规定，但是许多持至报销特权阶段末期的非投资级别的证券将被视作信用加强措施（除非有足够的其他信用加强措施的存在）。如果一直存在两个及以上的第三方交易商，那么担保人或者再打包者就可以在没有金融服务管理局提前批准的情况下交易（在金额很小的情况下，金融服务管理局可能会取消该要求）。

12.50.9　信用衍生工具

在英国，金融服务管理局于 1998 年首次发布关于信用衍生工具的指导方针，并且在之后进行定期修改。从 2003 年 9 月 1 日起生效的一版，制定了第二违约篮子的相关规定，以及修改过的第一违约篮子的规定。

银行账户   因为敞口大小（超过被担保金额的"初步亏损"保护的额外的信用保障不被确认为资本金）取决于其是否受到资金支持，所以信用衍生品在银行账户中被视作部分参与或者担保。资本利差产品不会给买方提供资本上的利处，在卖方的银行账户上被视为参考债务金额的等量的风险敞口。双边支付的信用衍生品被视作担保或者次级参与。信用衍生品的一般规章要求如下。

- 参考债务必须与被保护的资产一致，或者至少由同一发行者发行。
- 参考债务必须排在被保护的资产之后，或者与之并列。
- 参考债务和标的资产交互不履行（如果金融服务管理局认为参考债务和标的资产之间的稽查风险很小，那么该要求可以省去）。
- 如果参考债务以另外一种货币标价，那么已经认定的保护等级将会被下调 8%（以示外汇风险），并且出于资本充足的考虑，外汇风险敞口必须以另外的外汇敞口表示。
- 如果信用衍生品的期限比被保护的资产的期限短，且在 1 年内到期，那么其保护价值不被认可。如果在 1 年或者 1 年后到期，那么保护价值的买方则需要为剩余的敞口埋单，以作为超过 1 年期的未完成的付款额（或者剩余的敞口为未完成的付款额，那么买方按照未完成的付款额的一半比重付款）。
- 任何重要的临界值规定都必须向金融服务管理局提交，因为这些规定可能会影响到已经被认可的保护水平。
- "一篮子信用违约互换"的结构在篮子中的资产发生违约的情况时，会给予买方以保护。
- 卖方卖出一篮子信用违约互换结构时，需要缴纳等同于篮子中资产各自应额外缴纳的资本金之和的资本金，但是不超过原始资本金能够扣除的限额（如果金融服务管理局认为篮子中的资产高度相关，那么也能够选择不运用该条款）。根据 2003 年 9 月 1 日的修订版，第二违约信用衍生工具篮子也会给保护的卖方带来同样的资本金缴纳要求，但是不考虑资产池中表现最差的单只资产。从 2003 年 9 月 1 日开始生效的修订版规定，如果第一和第二违约信用衍生工具篮子采用了信用联结票据的形式（该形式按照符合标准的借方项进行评级，比如，投资级别），那么保护的卖方可能会将资产池中表现最差的资产在加权计算时算入其中。

◆ 如果有成比例的篮子结构，那么只会参考篮子中的资产各自所占的比例来剔除或者产生资本金缴纳义务。

如果要使信用衍生工具的保护的买方所获的保护能够因为资本金的目的得到认可，必须满足以下条件：

◆ 保护的买方必须能够证明信用风险已经被转移（如果不转移，那么就违反了参考债务的规定），这样保护的卖方就无法向买方追偿损失；

◆ 信用衍生品至少必须包含与参考债务相关联的"信用违约事件"的触发机制；

◆ 对于有资金支持的信用衍生品，保护的买方没有义务偿还通过信用衍生品获得的融资（除非以下 3 种情况：融资发生在信用衍生品到期时；融资是由于"信用违约事件"的触发机制产生的；因为违反了关于参考债务的规定而产生的融资）；

◆ 只有在参考债务正常执行的时候，根据保护的买方的选择才能取消信用衍生品（或者在篮子结构之下，篮子结构中剩余的未得到偿还的参考债务不足峰值的 10%，且资产正常运作）；

◆ 在一篮子资产支持的结构中，保护的买方对保护的卖方或者最终投资者不存在任何债务；

◆ 篮子结构中的信用风险必须转移至一个不相关的 SPV，且该 SPV 的名字不得与保护的买方相似；

◆ 尽管会直接从资本中扣除，对 SPV 进行一次性的信用加强是被允许的，但是不允许使用定期支付费用的方式；

◆ 与 SPV 签订的互换协议不能对 SPV 的债务提供支持。

交易账户　信用衍生品根据与其相关的风险敞口大小来划分（如果超过了资本金额，并且高出被覆盖的敞口的金额，那么初步亏损保护带来的额外信用是不被承认的）。总收益互换被当作参考债务中的多头／空头头寸（有特定风险和综合风险）和经合组织国家／地区发行的支付同等利息的债券（只有综合风险）中的空头／多头头寸。支付的溢价可以被当作名义的经合组织国家／地区债券中的头寸，但是一般不会产生综合风险的相关要求。信用连结票据（有发行者的特定风险和综合风险）被当作持有票据中的多头／空头头寸，同时在参考债务（只有特定风险）中持有多头／空头头寸。关于如何合理对待信用差价产品，银行需要咨询金融服务管理局。信用衍生品的一般性要求如下。

- 参考债务必须由受保护的资产发行者发行。
- 参考债务必须和受保护的资产保持同样的清算排序。
- 参考债务和受保护的资产必须是同样的币种、票面利率以及期限（与机构使用不同币种的信用衍生品将适用普通的交易账户的外汇费率）。
- 如果信用衍生品的期限比受保护的资产短，那么保护的买方将对剩余的敞口在参考债务的特定风险上记录一个远期头寸（比如，日后回购债券或其他受保护的资产的义务）。
- 任何实质性的临界值规定必须向金融服务管理局申报，因为这些规定可能会降低能够得到承认的对冲掉的特别风险。
- 一篮子信用违约互换的结构允许买方在篮子中的任意一项资产中记录一项空头头寸。
- 将第一级违约信用资产结构卖出，卖方就可以在该资产篮子中的任意资产上都记录一个多头头寸，并且直接从资本金中扣除（如果金融服务管理局认定该资产篮子中的资产都高度相关，那么可以考虑不强制执行该项规定）。在 9 月的修订版本中，将第二级违约信用产品卖出，可以使得卖方在篮子中除了表现最差的一个资产，都记录了一个多头头寸。要求评级为合格的债务的多名信用连结票据的保护卖方，只能在信用连结票据中，按照特定风险本身，对票据发行者的比重记录一个多头头寸。
- 一个合适的篮子结构只会按照篮子中各项资产所占的比例来成立多头或空头头寸。

为了使得信用衍生品保护的买方出于资本金的考虑，能够将信用衍生品视作空头头寸，英国有如下规定：

- 保护的买方必须在有人见证的情况下将信用风险全部转移（如果不转移，将被视作违反保证），这样保护的卖方就不能因为遭受损失而向买方追责；
- 信用衍生品至少必须包括与参考债务相联系的"违约事件"的触发机制；
- 对于有资金来源的信用衍生品，保护的买方没有向任何卖方返还自己从信用衍生品中得到的资金（除非信用衍生品已经到期，或者资金来源触动了"违约事件"，或者违背了与参考债务有关的保证）；
- 信用衍生品只有在参考债务正常运作的情况下，可以由保护的买方选择取消（或者当结构篮子中剩余未提取的参考债务资产价值低于峰值的 10%，而且该资产仍然在正常运行时）；
- 在篮子基金结构中，保护的买方对保护的卖方或者最终投资者不应该承担任何债务；
- 篮子结构中的信用风险应该转移至一个独立的第三方 SPV，并且该 SPV 的名字不得与保护的买方相似；
- 尽管会直接从资本中扣除，对 SPV 进行一次性的信用加强是被允许的，但是不允许使用定期支付费用的方式；
- 与 SPV 签订的互换协议不能给 SPV 的债务提供支持。

12.50.10　总资本

在英国，银行被要求银行账户中持有的资本达到其风险加权资产的 8%，并且交易账户中持有的资本达到账户中各项资本要求之和（与此相关的 8% 的比例也可以用于计算交易对手风险）。针对单个机构，这个 8% 的比例（独立比例）也可设定得更高，以反映它们的风险预测以及风险来源。有时候也可以给一些机构设立更高的"目标比例"以作为即将来临的资本金不足的预警标志。

银行必须以整个集团为单位持有资本金。这个对象包括受管制的主体和有金融业务的主体，也包括母公司或者子公司从事受管制的事项或者有不低于 20% 的投票权或者资本的主体。

（1）**银行账户 vs. 交易账户**。没有记录在交易账户上的资产都会被记录在银行的交易账户上。银行的交易账户上记录的事项包括：①持有或者主要代理的金融工具（可转让证券、集体投资计划的份额、CD/CP/ 其他货币市场工具、期货、远期利率协议、利率 / 货币 / 股权互换或者签署金融资产的期权），因为交易意图而持有的商品期货或者商品期货的衍生品（如果头寸在一致的基础上逐日盯市，那么头寸将被视作有交易目的（如果没有市场价值，则按照银行的估值计算））；②为了对冲风险而持有的金融工具、商品期货或商品期货的衍生品；③交易账户中资产的回购协议；④逐日盯市，并且每天都会进行抵押物调整的反向回购协议；⑤未了交易和场外交易的衍生品的信用风险；⑥与交易账户上的资产相关的场内交易的衍生品费用、佣金、保证金和利息。低于一定规模的交易账户项目无须满足交易账户资本金的要求。关于交易账户中的常规项目和评估流程，银行的政策声明必须和金融服务管理局相一致。

（2）**净额结算**。对于单一客户的账户或者集团账户，资产负债表中的资产是允许进行净额结算的。对于场外交易的衍生品、债券和股权远期协议以及回购协议，允许进行表外资产的净额结算。表内资产 vs. 表外资产是不允许进行净额结算的。表外资产附属资产的净额结算必须得到金融服务管理局的同意，并且遵循相关公式来计算净额结算的值。

（3）**银行账户中的抵押或担保品**。银行账户为风险敞口提供的抵押可以降低该敞口在整体风险计算中的权重。减少的风险的金额不得高于该抵押品的覆盖额度。超过该覆盖额度的初步亏损抵押品带来的额外的信用提高将不被承认。

（4）**交易账户中的抵押或担保品**。交易账户中的抵押品可以用来抵消交易对手风险在总体风险中的比重，计算方法跟银行账户一样。针对交易账户，只有被抵押品覆盖的风险敞口所占的比重才可以减少。超过该覆盖额度的初步亏损抵押品带来的额外的信用提高不被承认。抵押品必须逐日盯市，并且必须根据日后的市场动向做出调整。

以下抵押品和相关的折减 / 风险权重是允许的。

- ◆ **0（风险权重为 0）** 净资产或由现金担保的资产，或由经合组织成员的中央政府 / 中央银行发行的证券担保（担保遵循逐日盯市制度并有权要求投资者追缴保证金）的资产，或直接由经合组织成员的中央政府 / 中央银行担保的资产；

- ◆ **0.8%（风险权重为 10%）** 由经合组织成员的中央政府 / 中央银行发行的定息证券（剩余期限不大于 1 年）或浮动利率证券或指数联动证券（任意期限）担保（担保遵循逐日盯市制度并有权要求投资者追缴保证金）的资产；

- ◆ **1.6%（风险权重为 20%）** 由经合组织成员的中央政府 / 中央银行发行的定息证券（剩余期限大于 1 年）担保（担保遵循逐日盯市制度并有权要求投资者追缴保证金）的资产，或由经合组织成员银行或受资本充足指令及类似管理制度监管的投资公司担保的资产。

经合组织成员的中央政府 / 中央银行发行的证券作为交易账户的担保时把风险权重降到了 0（而不是将其降为 0%、10%、20% 三者之一）。在进行投资活动时，任何交易账户的担保都需要遵循逐日盯市制度。

（5）**通过买断式转让的方式提供的担保**。通过买断式转让提供担保的银行需要持有资金来应对担保取得者承担的由此而产生的转售交货风险。买断式转让是一种提供担保的方式，但它不涉及证券利息的让渡。证券提供者将其对相关资产的绝对产权转让给受益人，而受益人同意在相关交易或关系结束时把等量资产转让给证券提供者。买断式转让主要用于对衍生品债务的担保，其优点是避免了可能的证券登记要求（登记债券是为了对账面负债收取费用和浮动费用），同时也允许证券的转抵押。如果担保安排给予担保提供者权利，使他们可以在每日结算的基础上取回多余的担保并且在担保和受担保的风险之间正确运用适当净额结算的权利，那么资金费用可以这样计算——担保日结算额大于担保风险的部分乘以合约对方的风险权重。如果担保安排没有给予担保提供者取回担保多余数额及适当净额结算的权利，那么资金费用可以这样计算——担保日结算额大于担保风险的部分加上担保价值的 0.25% ～ 6%（该数字的设定需参考合同的剩余期限及合同类型（0.25% ～ 1.5% 适用于利率，6% 适用于股票））的和乘以合约对方的风险权重。

（6）**通过证券提供的担保**。针对这种形式的担保，英国金融服务管理局要求银行在 2000 年 9 月 30 日之前对证券利息的有效性给出恰当的法律意见。

（7）**衍生品**。除任何交易账户市场风险评估，场外交易市场交易的衍生品还会因为计算逐日盯市的衍生品价值时，额外加上面值的 0 ～ 15%（根据合约剩余的期限以及合约类型来确定（对于利率来说是 0 ～ 15%，对于外汇来说是 1% ～ 7.5%，对于股权来说是 6% ～ 10%，对于稀有金属来说是 7% ～ 8%，对于商品来说是 10% ～ 15%）），得到的和（即"信贷等值数额"）再乘以交易对手风险权重，而面临交易对手风险的折减。交易对手风险权重在 0 ～ 50%。上述计算得到的值再乘上 8% 的因子。这就使得场外交易的衍生品（这是在任何交易账户市场风险评估之外的）因为交易对手风险产生了额外的 0 ～ 4% 的逐日盯市和额外的折减支出。

（8）**外汇**。银行必须以外汇资产净值以及黄金净值的 8% 作为资本金。

（9）**商品**。银行必须持有商品资产净值的 15% 以及大宗商品资产的 3% 作为资本金。

（10）**结算**。无须转移的支付款项受到交易对手风险的调整的影响，需要在本金的基础上乘以交易对手风险权重，再乘上 8% 的因子。需要转移的支付款项，在到期之后 5 天之内还未支付的，会产生结算风险，自到期之日起，按照资产价值的增长比例或者结算价值中更高的一个计算结算风险。

（11）**模型**。经过金融服务管理局允许的风险价值法和非风险价值法的模型都可以用来衡量外汇和商品的风险给银行带来的资本金的要求以及交易账户中的利率、股权和衍生品头寸风险给银行带来的资本金的要求。

12.50.11　银行账户

银行账单上的风险敞口所需要的资本包括一级资本（所有者权益加上累计盈余公积，减去商誉及其他无形资产，减去从事金融服务的非联合企业的投资，减去由其他银行持有的股权，在有些情况下，还要加上通过 SPV 发行优先股募集到的次级债，当然也要加上巴塞尔协会同意的新的永续性优先股）、上层二级资本（重估储备金、一般性资产减值储备（比如，非特定风险减值储备）以及永久债券）以及下层二级资本（不少于 5 年期的次级债，出于资本金的考虑，该债务在过去的 5 年中被摊销）。其中，二级资本不得超过一级资本，下层二级资本不得超过一级资本的 50%。超过自有资金 10% 的大额风险敞口必须向金融服务管理局申报，且不得出现超过自有资金 25% 的大额风险敞口。银行账户资产的风险加权计算如下。

（1）**一般性表内资产**。在新《巴塞尔协议》生效之前的对于该项资产的资本折减的征收如下。

- **0（0 的风险权重）**。现金或者持有的经合组织成员的中央政府或者中央银行发行的证券。
- **0.8%（10% 的风险权重）**。经合组织成员的中央政府或者中央银行发行的固定利率证券（1 年之内到期），或者浮动利率或者指数联动证券（任何期限到期）。
- **1.6%（20% 的风险权重）**。经合组织成员的中央政府或者中央银行发行的固定利率证券，或者持有的需要遵守资本充足规定的经合组织成员银行或者其他投资银行的股份。
- **4%（50% 的风险权重）**。住房抵押贷款（最高不超过 100% 的贷款房价比，第一抵押权、自住或出租）和住房抵押贷款支持证券（标的贷款最高不超过 100% 的贷款房价比，一级、正常运作、SPV 持有的比重不超过 50%）。
- **8%（100% 的风险权重）**。其他。
- **100%（1 250% 的风险权重，按一比一的比例扣除）**。由发起人、保证人或者再打包者提供的初步亏损的信用加强措施，或者由发起人提供的二次亏损的信用加强措施。

需要注意的是，某些资产支持证券（不仅仅是住房抵押贷款支持证券）在标的资产（应收账款或者互换）的风险权重都不超过 20%（或者其他比重）的情况下，依然可以有 20%（或其他比重）的风险权重（比如，标的资产包括经合组织成员银行或者其他受管制的投资公司的股份）。

（2）**一般性表外资产（不包括衍生品）**。在报告衍生品以外的表外资产（包括担保、未提取的金额和流动性融资）的时候，需要将该资产的名义本金乘上信贷转换因子（0 ～ 100%），再乘上交易对手的风险权重和 8% 的系数（对于次级参与，取标的借方和参与银行的风险系数中较高的一个系数），具体计算如下。

- **一对一扣除**。在对初步亏损没有其他信用加强措施的情况下，因为不满足相应要求，而被当作信用加强措施的流动性融资，还包括由发起人、担保人或者再打包者提供的表外初步亏损的信用加强措施以及由发起人提供的表外再次亏损信用加强措施。
- **100%**。可以作为直接的信用互换（对于受担保的一方，以担保的全额作为敞口向金融服务管理局报告；对于参考实体作为信用衍生品）。
- **50%**。1 年之后到期的未提取的贷款承诺金额。
- **20%**。贸易融资资产。
- **0**。1 年内到期的未提取的贷款承诺金额。公司发出签订该贷款的要约之后 30 天为 1 年内到期的限额贷款的开始（限额辛迪加贷款为 60 天）。如果公司要求贷款延期，那么必须在贷款到期 30 天之内申请（限额辛迪加贷款为 60 天），也有可能新旧贷款将被视作一个新的贷款，期限为新旧两个贷款之和。

（3）回购 / 股票贷款。回购贷款和股票贷款不改变现金的使用者 / 证券借出者需上报的风险敞口（这些证券仍然保留在借出者的资产负债表中）。现金的借出者 / 证券的使用者必须将反向回购协议和股票借贷作为抵押贷款向金融服务管理局申报，并且使用适用于抵押品的风险加权系数（在该抵押品可以用于降低风险加权系数的情况下，否则使用交易对手的风险加权系数）。

（4）信用衍生品。在银行账户中，根据是否有资金来源计算相关风险敞口时，信用衍生品被当作次级参与或担保（超出所覆盖的风险敞口的初步损失保护的额外的信用加强是不被承认的）。信用差价产品不会给买方带来任何额外的资本金优惠，并且在卖方的账户中记作与参考债务面值相等的直接风险敞口。有双边支付的信用衍生品在双边支付的范围内被视作担保或次级参与。

12.50.12　交易账户

在英国，针对交易账户风险敞口的资本金跟银行账户一样，包括一级资本和二级资本，但是针对一些机构的特定的交易账户风险，银行可以使用三级资本（期限不低于 2 年的次级债券）（二级资本和三级资本之和不超过一级资本，而记在交易账户上的二级资本和三级资本不得超过一级资本的 200%）。有些因素必须直接从资本金中扣除（相当于 1 250% 的风险权重），特别是在银行作为交易发起人时，与证券化中 SPV 相关的信用加强措施，超过自有资金 10% 的大额风险敞口必须向金融服务管理局申报；一般不允许超过自有资金 25% 的风险敞口。不过，如果能满足补充额外的资本金的要求（源自折减的翻倍，最多不超过上升 9 个因子），那么也有可能允许超过 25% 的风险敞口存在。

交易账户的折减的相关要求如下。

（1）借款。固定利率债券需要对相匹配且期限相同的空头和多头头寸，按照 0 ~ 12.5% 的抵消的量，评估一般市场风险（或与头寸相关的市场风险），无须重复计算，也就是说其本身按照 10% ~ 150% 的比重加权以反映证券剩余的到期时间（浮动利率定价的证券比重按照下一次利率调整期来计算，而不是全部的剩余到期时间，因此会落到 1 个月以内到期的 0 的区间、1 ~ 3 个月到期的 0.2% 的区间，或 3 ~ 6 个月到期的 0.4% 的区间）。不匹配的头寸按照本金值的 0 ~ 12.5% 评估，再乘上 100% 的权重。因此，买卖证券来匹配头寸可以使得一般市场风险估值折减（最多）降低 6.25%，资本金要求（最多）降低 11.25%（12.5% ~ 1.25%）。这导致了匹配的短期证券一般能有 0 的估值折减，长期证券能有 0.625% ~ 9.375% 的估值折减，不匹配的证券能有 0 ~ 12.5% 的估值折减。

按照整体头寸比例计算的债券特有的（或与交易对手相关的）估值折减如下。

- ◆ 0，有同样清算顺序的发行者发行，并且使用同样的币种、票面利率和期限，并且多头和空头头寸相抵消，或者敞口已经通过有同样期限的信用违约互换卖出，再或者由经合组织成员的政府或者中央银行发行或担保的证券；

- ◆ 0.25%，针对期限不超过 6 个月，且"符合要求的债务工具"；
- ◆ 0.5%，针对期限超过 6 个月，但不超过 24 个月，且"符合要求的债务工具"；
- ◆ 1.6%，针对期限超过 24 个月，且"符合要求的债务工具"；
- ◆ 8%，针对其他债务工具。

符合要求的债务工具一般包括经合组织成员公共部门证券、经合组织银行或者由资本充足指令或者其他类似体系规范的投资银行发行或担保的证券、有 50% 的风险权重并且处于投资级别的证券。

（2）**股权**。对股权的估值折减一般是净头寸的 8%。股权是按照总头寸的 8% 的风险加权计算，对于有高度流动性（比如流动性资产指数的一部分），并且高度多样化的资产组合，按照 4% 的风险加权计算。

（3）**回购协议**。对于回购协议和反向回购协议，该交易被当作政府债券（比如，没有特定风险）的空头头寸（回购协议）或多头头寸（反向回购协议），以反映现金的多寡。交易对手风险的估值折减是按照交易对手在相关第三方（提供的抵押品对于提供者的逐日盯市的价值与接受者的逐日盯市价值之差）的风险敞口的 8%（风险权重因子）来计算的。不同于衍生品，回购协议中占到 100% 权重的交易对手没有 50% 的权重上限。如果回购协议和反向回购协议没有被详细记录（比如，不能使得双方都能够净额结算，或者满足盈亏保证金的要求），那么将对资本金的要求使用额外的"风险缓冲因素"。

（4）**信用衍生品**。信用衍生品根据其相关的风险敞口（超出所覆盖的风险敞口的初步损失保护的额外的信用加强是不被承认的）而划分为不同的类别。总收益互换被当作参考债务（有特定风险和市场风险）中的多头 / 空头头寸和支付同等利率的经合组织成员政府证券（只有市场风险）中的空头 / 多头头寸。信用违约互换被当作参考债务（仅有特定风险）中的多头 / 空头头寸。溢价的支付被当作经合组织成员政府证券中的名义头寸，但是一般不产生针对市场风险的资本金要求。信用连结票据被当作票据（带有发行者的特定风险以及市场风险）中的多头 / 空头头寸，同时也被当作参考债务（仅有特定风险）中的多头或空头头寸。对于如何合适地处置信用差价产品，银行需要向金融服务管理局咨询。

除了市场风险评估，无资金来源的信用衍生品，比如总收益互换和信用违约产品（不包括信用连结票据等有资金来源的信用衍生品）需要根据交易对手风险进行估值折减，也就是将衍生品的逐日盯市的价值加上名义本金的 0 ～ 15%（具体比例根据合约剩余到期日以及合约类型而定，对于符合要求的合约为 0 ～ 1.5%）；对于不符合要求的债务合约，按照 6% ～ 10% 计算，乘以交易对手风险系数。

交易对手风险权重在 0 ～ 50%，乘以交易对手风险权重得到的值再乘以 8% 的系数，这导致了没有资金来源的信用衍生品的交易对手风险估值折扣，折扣一般为逐日盯市价值和附加利益之和的 0 ～ 4%。

（5）衍生品。 场内和场外交易的衍生品一般来说拆分成单独的风险组成部分（利率、股权风险等），这些风险组成部分会包括在针对市场风险的资本金要求中。在期权和认证股中的多头头寸一般按照金融工具的标的资产的头寸和市场价值之中较少的一个进行折减估值。期权和认证股中的空头头寸一般按照标的资产的头寸进行折减估值，但是得到的值会减去虚值期权的值。估值中部分或全部减去用于对冲标的资产的头寸。

（6）认购。 认购风险一般只会当作一般市场风险（针对债务证券）或者在贷款承诺已经实施，或贷款承诺尚未实施，但是对市场风险和特定风险的资本金要求提高（或被引用）之前，部分认定为既有一般市场风险又有特定风险。

12.50.13 数据保护 / 机密

在英国，银行有义务对客户资料保密。客户资料只能在有限的情况下被披露，比如经过客户的首肯。

遵从针对个人数据处理的欧盟指令 95/46，1998 年《数据保护法》根据 SI2000/183（1998 年《数据保护法》生效指令 2000）于 2000 年 3 月 1 日生效。该法案废除了 1984 年《数据保护法》（在 2001 年 10 月 24 日前用作过渡性条例的法案），并且规定欧盟成立的主体（信息的采集者），或者在欧盟境内使用数据处理设备，并且能够决定处理有关个人信息（与个人有关，并且能够用于识别当事人的信息）、数据（以能够自动读取的方式存在的信息，或者以能够完整读取的方式保存的数据）的方式和目的的主体确保遵守在该法案的附件一中规定的 8 项数据保护准则。这些准则包括：个人数据被合理合法地处理；数据只能针对特定目的收集或处理；搜集的数据必须适当且相关，不得过度；数据记录准确，并及时更新；针对实际需要的时长保存信息；数据处理需考虑当事人的权益；采取足够的措施保护资料的安全；除非接受者所在地区有充分的个人信息保护条款，否则个人信息不得被转移至欧盟以外的地区。

关于将信息转移至欧盟之外的相关条例让那些通过邮寄方式购买欧盟地区的信息清单或资料权利的美国公司头疼不已，因为欧盟并不认可美国的隐私法能够保护个人信息的安全。2000 年 3 月 15 日，欧盟和美国通过妥协建立了"信息安全港"，允许在美国监管机构登记并受到监管的美国公司得到上述信息。但是使用这些信息必须得到当事人的首肯，针对"敏感的个人信息"还有其他额外的要求。当事人有权了解被相关公司持有的个人信息，并可以进行删除或者修改，也有权了解个人资料的用途及目的，以及这些资料会向哪些主体披露，并且当事人有权反对将其个人资料直接用于市场营销。该法案规定在信息采集者违反相关条例而对当事人造成伤害或精神上的压力时，当事人有权要求信息采集者进行赔偿。信息采集者必须向数据保护委员会（2001 年 1 月 30 日之后改名为信息委员会）告知其持有个人信息。信息委员会成员自告知之日起 28 日内可以对该采集者发起疑问，并且在此期间内数据采集者不得处理已采集的个人信息。不及时通报属于违法行为。信息委员会有权对任何违反前述 8 项数据保护准则的主体提起诉讼。该法案也针对某些人力资源信息、公司财务、法律特权和受到监管的领域规定了例外的情况。

12.50.14　消费者保护

在英国，1974 年《消费者信用法》对为消费者提供的贷款额度的监管进行了规定，比如信用卡协议、分期付款购买和附条件购买协议以及透支行为。针对不超过 2.5 万美元的贷款（1998 年 5 月 1 日之前，只有不超过 1.5 万美元的贷款才受到监管）进行监管，从 2002 年 11 月 20 日起，有计划将相关监管范围扩大到任何金额的贷款。一些特定协议不受该法案条例的限制，包括购房贷款（不同于二次抵押）、1 年内到期的固定金额贷款（比如贸易信贷)、需一次性清偿的循环贷款(比如签账卡)和仅针对特定借款人的低成本借款协议。如果信用交易过高,即使属于例外的条款,也仍然受到该法案的监管。发放受到监管的贷款的个人必须到公平交易局(Office of Fair Trading)获得消费者信贷许可证,否则贷款的发放是无效的。对于没有在债权人处登记的受到监管的贷款合同,消费者可以在签订协议之后的冷却期内取消该协议。冷却期自消费者收到债权人发出其有取消协议权的通知 5 日之后起算,该通知独立于其他需要消费者签字的文件(对于住房按揭合同,消费者会收到一份未签字的合同,之后有 7 天时间考虑是否签字)。该协议必须符合易读性和格式规定,包括一份关于该协议的全部融资成本以及年利率的声明。如果上述规定不被满足,那么在没有法院指令的情况下,协议无效。在协议规定的期限内,消费者保留提前偿还的权利,债权人不得随意剥夺。如果该信用是用于从第三方供应商处购买商品或服务,那么消费者有权因为第三方供应商的虚假陈述或者违约行为对债权人提起诉讼。如果消费者违约,债权人必须向其发出通知,并且预留不少于 7 天的期限,以便消费者改正违约行为或进行补偿,之后债权人才有权终止协议或者收回商品。如果在分期付款协议中,消费者已经支付了超过 1/3 的价款(包括利率和融资成本,但是不包括罚金),或者债权人需要进入物业进行商品的回收,那么债权人必须获得法院指令才能进行商品回收。

1977 年《反不公平合同条款法》尤其限制了在契约性条款中免除一方因违约或过失而对另一方产生的债务的规定。只要一方作为消费者,那么由于另一方违约而产生的债务就不能免除,除非该方能证明免除合理(除了双方讨价还价能力的差距和任何使得消费者同意免除债务的其他诱因)。对导致死亡和人身伤害的过失无法使用免责条款,导致其他损失或伤害的过失行为也只能在"合理范围内"使用免责条款。1999 年《消费者协议规定》中的反不公平条款从 1999 年 10 月 1 日起生效,它取代了 1994 年《消费者协议规定》中的反不公平条款,并且以此成立了欧盟指令。上述规定适用于企业和个人达成的货物或服务的买卖合同,这些合同可以使用标准形式或者提前起草好的条款,但是消费者对于其中的主要内容无法造成影响。在此类协议中,任何不公平的条款(比如根据双方讨价还价能力的差距和任何基于使得消费者同意免除债务的诱因而达成的协议,与诚实信用原则相违背,并且导致了由合同产生的双方权利义务不对等，还对消费者的权益造成了损害）对消费者都没有约束力。任何没有使用"直白明了"的语言表述的条款都可能会被认定为"不公平"条款。

12.50.15　监管批准

在英国，如果 SPV 的名字中带有"银行"这两个字，或者被认为从事了吸收存款的活动，那么它就必须得到金融服务管理局的批准，才能从事2000 年《金融服务与市场法》中规定的吸收存款的活动。

根据 1985 年《公司法》第 395 条，SPV 提供的（或者发起人在担保贷款交易中提供的）担保物可以按照 395 号表格注册。该法案要求在英国注册的公司发行的证券都需要注册。这些证券可包括企业债券担保证券、未催缴的股本担保证券、由个人发行的销售担保证券、土地担保证券、账面负债担保证券、浮动利率定价的证券、已催缴但未缴股本、船只、飞行器、商誉以及知识产权。该法第 409 条也规定了注册要求，提供担保或者获取受到担保的资产的公司，在英格兰和威尔士有注册营业点的，都需要为该资产进行注册。在斯莱温伯格（Slavenburg）的案例中，该公司是否在英格兰和威尔士有注册营业点尚未确定，但是该资产位于英国。所以，保险起见，无论最终是否认定该公司在英格兰或者威尔士有注册营业点，在担保证券诞生时仍然要填写 395 号表格进行注册。

12.50.16　其他事项

在英国，属于 1986 年《破产法》第 175 条规定的优先清偿债项的债务，优先于浮动利率定价的债务。这些优先清偿的债项主要包括过去 4 个月内的职工薪酬（有上限）、过去 12 个月应缴纳的预扣所得税和国家保险、过去6 个月内的增值税和需缴纳的职工养老金。《企业法》改革了这个体系，根据《企业法》第 251 条，归于政府（指税务局、关税、国内消费税以及社保）的优先清偿债项被废除。其他优先清偿债项（主要是过去 4 个月的职工薪酬以及职工养老金）得到保留。根据《企业法》第 252 条，由国务大臣提前下令规定的金额将被保留给无担保债权人（并且只要存在无担保债权人，这笔钱就不会支付给浮动利率定价的证券持有人）。

12.51　美国

现代证券市场起源于美国，并在由美国政府全国抵押贷款协会（吉利美）（Ginnie Mae）发行的、按揭贷款支持的利率期货合约市场的基础上不断发展。美国投资银行为了交易该利率期货合约而相继于 20 世纪 70 年代设立了按揭交易部。美国银行（Bank of America）于 1977 年发行了第一单私人抵押支持证券。

1979 年 10 月美国短期利率飙升，使得各类储蓄机构的存贷款资金成本迅速飙升并超出了在长期、定息的按揭贷款市场所获得的利息收益。受此影响，加之此后于 1981 年 9 月获批通过的利差税负减免政策的刺激，整个抵押贷款交易市场迅速发展。该类市场交易可以将存款机构在处置按揭贷款时产生的损失，按照贷款的存续期限慢慢摊销，并能抵扣其过去 10 年交缴的税负。

贯穿整个 20 世纪 80 年代的债务扩张也推动了资产证券化市场的发展。第一批无担保支持证券在 1985 年问世。

美国资产证券化市场不论规模还是流动性都明显优于全球其他地方。联邦存款保险公司（Federal Deposit Insurance Corporation，FDIC）自 2002 年 1 月 1 日起，对参保银行的证券化产品的净资本计算适用了新的规则，评级越低的资产支持证券被要求计提的净资本越高。

2002 年，针对资产支持证券的保险产品层出不穷。

美国是一个实行普通法系的国家。作为全美各州各类法律法规的上位法，美国《统一商法典》（Uniform Commercial Code，UCC）司治着应收账款转让交易的诸多方面。

12.51.1　资产隔离和真实出售

在美国，UCC 在 s.9-103（3）（b）中制定了相关法律，用以详细定义附有担保权益的债权在转让过程中实现对抗第三人时应满足的种种要求（如以债务人住所为管辖权行使地），并构建了一套登记体系用以实现对抗第三人的担保权益（也称担保权益的完善）——在美国，担保权益的完善是必需的。

在美国，破产的银行将被 FDIC 接管（相当于一般《破产法》规定），由其就各类交易的法律后果提供指引。2000 年 7 月 27 日，FDIC 便通过了一项旨在禁止破产银行的接收管理人对该银行所签订的资产证券化合约进行止付的规定。

UCC 的 s.9 在 2001 年年中被修订，该修订外延了"债"的既有定义，从"应收账款、担保债权凭证"扩展为"应收账款、担保债权凭证、付款实体财产权和本票转让"。修订后的 s.9 对 UCC 登记制度关于组织状态的要求（也就是一些州关于登记的潜在要求）进行了限定，同时将担保权益登记对抗第三人的适用范围扩大到所有类型的资产，但这在同一特定资产的不同担保权益之间优先顺位如何确定的问题上制造了混乱。

在 UCC 的第 9 条款 s.9-318（4）中载明，以合同形式呈现的对于应收账款转让的排他性约定不能对抗向善意的第三人的转让。而针对担保债券凭证，第 2 条款中的 s.2-210（3）也仅提供了有限的法律保护——"除非环境朝相反的方向发展"，否则合同形式的排他性约定仍不能对抗（善意）第三人。第 9 条款中的 s.9-105 对担保债券凭证的定义是"一份书面文件或系列书面文件，其证明金钱义务和在特定货物上的担保权益"。为此，UCC 第 1 条款的 s.1-201（37）将"担保权益"定义为"一项在私有不动产或设备上的确保付款义务得以实现或债务得以履行的权益"。

共有权益　对商品共有权益的出让被视为在 UCC 第 2 条款 s.2-105（4）下共有权益的转移，它被认为是有效的。

重新定性　判断一个真实的交易是否有成就的主要因素是发起人的追索权究竟有多强，而这与历史损失的经验数据也有关系。过往损失的增加可能会导致损失评级升高，继而可能导致交易重新定性为担保贷款。出于规避的目的，双层交易结构被采用——先将资产按面值转让至破产隔离的特殊目的载体（SPV）以达到满足真实交易要求的目的，再将资产装入信托或其他发行实体而换取一部分的现金支付和一部分的次级债券或信托证书。在进行交易前，为了满足交易要求，SPV 就已完成了股本资本化以在一定程度上为交易提供信用支持。

对于将资产转移的可能性视作担保权益，UCC 的第 9 条款通常要求一套保护性的登记对抗机制。

实质合并　对于债权人而言，若发起人与 SPV 这两个实体经营的业务存在同质情形，各实体资产混同或无法清晰分割或债权人将两个实体视作统一经济体进行交易时，实质性合并才被允许。

延期偿付 / 自动终止　依据《破产法》第 3 章 s.362 的规定，自动终止适用范围很广。自破产登记日起或第 11 章规定的重整进程（破产法第 11 章允许面临财务困难的企业重整）开始时，其他债权人可自动阻止担保的执行和其他债权人的主张。这种终止状态将在企业宣告破产或第 11 章所称的重整方案确定后（第 11 章规定的重整情形通常耗时较久）方可终止。而对于特定的远期合约或证券合约，自动终止条款将予以豁免。

12.51.2　抵销

在美国，债务人在收到债权转移通知前对于原债权人的款项支付都将被视作其对债务的清偿，在通知送达债务人的那一刻起，债务人将有义务直接向 SPV 清偿债务。SPV 将承接发起人名下的任何权利。并且，在债权转移通知送达债务人前，为保护债务人，SPV 将承接任何由于发起人和债务人因债权转移而引致的衍生权利义务。

12.51.3　在岸 SPV

在美国，受让资产或对外发行的载体通常选择以信托的形式设立，以此规避发起人在目前的实质合并原则下将 SPV 并入合并报表的问题或规避企业税负。美国以外的交易若在美发售募资也需使用美式信托架构，这是为了适应一些美国投资者的投资偏好。

12.51.4　证券法

美国有一整套范围广泛的证券法律法规，适用于全球范围的绝大多数相关交易，甚至对发生在美国以外的交易也适用。1993 年颁布的《证券法》要求任何形式的证券募集，不论是证券发行还是转售，若符合该法 s.5 的要求且不具备《证券法》或证监会的其他条款规定的豁免情形，必须事先登记。发行环节主要的豁免情形罗列如下：

（1）募集豁免证券（如商业票据）；

（2）依据 S 条例的第 903 条规定发行的证券；

（3）依据《证券法》s.4（2）之规定的私募行为；

（4）依据 D 条例的销售行为（s.4（2）的避风港条款）。

严格来说，发行募集的豁免并不代表转售的豁免。发行募集之后的转售在以下情形下是豁免的：

（1）前述豁免证券的转售；

（2）发行人、承销商、交易商以外的主体依据 s.4（1）的受让行为（此处承销商是指任何买入证券并准备卖出的人）；

（3）由经纪商、交易商在证券首次募集 40 天后依据 s.4（3）和 s.4（4）销售的；

（4）依据第 114 条规定的销售行为（s.4（1）的避风港条款是为了承销商遇见各种可能的情况而考虑设定的）；

（5）依据 s.4 规定的销售行为（形式上为私募但事实上并非由发行人发行的超出 s.4（2）规定的销售行为）；

（6）依据 S 条例第 904 条，在美国以外地区经美国证监会批准的指定境外证券市场进行的销售行为；

（7）在美国范围内依据第 144A 条规定的销售行为。

1940 年颁布的《投资公司法》禁止附属发起人将金融资产转移至投资公司（主要以投资证券为目的创设的任何证券发行实体，也包括发行债务凭证的实体）并要求在美公开募资或销售证券的投资公司在美国证监会备案。

前述任何证券发行实体不包括以下几类：

- 在外发行的证券（不包括短期票据）持有人数不超过 100 人且以非公开形式募集；
- 以收购金融资产（如债权）为目的并在确定的时间内为了将其变现而设立的实体，这些金融资产属于投资级或是被转让给合格的机构投资者；
- 所发行的证券全部由合格购买者持有且无对外募集意向的实体。

12.51.5　税收处理

预扣税　美国预扣税的税率为 30%，以国外所得收益为税基，对签订过双边税收协定的英国和欧洲其他国家予以免征。反通道条例（美国资金条例 §1.881-3）要求美国借款人通过中介揽客借入资金的某些特定情形，将适用穿透性原则并适用于最终贷款人，而预扣税的影响或将导致最终贷款人无法享受税收协定的税收优惠。反通道条例适用于那些旨在以预付现金来实现税负规避计划（或以避税为其主要目标）的金融交易。这类交易会使得美国的预扣税收入少于不考虑中间实体的情形（本质上，若最终出借人不进行避税，则这些中间实体也将不参与）。中间层次的融资可以被结构化为证券类存款。为确保不触及相关法规，这些证券类存款在发生违约之前不能被售让（而不是预付现金）。

利得税　在美国，一系列证券化信托载体或选择被用于减少企业税，具体如下。

- **让与人信托**　这类信托被美国国税局视作财务穿透——美国国税局认定，如果不是构建在盈利业务上且仅设立不变更条款的单层信托，那么这类信托可被视作财务穿透。因而，让与人信托既不能以资产补充为构建目的，也不能发行多层次信托（除非次级与优先级部分均按出资额分配收益或依据条款约定次级与优先级匹配）。
- **所有人信托**　这类信托发行多层债券类证券。这些债券类证券可与权益类证券一道按次序获得偿付。所有人信托要求精心的结构化设计，以确保证券被销售给投资人时，能被成功地认定为债券，从而达到避税的目的。
- **统合信托（也称信用卡信托）**　常用于将应收账款入池管理，会以"随卖"方式定期发行一系列信托受益凭证，这是因为信托计划的资产余额也在不断变化。

两种不同类别的税收安排依据美国法律被创设，旨在依法定方式提供财务穿透待遇和特定权益的分类（如债权权益或股权权益）。

- **不动产抵押贷款投资载体（REMIC）**　这是一种为抵押贷款证券化而创设的法定实体形式（可采用多种法律组织形式，如信托、公司等）。

可以发行多层类别的证券，但不能嵌入收益互换。REMIC 可财务穿透。出于避税目的，REMIC 的普通权益被归类为债权，剩余权益则被认定为股权。资产在售让给 REMIC 时并不确认损益，REMIC 所持资产的税基与发行证券募集总额一致。

◆ **金融资产证券化投资信托（FASIT）** 这是一种为适用大多数债券凭证证券化而创设的法定实体形式（可采用多种法律组织形式，如信托、公司等）。此类信托允许对资产进行补充、允许发行多种类型的证券并可以嵌入收益互换。FASIT 的普通权益被归类为债权，剩余权益则被认定为股权。

除此之外，不动产投资信托（REIT）被用于不动产的证券化。只要符合美国税则的要求，即可豁免企业所得税。美国国税局对免检通过情形（如合伙情形）的一般性要求是，待审商事主体具备以下特征中不超过两项：①负债有限；②集中化管理；③连续存续；④所有者权益的自由流转。

2003 年 1 月，曾有对于股权分红应转化至非重复课税体系，即免除投资者股利分配环节个人所得税的呼声。当今美国企业高杠杆率的一个原因就是，企业偏向于支付可税前抵扣的财务费用而不愿支付不可税前列支的股利（在投资者环节仍会被课税），企业为了实现增长和再投资更愿意将剩余价值留存在企业中而不愿意让给税收当局。最终这种税制改革未能实施，但 2003 年 5 月 28 日，针对股利分红的所得税率暂降至 15%（至 2008 年 12 月 31 日止）。

◆ **其他税收事项** 1982 年的《税收公平和财政责任法案》（TEFRA）被引入美国，旨在抵消在美纳税人通过持有不可追踪的无记名有价证券进行的纳税规避。到期日 1 年以内（或在美发行到期日在 183 天以内的）可得豁免。该法案只要求那些被登记注册的证券可以发行，其所有者权益变迁可由美国国税局追踪。除了以下情形，世界范围内任何无记名有价证券的发行都将面对美国惩罚性的税收后果：

（1）存在某种经合理设计的制度性安排以确保这些证券只会被售予或转售给非美国纳税人（或特定美国金融机构）（如依据 TEFRA 安全港

条例 TEFRA C 和 TEFRA D 发行或转售的证券）；

（2）证券的利息仅可向美国及其属地以外机构支付；

（3）这些证券以及票据印有 TEFRA 的铭文或图示。

12.51.6　会计处理

美国《财务会计准则第 140 号》于 2000 年 9 月颁布，取代之前的《财务会计准则第 125 号》，适用于 2001 年 3 月 31 日之后金融资产的转让和服务（不适用于该日期之前已启动的转让，如交易的追加款项）。该准则适用于现有交易的资产证券化以及再证券化。《财务会计准则第 140 号》提出以下 4 种转让处理方式：

◆ 销售（满足《财务会计准则第 140 号》相关规定）。

◆ 融资（不满足相关规定）。

◆ 交换（如以贷款兑换票据）。

◆ 部分销售（满足《财务会计准则第 140 号》相关规定，但发起人保留服务类别和其他类别的发行证券。如果是后者，出售的资产遵循销售处理方式，保留的资产（如收到超额服务补偿金的服务权或证券）会显示在资产负债表上）。

如果销售处理符合交易方式，卖方须使用"销售收益"会计方法，即在销售产生即刻确认资产销售中的收益或亏损。这基于对预付款速度和利率的假定，以利润带的形式使发起人在应得交易中实现超额利差的先期利润。1998 年，证券交易委员会要求"销售收益"适用于所有交易所（无论其是否产生收益或亏损），并适用于将清晰披露计算销售收益的假定，其产生于部分发起人由于较高提前偿付率而对未来期望值产生的顾虑。部分卖家将《财务会计准则第 140 号》下的资产证券化转为融资而非销售，主要是为了避免销售收益处理方法，因为销售收益会从未来超额利差收益中产生当前的会计利润（如果违约假定和提前偿付假定在销售收益计算中不正确，将导致收益波动），从而不被股票市场所接受。

要达到销售要求，转让人必须做到以下几点。

- 放弃控制资产，使资产独立于转让人、关联人、清算人或债权人的管辖。
- 把资产转让给特殊目的载体。
  - 对于合格的特殊目的载体，持票人有权抵押或兑换所持票据或证券。
  - 对于其他实体，特殊目的载体有权抵押或兑换标的资产。
- 不使用可以在某种程度上收回资产的权利和义务或收回特定资产的权利（除非执行清收式赎回，否则转让人可保留或分包服务而非出售服务），来有效控制资产。
- 从销售中获取现金价款（相对于资产中的票据或利益）。该要求在美国部分银行资产证券化的信托发行中引入了第二次向前转让步骤，而之前在《财务会计准则第 125 号》中只需向子公司进行"一步"转让即可满足得到票据的要求。

一个合格特殊目的载体不会与卖方财务报表合并。非合格特殊目的载体有可能会与卖方进行合并。要成为合格特殊目的载体，SPV 必须具备以下几点。

- 与卖家"显著不同"（如，它不能被转让人及其关联人或代理人单方面取消，而且它的受益人权益公允价值的至少 10% 由其他实体持有而非转让人及其关联人或代理人持有）。
- 从事的活动受重大限制且预先指定。
- 仅持有被动金融资产（如合格特殊目的载体仅能制定服务决策——合格特殊目的载体不能持有控制实体股份）、现金和投资。
- 拥有有限权力决定何时处置资产，即仅在违约事件超出它的控制或在卖出/买入操作需要资金或在预先规定的到期日或清算日等必要时处置资产。

如果 SPV 不是合格特殊目的载体，那么可以与主要所有人合并账目，除非它符合《财务会计准则委员会解释第 46 号》关于"可变利益实体合并"（由财务会计准则委员会于 2003 年 1 月 17 日颁布，2003 年 2 月 1 日起适用于 2003 年 1 月 31 日之后创立的实体，2003 年 12 月 15 日（最初为 2003 年 6 月 15 日）第一个会计期间起适用于 2003 年 2 月 1 日前创立的实体）的规定。该解释适用于可变利益实体，具体如下。

- 它的股份不足以允许实体在没有子公司资助的情况下为各项活动提供资金（出于该目的，少于总资产 10% 的股份被认为不充足，除非该股份能够证明有能力为活动提供资金，或至少拥有与其他能够在没有子公司资助的情况下进行操作的类似股份同样份额的股份，或能够证明它的股份超过预期亏损）。
- 它的股份投资者不拥有表决权利、承担损失的义务或获取剩余收益的权利。

如果作为可变利益实体，该股份会由能够承担可变利益实体多数预期亏损的股份（"第一受益人"）合并，并有权获取可变利益实体的多数预期剩余收益，即持有该实体的"可变利益"。如果由不同的实体承担亏损和获取收益，那么承担损失的实体将合并。如果一个可变利益实体没有第一受益人，则不能合并。

"可变利益"是指"一个实体的合同利益、所有权利益或其他金钱利益随着该实体净资产值的变化而变化"。可变利益可以包括权益工具和债务证券、担保品、看跌期权、衍生品、服务合同、租赁协议和其他项目。出于该目的，实体会对价自己或自己的关联方（包括实际上的特定代理人）持有的可变利益。

除了合并对价，可变利益持有人要满足以下公开资料规定。

- 第一受益人（或合并受益人）：公开可变利益实体的性质、目的、规模和活动、账面金额和可变利益实体抵押品的分类以及可变利益实体的债权人对第一受益人的追索权中的任何缺失。
- 重大可变利益持有人：公开可变利益实体的涉入度和涉入开始时间、可变利益实体的性质、目的、规模和活动以及涉入可变利益实体产生的最大遭损风险。

12.51.7　资本处理

在美国，根据《监管会计原则》，发起银行针对交易的任何信用增级规定都会导致证券化资产存在于资产负债表中以达到资本充足率。使用二级销售结构可以规避这种情况，其中第一级转让不对 SPV 进行信用增级，而由发起人提前进行股份资本化。然后第二级转让允许 SPV 这一未监管实体进行信用增级。

提案于 2000 年 2 月提出，在许多领域遵循了新《巴塞尔协议》。2002 年 1 月 1 日，美国联邦存款保险公司采用联邦保险银行对资本实施资产证券化的新规定，要求对高评级的资产支持证券持有更少资本而对低评级的证券持有更多资本，具体如下：

- 对于 AAA 和 AA（或 A1/P1）级，20%；
- 对于 A（或 A2/P2）级，50%；
- 对于 BBB（或 A3/P3）级，100%；
- 对于 BB 级，200%；
- 对于 B 级或未评级，直接冲减。

2000 年 3 月，美联储提案要求银行针对风险投资持有 50% 的资本而非 8%，但该提案受到美国货币监理署办公室的质疑。

1996 年 8 月 12 日和 1997 年 6 月 13 日，美联储公布了对信用衍生品的资本处理办法的指导意见。

银行账户　信用衍生品可以在银行账户中作为其相关敞口的担保品，但也可以为投资方获得现金抵押信用。对于信用衍生品的基本要求如下。

- 参照债务必须与保护资产相一致或与交易文件中的保护资产相关。
- "一篮子信用违约互换"结构保护买家，将在篮中违约风险加权敞口降到最小最低。
- "一篮子信用违约互换"信用衍生品结构的销售对信用保障提供人提出了资本要求，要与篮中最大风险加权资产持平；
- 信用保障承买人应被视为已将信用风险转移（该转移未违反参照债务

的规定），信用保障提供人没有向信用保障承买人追索亏损的权利。

交易账户　参照实体的敞口可作为多头/空头特定风险仓位。对于信用衍生品的基本要求如下。

◆ "一篮子信用违约互换" 结构允许买家登记一个空头，将篮中风险加权资产降到最小最低。
◆ "一篮子信用违约互换" 信用衍生品结构的销售为信用保障提供人创立了一个多头，拥有篮中最大风险加权资产。
◆ 信用保障承买人应被视为已将信用风险转移（该转移未违反参照债务的规定），信用保障提供人没有向信用保障承买人追索亏损的权利。

除市场风险评估外，未建立的信用衍生品（如总收益互换和信用违约产品（不是信用挂钩票据之类的投资信用衍生品））易遭受交易对手风险扣减，其计算方式为衍生品按市值计算的价值加上名义本金的 "附加利益" 比例（基于股份附加利益或商品附加利益），该总和再乘以加权系数为 8% 的交易对手风险。

12.52　委内瑞拉

会计处理

委内瑞拉相关交易的处理采用美国会计准则。

结构化与证券化系列丛书

书号	书名	定价
978-7-111-47866-9	REITs：房地产投资信托基金（原书第4版）	59.00
978-7-1.11-46538-6	资产证券化导论	59.00
978-7-111-58574-9	结构化金融手册	99.00
978-7-111-54336-7	金融风险管理手册	85.00
978-7-111-51746-7	债务担保证券(CDO)：结构与分析（原书第2版）	69.00
978-7-111-53035-0	结构化产品和相关信用衍生品	89.00
978-7-111-49212-2	抵押支持证券：房地产的货币化（原书第2版）	59.00
预计2018年出版	全球资产证券化与CDO	99（暂定）